南湖法学名家文库

中华法文明的基因与秉性

范忠信　著

法律出版社
LAW PRESS · CHINA
北京

图书在版编目（CIP）数据

中华法文明的基因与秉性 / 范忠信著. -- 北京 : 法律出版社, 2025. -- ISBN 978 - 7 - 5244 - 0110 - 0

Ⅰ. D909.2 - 53

中国国家版本馆 CIP 数据核字第 2025RY8940 号

中华法文明的基因与秉性
ZHONGHUAFA WENMING DE JIYIN YU BINGXING

范忠信 著

责任编辑 陆帅文
装帧设计 凌点工作室

出版发行 法律出版社
编辑统筹 法律教育出版分社
责任校对 王语童
责任印制 刘晓伟
经　　销 新华书店

开本 710 毫米 × 1000 毫米　1/16
印张 17.5　**字数** 280 千
版本 2025 年 7 月第 1 版
印次 2025 年 7 月第 1 次印刷
印刷 北京建宏印刷有限公司

地址:北京市丰台区莲花池西里 7 号(100073)
网址:www.lawpress.com.cn
投稿邮箱:info@lawpress.com.cn
举报盗版邮箱:jbwq@lawpress.com.cn

销售电话:010 - 83938349
客服电话:010 - 83938350
咨询电话:010 - 63939796

书号:ISBN 978 - 7 - 5244 - 0110 - 0　**定价**:58.00 元

凡购买本社图书,如有印装错误,我社负责退换。电话:010 - 83938349

目　录

学术自传

近四十年间我以法律史学者、高校法学教师、普法工作者三重身份立身处世。自1987年起从事法学研究至今已达38年，自1992年起从事法学教育至今已达33年，自1998年起从事普法启蒙工作至今已达27年。

作为法学者，我长期研究中国法律史、中西法律文化比较、法理学、两岸关系法律问题，特别是注重反省古代中国“德治”“人治”政法传统，反省传统文化的“法治”基因缺陷，反省中国传统人文基因难以法治转化的根本原因，探索法治共同价值与传统中国人文基因融合的制度化路径。

作为高校教师，我长期讲授中国法制史、中国法律思想史、西方法理学、中国法理学、中西法律文化比较等课程。在多所大学先后为万余名本科生和研究生授课，指导硕士生、博士生近百名。在教学中，我既注重向学生传授法制进化史知识体系、培养学生研究思考能力，也注重言传身教促进学生品德操守升华。

作为普法工作者，我以中国法学会“双百”讲座主讲人及司法部“普法”讲师团成员身份，先后为多个省市的各级党政机关或高校作普法讲座二百余场，致力于人民主权、自由平等、人权保障、宪法和法律至上、社会自治、程序正义等法治理念传播，致力于辨识君主专制法制及文化传统遗存并加以反省批判。

过去近三十年间，我先后主持了“一国两制的法律化及其实施步骤”“中国近代法治思想与法制建设”“全国地方旧志民商事习惯的整理注释与法学阐释”“传统礼经的法意释读”“中华法系的历史溯源及当代价值”等5项国家社科基金项目（最后一项为重大项目)研究,还主持了教育部新世纪优秀人才支持计划课题"中国传统民商事习惯暨纠纷解决模式"、司法部法学理论与法治研究课题"一国两制下的法律冲突研究"等多项省部级课题的研究。先后撰写了《情理法与中国人》《中国法律传统的基本精神》《中西法文化的暗合与差异》《一国两法与中国的完全统一》《现行法秩序思问录》《官与民:传统中国行政法制文化研究》《礼言法旨:传统礼经的法理和宪制释读》等学术专著,主编了《中国法制史》《法理学》等高校法学教材。我的著作《情理法与中国人》于1996年被翻译为韩文(首尔一潮阁出版),为韩国多所大学指定为中国法教学参考书。另在《中国社会科学》《世界社会科学》《法学研究》《中国法学》等多个学术刊物发表论文百余篇。有数篇论文被翻译为英文、日文在国外传播。

我重点关注的学术课题,以及可能的学术贡献主要集中于以下几个问题。

第一,关于中国法律传统"亲伦精神"的学术判断。我的研究揭示,中国法律传统背后的伦理体系是一种"亲属伦理",中华法系灵魂是"亲属法伦理"或"血缘法伦理"。它惯于用亲属关系准则来换算一切社会和政治关系,将亲属伦理适用于一切人际关系。这与贯穿"宗教法伦理"的印度法系、伊斯兰法系,及贯穿"市民法伦理"的西方两大法系恰成鲜明对照。"亲属法伦理"格外强调父母生养教育责任和子女感恩服从义务,并将此种关系逻辑延伸到政治关系特别是官民关系中,以这一伦理为核心养成了中国法律传统的基本个性。在中国、西方、印度三大文明体系的比较中阐发中国法律传统的"亲伦精神",这应该是在阐释中国法律传统基本精神方面的显著深化。

第二,对中西法律文化暗合或共同价值的阐发。我的中西法律文化比较研究,揭示了一个出人意料的规律:在过去被很多人视为"封建身份法制"标志的"亲亲尊尊""亲亲相隐"等一系列问题上,中国与西方两大法律传统存在着一定程度的"不谋而合"。一方面,中国和西方不约而同产生过"亲属容隐"制度,授予近亲属拒绝作证权,或对为近亲属作伪证、毁灭证据、包庇隐匿或便利脱逃者减轻或免于处罚。这一共同选择,源于以家庭(或亲属圈)为享有庇护权或拒绝引渡权的"私权城堡"或"自治领地",以防止国家权力越界侵害人民私权这一中外共同价值。另一方面,中西法律在"亲亲尊尊"方面也有惊人共性:亲属间人身侵犯,罪罚重于非亲属间人身侵犯;亲属间财产侵犯,罪罚轻于非亲属之间财产侵犯。这种曾被斥为"封建宗法主义"的刑事责任"亲疏有别"原则,其实建立在中外共同价值认知之上:对亲属实施人身侵犯,其恶性大于对常人侵犯;对亲属实施财产侵犯，其恶性小于对常人财产侵犯。这一原则实为“罪刑相当”（“罪刑相适应”）原则的变相体现。

第三，关于中国民主法治可行起点和传统文化法治借鉴的探索。我的研究结论有三：一是推动传统民本文化向现代民主制度转化，将中国传统文化的人文、人道、亲伦、仁政因素努力转化为具体可操作的、符合法治原则的现代法律制度。二是主张通过自下而上渐进扩大自治过渡升华到法治国家，主张将村民居民自治逐步推进到乡镇进而县市自治层级，同时推进社会团体自治；以逐渐扩大深化的人民自治作为国家法治的基础或预备。三是将执政党“依法执政”的方针逐渐落实或转化为可操作的具体法制或机制，通过宪法法律明确规定任何政治权力系统的实际权力清单、权力行使程序、越权法律责任及其可行兑现机制。

学术成果已产生了一定影响。2010年秋中国法学会的“中国法学创新网”公布了我国法学各二级学科学者论文被引率4项排名，我在“法史学各学者文章总被引数排名”“法史学被引证数前100—200名文章作者分布情况统计”等3项排名中均名列全国第一；在另一项“法史学各学者被引超过十次的论文排名”中名列全国第二。主要学术荣誉有：1998年和2002年先后获第二届、第三届（教育部）全国普通高校人文社科研究成果奖，2007年获首届“钱端升法学研究成果奖”（法学界民间最高奖）一等奖。1999年和2002年两次获中国法学会“杰出中青年法学家提名奖”，2005年入选中国法学会《当代中国法学名家》名录，2008年和2011年两次被“中国校友会网”选入《中国杰出人文社会科学家研究报告》。

我与“中南”

（一）

中南政法（以下简称中南）是国内法学教育重镇之一，我与她的缘分始于她复校前后。1984年春节过后某一天，西南政法学院原副院长、刚出任中南政法复建筹备组长的王嘉惠老师来到我们314宿舍斜对门的80级年级办公室，跟年级办廖国钧、赵一兵、庞宗华等老师们一起，言辞恳切地动员我们应届毕业生加盟中南政法。报考中国政法大学研究生刚笔试完等候结果的我只能默默将到中南当作备选项，同届同学屈刚、刘黎明、周嘉玲、徐桂菊、熊正刚、张远煌、匡萍他们则由此情定中南。据说那时中南政法学院还在图纸上。此前一年多，78级齐文远、刘迪以及79级江山、孟令智等学长已加盟中南，正在做重建工作。1985年暑假自京回乡途径武汉时，我曾到设在丁字桥“三招”的中南教工宿舍访晤江山师兄，也曾造访位于广埠屯假肢厂的中南教工宿舍。所见所闻尽是筚路蓝缕、胼手胝足、栉风沐雨的故事，那就是中南政法给我的最早印象。

1986年10月，怀揣着司法部给的两百元毕业论文调研费，我从北京南下武汉、广州、深圳，调研并找工作。10月31日下午，经鲁巷坐59路公汽到了遥远的茶山刘村，我首次踏进总共不过七八栋楼、站大门口南望全校一览无遗的中南校园。在新建的塔楼教工宿舍访晤屈刚、黄茜夫妇并享用他们的厨艺后，又参观了江山的书房，还在行政主楼一楼与刘黎明、周嘉玲叙谈良久。由此我对中南工作条件环境有所了解，因而打算求职中南。11月7日，自深圳、广州调研归来再经武汉，次日上午我到紫阳路中南财经大学教工宿舍拜访张梦梅先生，持张晋藩先生推荐信觍颜自荐。后因中南无法保证较短时间帮我解决两地分居问题，只好悻悻放弃。

大约同时，研究生同窗徐国栋兄毕业获中南教职又考上社科院博士生，中南为挽留人才主动承担“委托培养”费用，条件是国栋毕业后必须回校工作。中南这份惜才之忱让人颇有好感。1987 年至 1992 年在社科院台湾所工作期间，国栋兄又多次从北京东郊西八间房或武汉茶山刘村来西郊机场北边门二号看我，跟我聊及中南政法的更多创业故事，特别是中南给他的礼遇和待遇，不免引我羡慕。但因相信国栋兄受礼遇主要是因有博士帽，所以没有博士学位的我暂不敢再问津中南了。

1998 年夏，在获得中国人民大学博士学位前夕，我加盟中南的事再次被提起。起初，因李龙先生力荐，王明元先生力邀，我正拟到武汉大学工作，已提交成果材料并经武汉大学特聘委员会审定具备聘任正高资格。时在中央党校进修的中南政法学院新任院长吴汉东兄，大约从舒国滢兄处听说此事，6 月 2 日打电话邀我到中央党校，在校门口某餐馆小聚（陈小君、曹义孙亦在场），告知已成功延揽童之伟兄加盟，诚邀我选择中南共图大业。在他的安排下，6 月 8 日我（韩国同学李井杓同行）专程到中南，覃有土、萧伯符、童之伟、陈小君、齐文远、刘茂林等诸师友都来集体邀劝。这阵仗，对一个不满四十岁没见过大场面的小教员而言，实在有些受宠若惊。6 月 10 日，茂林等还专门安排外事办职员范敏和吕品购买了鲜花水果，由吕品陪我到武汉大学向王明元书记等说明情况并郑重道歉，如此虑事细微、关怀备至十分难得。此后四五个月间，汉东兄几乎每月给我打电话两三次，暑假回乡他竟电话追寻到英山，细述中南发展蓝图以显恳邀之意，并告以中南住房更大、更利迎养父母，我深为感动。我与汉东兄，此前仅互知其名，素未谋面。作为知名学者，作为年长八岁之兄侪，又以校长日理百机之身，汉东兄不惮烦累恳切邀聘，比之古时伯乐明公未遑多让，使我顿生士遇知己之感。

（二）

自 1998 年 8 月 25 日至 11 月 3 日，近三个月我和妻子在苏州、武汉、北京三地来回穿梭，办理调动、毕业、搬家一系列繁琐手续，忙得天旋地转。这期间，汉东兄三天两头过问，一位副院长亲任“接待员”，先安排我和儿子（其时妻子暂留苏州办手续）于“外招”客房暂住，一个月后又安排到 47－15－102 过渡居住，后来又安排我们正式入住52－101（两年后又入住21栋）。其间各种部门手续繁琐不堪，清理、装修、搬家烦累异常，都是那位副院长兄亲自安排督促完成的，他甚至帮我骑三轮车搬运家具行李。其间入住47栋临时房时，因为生活用具奇缺，李兄、伯符兄、黎明兄分别从各自家里拿来煤气罐、煤气灶、水桶、菜刀、菜板、碗筷、炒锅、杯盘、脸盆、枕头、被套、床单等，共同倾力帮我父子搭起了一个温馨的临时简易居家。整个9月，因为我们三地奔波无暇照顾儿子，国栋兄夫妇主动担负起我儿子“代理双亲”之责，管吃住照料并检查作业，其子铁英与我儿依畴同床起居、携手上学。

其间感人事情很多，有件记忆特别深。因我人不在汉，时任校办主任的萧伯符兄曾亲自带车带人到武昌北站帮我签字领回从北京托运过来的一整集装箱书籍，直接充任搬运工帮我扛几十箱书。其间因火车站说领取托运书籍须出具新闻出版局的认定证明（证明这批书不是非法出版物），经萧兄三番五次交涉或恳求，最后勉强获准以中南政法学院官方证明替代。这批书籍运至中南校园后先临时存放于60栋的2－101室，不料因大雨渗水打湿了底层书箱，伯符兄又亲率校办临时工小范及几个研究生帮我将全部书籍搬到百米外的外招二楼圆形会议厅，打开所有包装将上千本书一一摊开在几十张课桌上晾干。路过外招的张继成兄有点好奇，以为是谁要做贩旧书生意，问知原委后欣然加入搬书劳动。我从苏州回来后听人说起这一切，感动得差点落泪。至于那段时间特别温馨的饭局连续不断，我和家人被汉东、国栋、之伟、小君、茂林、伯符、文远、黎明、李兄等同仁轮流坐庄宴请（国栋、之伟为设家宴专门坐公汽几十公里到汉口买烧鸡等），几十天内隔三差五（有时甚至天天）觥筹交错、微醺微醉、欢声笑语，使我大有从苏州软语呢喃之乡初进水泊梁山聚义厅天天大碗喝酒大块吃肉的快感。

我花较大篇幅细述初入中南前后的亲历和感觉，当然不止是人之将老其言也烦，而是出于两个特别理由。其一，当年正是这种聚义厅氛围或语境吸引我投身中南，初入之时大有相聚恨晚之感。这种感觉使我连续十年里倾心倾力教学、科研和学科建设，虽苦累非凡全无怨悔。其二，二十七年过后特别是离别中南十四年过后记得最清楚的仍是这种氛围和感觉，格外珍惜。这种氛围感觉，这种公义私谊的特别存续方式，当时没特别当回事，今天看来实乃稀罕之物。今日翻开日记，往事历历在目。一个重情重义的古式书生，比别的人更加珍惜这种氛围。

（三）

我在中南期间的教学，就老实教书而已，没什么明显业绩。十二年间没有申报过一次教学成果奖，也没有承担过一个教学研究课题，也没有参加一次教学竞赛，所以连总结教学业绩的正式指标都没有。

我十二年中南教学生涯，分本科生、研究生、对外教学三个部分来回忆。

本科生教学，自1998年秋入校至2010年春夏，我一直给本科生授课。1998年秋最初课堂是武乾师弟临时让给我的，因评职称需要课时。在这个课堂上，我和武乾曾安排97级法史研究生登台试讲，四五个研究生每人讲二至四节课，此乃模仿我的母校中国政法大学，作为研究生教学实习。1999年3月起，我给法学三个系本科生开讲选修课，在北教楼403阶梯教室，选课者110人左右。2000年10月27日开始，我又从武乾手里接过99级本科课堂，学生有250多人，讲授中国法制史，在文澶楼一楼阶梯大教室（后来在我的建议下命名为“邓析堂”），这是我最早讲中国法制史的课堂。此后每学年都要给本科生开设中国法制史必修课，或者开设中西法律文化比较选修课，选课生常达300人（有人告诉我有时曾达五六百人）。因教室规模限制及课时平衡考量，教务处限定每个课堂不得超过200人，但因为有补考生加入而每每超过几十人。在授课中，有两件事值得特别重温。

一是查收批注学生课堂笔记。在授课中，我特别要求学生在笔记本页边批注“联想和质疑”。我要求学生将笔记本页面折叠，留出三分之一，专用来批注听课时的联想和质疑。为了检查效果，我经常不定期收取全体同学笔记本，加以批阅。每个课堂，收笔记两次，每次收到两百多本，好几大袋子，学生帮我扛回办公室，我花一周零星时间批阅，下次上课发还。几乎每本笔记都留下了我的批语和评分。一学期下来，在笔记本上批注意见五百条（次）左右，听说还有一些同学至今仍保留着我的批注。查收笔记，一来为了逼学生认真听课，防止课堂走神；二来为了培养学生质疑批判精神，养成良好思考习惯和思辨能力；三来是为了教学相长，从学生的联想或质疑中，我常常获得很多启发。此外还有查“到课率”的考量，因为常常猝不及防地收回笔记本，内容有没有记到当堂课一看便知，使谁想代交或代记几乎不可能。这点“小伎俩”，我曾沾沾自喜过。

二是鼓励学生就历史与现实关联撰文思考。在授课中，每个课堂，我都要以“我们身边的法律传统”“古时恶法的产生存续理由是什么”“同样问题中西为何制法不同”“同一问题今法对于古法最关键变了什么”等为题，要求每个同学交小论文一两篇。这些论文，与课堂笔记查阅结果一起，成为评定学生“平时成绩”的依据。每学期评阅这类小论文200—400篇，虽累有乐。记得2001年11

月到2002年6月,在课外小论文考查基础上,我主持发起了“我们生活中的中华法律传统”征文竞赛,收到论文三百多篇,评出一二三等奖论文五十多篇。吴丹红、尤陈俊、陈俊涛、吴玲等4人获一等奖,周林飞、李宗辉、宋东来、蔡东丽等13人获二等奖,陈升华、罗媛、刘永、戴建华等35人获三等奖。6月3日于邓析堂举行颁奖典礼,吴汉东校长、陈小君副校长及法学院齐文远院长、萧伯符书记等出席助势,他们与我和陈景良兄一起为学生颁发奖证奖金,并致辞勉励,场面感人。《中西法律传统》第二卷(中国政法大学出版社2002年版)曾报道此事。

研究生教学,我最早授课,是为97级研究生汪庆红、黄德新、李济涛、张丽霞、李夏珩、邹道军等讲授中国法律思想史。此后每学年,我都要给法史和法理研究生讲中国法律思想史,或中西法律文化比较,或中国行政法制史,或法律史史料学,每学期讲一二门课。此外,从2000年上半年开始,我给法理研究生讲西方法理学,大约为两届学生讲过。后一届有陈柏峰、陈云中等同学。在研究生课堂上,我常组织课堂讨论或专题试讲,汪庆红、李济涛、尤陈俊、何鹏、汪雄涛、翟文喆、崔兰琴、陈柏峰、李栋、张锋、时亮、陈兵、吴欢等同学在其时展现了相当的理论兴趣、思辨能力和表达能力。此间先后常与我商量论文选题或征求论文修改意见的有尤陈俊、翟文喆、陈柏峰、侯猛、王亦白、罗鑫、吴欢、徐会超、孙晋坤、张福坤等同学。还值得一提的是,2003年年初,我还组织02级研究生何鹏、龚春霞等8人到我小学时的母校与小学生们“结对帮扶”,安排每人给一个班讲一堂课。那应算是研究生社会实践的形式之一。

从2004年开始,中南法史开始了博士招生教学。2004年至2010年的七年间,我先后招收了陈会林、黄东海、张国安、易江波、李可、罗鑫、刘华政、乔飞、李永伟、龚先砦、黄晓平、范晓东、汤建华、李志明、陈敬涛、陈秀平、阿荣等17名博士生。博士生们与我,实际上是“互相教学”。在授课、合作课题或论文写作磋商中,我鼓励他们解放思想、革新思维,不受传统法史选题及话语格局限制。他们以各类民间社会的纠纷解决模式、传统国宪制度或惯例、家法人模式和制度等为博士论文选题,取得了相当不错的成绩。在指导过程中,他们教给我的不一定比我教给他们的少。为配合博士生、硕士生教学,我们发起了“洪范学术论坛”,博士生们是这个论坛的主力。每期一人主讲,二三人辅讲,老师即席评议。这一论坛据说现在已经办到近一百期了,效果极好。与此相关,在曾宪义先生的支持下,我们发起组织“法律文化全国博士论坛”,2007年第一届即在中南举行,全国各地博士生及导师们数十人,还有本校研究生共近百人与会讨论,这成为博士生教学的最佳模式之一。十年过后，2017 年的第十届博士论坛，又回到中南举办（景良兄主持），亦为历史佳话。以中南法史博士和硕士生论文为基础的“历史的法学”文丛，由我和景良兄主编，在李传敢兄、张越兄协助下，自 2009 年开始由中国政法大学出版社出版，已经出版十余种（本）。以学术丛书方式单独保存并展示一个学科点的硕士博士培养成果，中南在国内各大法史学科阵地中应该是第一家。

我的中南教学生涯，特别值得回忆的，还有对外教学。所谓对外教学，是指全日制本科和研究生教学之外的教学活动，主要有三者。一是法官培训班，由最高人民法院安排，由中南政法承办，对南方各省法官进行系列培训，为期 8 年左右。从 1998 年秋冬起，我为这个系列培训班讲授过好几年课程，讲题包括法治与德治的关系、权利理论与人权保障等问题，为备课我逼着自己恶补了一些知识，受益不浅。这个系列培训先后邀请校外法学名家多人来校，除给法官班授课外，每次还给在校本科生和研究生做学术讲座。每逢此际，南湖校区进入学术嘉年华，讲座现场人满为患，盛况空前。不止是座无虚席，常常是足无虚位。二是在各地举办的法律硕士课程班。2000 年至 2005 年间，我先后在武汉、长沙、广州、佛山、信阳、南昌、西安、黄石、恩施等地为课程班讲授中国法制史，因而从政法实务界一些同仁那里获得了很多教益。三是在湖北省政法委、法学会的安排下为全省多个市县党政干部做“双百”学术讲座，先后主讲过中国传统法律文化、中西法制理念比较、基层自治和纠纷解决等专题，与各地干部有一些切磋，这也应算是一种校外教学活动，我对中国法律实务的认识也由此有所加深。

（四）

任教中南十二年，“学科建设”是一种最特别的经历。不知从什么时候开始，关于各种学位授权点、重点学科、重点团队、重点平台、研究基地、培养基地、试验区、实验室之类的申报、竞争、评选、检查验收，成了高校建设的重中之重。我的大学教育生涯自始就与这事儿联系在一起。1994 年，在苏州大学的时候，我就参加了杨海坤先生主持的宪法行政法硕士点申报，并一举成功。1997 年秋，我又参加了杨老师主持的宪法行政法博士点申报，又取得成功。

邀我加盟中南，就是当时中南申请法律史博士点的布局之一。因为以前中南法史学术力量较强，1983 年就建成了法制史硕士点，游绍尹、章若龙、张梦梅、吴传太、杨堪等先生在全国均有相当学术影响，这都是申请法律史博士点的基础。但1996年前后,因老先生们全部退休,法律史学科连个正高职称的教师都没有,硕士点一度停办,要申请法律史博士点绝非易事。我一到岗,汉东兄就跟我说,要建设博士点,必须到校外挖人才,于是我们同时想到了景良兄。1998年年底我们就开始电话联络景良,1999年2月至5月,专邀景良兄来汉考察数次,1999年6月26—28日一位副校长和我一行专程到河南大学商谈景良兄转会事。在景良兄实际到岗中南工作半年后,2001年1月16—18日(农历腊月廿二至廿五),小君等两位副校长和我一起驱车专往河南大学,向河南大学领导商量恳请放行景良的户口和关系事。景良来汉后,因为梯队仍不完整,我们先是加盟方世荣、童之伟、刘茂林兄等主持的宪法行政法团队申报博士点,可惜未获成功。后来,我跟景良兄商量必须进一步引进人才,争取法律史独立申报。于是,景良兄推荐了山东师范大学的程汉大教授,他说程老师人品和学问均为上品。尽管从前素不相识,但首次贸然电话相邀,一见(谈)如故。与景良兄联名上书校长获有力支持后,2001年11月5日学校派人事处副处长袁翠凤与我同飞济南,与山东师范大学历史系和学校有关领导商谈。起初很不顺利,后经反复诚恳沟通协商,终于在2002年1月办完汉大兄正式加盟手续。当年秋,法律史学科正式向国务院学位办提出申请,景良兄、汉大兄和我分别成为中国法律传统、西方法律传统、中西法律文化比较三个方向的学科带头人。本来应在2003年夏完成的评审,因抗“非典”拖至年底才完成。结果还不错,我们法律史学科与宪法行政法学科一起,同时申报成功。这是中南法学学科建设史上的标志性事件,其重要性仅次于2000年民商法博士点申报成功。当时,全国法律史博士点仅五六家,更没有一级博士点一说。同年,法律史学科入选湖北省重点学科,为全校最早入选省重点的三个学科之一。2004年以民商法、法律史、宪法行政法三个博士点为基础,经国务院学位办批准,中南建成了法学一级学科博士点及博士后流动站;次年又建成了知识产权国家人文社科基地,再过一年又建成了人才培养模式创新实验区。这些在当时都是全国不到十家大学才有的资格或殊荣。那几年,在汉东兄的宏观安排下,中南法学学科建设取得了空前的成绩。

就官方指标而言,中南法律史学科那几年是有成绩的。这些成绩,除了三位学科带头人的努力,也与郑祝君、萧伯符、武乾、李艳华、春杨、屈永华、滕毅、李培峰、孙丽娟等同仁的积极参与襄助分不开。这一期间,形式要件的建设很多,如2000年创办法律史研究所,2001年创办《中西法律传统》年刊和“法律史学术网”,2006年创办湖北省法律文化研究会,2007年创办法律文化研究院以及建成中国法制史省级精品课程,2008年创办“中国法制史教学网”,2009年建成校级优秀教学团队并申报省级优秀团队,2010年建成中国法制史国家级精品课程,这都是大家共同努力的结果。特别是,郑祝君、李艳华两位同仁积极支持配合我的硕士点管理和博士点申报方案并动员教研室全体积极配合硕士点、博士点事务,武乾师弟在研究院建设上事无巨细倾力亲为任劳任怨,还有培峰、会林、李栋三位学术新进在网站年刊编辑、各类评审表格填报、多次办会劳务上付出的辛勤劳动等,对共同事业贡献不小。关于此间中南法律史学科建设的前期历程,赵凌云兄主编的《中南财经政法大学学科学术发展史》(中国财政经济出版社2003年版)有详细记载。

因为有了这些努力和成绩,在2005年教育部学位与研究生教育评价指标体系中,中南的法律史学科名列全国第五;在中国管理科学院2006年发布的全国研究生院评价报告中,中南法律史学科名列全国第四。作为一个已调离多年者,再絮絮叨叨回忆这些,心情是复杂的。幸而本套书的筹备团队让我也谈谈“我与中南学科发展”之事,要不然都忘记了。那些年,很多精力的确花在学科建设的无休止的填表、申报、迎评之上,要是不应约谈一谈,我简直就不知道“时间去哪儿了”。也许有朋友会问,既然引为自豪,那么何必调离?我的回答是,并没有怎么引为自豪,不过是为服务学校大局、自证“有为有位”不得不然。也因为对这种无休止竞争感到困倦,我选择了离开。这些年轻松了许多,种豆得豆、求仁得仁;临近退休,寄情山水,也算适得其所。

(五)

关于“对中南未来发展的期待”,有下列三点希望。

一是兄弟式、胞谊式人际氛围很可贵,过于淡化乃至完全没有这种氛围也不一定是好事。从本性来讲,谁也不愿意每日置身于谨小慎微、如履薄冰的氛围中。大碗喝酒,大块吃肉,淡薄尊卑,行无町畦,言无忌讳,是人际关系的好生态。大家活得惬意潇洒,而不是终日锱铢必较地萦回于道术,那是不利于健康的。大学多少保持一点这样的人际氛围,应该是一个集体更加健康的标志。中南未来如果能一定程度上进一步形成这种人际氛围或场域,让年轻人觉得更有自在感、归属感和可信托感,实乃进一步发展之幸事。

二是学术自主和争鸣氛围重建,真正以解放思想、质疑成说、开放争鸣、容许不同意见为大学之魂。中南以前在这方面是有优秀传统的。合校初那几年,学校有“青年经济学论坛”（首义校区，宋清华、曾繁华、陈池波等学者主持）和“南湖法学论坛”（南湖校区，徐涤宇、高丽红等学者主持）等多个学术团队或平台，多年里他们坚持形式多样的学术活动，包括讲座、辩论、读书会、征文、课题研商、调研或实践汇报，使那几年学校的学术气氛非常活跃，成为武汉地区人气最旺的学术集市，连武大、华科、民大的青年教师和学生也经常“赶集”般跑来“蹭讲座”，学校内外的经济学书店和法学书店常常出现学术书籍格外畅销的盛况。我主持的科研处也尽力以校科研经费协助其活动。在老师们的影响下，学生社团也经常自发举行具有学术性质（而不是以娱乐或兴趣性质为主）的活动，很多学生毕业后回忆母校时都以在母校听讲座参与讨论为荣。

三是将学科建设变成推进学术研究真正深化、学术问题真正解决的自主努力。这虽不是学校能单独解决的事，但学校是有一定努力空间的。简单地说，对教师个人以权威期刊、国家课题、国省奖项“论英雄”，对团队集体以学位点、重点学科、重点基地等“论英雄”的评价机制，应该尽力有所改变或缓和，应该让教师们个人在进行学术课题研究时不必担忧考核不合格、评不上职称、职岗等级降低，让学术团队进行学术合作时只考虑怎样才能真的合众力推进学术问题解决。

我在中南的最后几年，白天忙忙碌碌后常常静夜思考，似乎什么都忙了，就是没有时间真正静下心来全神贯注读几本学术名著，没有时间写一两篇真正针对前人遗留学术疑难问题或现实实践难解问题的真命题论文，甚至连真正静下心来根据最新理论进步和实践变化及时更新讲课大纲或 PPT 课件的时间也没有。随着老之将至，不免有些惶然。其实这种回忆也是一种个人反省。今天回过头看，因为个人修炼不到位，易于受环境和体制影响，未能真正心无旁骛地潜心于学术，以至于碌碌大半生没有什么真正的成就，这是自己要负责任的，不能光赖体制。委过于人，开脱自己，君子不为。

2018 年 10 月 1 日初稿

2025 年 2 月 5 日改定

中华法律文化的基本旨趣与主要智慧

法律文化，是人类政治共同体的法制生活或法制活动的结晶，包括物质结晶和精神结晶。这里所说的法制生活，就是与共同体的强制性生活规则之形成、实施有关的一切生活。与此相关还有“法律文明”“法律传统”两个概念。法律文明，是就人类政治社会生活中的人类法律智慧的造诣程度（成就高低和价值优劣）而言；法律传统，是就人类政治社会生活中共同生活章法的特定风格传承而言。三者所指对象同一，仅观察侧重不一。对一个民族而言，法律文化就是这个民族的政治社会生活的法律模型，就是这个民族的法律生活样式。这个模型或样式，建立在一个民族的信仰和性格之上。法律史学者武树臣教授对“法律文化”曾有相当准确的概括，他说法律文化是由法律思想、法律规范、法律设施、法律艺术四者共同构成一个有机整体〔1〕。中华法律文化，就是中华民族过去五千年全部法制生活或活动的成就或结晶，体现着中华民族的法律生活模式，承载着中华民族的特有性格或精神，它由中华民族特有的法律思想、法律规范、法律设施、法律艺术的创造结晶和传承历程共同构成。这一法律文化，一直有着自己相当特别的旨趣，也形成了系统丰富的智慧。本文拟就这一特有旨趣和智慧体系作一个概括而粗疏的阐发，以期加深对中华法律文化的历史特征和精神特质的认识，加深对中华法律文化在世界文明谱系中长期顽强存在和发展的生命机理的认识，也为中华民族优秀文化的弘扬或复兴工程做一点法学方面的基础勘探工作。

---

〔1〕 参见武树臣：《中国传统法律文化》，北京大学出版社1994年版，第33页。

一、中华法律文化的成长历程

中华法律文化并不是一个在某个历史阶段形成后就基本静止不变的法律制度及观念存在体系，而是一个在传承中变革或以变革方式传承的法律制度及观念的动态存在体系。这一体系，是“变”与“不变”的有机统一。具体的法律制度规范代有其变，但其原则或精神长期不变或变化很小；在那“代有其变”的法制现象背后，有着特有的变化规律。这些“不变者”及变而可循的“特殊规律”，共同构成“法律传统”。“传统”就是代代“传”承之“统”。中华法律文化或中华法律传统，我们有必要视为一个生命体；在阐释其旨趣与智慧之前，我们应对其过去数千年生命历程先作一个宏观认知。

中华法律文化或法律传统〔2〕的形成与发展，大约经历了以下五个阶段〔3〕。

第一阶段：起源时期。自上古至夏商西周，大致可以视为中国法制的起源时期。中国法制进化至西周时期，已经初步具备了后世我们所见到的“中国法律传统”的某些主要特征。一个“中国式”的法制体系，已经通过西周的天子与后妃制、六官（六事）体制、嫡长继承制、宗法分封制、土地王有制、乡官乡绅制、乡举里选制等法律制度和“以德配天”“明德慎罚”“矜老恤幼”等法律理论显现了雏形。

第二阶段：争鸣时期。整个春秋战国时代（前770年至前221年），其间约550年之久。这一时期是中国早期史上的一个最剧烈动荡变革的时代。这一时期的中国，旧的宗法政治体制和“礼治”秩序逐渐瓦解，周王室与诸侯各国之间及诸侯各国内部的秩序都发生了前所未有的变革。从制度史的角度讲，这不仅是一个思想争鸣时代，也是一个各种不同类型的制度争鸣（试验竞赛）时代；诸侯各国之间殚精竭虑进行的，不仅是兼并与反兼并战争，更是一场关系国家存亡的制度改革竞赛。

第三阶段：整合时期。秦至南北朝末。自秦始皇统一中国开始，中国的思想领域就开始了综合不同思想流派、确立一种国家意识形态性质的政治法律思想

---

〔2〕　中华法律传统，不等于“中华法系”。“中华法系”一般是指唐代以后在东亚各国形成的那个以唐律（及其后继的宋律明律）为蓝本的法律家族。

〔3〕　五个时期划分受俞荣根先生启发。2000年，俞荣根主编《中国法律思想史》就以杨鸿烈“胚胎时期”“成长时期”“欧美法系侵入时期”的划分（《中国法律发达史》），以及陈顾远、林咏荣等“创始期”“发达期”“确定期”“变革期”的划分（陈顾远《中国法制史》、林咏荣《中国法制史》）为基础，提出了这一五阶段历史分期说。

体系的努力。与此相应，中国的法制也开始了综合旨趣各异的各种法制体系、确立一种新的支配性法制体系的整合运动。这一整合运动，始自秦朝企图以法家主张和法家式法制取代过去一切法制的努力，继而在汉代“独尊儒术”的法律儒家化运动中得到推进，后来在魏晋南北朝“引礼入律”“礼法合流”中发扬光大。可以说，自秦至南北朝时期，一直在这样的思想和制度的整合过程中，“礼法合一”工程一直在推进但并未真正完成。直到隋朝《开皇律》和唐初“一准乎礼而得古今之平”的《唐律疏议》出现，这一整合过程才算最后完成或大致终结。

第四阶段：定型时期。隋初至清末。从隋朝统一中国到清末变法前夕，是中国法制史上的一个非常沉闷的时期。这一时期中国法制发展的最主要特征，就是自《唐律疏议》出现之后，法律思想体系和政治法律制度体系逐渐定型化或僵化，再也见不到过去那种较显著的思想解放和法制变革运动。虽然各个朝代的具体民刑法制内容还在随社会生活的日益发展而不断完善进步，但政治法律总体思维基本定型、国家政法体制基本定型、国家法律制度模式和体系基本定型，国家政治法律的基本取向或格局只是“仍旧贯”“率由旧章”，不复有突破“正统”法制框架的思维和改作。这一时期，我们称为“定型时期”。

第五阶段：变革时期。鸦片战争开始，中国面临西方文化的全面冲击，中华法系开始丧失优势。中国被迫接受并移植近代西方的法律观念、法律体系、法政模式，包括起初效法大陆法系并兼采英美法系，后来效法苏俄法制模式。从1842年《南京条约》的签订至现在的中国法制史，就是对西方传统法制、苏俄革命法制、西方现代法制时即时离、时从时拒的历史，就是法制或法政不断改弦更张的历史。这一过程迄今尚未完成，传统的法律文化并未完全消亡，全新的中华法制体系及新的中国法律文化还没有完全形成。[4]

二、政治秩序观与中华法律文化的旨趣

中华法律文化或法律传统的基本旨趣，携五千年文明积累之重，本不好以寥寥数语加以概括。但是，经过多年的研究思索，笔者大致有一些基本认知。这里说的主要旨趣，就是五千年中华法律文化在其发展变迁过程中比较“一以贯之”的主要价值追求或目标追求。

要认识这一旨趣，必须先认识中华传统文化中的政治社会秩序观念架构。

---

〔4〕 参见范忠信、陈景良主编：《中国法制史》，北京大学出版社2007年版，各编引言。

这一观念架构,是中华法律文化的旨趣和目标的立足点或出发点。

（一）中国传统政治社会秩序观念架构

中国传统政治社会秩序观念的基本架构,透过五千年法制实践,可以大致认定为以“圣贤教养普通民众”为宗旨或灵魂的秩序观念体系。历代朝廷的一切法制,都是本于“圣贤教(化)养(育)普通民众”这一精神而形成的。承载这一灵魂的政治社会秩序观念体系,大致由以下几个方面构成。

1. 关于政治秩序的实质。“圣贤教养普通民众”走向文明生活,这是传统中国政治学说所理解的政治秩序的实质,也是历代王朝正式宣示的政治秩序构思的灵魂。一般认为,国家一切政治活动,实质就是“为民父母(师长)行政”[5],就是一个“文明以说(悦)、大亨以正”[6]的变革、进化永久连续工程;就是尊重和保护复数的人[7],使之臻于更加文明幸福的生活境界。

2. 关于政治秩序的规则之源。这一政治秩序的维系规则从哪里来？古代中国政治哲学一般认为:在人类之上,是承载着终极真善美并有终极权威(威力)的“天”;天不可违,天不可欺;“天”是至善至美至高的政治权威,“天理”“天道”“天则”是人间秩序规则的最高渊源[8]。

3. 关于政治秩序的掌控者。传统政治哲学一般认为,政治秩序的最高掌控者是“天子”,他是“天”的长子或元子。获上天真实委任者,即“真命天子”。“天子”半人半神,既是上天差派执行教化和养育百姓使命的“神使”,也是人间精英的总代表[9]。圣贤之士(精英)辅佐天子治国抚民,一切官吏都应由圣贤(精英)担任;官吏队伍成为各级不同层次政治秩序的掌控者。

4. 关于政治秩序的建构方略。这一政治秩序,其建构纲领或方略可以总结为上、下、内、外四个方面。在上,注重选官治官,尽力保证官吏队伍道德合格堪为百姓表率,保证他们有资格去教化引导百姓。在下,注重教民治民,德刑并用,恩威并济,文武兼施;一切暴力手段归根结底是为教化百姓服务的。对内,注重

---

〔5〕 就是为民父母、为民师傅、为民君长三种身份的合一。《尚书·梁惠王下》引《尚书·泰誓》:“天降下民,作之君,作之师”,《尚书·洪范》:“天子作民父母,为天下王。”

〔6〕《易·革卦·彖传》。

〔7〕 这里的“人”,是“天地与人,谓之三才”意义上的“人”。是复数或物种意义上的人,不是人格独立自主的个体意义上的人。《礼记·中庸》“可以赞天地之化育,则可以与天地参矣”,人顶天立地并立为三。

〔8〕 参见范忠信:《中国法律传统的基本精神》,山东人民出版社 2000 年版,第 15－20 页。

〔9〕 参见范忠信主编:《官与民:中国传统行政法制文化研究》,中国人民大学出版社 2012 年版,第 4、42 页。

礼乐教化、伦理本位、农本商末，实行家国一体的政治，维护儒家式政治“正朔”。对外，注重“华夷之辨”，注重礼乐教化施行的边界；不强行在华夏文明传统区域以外“用夏变夷”输出礼教，也不允许蛮夷陋俗反过来“用夷变夏”。

5. 关于政治秩序的目标。传统中国政治哲学认为，一切礼乐制度的最终目标是要建成“温良恭俭让”的、礼兴乐盛的、“明君”“清官”“良民”三者温馨共处的和谐社会。以儒家思想为核心的传统政治哲学认为，政治秩序追求的绝不仅是僵硬无生机的稳定或安定状态（法家的恐怖秩序主张到有些像在追求这种状态），而是追求一种特殊的社会生机——道德充沛、相得益彰的和谐社会生活状态。

（二）中华法律文化的旨趣或价值追求

前述政治秩序观念架构，若以现代话语可以作出如下几点阐释。这些阐释，其实就是中华法律文化的主要旨趣或价值追求的归纳。

1. 关于政治秩序实质的认识。“圣贤教养普通民众走向文明生活”，这一认知，体现着典型的精英政治观念。也就是说，以先知先觉的精英阶层为社会生活（渐进的文明化成过程）的中坚力量，以精英阶层教育百姓、引导百姓、示范百姓、保护百姓、养育百姓，建立并不断推进文明生活秩序。这一理念，与西方自古希腊罗马以来的“人禀理性”“天赋人权”“主权在民”的民主政治理念大为不同。

2. 关于真理源泉和最高规范（终极规则）渊源的认识。“天理”“天道”观表达了一种普遍认知：天道自然及天赋人性中有着终极的真善美标准和终极规范。人类不能悖逆天道自然、天赋人性，必须尊重之；人定法制必须以天道自然人性的“潜在法”为归依。这近乎西方传统的“自然法”观念，不过各自认知的“自然法”有所不同。

3. 关于公务权力来源和责任。有两层“真命”观念：一是最高领导人（“天子”）须为天纵圣哲，英明伟大，真正获得“天命”（天的委任）；二是其僚属辅佐团队（官吏）必须为聪明睿智、德才兼备的精英分子组成，必须真正获得“君命”（君主的委任）。因为权力来自具有更高权责的“天”或“君”，于是，君对天负责、臣对君负责，就是最为合乎逻辑的责任模式。

4. 关于政治秩序建构方略。前述上、下、内、外四方面的方略表明：格外注重公务员队伍的选拔任用，注意其道德修养、综合才能和廉政风纪监督；格外注意对人民的道德教育感化，并用法制引导和调整人民的行为，认为强力或强制手段仅仅从属于教化引导人民之目标；格外注重引导人民“以国为家”，“爱国如家”；

格外尊重四境不同民族的文化传统、风俗习惯，不将自己的意志和秩序模式强加于人。

5. 关于社会秩序的建设目标。传统的"和谐社会"目标，实际上也是一个"礼法之治"的目标。"以礼为法"或"礼法结合"，最后旨在建成全社会各阶层道德普遍升华、相互合作良好的和谐社会。人与人之间依据道德伦理的充分合作，是秩序的真正终极目标。这一理念，与西方法律传统以每个人依据法律的个性伸张为秩序目标明显不同。

中华法律文化的这些旨趣，其实也是人类社会政治文明的共同遗产之一部分，也体现了人类文明进化的共同成就，体现了一定程度的人文精神，体现了中外不谋而合的某些"普遍价值"的灵魂。我们绝对不能说，因为仅仅以"复数的人"的生活幸福与人格升华追求为灵魂、没有以西方式个人主义自由主义为灵魂，仅仅以精英主导政治的观念为灵魂、没有以西方式民主政治观念为灵魂，我们五千年文明史形成的中华法律文化或中国法律传统就一无所成或一无可取。

三、四大关系与中华法律文化的主要智慧

为了保障"圣贤教养普通民众""为民父母(师长)行政"之文明进化工程顺利实施，为了保障建成"明君清官良民"和谐共处的和谐社会，中国传统法律文化在过去的五千年间创造发展出一系列闪光的法律智慧。这些法律智慧，即使时过境迁至21世纪，细品起来，仍觉弥足珍贵。

中华法律文化的这些传统智慧，我们大致可以人类政治共同体(国家)生活中最不可回避的四对基本关系为线索来加以简要梳理阐发〔10〕。

(一)关于人与天(自然)关系的法律智慧

中国传统法律文化特别重视天人关系。在古人心目中，天不只是一个日月星辰、风雷雨电、山川江河的自然存在，更潜藏着终极权威、终极真善美、终极真理。处理好人与天的关系，不是应该，而是必需。天人关系是人类政治社会生活首先要处理好的关系。对于一个具有无穷威力、深藏无限奥秘且人类永远无法真正全面认知和掌控的可怕存在，无论它是否有灵，人类必须保持特别的敬畏和

---

〔10〕 这里我们没有用传统中国的"五伦"，即君臣、父子、夫妇、兄弟、朋友五对基本关系作为讨论线索，而是用更有普遍意义的几重关系为线索。在传统"五伦"中，缺乏对国家与国民、群体与个人、陌生人相互间三对非常重要关系的关注("君臣""朋友"两伦，并不能完全包含或释明此三种关系)，所以是残缺的。"五伦"中有三伦是家庭内部关系，只有两伦涉及政治和社会关系，也显示一定的历史局限。

妥协态度,必须尽可能与之协调或和谐。国家的政治法律制度必须有这样的具体构思设计,决不可“无法无天”“伤天害理”“逆天灭伦”,决不可鲁莽灭裂。与天人关系有关的法理观念和法律制度之主要智慧,我们可以粗略总结为以下几条。

1. 从“天人合一”“天人感应”的哲学观出发,强调“国法”必须合于“天道”“天理”“天则”“天秩”〔11〕。此即强调:一方面,出自统治者意志的人定法律并不具有终极权威性,天地自然和天赋人性中的内在法则才是最高的法律(自然的法则、人性的法则);另一方面,违反“天道”“天理”的人定法不具有正当性、合法性,人们可以凭据“天理”“人情”来评价人定法优劣,这天然地否定了国家或君王权力的极端化的正当性。

2. 重视从天地自然和天赋人性推演出来的“礼乐”在政治社会生活中的根本意义和作用。法制的形成,一般被称为“制礼作乐”,亦即由圣贤或精英们对社会生活积久成习的民俗习惯加以总结整理、升华阐扬〔12〕。主张以公共强制力(“政刑”)辅佐经整理升华的风俗习惯(“礼乐”),以响应、回报、践行“天理”“天道”“天秩”“天则”。

3. 制定《祀典》(有行政法规性质),定期举行“祀典”即官办祭祀仪式〔13〕,祭祀天地山川各路神灵,表达对天道自然神祇的尊重、敬畏,教导百姓尊重自然、保护环境,实现可持续发展。这些仪式,既是与天地自然神祇恭敬沟通的形式,也是一种“文化行政”程序,绝不可认为仅仅出于愚昧无知或愚民需要。

4. 执法用刑特别强调“天人感应”,强调不可违逆上天“春生夏长、秋杀冬藏”的规律。西周时即开始形成“月令法政”原则〔14〕,汉代即确立“秋冬论重罪”“夏至断薄刑”的法律制度〔15〕,唐律有“立春至秋分不得决死刑”以及在朔望、二十四气、雨未晴、夜未明、“断屠月”、“禁杀日”等不得执行死刑的系列规

〔11〕《老子》:“人法地,地法天,天法道,道法自然。”《诗·小雅·皇矣》:“不识不知,顺帝之则。”《墨子·明鬼中》:“以天志为法而顺帝之则。”《汉书·刑法志》:“圣人因天秩而作五礼,因天讨而作五刑。”

〔12〕《文子·上义》:“法生于义,义生于众适,众适合于人心。”《淮南子·泰族训》:“故先王之教也,因其(民)所喜以劝善,因其所恶以禁奸。”

〔13〕瞿同祖:《清代地方政府》(修订版),范忠信等译,法律出版社2011年版,第259-262页。

〔14〕《礼记·月令》“仲春之月……止狱讼”,“孟夏之月……断薄刑,决小罪,出轻系”,“孟秋之月……戮有罪,严断刑。仲冬之月……斩杀必当”。

〔15〕《汉书·刑法志》载萧何定律,“季秋定囚,俱避立春之月”,“夏至断薄刑,出轻系”。

范[16],这些规范出于对天道自然的恭敬成分远大于欺骗成分。

5. 通过在建政、天灾、战祸、丰收、喜庆、祺祥等特殊时机实行大赦、特赦或改善囚徒待遇,“以报天时”“以彰天德”“以应天谴”“以谢天恩”。这种对天道天威的怵惕谨慎恭敬态度,有追求与天道自然和谐的考虑,决非仅仅出于愚昧或出于愚民需要。客观上也确有缓解危机、化解怨戾、促进社会和谐的功能。

(二)关于国与民关系的法律智慧

中华传统文化最注重国家与人民的关系。孟子云:“诸侯之宝三:土地,人民,政事。宝珠玉者,殃必及身。”[17]“以人民为宝”,尽管有家天下的性质,但本于重民、保民、仁民、养民,“取于民有制”等追求,处理国家与人民的关系,重视民性民情,不强民所难,也发展出一系列法律智慧。

1. 强调“国以民为本”:“民为邦本、本固邦宁”,“民为水、君为舟”,“民为贵、君为轻”[18],强调人民作为国家根本构成主体(不等于主人)的地位;强调国家对人民的保护、教化、养育义务;强调人民有“革命权”,即反抗暴政权,可以集体诛杀“独夫民贼”[19];强调“天下归之之谓王,天下去之之谓亡”[20],承认人民拥护是政权合法性的唯一来源。

2. 承认国家权力有限,承认“皇权不下县”“天高皇帝远”的实际政治格局。国家一般不在乡村、街坊直接委派常驻公务机构,承认乡村、街坊的民间社会的实际自治,承认民间力、社会力的客观存在及其不可替代的作用。国家不把自己定位为排斥其他一切社会力的全权万能者。[21]

3. 承认多种形式的民间社会实际自治,包括直接承认宗族(血缘社会)、乡里(地缘社会)、行会(工商社会)、寺观(宗教社会)、学校(学术社会)的自治,以及间接承认帮会(江湖社会)的自治;承认并协助(至少不妨碍)民间社会组织的

[16] 《唐律疏议·断狱》引《狱官令》。

[17] 《孟子·尽心下》。

[18] 参见《古文尚书·五子之歌》《荀子·王制》《孟子·尽心下》。

[19] 《孟子·公孙丑下》。

[20] 《荀子·王霸》。

[21] 秦晖教授概括为“国权不下县,县下惟宗族,宗族皆自治,自治靠伦理,伦理造乡绅”。参见秦晖:《传统十论:本土社会的制度文化与其变革》,复旦大学出版社 2003 年版,第 3 页。美国史学家古德认为:“在中华帝国统治下,行政机构的管理还没有渗透到乡村一级,而宗族特有的势力却一直维护着乡村社会的安定和秩序。”参见[美]古德:《家庭》,社会科学文献出版社 1986 年版,第 166 页。

自治管理权、纠纷调处权、轻微违法惩戒权的行使〔22〕。

4. 尊重民间自发形成的规约,包括承认宗规族法、寺观清规、乡规民约、江湖帮规、工商行规、书院学规等民间自治规范的正当地位。这些规约的订立过程和具体内容,国家基本不主动或事前干预;民间社会主动呈报后官府发布"宪示"予以支持,强化其权威(如"乡约碑")〔23〕。在国家司法时,特别强调对民间事务"依乡约乡法""依各该族规""依丛林清规"等处理;在国家法律与民间习惯规则有一定冲突时,甚至强调优先适用民间习惯〔24〕。

5. 允许"亲属容隐",承认并尊重人们"无原则爱亲属"的天性,不悖逆人之常情。除涉及君国重罪以外,不强求人们"大义灭亲",在家国不可两全时承认人们有"屈国伸家"或"舍国全家"的权利。通过"亲属容隐",旨在保存社会和谐的伦理基础,尊重亲属圈的"拒绝引渡权",防止株连扩大化,防止司法官吏滥用权力〔25〕。

6. 重视敬老养老法制建设。历代有"三老五更"敬老典礼,有定期酒肉粮食布帛配给养老制度,有向高龄颁爵位或荣号制度,有家有高龄老人则减免赋税徭役额度的制度〔26〕,还有高龄犯罪人减刑、免刑、赎罪及强制措施柔化优待制度,还有存留养亲制度;更特殊者还有汉代授予高龄老者"王杖"及对乡间非违纠戒权〔27〕,明代授予乡间耆老主持申明亭调解及率丁壮捉拿赃吏送惩的制度〔28〕。

7. 司法时强调"哀矜折狱","视民如殇","哀矜而勿喜"〔29〕。对于百姓犯罪,官员要"反躬自责",反省自己执政无德"陷民于罪"之过。早在周代即有"斋居决事"制度,亦即在决死囚时斋戒数日,撤膳减乐,表示不忍心,表示反省自

---

〔22〕 马克斯·韦伯认为:"事实上,中华帝国正式的皇权统辖权只施行于都市地区和次都市地区。出了城墙之外,中央权威的有效性便大大地减弱乃至消失。"[德]马克斯·韦伯:《儒教与道教》,江苏人民出版社1993年版,第110页。

〔23〕 参见李雪梅:《明清地方词讼禁令研究——以碑禁体系为中心》,载《法律史论丛》第11辑,社会科学文献出版社2011年版,第487-519页。

〔24〕 参见张中秋:《唐代经济民事法律述论》,法律出版社2002年版,第129页。

〔25〕 参见范忠信:《中西法律传统中的"亲亲相隐"》,载《中国社会科学》1997年第3期。

〔26〕 参见范忠信:《中国法律传统的基本精神》,山东人民出版社2001年版,第313-318页。

〔27〕 参见郭浩:《汉代王杖制度若干问题考辨》,载《史学集刊》2008年第3期。

〔28〕 (明)朱元璋:《优恤高年并穷民诏》,载刘海年、杨一凡编:《中国珍稀法律典籍集成》乙编第三册,科学出版社1994年版,第64页。

〔29〕 三语分别出自《尚书·吕刑》《左传·哀公元年》《论语·子张》。

裁[30]。历代政治家都深知，过于炫耀暴力的司法，“无益惩肃之理，徒表安忍之怀”[31]，对人民有极其不良的暴戾诱导。

8. 刑度设计及刑罚执行注重照顾人伦亲情。如汉代法律允许狱中“传后”[32]，允许亲属代刑（流放刑、自由刑）[33]，允许近亲属独立上诉申诉[34]；晋以后正式规定侵害亲属比侵害常人加重刑罚，侵害尊亲属比侵害卑亲属加重刑罚[35]；南北朝以后允许死刑犯“存留养亲”“存留承祀”[36]，历代法律允许死刑犯“亲故辞决”；唐律允许亲属代首，亲属告发视为罪嫌自首可减轻罪责[37]。

9. 强调家庭义务和家长责任。唐宋律规定，家人犯罪以家长为首犯，家人共犯一般罪止坐家长[38]；逃避赋税徭役之罪只由家长承担责任[39]；家长享有管理家产全权，但子女分户时若“分财不均”有罪责[40]；在婚约诈欺与违法婚姻时仅由家长承担责任[41]；家长享有监督替代刑执行的权责。明清律规定，家长享有教令权、惩戒权，“子孙违犯教令”要追究责任[42]。法律规定家长这类权责，并非只能带来家长专制或对卑亲属权益的践踏，也有其他显著的积极作用。

10. 矜恤老幼妇孺笃疾废疾。古代中国法制主张对各类弱势群体，尤其是对老人和妇女，给予各种实体法优待及司法程序特权。通过赎刑（以资抵刑）、上请（奏请皇帝）、颂系（免锁散禁）、免予拷笞、抱告（亲属代理）、就讯（就居所讯问）、高龄免死刑、孕妇免死刑等制度[43]，体现了人道主义或司法仁政。

---

[30] 参见《礼记·文王世子》和《韩非子·五蠹》。

[31] 《隋书·刑法志》。

[32] 程树德：《九朝律考》，中华书局 2006 年版，第 115 页。

[33] 《后汉书·明帝纪》和《陈忠传》。

[34] 《张家山汉简·二年律令·具律》：“死罪不得自气（乞）鞫，其父母兄姊弟夫妻子欲为气者，许之。”《晋书·刑法志》谓汉律“二岁刑以上，得以家人乞鞫”。

[35] 《晋书·刑法志》：“峻礼教之防，准五服以制罪也。”不应把“准五服以制罪”仅仅看成“礼教吃人”的规定，其实“亲疏有别”的刑事责任至今仍是欧洲很多国家刑法中关于亲属之间侵害行为的一般规定。参见范忠信：《亲亲尊尊与亲属相犯：中西刑法的暗合》，载《法学研究》1997 年第 3 期。

[36] 《魏书·刑罚志》。

[37] 《唐律疏议·名例律》。

[38] 《唐律疏议·名例律》。

[39] 《唐律疏议·户婚律》。

[40] 《大明律·户律·户役》。

[41] 《大明律·户律·婚姻》。

[42] 《大清律·刑律·诉讼》。

[43] 《唐律疏议·名例律》；[日]仁井田陞：《唐令拾遗》，栗劲、霍存福译，长春出版社 1983 年版，第 715 页。

(三)关于国与吏关系的法律智慧

中国传统文化也十分注重国家与官吏的关系。从儒家理念出发,“为政在人”,人存政举、人亡政息;君子德风,小人德草;君子为法之原〔44〕,循良官吏是人民的表率。从法家理念出发,以法为教,以吏为师,“故吏者,民之本、纲者也,故圣人治吏不治民”〔45〕。为了处理好这一关系,古代中国发展出以优选官吏、从严治吏为核心的一系列法律智慧。

1. 控制官吏员额,防止冗员。官吏员额控制,大约始于周代。《周礼》中全国上下官吏员额编制规定,也许部分反映了周代真实。唐代有“置官过限及不应置而置”之罪〔46〕,打击超编设官吏的行为;明代更设“滥设官吏”、“大臣专擅选官”及罪名〔47〕,严厉打击超过编外员额任用官吏、滥用私人的行为。

2. 从严治吏,严惩官员犯罪。历代法典多密布防范官吏犯罪的网罗:以官吏作为特殊主体的犯罪,罪名繁多,约束苛刻,刑罚较重。汉代法律即严厉打击官吏“贪污”“受所监临”“受所行(巡)”“受故官送”“受所将”“主守盗”等犯罪行为〔48〕。唐代关于官吏贪贿犯罪的规定空前细密:受财枉法、受财不枉法、受所监临、强盗、窃盗、坐赃等“六赃”之罪,有四者主要是防范官吏。尤其是官员向下属放贷,与下属间买卖有剩利或强买强卖,向下属借债超期不还、借衣服器玩超期不还,向下属借用奴婢、马牛、车船、邸店之类,接受下属猪羊供馈,擅自敛取下属财物,离任后接受旧属馈送,其家人向属民乞索、借贷等,均视同受贿或坐赃论罪〔49〕。甚至擅自用公家的驿马运载私人之物,也构成犯罪。另外,唐代官员“性受贿”之禁亦为典型,官员与属吏属民通婚、接受当事人“以妻女行求”,都构成犯罪〔50〕。

3. 严防官员自夸政绩树碑立传。汉律打击官吏之间“更相荐誉”互相吹捧的行为〔51〕,唐律打击官吏“辄立政绩碑”或“遣人妄称己善”的行为〔52〕;明清律

---

〔44〕 以上三语分别出自《礼记·中庸》《论语·颜渊》《荀子·君道》。
〔45〕 《韩非子·外储说右下》。
〔46〕 《唐律疏议·职制》。
〔47〕 《大明律·吏律·职制》。
〔48〕 戴逸总主编:《二十六史大辞典·典章制度卷》,吉林人民出版社1993年版,第667-675页。
〔49〕 《唐律疏议·杂律》。
〔50〕 《唐律疏议·户婚律》。
〔51〕 程树德:《九朝律考》,中华书局2003年版,第130页。
〔52〕 《唐律疏议·职制》。

打击“上言大臣德政”的行为[53]，官员知情者与同罪。这些法制旨在加强官吏监督，防止结党营私，防止其导演舆论干扰考核监察。

4. 严设回避制度，防止官吏营私。古代中国的回避制度，包括听讼回避、任职回避、差事回避等。仅以清代而言，法律有回避亲属、回避仇嫌、回避师生、回避原籍、回避近乡、回避与近亲属生意相关的差使等多方面的规定，特别是与监察任职、科举考试差事有关的回避，极为严密[54]。

5. 注重以公平程序选拔人才出任公职，严厉打击选举舞弊。自周代的“乡举里选”到汉代的察举征辟，到唐以后的科举取士，历代都尽力完善公平程序，尽量通过貌似客观公正的手段途径取士。汉代即注重打击“选举不实”“举奏非是”“除吏不次”[55]等人事选拔任用上的犯罪行为；唐律注重打击“贡举非其人”[56]的犯罪行为；明清律注重打击“大臣专擅选官”“滥设官吏”“贡举非其人”“举用有过官吏”[57]等犯罪行为。

6. 严设监察制度，全方位监察官吏，防止腐败。历代监察御史执掌风宪，肃政廉访，强化政纪法纪，督促法律实施，有相当完备的制度建设经验。这些经验中尤其以御史“位卑权重”设计[58]最为出色，特别是“专折直奏”或密折奏事防止阻碍[59]、“风闻奏事”扩大信息源[60]等制度尤为独到。明清法律规定朝中高官近亲属不得担任言官[61]，防止宰辅与言官勾结乱政蔽听，也是非常有意义的制度设计。

7. 坚持对最高权力的法定监督制度（言谏制度）。言谏制度堪称减弱君主体制弊端的最好制度。言官清要之任，选清廉方正、疾恶如仇甚或书生气十足者为之，随时监督君王言行，劝阻违法，批评错误。再怎么言辞激烈，肆无忌惮，“讪君卖直”，终究“言官无罪”，一般不受追究，有如今日民意代表言论免责权之

---

[53] 《大明律》及《大清律》的《吏律·职制》。

[54] 参见吴兆清：《清代回避制度》，载《故宫博物院院刊》1997年第1期。

[55] 程树德：《九朝律考》，中华书局2003年版，第128－129页，《汉书·公卿百官表下》。

[56] 《唐律疏议·职制》。

[57] 《大明律》和《大清律》之《吏律·职制》。

[58] （清）顾炎武：《日知录·部刺史》：“秩卑而命之尊，官小而权之重，此大小相制，内外相维之意也。……秩卑则其人激昂，权重则能行志。”

[59] 参见邱永明：《中国古代监察制度史》，上海人民出版社2006年版，第437页。

[60] 参见刘长江：《浅析封建时代监察官的“风闻弹人”》，载《川东学刊》1997年第3期；刘长江：《清朝风闻监察述论》，载《临沂师范学院学报》2004年第5期。

[61] 参见周勇进：《清代言官之选任》，载《保定师范学院学报》2009年第2期。

设计。[62]

8. 禁止"役使所监临""擅勾属官",防止长官擅派差事役使下属,尤其是因私役使下属。唐律规定:"监临之官役使所监临……计庸以受所监临财物论。"[63]亦即计算工钱,视同受贿处理。《大清律》规定:"凡上司……擅勾属官,拘唤吏典听事,及差占司狱、各州县首领官,因而妨废公务者,笞四十。属官承顺逢迎及差拨吏典赴上司听事者,罪亦如之。"[64]长官擅自差使下属做私事构成犯罪。

9. 制度性鼓励执法官员坚守法律、坚持独立判断,抵制权势者干预。唐律规定,对于疑难案件,"法官执见不同,得为异议",即可以"议律论情,各申异见"[65]。明清法律规定,"若刑部及大小各衙门官吏不执法律,听从上司主使,出入人罪者,罪亦如之。若有不避权势,明具实迹,亲赴御前,执法陈诉者",给予重赏及晋升[66]。

10. 重视史官制度的政治监督作用。古代中国的史官,包括著作官(记录整理朝政原始资料)、起居注官(记录君主言行)、国史修撰官(史书编写)等,都实际上兼有政治监督功能。强调史官"秉笔直书"君主和宰辅的功过是非以为史鉴,强调君王不得知悉史书记载内容,防止君王及高官利用权势歪曲历史、文过饰非。此制有利于约束掌权者,促其对历史负责,约束其权力滥用[67]。

(四)关于民与民关系的法律智慧

关于百姓个人或团体之间的关系,传统中国的法制似乎没有如前三者一样重视。在传统政治哲学看来,百姓个人或团体之间的事情,似乎仅仅是小民私事,应该是以"礼"或习俗加以规范的事宜,与国家之"公"关系不太大。在第(二)部分关于"官与民"关系的法律智慧的陈述中,笔者已经于3、4两点特别就国家承认多种形式的民间社会实际自治,尊重民间规约即民间自治规范的正当地位作了阐发。其实,这两点,也体现了国家处理民与民之间关系的基本法律原则,只不过换了一个角度而已。以这两点为基础,我们可以总结出以下法律

[62] 参见钱大群:《谏诤制度与贞观之治》,载《中西法律传统》第2卷,中国政法大学出版社2002年版,第135-151页。
[63] 《唐律疏议·职制》。
[64] 《大清律·吏律·职制》。
[65] 《唐律疏议·断狱》。
[66] 《大明律》及《大清律》之《吏律·职制》。
[67] 参见牛润珍:《汉至唐初史官制度的演变》,河北教育出版社1999年版,第208-213页。

智慧。

1. 承认百姓个人可以自行集合或自结团体的方式生活，谋求幸福和安全。传统政治哲学大致承认，不管是宗族性质、宗教性质、乡党性质、职业性质、文化性质、江湖性质的团体，人们均可不经国家同意而加入其中，承认这些组织的自我服务、自我管理〔68〕。

2. 承认在这些社会形式中形成的宗规族法〔69〕、乡规民约〔70〕、寺观清规、工商行规、书院学规、江湖帮规等民间规约的正当权威或约束力。承认民众间相互关系形成的“风俗”的正当权威，注重以民间规约或风俗为标准衡量民与民关系中的权益问题和是非得失问题，维护民间社会中多数人共同意志对于百姓个人的支配权威。

3. 承认士绅在民间社会的领导权威，强调士绅在民间社会自治管理活动特别是自治规则订立、民间纠纷调处、公益事业组织推动、地方治安维护等方面的主导作用，督促普通百姓对士绅作为“四民之首”权威的适当服从〔71〕。

4. 承认百姓间私人契约的权威。在古代中国执法活动中，一般强调“官从正法，民从私契（约）”，“民有私约如律令”；处理百姓之间的民事纠纷，注重依据百姓自己的自主约定〔72〕，强调在不违法的前提下“任依私契，官不为理”〔73〕。同时，汉律打击“假借不廉”“不偿债”等行为〔74〕，唐律打击“负债违契不偿”的行为，以维护私人契约的权威性；打击“买卖不和而较固取之”的行为〔75〕，强调“两和立契”，保障私人在契约关系上的平等权益〔76〕。

---

〔68〕 有学者认为：“在传统中国社会，事实上存在着两种秩序和力量：一种是‘官治’秩序或国家力量；另一种是乡土秩序或民间力量。前者以皇权为中心，自上而下形成等级分明的梯形结构；后者以家族为中心，聚族而居形成‘蜂窝状结构’的村落自治共同体；连接这两种秩序和力量的是乡绅精英阶层。” Vivienne Shue：Sketches of the Chinese Body Politic. Stanford University Press，1998. p. 178。

〔69〕 参见朱勇：《清代宗族法研究》，湖南教育出版社 1988 年版，第 170－177 页。

〔70〕 参见陈会林：《地缘社会解纷机制研究：以明清两代为中心》，中国政法大学出版社 2009 年版，第 326－350 页。

〔71〕 参见费孝通：《中国士绅》，赵旭东等译，三联书店 2009 年版，第 156－166 页；瞿同祖：《清代地方政府》（修订版），范忠信等译，法律出版社 2011 年版，第 290－295 页。

〔72〕 参见张中秋：《唐代经济民事法律述论》，法律出版社 2004 年版，第 129 页。

〔73〕 ［日］仁井田陞：《唐令拾遗》，栗劲、霍存福译，长春出版社 1983 年版，第 789 页。

〔74〕 《史记·功臣侯表》，《晋书·刑法志》。

〔75〕 参见《唐律疏议·杂律》。

〔76〕 参见岳纯之：《唐代民事法律制度论稿》，人民出版社 2006 年版，第 220－222 页。

5. 强调亲属圈内的人伦义务,特别注重夫妇、父子、兄弟“三伦”。在古代中国,以“夫妇”为人伦之首,强调“父子”“夫妇”“兄弟”三种家庭内部关系和谐为社会和谐的基础。“五伦”中三伦与家庭有关,抓住了社会和谐的关键或要害。

6. 重视“朋友”之伦或社会生活之伦,儒家“朋友有信”[77]主张成为古代中国契约法制的原则。故历代都强调契约公平,诚实信用,尤其特别注重法律上的信用保障机制,如在契约中设中证、见证,以加官印的“红契”以保证契约信用,等等[78]。虽然缺乏“非朋友之间”(包括陌生人之间、敌人之间)关系的伦理和法制设计,但也形成了尽力扩大“朋友”关系适用的法律智慧。

7. 在婚姻关系中强调夫妇有限平等以巩固婚姻家庭稳定,适当保护妇女权益。过去一般认为丈夫“七出(去)”休妻制度仅仅保护夫权,压迫妇女。其实,“三不去”的规定实际上基本抵消了“七出(去)”对妇女不利安排。事实上,“有所取无所归”(娘家沦落瓦解)、“与更三年丧”(孝养公婆并送终)、“前贫贱后富贵”这三条,或者仅仅最后一条,也许比今日过于纠缠于“感情是否确已破裂”更有利于维护婚姻纠纷中的弱势一方之权益[79]。

四、法律智慧与法律传统

关于中华传统法律智慧,笔者列举了上面那么多。这些列举,并不是很严格地根据科学统计归纳的结果,更多的是凭着多年治中国法律史形成的大致体悟并联系世界法治价值标准后形成的感觉而列举的。因此,这样的列举,只能表达一种大致的初步的感觉,有待来日进一步展开研究。

关于古代中国的这些法律智慧,朋友们也许会有几个疑问,需要事先澄清。

第一,这些法律智慧,是关于中国历史意义上的“法律问题”的智慧。中国人心目中的法律和法律问题,自古就与西方人大不一样。中国古人注意到的法律问题,西方人不一定认为是法律问题。所以我们不一要按照受近现代西学影响后形成的那个“法律问题”概念来衡量古代中国。

第二,本文这里所列举阐发的法律智慧,如果一定要用西方法学概念来表达

---

[77] 《论语·学而》:“与朋友交,言而有信。”《孟子·滕文公上》:“父子有亲,君臣有义,夫妇有别,长幼有序,朋友有信。”

[78] 参见许光县:《清代契约法对土地买卖的规制——以红契制度为中心的考察》,载《政法论坛》2008 年第 1 期。

[79] 参见郭成伟、崔兰琴:《中国古代的离婚制度体系》,载《政法论坛》2010 年第 4 期。据说,元朝以后,对“三不去”使用的限制,只剩下“犯奸”一条。

的话,更多的是关于“法理”和“国宪”问题的智慧,而很少提及古代中国关于民事法律(含婚姻、家庭、继承)、商事法律、行政法律、司法制度、诉讼制度、环保和资源法制、军事法制、国际法等方面的具体部门法律智慧。作为一篇简纲式介绍性文章,目前还无法详细列举那些“部门法制”的智慧。就民、刑、诉讼等方面具体法制的法律智慧分别进一步深入研究,也只好寄望来日。

第三,前文列举的那些法律智慧,并非在古代中国每个时期都实践得很好。法律智慧,包括合乎人性保护和文明进化需要的法律主张、法律制度,本来就不以在历史上一直被兑现得很好(甚至从来就没有人违反过)为前提。

第四,任何法律智慧都是特定情势下的合理安排,都有个合理限度问题。离开了这个特定情势,越过了合理限度,就不一定还是智慧,甚至可能变成荒谬了。本文所讲的古代中国法律智慧,大多应作如是观。如果以这些法律智慧在历史上被滥用或过限使用造成的罪恶来否定这些智慧,那么就没有任何智慧值得我们珍惜了。

进一步而言,所谓中华法律传统,其实就是上述法律智慧的传承和变迁。关于法律智慧与法律传统的关系,以古代中国法制历史为例,我们可以总结出以下几点认识。

1. 法律传统是一个民族的公共秩序个性,犹如自然人的身心个性;这一个性首先表现为特定的法律智慧,亦即在特定情势下就人类社会生活遭遇的同样问题作出的不同的智慧选择。个人在特定关系面前的取舍选择风格决定个人的个性,国家民族就特定关系处理的集体选择风格决定了国家民族法律智慧的个性。我们每个人从生到死,某些生理特征不会变,某些心理特征也不会变;同样,国家民族的法律传统或法律智慧可能就体现着一个民族的不变的生理特征或心理特征。

2. 任何法律传统虽非一成不变,但变化规律本身也是传统的构成部分。法律传统的变化,肇因于利害取舍选择;法律的取舍选择随着社会情势变化而变化。随着社会历史的变迁,有些从前公认的法律智慧过时了、废弃了,也有些新的法律智慧应运而生。一个民族的法律智慧一直在自然变化或自然进化之中,不过这种变化是有“传统”属性可循的,亦即有内在变化规律可循的。这正如一个人的幼年容貌和垂暮之年容貌之间变化虽巨大,但仍有某种潜在的共性不可磨灭。除了人工整容,某种幼年的面庞只能演变为某种特定的暮年面庞,而不可能演变为另外的面庞。同样除非外力剧烈撞击,一个民族的法制也只能在它的内在属性规定或许可范围内演进,而形成鲜明的传统。

3. 在强烈外力撞击下,一个民族的法制会发生剧烈变化,好像断裂了"传统"一般;据以因应这种剧烈变化的,还只能是历史继承下来的智慧,包括法律智慧。所以说,即使一个民族受到外力强加的痛苦屈辱的法制变革,也不一定就能真的废弃全部内存传统。特定民族被外力推动造成的法制剧烈变化,仍是有规律可循的,这种规律(主要是因应规律)也构成传统的一部分。一个民族对于外来文化冲击的反应,一定是本于民族自身条件、自身特性、自身历史智慧去作出反应;这种反应,与条件或特性不同的其他主体作出的反应不会完全一样。这种特定反应的规律性、习惯性和连续性,本身就是民族个性沿袭或者传承的标志,本身就构成法律传统,本身就是我们考察民族法律智慧时必须特别注意的。

总之,我们就是要在这种意义上考察和认识中华法律传统和中华法律智慧。认识了中华法律传统或中华法律智慧的特性,就是认识了作为民族共同体成员的我们自己本身的文化意义上的出身、血缘、血型、个性、体质、病史的特征。本文作为一个初步试探分析,求教方家。更详细的阐释有待未来作出。

(据2012年4月27日在中央政法委、中国法学会于北京主办的"双百"法学家宣讲观摩交流会上作者的同题交流报告加工而成。原载《中国法学》英文版2013年第3期)

起源时期中国法制和秩序的基本旨趣与特征

5000年的中国法制历程，我们可以分为起源时期、争鸣时期、整合时期、定型时期、变革时期这五个历史时期。中国法制起源于何时？由于时代久远且史料缺乏，无从准确知晓。一般推测，在部落联盟时代，即大约5000年前的炎帝黄帝时代，较大规模的政治共同体及其公共机构、共同规范已经形成。我们可以将自炎黄至西周时期视为中国法制的起源时期[1]，这一时期可大致确认的历史不过3000年，我们可以把这一时期的中国称为“早期中国”。为什么把起源时期的下限定在西周时期？这是因为，中国法制进化至西周时期，已经初步具备了后世研究者所称“中国法律传统”的某些基本特征。一个“中国式”的法制体系，已经通过西周的天子与后妃制、六官（六事）体制、嫡长继承制、宗法分封制、社会等级制、身份世袭制、土地王有制、乡官乡绅制、乡举里选制、礼刑相辅制等法律制度和“天命有德”“以德配天”“敬天保民”“明德慎罚”“矜老恤幼”等基本法律理论展现了雏形。

起源时期中国法制和秩序的主要旨趣与特征，亦即那个时期的秩序或法制最关切的是哪些问题，这是很值得我们深入总结的。总结阐明这一时期中国秩序或法制的主要特征，不仅有助于我们认识后世中国特定法制及法律观念的历史根源或肇因，也有助于我们从法律文化遗传基因（文化DNA）的角度进一步辨明中国传统文化的族记特征。由于更早时代法制无据可查，所以分析总结

---

[1] 这一时期，相当于西方汉学家所说的“早期中国”的前半部。西人常以汉代灭亡（公元220年）以前的中国为“早期中国”。参见蒲慕州：《追寻一己之福：中国古代的信仰世界》，上海古籍出版社2007年版，丛书“序言”第1页。

起源时期秩序或法制的主要特征,只好主要就夏商西周三个时代法制来考察。从现有史料大致可知,夏商西周时代的秩序或法制特别关切的是以下几个方面的特定时代问题。在这些问题的解决思路与办法方面,起源时期的法制展现了中国早期特有的时代旨趣与民族特征。

一、彰显天命天法,追求天人沟通

早期政治共同体形成后,第一个要特别处理好的政治关系,可能还不是共同体内部的人际关系,而是整个共同体与外部自然力的关系,即天人关系。处理好这一关系,可能是早期政治共同体存续的关键。

(一)敬畏天帝,以沟通天人为政法要务

在中国早期共同体政治中,“天”或“帝”无处不在。一种威力无穷、喜怒无常、神不可测、不可违抗的外在自然存在和力量,常被人们神化为一种超人的人格神。对于政治共同体而言,与这样一种力量之间保持良好沟通与和谐关系,以防一不小心干犯、亵渎、得罪,可能是族群共同体公共政治的当务之急。“皇矣上帝,临下有赫”[2],上天或上帝是人类的最高主宰,共同体政治是上天意志的实现,“昊天有成命,二后受之”[3],“天保定尔”[4]。所以,“敬天之怒”[5]“畏天之威”[6],与天帝沟通,就是第一重要的公共政治事务。“国之大事,在祀与戎”[7],“祀”的重要性在于与天(帝)、百神、祖先之灵保持良好沟通,“戎”的重要性在于防御侵略和必要出征以保共同体生存。

因为与天沟通为政治首要任务,故早期中国的国家职官体系中执掌通神的官员地位极重。上古中国很早就出现了专司祭祀和卜筮的国家官职。据说,早在尧舜时代,就设置了主管祭祀的“秩宗”。在夏代,秩宗职掌“礼于神以佐君”[8]之责任;又设“羲和”,“掌天地四时”[9],其实也与卜筮通神有关。在商代,有“巫”(女性称“巫”,男性称“觋”)、“卜”(甲骨文中有“贞人”“占人”“多

---

〔2〕《诗经·大雅·皇矣》。
〔3〕《诗经·周颂·昊天》。
〔4〕《诗经·小雅·天保》。
〔5〕《诗经·大雅·生民》。
〔6〕《诗经·周颂·我将》。
〔7〕《左传·成公十三年》。
〔8〕《国语·郑语》。
〔9〕《尚书·胤征》及疏。

卜”“左卜”等名)、“祝”等神职人员。其中级别最高者可等于辅政大臣,直接以人神沟通术辅佐君王,级别低者直接执行具体日常卜筮、通神、问策、定刑、求雨、治病之事,社会地位并不高。在周代,仍保持巫、史、祝、卜系统,负责人神沟通工作。中央专责祭祀通神事务的机构“太史寮”下设太史、太祝、太卜等官,号称“三左”,是人神沟通的最高官职。

对于这样的一种职掌通神的公务员体系和通神公共政治事务,我们可能必须从早期政法秩序或法制的构成环节去理解才比较合理,不能仅仅理解为原始宗教活动或迷信活动。某种意义上讲,他们的职责或所做工作,既有协调国族人民顺天行动秩序、解决天人矛盾纠纷的法制性质,也有探测或查询天帝旨意命令(天法)以作国家立规决策依据或参考的性质,更有假借天意天法来解决人际关系中的各类难解纠纷的性质。所以,通神是早期政治共同体中十足的政法公务之一。

(二)崇信天法,以卜筮方式进行神判

早期中国的先民们认为,天帝意志或自然法则不以人的意志为转移地存在着,人类必须无条件遵从之,以其为最高法则及检验人定法的标准。《尚书·皋陶谟》所谓“天叙”“天秩”,《周易》乾卦的“乾元用九,乃见天则”,《诗经·大雅·皇矣》中的“不识不知,顺帝之则”,讲的都是这种天法。这种“天法”,要么以自然而然的方式存在于天地之间,由人们凭借良知和智慧去感知,要么上天直接将其大纲授予“真命天子”(如“天乃锡禹洪范九畴”),要么通过专门负责人神沟通的官员去临时临事以卜筮方式探询。

因为崇信天法,也因为认识能力局限,在执法用刑时特别注重卜筮。在重大决策或审判时,其不由自主地通过卜筮寻求天意启示,预测吉凶祸福。为了使百姓更好地接受决定或裁决,假借“天意”也是一种政治技巧;假借“天意”的审判就披上了“神判”外衣,用刑也就披上了“天罚”的外衣,就更有合法性或正当权威了。《礼记·曲礼上》曰:“卜筮者,先圣王之所以使民信时日,敬鬼神,畏法令也;所以使民决嫌疑,定犹与也。故曰:疑而筮之,则弗非也。日而行事,则必践之。”使人民“畏法令”正是指“神判”“天罚”的威力;“决嫌疑,定犹与”就是明确身份权利,解决各种纠纷。早期的图腾禁忌也与卜筮紧密联系,决定着“神判”“天罚”的内容。

在殷墟甲骨文字中,为数最多的是占卜记录。“殷人尊神,率民以事神”[10],现存16万多片殷墟甲骨文字体现了商朝的这种政治个性。如甲骨卜辞中有“兹人井(刑)不?”[11]的记录,就是占卜请求神示:“当不当对这个罪犯用肉刑?”又有“贞:刖宰八十人不死?”[12]的记录,这是在卜问神意:“如果对这八十个宰(奴隶)用刖刑,他们会不会死?”还有“丁巳卜,亘贞:刖若?”的记录,就是在“丁巳”这一天进行占卜,由名叫“亘”的卜筮官(甲骨卜辞中曰贞人)占卜问神:“执行刖刑是否顺利?”还有“贞:王闻惟辟”“贞:王闻不惟辟”[13]的记录,似乎是商王直接审判案件也用占卜(贞:占卜)的方式问神意。有“庚辰卜,王,朕宫羌不死?”[14]的记录,是王直接卜问如果对羌奴用宫刑是否会导致其死亡。还有“辛酉卜,㱿,贞醢”[15]的记录,是在“辛酉”日占卜,贞人㱿卜问:“对某人处以醢刑可以吗?”还有“己未卜,㱿,贞乎执”[16]的记录,是在己未日由贞人㱿占卜,卜问“对某人拘捕可否?”还有“壬辰卜,执于圉”[17]的记录,就是在壬辰日占卜是否可以将某人枷械入狱。

周代也有这样的记录,《尚书·洪范》中的“明用稽疑”程序也可见周代卜筮神判情形:“立时人作卜筮,三人占则从二人之言。汝则有大疑,谋及乃心,谋及卿士,谋及庶人,谋及卜筮。”这种“谋及卜筮”“三占从二”的神判制度,既用于司法裁判,也用于重大政事决策。

大约产生于商周时代的古体“灋”(法)字即是上古神判的遗迹。《说文解字》言:“灋,刑也。平之如水,从水。廌,所以触不直者去之,从廌、去。”所谓“廌”据说是一种神兽,许慎说:“廌,解(獬)廌,兽也,似牛一角,古者决讼,令触

---

〔10〕《礼记·表记》。

〔11〕商承祚:《殷契佚存》,第850号。《甲骨文研究资料汇编》(第十四册),北京图书馆出版社2000年版,第404页。

〔12〕《殷墟甲骨文》第580号正面。参见胡厚宣主编:《甲骨文合集释文》(第一册),中国社会科学出版社2011年版,第43页。

〔13〕董作宾:《殷墟文字乙编》,中央研究院历史语言研究所1948—1953年版,第4604号。

〔14〕罗振玉:《殷墟书契前编》,第4卷第38页第7片。《甲骨文研究资料汇编》(第二册),北京图书馆出版社2000年版,第346页。

〔15〕殷墟甲骨文第6025号。胡厚宣主编:《甲骨文合集释文》(第一册),中国社会科学出版社2011年版,第328页。

〔16〕殷墟甲骨文第5966号。胡厚宣主编:《甲骨文合集释文》(第一册),中国社会科学出版社2011年版,第326页。

〔17〕罗振玉:《殷墟书契前编》,第4卷第4页第1片。《甲骨文研究资料汇编》(第二册),北京图书馆出版社2000年版,第277页。

不直者。”汉人王充《论衡·是应》说：“廌者，一角之羊也，性知有罪，皋陶治狱，其罪疑者，令羊触之；有罪则触，无罪则不触。斯盖天生一角圣兽，助狱为验，故皋陶敬羊，起坐事之。”以“性知有罪”的神兽协助法官断决疑难案件，这也是神判的一种体现。

（三）崇信“天命”，以“革命”方式执行“天罚”

上古人们崇信“天命”，故政法建构和言说多假托“天命”，其制裁或征伐一般要美化为“天讨”或“天罚”；更进一步，其推翻暴君王朝的人民反抗行动要美化为“革命”（革除天命），以其为最大的“天罚”。《尚书·皋陶谟》的“天命有德，五服五章哉；天讨有罪，五刑五用哉”之说就是这一观念的典型表述。

从尧舜禹到夏商周，政权更迭或转移经历了丰富多彩的实践模式，其扑朔迷离、血雨腥风的历程，造成了一代又一代人们的无数疑惑，因而成为必须从理论上解说的一个重要问题——政权更迭背后到底是什么在变？

国家权力的转移，最初是尧舜禹之间的“禅让制度”。据说，尧帝主动传位给舜，舜帝主动传位给禹，禹帝主动传位给益。他们之间的传授，都是“以圣授圣”。但最后禹的儿子启驱逐了益，夺取了政权。从此，“父传子，家天下”。在家天下的情形下，如果继位天子不仁，政治昏乱，那么就必须设法使政权转移到外姓英雄手中。这种转移，再也没有温文尔雅的“禅让”可言，只有武力征讨和暴力剥夺，这就是“革命”。夏朝末年，夏王桀荒淫无道，商汤王举兵造反；商朝末年，商王纣残暴昏聩，周武王举兵造反。这些造反，虽然有抗暴的道德正当性，迫不得已，但毕竟是臣下“犯上作乱”，因此必须找到一种合理化的解释才能心安理得。这种合理化的解释就是“革命”理论。

《周易·系辞上》有“天地革而四时成，汤武革命，顺乎天而应乎人”一语，就是这一解释的高度概括。在夏商周时代，这个以“革命”为核心的理论体系，主要是为了论证通过暴力手段获得国家权力的正当性、合法性以及探讨如何保持国家政权的先进性问题。

这一理论体系有以下关键内容：

第一，要获得国家统治权，必须有天命。天命，就是上天对个人英雄作出的关于最高统治权力的委任。天命并不固定属于一家一姓，“惟命不于常”[18]，

---

〔18〕《尚书·康诰》。

“帝命不时”“天命靡常”[19]。所谓“皇天无亲”[20]，就是说“天命”并不固定私祖一家一姓。

第二，失德者会丧失天命，天会剥夺暴君或腐败王朝的权力合法性。“有扈氏威侮五行，怠弃三正，天用剿绝其命”[21]，“有夏多罪，天命殛之”[22]；“(殷)惟不敬厥德，乃早坠厥命”[23]，这都是历史的先例。所以，当周政权开始大规模“翦商”，使商朝岌岌可危时，商纣王仍有“我生不有命在天乎，是何能为”[24]的政权合法性“自信”，就成了历史的笑柄。

第三，有德者会获得新天命，被天立为新“元子”，获得国家最高权力。如“我有周佑命，将天明威”[25]；“昊天有成命，二后受之”[26]；“有命自天，命此文王”[27]；“皇天上帝，改厥元子兹大国殷之命。惟王受命，无疆惟休，亦无疆惟恤”[28]；“皇天无亲，惟德是辅”[29]。

第四，天命的更替是通过新受天命的圣人所领导的革命战争来实现的；革命是奉天命行事，是在执行上天判处的刑罚，是不得已的行动，不是个人夺权行为。《尚书·汤誓》：“非台小子，敢行称乱……夏氏有罪，予畏上帝，不敢不正。……尔尚辅予一人，致天之罚。”《尚书·牧誓》：“今予发惟恭行天之罚。”《尚书·康诰》曰：“天乃大命文王，殪戎殷，诞受厥命。”《诗经》曰：“有命自天，命此文王。……笃生武王。保右命尔，燮伐大商。”[30]

第五，代替前王朝的新圣人“顺天应人”地出来作“民主”，拯救人民。《尚书·多方》曰：“天惟时求民主，乃大降显休命于成汤，刑殄有夏。……乃惟成汤，克以尔多方，简代夏作民主。……天惟五年须暇之子孙，诞作民主。”《尚书·洪范》曰：“天子作民父母，以为天下王。”《尚书·梓材》曰：“皇天既付中国民越厥疆土于先王。”所谓“民主”，就是人民的主人；上天把天下人民和土地托

---

[19] 《诗经·大雅·文王》。
[20] 《左传·僖公五年》。
[21] 《尚书·甘誓》。
[22] 《尚书·汤誓》。
[23] 《尚书·召诰》。
[24] 《尚书·西伯戡黎》，《史记·殷本纪》。
[25] 《尚书·多士》。
[26] 《诗经·周颂·昊天》。
[27] 《诗经·大雅·大明》。
[28] 《尚书·召诰》。
[29] 《左传·僖公五年》。
[30] 《诗经·大雅·大明》。

付给了真命天子,他有义务当人民的救星,救斯民出水火,像父母养育子女一样"哺乳"人民,为人民谋幸福。

第六,必须以前朝暴政亡国为教训,"敬天保民",对天负责。而爱护人民,实行仁德政治,保持政权的先进性,就是最好的天人调和。《尚书·召诰》有言:"我不可不鉴于有夏,亦不可不鉴于有殷。……惟不敬厥德,乃早坠厥命。"因为"天命靡常",所以必须"永言配命,自求多福。……克配上帝"[31]。新政权必须"用保乂民""用康保民""若保赤子"[32],要"怀保小民,惠鲜鳏寡",要"知稼穑之艰难""知小人之依"。[33]"天子作民父母,以为天下王。"[34]要重视民心民意,"天聪明,自我民聪明;天明畏,自我民明威"[35],"天视自我民视,天听自我民听"[36],"人无于水监,当于民监"[37]。这些认识具体落实到法制上,要"明德慎罚,不敢侮鳏寡"[38],"勿以小民淫用非彝"[39],要"惟敬五刑,以成三德"[40]。

二、重视血缘纽带,注重敦睦亲族

早期中国的政法秩序很注重血缘亲族关系纽带,注重以制度使这一纽带发挥作用,保障这一纽带不被破坏。因为刚脱离血缘共同体——氏族社会(从母系氏族社会到父系氏族社会),血缘共同体的联系纽带及价值取向较大规模有惯性地保留下来并继续运用。这一情形,在尧舜禹时代就有,在夏商时代更为明显,西周时代的"血缘宗法制"不过是其更完备的制度化形态而已[41]。

(一)以亲族关系为政法秩序纽带

三代时期的"族",是国之下最主要的社会组织形态,是一定血亲或姻亲的亲属共同体。每个人都在各自"族"中,为"族"之成分或附件,这是当时国家政治法律的出发点,因而"族"关系和价值受到格外重视和保障。《尚书·尧典》

---

[31]《诗经·大雅·文王》。

[32]《尚书·康诰》。

[33]《尚书·无逸》。

[34]《尚书·洪范》。

[35]《尚书·皋陶谟》。

[36]《孟子·万章》引《尚书·泰誓》。

[37]《尚书·酒诰》。

[38]《尚书·康诰》。

[39]《尚书·召诰》。

[40]《尚书·吕刑》。

[41] 西周时的宗法制,主要是贵族宗法制,庶人除依附于规则,无所谓自己的宗法。这与宋以后宗法制大异。

曰:“克明俊德,以亲九祖。九族既睦,平章百姓。百姓昭明,协和万邦。”这里讲的是统治者个人修身、百姓亲族和睦、国家太平、天下大同四者之间的辅佐推进关系。敦睦亲族,成为天下国家和谐秩序的前提或关键。《尚书·皋陶谟》中的“慎厥身修,思永惇叙九族”讲的也是这一关系。所以《诗经》中的“言旋言归,复我邦族”[42]一语,就是以亲族与国家为一体。在这样的理念下,人民管理单位必有“族”形式。早在甲骨卜辞中,就有“族尹”职务;商代以百家为一族,“大约是族必有尹,尹可以代表族”,“族尹当是一族之长”。[43] 西周的基层管理单位“族”更加制度化,“四闾为族,五族为党”[44],当时的“族”约为亲族聚居的基层自治单位。在这一基层单位设“族师”职务,“每族上士一人”,“族师各掌其族之戒令政事”[45]。在西周还有“大宰”之职,掌“以九两系邦国之民……五曰宗,以族得民”[46];还有小宗伯,“职掌三族之别,以辨亲疏”[47]。

在早期政治管理的各个环节,国家注重通过各种特设礼法来敦睦亲族。这种“礼法”,实为当时的具体行政程序规定。首先,是饮食之礼注意“族”纽带,如《春官宗伯》“大宗伯”职责之一就是“以饮食之礼,亲宗族兄弟”,这大概指“乡饮酒”礼之类。“党正”之职责亦与乡饮酒有关:“则以礼属民,而饮酒于序,凡其党之祭祀、丧纪、昏冠、饮酒。教其礼事,掌其戒禁。”[48]其次,是婚姻之礼,坚持“同姓不婚”,强调族际礼法差别。早期的姓氏实为血缘族系单位,同姓男女,广义上系同族。《左传》说:“男女同姓,其生不蕃”;《国语》说:“同姓不婚,恶不殖也”,都是认为同族男女之间发生性行为实为渎神或逆天,不利于人口繁殖,故国家应加以禁止。婚姻是“合二姓之好”[49],实际上是将婚姻定义为两“族”之间的政治外交。再次,是国家祭祀活动强调“族”纽带,如《秋官司寇》中的“大司寇”职责之一就是于“大祭祀”时“莅誓百官,戒于百族”。百族就是百姓,他们按血缘亲族单位出席国家大祭祀典礼即公共政治活动,大司寇在大典上要对他们进行法制教育。最后,是丧葬方面,也注意“族”纽带。《春官宗伯》有“冢人”一

---

〔42〕《诗经·小雅·黄鸟》。
〔43〕张政烺:《卜辞裒田及其相关诸问题》,载《考古学报》1973年第1期。
〔44〕《周礼·地官司徒·大司徒》。
〔45〕《周礼·地官司徒·族师》。
〔46〕《周礼·春官宗伯·大宰》。
〔47〕《周礼·春官宗伯·小宗伯》。
〔48〕《周礼·地官司徒·党正》。
〔49〕《礼记·昏义》。

职，“掌公墓之地，辨其兆域而为之图”，葬者“各以其族”；还有“墓大夫”，职掌“令国民族葬而掌其禁令……听其狱讼”。

（二）以血缘亲疏尊卑立宗法政体

注重氏族或家族之整体身份，视个人为家族之有机部分而不是自主个体，这是早期法制的一个重要特色。这一特色体现在很多方面。

首先，是国家政治秩序按族氏关系格局形成。早在夏商两代，已经部分按族或氏为单位进行分封，到周代更主要以姬姓各分支为单位分封诸侯，“立国七十一，姬姓独居五十三人”〔50〕。所谓“天子建国，诸侯立家，卿置侧室，大夫有贰宗”〔51〕，实际上都是指上一级领主（大宗）把同族的各个分支（小宗）的全体族人集体安置到新征服地区，建立政治据点，建立起一种“大宗率小宗、小宗率群弟”〔52〕的宗法制政治格局。“宗”为族之主干，“族”为宗之外延。《白虎通义·宗族》记载：“宗者何谓也？宗，尊也，为先祖主也，宗人之所尊也。……族者何也？族者，凑也，聚也，谓恩爱相流凑也。”〔53〕所谓宗法政治，其实就是按血缘族系格局建立起来的血亲姻亲大小族支集体（大宗、小宗）之间的臣属及资源分配体制。

其次，是对普通百姓也以同姓之族为单位，作为诸侯封国的附属物加以分派，甚至对被征服的异族也如此分派。如周初分封周公之子伯禽建立鲁国时，就同时分给了“殷民六族”；分封康叔建立卫国时，就分给了“殷民七族”；分封唐叔建立晋国时，就分给“怀姓九宗”，这都是殷商遗民。整族整宗被作为一种政法管控单位，国家按族将人民分配给封建领主。

（三）按亲族关系授官或株连

按亲族关系授予或世袭官职，也许在夏商时代就有了。张政烺先生认为“卜辞中一般的尹……在本族是族尹，为世代殷王所亲信，他们已经担任更多的职务，成了显赫的世袭贵族”〔54〕。到周代，演变为世卿世禄制。周公旦长子封在鲁国，“次子留相王室，代为周公”〔55〕；召公奭长子封在燕国，“而次子留周室，代

〔50〕《荀子·儒效》。
〔51〕《左传·桓公二年》。
〔52〕《白虎通义》卷八，《宗族》。
〔53〕《白虎通义》卷八，《宗族》。
〔54〕《卜辞裒田及其相关诸问题》，载《考古学报》1973年第1期。
〔55〕《史记·鲁周公世家》。

为召公"[56]。周公、召公次子的嫡长子孙代代世袭"周公""召公"职位,是世卿世禄的典型体现。因此,直到周宣王时仍有召公、周公二相的"共和"行政。从1976年陕西扶风县白家庄出土的微史家族铜器群考察可知,该家族从西周初年开始,七代人父死子继,世袭"作册"史官之职[57]。这一体制,实际上是把国家官职作为利益或资源固定分配给各个亲戚功臣家族。这种将国家官职作为某种资财允许政治家族族内世袭的制度对后世中国影响特别大,其直接形态虽在战国时就基本淡化,但其变相形态则一直持续到清末。

以亲族关系给予司法特权,是亲族荫庇官爵的延伸。"王之同族拲,有爵者桎以待弊罪",这是在刑事强制措施方面的特权,就是在加刑拘械具时给予优待。在死刑执行方面,"凡有爵者,与王之同族,奉而适甸师氏以待刑杀"[58],"凡王之同族有罪不即市"[59],就是于隐蔽处执行。

与以亲族关系世袭官爵的"一荣俱荣"相反,还有"以族论罪"的"一损俱损"。族刑和株连很早即成为制度,以夷灭或迁徙全族的方式作为刑罚制裁,亦即将全族整体作为受刑主体,是"敦睦亲族"原则的另一角度运用。据《尚书·甘誓》和《尚书·汤誓》记载,夏商时,对于违抗命令者均有"予则孥戮汝"的制裁方式,"孥戮"就是诛杀及子孙乃至族人。《尚书·盘庚》记载有"乃有不吉不迪、颠越不恭、暂遇奸宄,我乃劓殄灭之无遗育"的法令,也许正解释了"孥戮"的实际含义,就是灭绝其同族之人。这正是后世"夷三族"之类族刑的起源。而《国语·周语》所载"人夷其宗庙,而火焚其彝器,子孙为隶不夷于民",也许正是三代时期对犯有"不顺时,不共神祇,蔑弃五则"等罪行者的整族制裁模式。这种将全族贬为官奴隶的株连模式,是上古法制主流。不过,"族诛"很早即受质疑,《古文尚书·泰誓上》记载,武王誓师伐纣之时,声讨过纣王"罪人以族,官人以世"等"暴虐"行为。

为何要这样以亲族关系实行荣利连带、刑罚连带?《仪礼·丧服》云:"父子一体也,夫妻一体也,昆弟一体也。故父子首足也,夫妻牉合也,昆弟四体也。"这就是把亲族群体视为一个生命有机体。既然是一个生命体,那么利害相通,感觉相通,在奖赏和惩罚两个方面将这种亲族利害相通的属性条理化为法律制度

---

[56] 《史记·燕召公世家》。
[57] 参见杨宽:《西周史》,上海人民出版社1999年版,第367-368页。
[58] 《周礼·秋官司寇·掌囚》。
[59] 《周礼·秋官司寇·小司寇》。

就是自然而然的了。

(四)重视血亲复仇的原始权利

早期中国特别重视复仇,人们以为亲属复仇为当然权利。关于复仇的习惯法,是当时公认的重要的法制。《礼记·曲礼》云,“父之仇不共戴天,兄弟之仇不反兵,交游之仇不同国”,也许正是商周国家认可的复仇习惯法。《礼记·檀弓》有言:“子夏问于孔子曰:‘居父母之仇如之何?’夫子曰:‘寝苫枕干,不仕,弗与共天下也;遇诸市朝,不反兵而斗。’曰:‘请问居昆弟之仇如之何?’曰:‘仕弗与共国;衔君命而使,虽遇之不斗。’曰:‘请问居从父昆弟之仇如之何?’曰:‘不为魁,主人能,则执兵而陪其后。’”孔子的这些话,反映了当时人们关于复仇权的一般法律观念,也是一位教师在对学生就复仇习惯法所进行的课堂解释。《春秋公羊传》曰:“君杀,臣不讨贼,非臣也。父杀,子不复仇,非子也。”[60]这就是说,复仇不仅仅是权利,更是法律义务。《孟子·尽心下》曰:“吾今而后知杀人亲之重也;杀人之父,人亦杀其父;杀人之兄,人亦杀其兄。然则非自杀也,一间耳。”这话实际上是承认人们有为亲属复仇的权利,而且特别承认同态复仇的权利。《周礼·秋官司寇》云:“凡报仇雠者,书于士,杀之无罪。”周时,国家设有“朝士”负责复仇登记备案。对这是国家成文法正式宣布允许复仇,不过必须到官府备案。对这种无条件的复仇,后来有所限制。《周礼·地官司徒》记载国家专设“调人”官职,“掌司万民之难而谐和之”,特别是负责命案调停,安排人犯迁徙外地以“避仇”:“凡和难,父之仇避诸海外,兄弟之仇避诸千里之外,从父兄弟之仇不同国。……弗避,则与之瑞节而以执之”。这大概是指,对于依法不应处死刑或可赦免死罪的人命案犯,由“调人”官在双方之间进行官方调解;但若杀人者不按照调解处理“避仇”,则复仇者有权手执国家授权标志(“瑞节”)将其逮捕送官治罪。此外,很早就有关于国家官吏执法行刑不得被复仇的规定,此即《周礼·地官司徒》所记周代的“凡杀人而义者,不同国,令勿仇,仇之则死”的法律规定。《春秋公羊传·定公四年》关于“父不受诛,子复仇可也。父受诛,子复仇,推刃之道也,复仇不除害”的说法,正是这一复仇限制法制及其观念的体现。

在中国法制起源时期,关于复仇的习惯法和制定法也许经历了血族复仇(全氏族都享有复仇权或义务,可以对加害人全族任何人复仇)、血亲复仇(仅仅较近亲属才有复仇的权利和义务,或者仅能向加害者本人及较近亲属复仇)、同

---

[60] 《春秋公羊传·隐公十一年》。

态复仇(复仇创痛限与加害同态,即以牙还牙以眼还眼)三个阶段。

日本学者穗积陈重说:“复仇源自人类自保性的反抗作用,在人类达到高度文明之前、在国家完备之前,是人类生存发展的必要条件之一。复仇对危害其自身存在的刺激进行反击,是来源于高等生物共有本质的自卫作用。”“复仇有生物学上的基础,是人类社会初期必然存在的普遍现象。因此,任何一个民族在某个时期,都会将复仇当作人伦常理,并提升为伦理上的义务。”〔61〕有学者认为:“人类最古老的行为之一就是复仇。复仇的出现,要比刑罚早得多。”〔62〕实际上,复仇是共同体的自卫行为。血缘团体是最早的共同体,为亲属复仇就是政治共同体的最初习惯法。在不同的共同体之间,为亲属复仇不仅是权利,甚至是义务;在同一个共同体之内,原则上允许复仇,但必有一定条件限制,因为必须尊重仇敌双方之上的共同权威——共同体公共权威。早期中国的复仇习惯法及其观念,基本上体现了人类法制文明在这一方面的一般规律。

三、注重庶人参政,忆恋原始民主

保留原始社会氏族民主制或部落联盟时期的军事民主制的某些遗迹,这也是起源时期法制的一个重要特征。《礼记·礼运》“大道之行也,天下为公”的“大同”理想,也许是对原始民主制的某种追忆。那“天下为公”“选贤与能”参加共同体管理的政治体制、财富共有共享的经济体制、守望相助生存相依的社会体制,也许正是对原始民主制的一种美化和升华。

早期的很多政法惯例或主张,潜意识地体现了“天下为公”价值。因为国家权力是公器而非私器,所以“禅让制”“革命制”等包含原始民主制原则的惯例应运而生:王位不能私袭(传子),要传给人民选择拥戴的新圣贤;如果失德的君王不愿意交出权力,那么通过暴力革命夺取本为天下公物而非私器的政权就十分正当。对“禅让”和“革命”的推崇,反映了氏族民主制观念的顽强存在或残余影响。正因为“天下为公”,所以“汤武革命”与“尧舜禅让”一样正当,一样合于自然法。天子为国家公务员,服务天下人的观念,正是原始民主制的遗存。《慎子·威德》中的“立天子以为天下,非立天下以为天子”,《荀子·正论》中的“天下归之之谓王,天下去之之谓王”等说法,正是对原始民主制的一种记忆和重

---

〔61〕［日］穗积陈重:《复仇与法律》,曾玉婷、魏磊杰译,中国法制出版社2013年版,第28、31页。

〔62〕霍存福:《复仇报复刑报应说:中国人法律观念的文化解说》,吉林人民出版社2005年版,第19页。

述。所以，谈到夏禹传位夏启一事（从“禅让”到“父传子，家天下”的体制转变）时，孟子就特别强调了诸侯、百姓以“朝觐”“狱讼”“讴歌”的方式表达民意，强调“天视自我民视，天听自我民听”，强调“禅让”的实质不是天子以天下（政权）私相授受〔63〕，这正是重述原始民主制的“天下为公”价值，强调政权只有获得人民认可才具有合法性。这种观念与恩格斯所讲的古希腊情形相通。在古希腊父权制氏族时期，“巴赛勒斯（王）的职位通常是传给儿子或儿子中间的一个，那么这仅仅证明，儿子们在这里可能指望通过人民选举而获得继承权，但决不是说不经过人民选举就承认继承合法”。〔64〕在雅典人的氏族里，人们享有“选举和撤换酋长的权利”：“每一氏族都有自己的酋长；但是任何地方都没有说过这一职务是在一定的家庭里世袭的。在野蛮时代结束以前，不大可能有严格的世袭制，因为这种世袭制是同富人和穷人在氏族内部享有完全平等权利的秩序不相容的”。〔65〕中国早期法制及其观念中的“禅让”和“革命”，也许正是更早期的氏族酋长选举制的变相残存。

还有一些原始民主制的法制遗迹特别值得注意。西周时的“外朝”制度就是典型。《周礼·秋官司寇》：“小司寇之职，掌外朝之政，以致万民而询焉：一曰询国危，二曰询国迁，三曰询立君。”这正是原始公社氏族民主制的具体遗留：国家有重大危机、国都迁移、君主选立等大事，都要在王宫外的广场，即“外朝”召集“国人”，即自由民大会来寻求公意。具体负责组织国人参加这种民主大会的是小司寇、朝士、乡大夫等官员。“小司徒之职……凡国之大事致民，大故致余子”〔66〕，“乡大夫之职……国大询于众庶，则各帅其乡之众寡而致于朝”〔67〕，“朝士，掌建邦外朝之法”〔68〕。

国家重大人事任免、重大案件判决也许是“外朝”大会民主表决的内容。《孟子·梁惠王下》说“国君进贤，如不得已，将使卑逾尊，疏逾戚，可不慎与？左右皆曰贤，未可也；诸大夫皆曰贤，未可也；国人皆曰贤，然后察之；见贤焉，然后

〔63〕《孟子·万章下》。

〔64〕恩格斯：《家庭、私有制和国家的起源》，载《马克思恩格斯选集》第4卷，人民出版社1972年版，第102页。

〔65〕恩格斯：《家庭、私有制和国家的起源》，载《马克思恩格斯选集》第4卷，人民出版社1972年版，第97页。

〔66〕《周礼·地官司徒·小司徒》。

〔67〕《周礼·地官司徒·乡大夫》。

〔68〕《周礼·秋官司寇·朝士》。

用之。左右皆曰不可，勿听；诸大夫皆曰不可，勿听；国人皆曰不可，然后察之；见不可焉，然后去之。左右皆曰可杀，勿听；诸大夫皆曰可杀，勿听；国人皆曰可杀，然后察之，见可杀焉，然后杀之。故曰国人杀之也。如此，然后可以为民父母。”孟子也许正在追忆原始民主制，企图光大这种制度。孟子所言，是在追忆古代在国家重大人事任命、罢免，死刑大案判决等三大国政大事上的民意决策体制，“国人皆曰”的程序相当于全民公决的程序（不知是否有投票计票机制）；“如此然后可以为民父母”，意思就是如此才有合法性。《诗经》“我虽异事，及尔同僚。我即尔谋，听我嚣嚣。我言维服，勿以为笑。先民有言，询于刍荛”[69]等语，也似乎是庶民们对昔日参政议政权利或制度的回忆。

早期中国“外朝”大会的情形，有些像古希腊罗马的“人民大会”或“公民大会”。关于到广场出席人民大会的各类人员的席位布局，《周礼》有记载：“朝士掌建邦外朝之法。左九棘，孤卿大夫位焉，群士在其后；右九棘，公侯伯子男位焉，群吏在其后；面三槐，三公位焉，州长众庶在其后。”[70]国人大会上的席位（座次）都有制度性安排，这种情形与古希腊罗马在阶梯广场举行公民大会、不同等级各有固定座位的情形很相似。西周的“外朝”大会，“众庶”即国人大众的位置很重要，被安排在国家最高级最重要的官员“三公”的身后出席外朝大会[71]。

重大疑难案件司法审判的原始民主制遗迹，在《礼记·王制》“疑狱，汜（泛）与众共之。众疑，赦之”的记载中也有所体现。“众”就是广大国人；“泛与众共之”应该指一种庶人“民主参与”的司法程序；案件事实不清，国人共疑者，即予以赦免。《周礼》“三刺”制度也许是原始司法民主制的回忆：“以三刺断庶民狱讼之中：一曰讯群臣，二曰讯群吏，三曰讯万民。听民之所刺宥，以施上服下服之刑。”[72]“司刺掌三刺之法，以赞司寇听狱讼。壹刺曰讯群臣，再刺曰，讯群吏，三刺曰，讯万民。……以此三法者求民情。”[73]重大疑难案件“讯万民”，即国人集体参与的司法程序，或重大案件经全民公审公决的原始民主审理方式，类似于

---

〔69〕《诗·大雅·板》。

〔70〕《周礼·秋官·朝士》。

〔71〕这里的位置安排是东西南北四部分：东边（左边）是卿大夫和群士的位置，西边（右边）是公侯伯子男和群吏的位置，南边（前方）是三公和众庶的位置，正北是天子（大会主持人）的位置。“天子南面，众庶北面”，看来不仅仅只有南面而治、北面而拜的意涵，还有直接面对便于对话交流的意涵。

〔72〕《周礼·秋官司寇·小司寇》。

〔73〕《周礼·秋官·司刺》。

古希腊罗马时期数千公民代表出席的大陪审法庭。这种“万民法庭”，也许在周代或此前有过。

四、强调顺俗为治，注重礼法习惯

在起源时期的中国，法制的最主要存在形态不是“法”或“刑”，而是“礼”。礼实际上是早期的习惯或习惯法。国家比较注重顺乎习惯风俗人情的治理模式，不赞成统治者人为制造法律的治理模式。

夏商时代即有“礼”。孔子曾说：“殷因于夏礼，所损益可知也；周因于殷礼，所损益可知也。其或继周者，虽百世，可知也。”[74]又说“夏礼，吾能言之，杞不足征也；殷礼，吾能言之，宋不足征也。文献不足故也，足则吾能征之矣。”孔子的意思是，夏商周三代社会生活的最主要章法“礼”，实际上代有变化。“礼”是社会生活各个方面规范的总和，具体内容无所不包。礼来自最早社会生活中的图腾、禁忌、习惯、仪式。“礼”字在周代钟鼎铭文中作，象征二玉在器之形，与向神灵或祖先献祭活动有关。《礼记·礼运》说：“夫礼之初，始于饮食。其燔黍捭豚，汙尊而抔饮，蒉桴而土鼓，犹若可以致其敬于鬼神。”《说文解字》：“礼，履也，所以事神致福也。”也就是说，礼产生于向祖先神灵献祭祈福的行为方式；那些方式或仪式一旦相对固定，就成为最早的礼。这些礼，是社会生活需要中自然形成，起初根本谈不上“制造”。但后来，耆老酋长们将其不断加工，才慢慢发展出体系来，才慢慢有了“制礼”事实。有了“周公制礼”之类加工整理，“礼”开始有了体系。这种“制礼”行为，相当于后世有些国家进行的“习惯法整理重述”工作。

“礼”大致可以分为礼义、礼法、礼仪三个层次。礼义，就是精神原则层面上的“礼”；礼法，就是体现或贯彻礼义，有“宪法性”规范或其他法律规则性质的“礼”；礼仪，就是为了贯彻“礼义”，个人或集体行为应该遵守的具体程序手续方式等。早期人们讲“礼”主要从礼仪层次而言，但践行礼仪实为遵守礼仪背后的礼法、礼义。《礼记·昏义》：“夫礼，始于冠，本于婚，重于丧祭，尊于朝聘，和于乡射，此礼之大体也。”“礼”涉及社会生活的各个方面，有“五礼”“六礼”“九礼”之说。所谓“五礼”，即吉礼、凶礼、军礼、宾礼、嘉礼等五礼。吉礼，即祭祀、燕饮之礼；凶礼，即丧葬之礼；军礼，即征伐、战阵之礼，有出征誓师仪式、战争法规等；

---

〔74〕《论语·为政》。

宾礼，即朝贡、觐见、盟会、聘享、迎宾之礼；嘉礼，即冠婚、选士、封赏、乡饮酒、乡射之礼。

关于“礼”的功能作用，《礼记·曲礼上》说：“夫礼者，所以定亲疏，决嫌疑，别同异，明是非也。……道德仁义，非礼不成；教训正俗，非礼不备；分争辨讼，非礼不决；君臣上下父子兄弟，非礼不定；宦学事师，非礼不亲；班朝治军，莅官行法，非礼威严不行；祷祠祭祀，供给鬼神，非礼不诚不庄。”在早期共同体中，“礼”简直是规范大全，无所不包。良好公共秩序依赖于“礼”，一旦破坏就会罪恶丛生：“故婚姻之礼废，则夫妇之道苦，而淫僻之罪多矣；乡饮酒之礼废，则长幼之序失，而争斗之狱蕃矣；丧葬之礼废，则骨肉之恩薄，而倍死忘生者众矣；朝聘之礼废，则君臣之位失，诸侯之行恶，而倍畔侵凌之败起矣。”[75]

在上古人们心目中，原始习惯性质的“礼”或与“刑”相辅相成，“礼”占主导地位，“刑”居于辅佐地位。《荀子·富国》“由士以上必以礼乐节之，众庶百姓必以法数制之”和《大戴礼记·礼察》“礼者禁于将然之前，而法者禁于已然之后”等说法，反映了“礼”“刑”二者功能作用有所区分。但是，归根结底，最后目标一致。《礼记·乐记》：“故礼以导其志，乐以和其声，政以一其行，刑以防其奸。礼乐刑政，其极一也。”这里的“礼、乐、刑、政”四者合起来就是早期中国广义上的“法”（不是法家得势以后的狭义的“法”）。汉人陈宠说：“臣闻礼经三百，威仪三千，故《甫刑》大辟二百，五刑之属三千。礼之所去，刑之所取，失礼则入刑，相为表里者也。”[76]很清楚地阐释了上古时代的习惯与国法的关系。

五、以政治法律为兵戎之延伸

早期的政治共同体，首先是一个随时防御侵掠和出征掠夺的军事共同体，这是共同体本身生存的需要。在这样的背景下，军事就是国家最大的事，“国之大事，在祀与戎”[77]，国家的一切体制有军事体制性质，司法审判和刑罚执行等当然也源于军事体制，带有军事体制的属性，或可以视为军事的延伸。

（一）兵刑不分，司法为军事延伸

早期中国的法制，有着兵刑同源、兵刑不分的特征。早期中国的所谓专职法司，一开始就有着一种特别的属性，就是“内外合一”“兵刑合一”。军事职司

[75] 《礼记·经解》。
[76] 《后汉书·陈宠传》。
[77] 《左传·成公十三年》。

(外)转而司法(内),专职法司来自军事职司,司法官吏兼有军事功能。最早的所谓“李”或“理”,就是军事执法官。《史记·天官书》:“荧惑(星)为李,外则理兵,内则理政”,《汉书·天文志》:“左角李,右角将”。师古注曰:“李者,法官之号也。总主征伐、刑戮之事也。故其书曰李法。”天上的李官星宿,人间的执法李官,都是兼管军事、司法的。后人追忆的中国第一条刑法是《黄帝李法》的“壁垒已定,穿窬不由路,是谓奸人;奸人者杀”[78]的规定,这正是典型的军法或军刑法。最早的法司“士”,也是由侍卫君王的卫士(军士)而来,当其中某些相对专责执法时,就成了“汝作士”或“士师”了[79]。最早的“司寇”,其职司是伺察或防范外寇,是防备外敌入侵的。后来,逐渐仅仅称军中执法督战行刑之官为“司寇”:其投降或通敌于外寇者、不力战而败于寇者[80],以及外寇之被捕获俘虏者,由“司寇”审理制裁之。最后,司寇职务逐渐转为以防备和制裁内寇或盗贼为主,但原始“司寇”的军事性职责仍潜存下来。廷尉亦然,“廷尉、郡尉、县尉,皆古官也,以尉尉人心也。凡掌贼及司察之官,皆曰尉”[81],三国时学者韦昭的注释道出了司法官廷尉之职务的“兵戎”由来。“尉”有执勤之义,安慰、安抚也,是武官被指派掌管治安防卫及处罚犯罪之职司者。“廷尉”之不同于“中尉”“郡尉”“县尉”“都尉”者,在于其值勤于君王身边,“听狱必质诸朝廷,与众共之,兵狱同制,故称廷尉”[82],这一属性使其逐渐演变为专职法司。总之,法官的原始职责是“征伐”“刑戮”两者兼主的,所以用兵和司法没有本质区别,只有场合或规模不同而已:“大刑用甲兵,其次用斧钺,中刑用刀锯,其次用钻凿。……大刑陈诸原野,小者致之市朝”[83],“夫刑人用刀,罪人用法,诛人用武。武法不殊,刀兵不异。……夫德劣故用兵,犯法故施刑。刑之与兵,犹足之与翼也”[84]。这都是对早期中国法制这一特征的最好描述。后世中国之所以习惯于以军事机构审理民人案件、以军人转任司法官、司法官着装军官化、司法程序军事威慑化、司法机构军事管理化、司法行动战役化等,似乎都来自中国最悠久的“兵刑同源”

---

[78] 《汉书·胡建传》引《黄帝李法》。注苏林曰:李,狱官也。
[79] 《尚书·皋陶谟》,《论语·微子》。
[80] 以故战国时代楚国、陈国、唐国的司寇称作“司败”。
[81] (唐)虞世南辑:《北堂书钞·职官部》引韦昭《辨释名》。
[82] 《汉书·百官表》廷尉条如淳注引应劭语。
[83] 《国语·鲁语上》。
[84] (汉)王充:《论衡·儒增》。

的传统。[85]

(二)流刑、肉刑、赎刑的军事渊源

在早期中国,用得最多的刑罚是肉刑和流放刑,而不是死刑和自由刑,这既与"兵刑不分"有关,也是兵戎延伸旨趣的体现。

中国早期的肉刑,主要是指夏商周时代五刑中的墨刑、劓刑、刖刑、宫刑等四刑。肉刑作为刑罚,最早不一定用于对付族内人,可能主要用于惩创和控制外族俘虏。起初,对于俘虏中的成年男性,一般是全部杀死。后来,因为劳动力越来越宝贵,所以逐渐将俘虏留作奴隶。《周礼》的肉刑执行制度,同时正是俘虏处理制度:"掌戮,掌斩杀贼谍而搏之。……凡军旅、田役,斩杀刑戮亦如之。墨者使守门,劓者使守关,宫者使守内,刖者使守囿,髡者使守积。"[86]这里的"贼谍"显然包括盗贼和俘获间谍两者,"军旅"执法与平常执法合一。墨、劓、宫、刖等刑一方面作为对战俘的惩罚,另一方面出于将战俘转化为奴隶的需要(残损其肉体作为标记以便管理奴隶)。恩格斯在《反杜林论》曾说,"因为成为大批奴隶来源的战俘以前都被杀掉,而在更早的时候甚至被吃掉,现在至少能保全生命了"是"一种历史的进步"[87]。后来,这种刑罚延伸适用于本族人,遂成为国家常设刑罚。《尚书·吕刑》:"苗民弗用灵,制以刑。惟作五虐之刑曰法,杀戮无辜。爰始淫为劓刵椓黥。"这是说苗民政权最先以肉刑制裁本族人,后来华夏政权的刑罚也受到其影响[88]。

流放也成为早期中国的首选刑罚方式,这种刑罚也暗含军事意义。《尚书·舜典》载舜帝"流共工于幽州,放欢兜于崇山,窜三苗于三危,殛鲧于羽山"。这里的流、放、窜、殛,其实都是驱逐远方离绝本部族、使其绝离于本部族的军事保护以为刑罚。有人认为刑罚起源有"族外制裁"与"族内制裁"二元,认为死刑和肉刑起源于"族外制裁",而流放刑则起源于"族内制裁"[89]。其实,流放刑是将族内犯重罪而不忍杀之者驱逐到族外人可以随时猎杀的境地。人类是群居的动物。在个体力量极为弱小脱离共同体无法生存的时候,将严重违反习惯的族人赶出部落或氏族,无异于将其置于"孤魂野鬼"随时被异族猎杀的绝境。

流放作为刑罚,由于没有断肢体、砍脑袋等立即痛苦,只有未来生存危险,所

[85] 参见范忠信:《专职法司起源与中国司法传统的特征》,载《中国法学》2009年第5期。
[86] 《周礼·秋官司寇·掌戮》。
[87] 《马克思恩格斯选集》(第3卷),人民出版社1972年版,第220-221页。
[88] 参见蔡枢衡:《中国刑法史》,广西人民出版社1983年版,第58页。
[89] 王云红:《流放的历史》,中国文史出版社2006年版,第10页。

以自然就成为部落宽宥本族罪人时的较好选择。《尚书·舜典》有“流宥五刑”即以流放方式宽宥罪人的死刑肉刑之制度，具体执行时有“五流有宅，五宅三居”的制度。这是什么制度？《尚书大传》说：“谓不忍加刑，则流放之，若四凶者。五刑之流，各有所居。”这大概是说，流刑分为五等，各有不同的安置场所。通过流放方式宽宥死刑犯，从此出发逐渐发展出一整套“赎刑”制度，即在以流放远方赎代死罪以外，允许罪人以钱财赎代其他肉刑之罪。《尚书·吕刑》：“墨辟疑赦，其罚百锾，阅实其罪。劓辟疑赦，其罚惟倍，阅实其罪。剕辟疑赦，其罚倍差，阅实其罪。宫辟疑赦，其罚六百锾，阅实其罪。大辟疑赦，其罚千锾，阅实其罪。”这里记载的周代的赎刑制度，即在证据不足难以定案时，允许暂以钱财赎罪。这样既能宽宥罪人保全劳动力或效命疆场，又能筹集军需。这一制度也许背后同样有着军事渊源。

六、余论：如何认识早期法制的中国“性格”

起源时期中国法制的特殊属性，通过上述五个方面特征的描述，已经做了一个大致勾画。这种勾画对于我们高屋建瓴地认识中国早期法制和秩序的民族特征有一定的意义。不过也必须看到，这五个方面的特色描述，更多的是形式意义上的，其实质意义较为淡弱。因为说到天人调和、敦睦亲族、庶人参政、顺俗重礼、兵戎延伸这五个方面，我们也不能不承认，在世界各古老民族的早期共同体里，似乎也都有类似的外在特色。任何民族共同体早期的政治法律，不能不重视天人调和（所以古巴比伦、古埃及、古印度、古希腊的祭司或神职极其重要），不能不注重本族成员权益并强调内外有别（如古罗马氏族人与外来人权利之别、市民法与万民法之别），不能不注重庶人或平民参政（如古希腊罗马的公民大会制度、平民参政和保民官制度等），不能不重视沿用传统习惯（如中世纪日耳曼蛮族法典实际上都是盎格鲁—萨克逊习惯法的整理），不能不带有兵戎延伸的特征（所以古罗马王政时代也有军事指挥官兼为或转而为司法裁判官之事〔90〕）。如果仅仅从这样的视角上讲，似乎前五点不是在讲早期中国特殊性，而是在讲各大民族早期法制的共同特征了。那么，到底华夏早期法制的中国特性是什么呢？应该说，可能正是这五个特色因素长期并存这一事实，及每个特色因素在早期中国的彰显程度很强烈这一事实，以及这五个形式特征背后的具体民族性

---

〔90〕　参见［意］格罗索：《罗马法史》，黄风译，中国政法大学出版社1993年版，第54页。

内涵的差异。

具体该怎么认识早期中国法制的中国性格呢？笔者认为，要从这五个方面形式特征背后的实质内涵的深究入手。哪个民族早期的法制都不可避免地有天人调和、敦睦亲族、平民参政、顺俗重礼、兵戎延伸的追求或特色，至于如何具体调和天人关系，如何具体敦睦亲族，如何具体保障平民参政，如何具体顺俗重礼，如何具体体现兵刑互补，各民族在自己特有的生存环境条件及文化传统下做出了自己的选择，其早期法制正体现了各自不同的路径或办法选择。各民族法制的早期特征，正体现于各自在这五个方面具体选择之中。第一，早期中国人心目中的"天"神与古巴比伦、埃及、印度、希腊罗马民族心目中的"天"神大不一样，因而各自沟通天人的手段方法也大不一样。第二，早期中国血缘宗法殖民性质的"亲族""宗族"与"宗法"观念与古希腊罗马的氏族即父权亲属团体观念大不一样，因而中国"敦睦"亲族的模式也与古罗马早期强调罗马人与外来人之别，优先保护族人"市民法权利"的模式大不一样。第三，早期中国的庶人参政言说多为追忆或憧憬，未能持续并很快淡化消亡，这与古希腊罗马进化出平民参政制度进而公民共和政治制度的情形大不一样。第四，早期中国政治中对原始习惯通过"制礼""议礼"的方式加以传承、编纂、解释和升华并企图以它规制社会生活的所有方面，这与希腊罗马人和日耳曼人主要以司法解纷依据方式沿袭运用传统习惯的模式也大不一样。第五，早期中国的军事与司法混同方式，与古巴比伦、埃及、印度、伊斯兰和希腊罗马早期法制在这一方面的模式（有些古代国家较早就淡化了司法的军事色彩和行政色彩）也不完全一样。要从这五个方面的内质深入认识早期中国法制的特征，必须就每一方面的中外具体异同情形做全面深入的分析考察之后才有可能。这是本课题进一步深入研究所必然导致的延伸课题，只好留待未来研究了。

（原载《法制与社会发展》2014 年第 6 期）

专职法司的起源与中国司法传统的特征

引　论

过去5000年形成的中国司法传统，是一种非常特殊的司法传统。所谓中国司法传统，就是古代中国数千年司法活动中业已形成的代代相“传”之“统”（特征）。

说到“传统”，我们首先得澄清，没有一成不变的传统。所谓传统，一定是“变”和“不变”两种因素的结合。我们说过去5000年的中国司法已经形成了一种传统，就是承认有某些“不变”的特征——就像一个民族、一个人的生理特征、心理特征即性格一样，一直存在于我们民族过去的司法活动之中；这些“不变”的特征就是中国司法“传统”的主体成分。同时，我们也承认，有许多“变”发生于中国过去数千年司法历程中，历代司法之“变”也是中国司法传统的一部分。不过，我们应该注意到，一个民族在其特定的自然生存环境、社会生存环境或历史文化影响之下，其司法之“变”不会是没头没脑、乱打乱撞的，一般是很有规律可循的；因此这种“变的规律”本身也构成一个民族司法传统的一部分。笔者反省司法传统，正是从上述两方面结合的意义上考虑问题的。

讨论中国古代的司法传统，不能不先考察中国古代的司法机构；因为所谓“司法传统”正是它们在其职务活动中形成的法律适用传统。说到中国古代的司法机构，我们必须先澄清：我们中国没有过西方自古至今意义上的司法职能（国家的议事、执行、审判三大相对独立的职能之一）及司法机构，只有相对而言以审判并制裁犯罪为主要职责的国家机构。对于这样的机构，笔者笼统称它们为“专职法司”。你一定要依西方传来的概念称它们为“司法机构”

也无不可，只是我们别忘了它们之间的根本差异。除“专职法司”外，中国古代政治体制中还有许多“兼职法司”。中国司法传统，正是“专职法司”和“兼职法司”共同创造的传统。

说到古代的“专职法司”和“兼职法司”，我们一定要清楚，用西方的眼光看，中国古代简直没有一个机构可以叫作专职法司，但大多数机构都可以叫作兼职法司。所谓专职法司，就是以调查和制裁犯罪为主要职司的机构（古时中国一般不把民事案件的审理作为专职法司的职责），如从中国早期的李官、理、士、士师，到中古时期的司寇、廷尉，再到近古时期的刑部、大理寺。至于兼职法司，就是指古代中国很多兼有维护治安、制裁犯罪、解决纠纷之职权的机构，只不过其分管的侧面或范围不同而已。

为了深入认识中国司法传统的特征，我们有必要特别考察一下中国古代的“专职法司”的起源及其职责权限的演变。通过这一考察，我发现：后世所见的所谓中国司法传统的种种特征，早在中国上古时代专职法司起源之时就已经初现端倪，或者已经开始形成。司法权与行政权不分，司法权与军事征伐权不分，司法权作为君主生杀予夺大权的一部分，最亲近于君主的机构往往掌握真正的司法权，司法强调简易、便民、深入基层等，这些最有“中国传统”意味的旨趣，实际上早在上古时代专职法司起源之时就随之开始了。本文旨在就这一初步考察的结果作一个汇报，并对这些司法特征的肇因作一些初步猜测。

一、古代中国专职法司的起源与旨趣

古代中国的专职法司是何时产生的？是在什么背景或需要下产生的？其最早的责任或使命是什么？这就是传统中国专职法司的起源与旨趣问题。我们考察这一问题，是为了认清中国古代专职法司的最初的角色定位，认清它本质上是什么性质的机构，什么是它的最根本或最实质的职能。

（一）“李”（“李官”）的起源与职司旨趣

中国古代最早的专职法司，据说叫“李”。这一称谓据说要上溯到轩辕黄帝时代。《汉书·胡建传》：“黄帝李法曰：壁垒已定，穿窬不繇（由）路，是谓奸人，奸人者杀。”汉人如淳注苏林曰：“李，狱官也。”这是我们关于中国古代最早的专职法司称谓的一条重要信息。如淳将“李”注为“狱官”，非常肯定地认为黄帝时代的狱官就叫作“李”，肯定有他充足的根据，可惜我们今天不知道了。

“李”字从木从子，本来是指桃李之李。汉人许慎《说文解字》谓：“李，果也。

从木子声。”那么，表示果木的“李”怎么又被假借或通用为表示专职法司的“理”呢？

我们认真研读史料后发现，“李”作为中国最早专职法司或法官的称谓，有以下三点特殊的原因、缘故或理由。

第一，“李”的缘起与中国上古的理讼解纷模式有关。“李”本来就指李树。《诗·小雅》：“投我以桃，报之以李。”《尔雅翼》：“李，木之多子者。”刘向《说苑·复恩》：“树桃李者，夏得休息，秋得其实焉。”李树，可能是上古时代最常见、树荫多、果实多的树种；劳作的农人们最喜欢在其树下休息。于是，它们就自然而然成了上古时代的部族酋领或官吏们“下基层”“深入群众”时的最好“办公地点”：他们就在果树底下处理治安案件、查处坏人坏事、解决各类纠纷。这就是中国最古老的“马锡五审判方式”。据说，西周的召公就是这种亲民审判方式的倡导者。《诗经·召南·甘棠》：“蔽芾甘棠，勿剪勿伐，召伯所茇。蔽芾甘棠，勿剪勿败，召伯所憩。”讲的就是在果实丰硕的大树（不过从李树换成了甘棠树）底下审理案件、解决纠纷的故事。汉人郑玄注《诗经》云：“召伯听男女之讼，不重烦百姓，止舍小棠之下而听断焉，国人被其德，说其化，思其人，敬其树。”由此推知，最早的部族中的理狱、解纷官吏，喜欢在李树或甘棠树之类的果实丰硕的树底下〔1〕，趁着农人休息喝水的时间，深入群众、调查研究、尊重乡俗，以最简易便民的程序来断决案件，解决纠纷。因此，理狱之官就自然与李树之类的象征物联系起来，就有了“李官”之称谓；甚至作为姓氏的“李”据说也与此有关〔2〕。

第二，“李”与“理”音同而义通。清人段玉裁注《说文解字》谓：“古‘李’、‘理’同音通用。故‘行李’与‘行理’并见，‘大李’与‘大理’不分。”古人把对事物的“整理”“修理”“处理”“梳理”的过程称作“理”。比如“行李”本来是应该叫“行理”，即为旅行而准备或整理齐全的必需用品。《国语·周语》：“行李以节逆之。”《左传·僖公十三年》：“行李之往来。”这里的“行理”，其实应该是“行理”。宋人方勺《泊宅编》：“李理义通，人将有行，必先治囊，如孟子之言治任。

〔1〕 在果实丰硕的“李”树或“甘棠”树下断案，或许还有以此劝喻百姓珍惜丰收果实、珍惜和谐关系，追求案件有好的结果之意。

〔2〕 民间传说，“李”姓源自皋陶。尧舜时，皋陶为“李”，就是“理官”，掌管刑法；其后人袭其官职，命其族为理氏。皋陶的后人理征在商朝为官，敢于直谏，得罪纣王，被杀。其妻契和氏带着儿子利贞逃往伊侯之墟，隐藏在那里，靠采食木子（李树果实）得以活命。于是从利贞起，改理氏为李氏，以此纪念使理姓保全下来的李子。今有的地方“李”姓族谱，言自己是古代法官之后裔。谓其先人因避奸臣追杀，乃以避难之李树为姓，或即此一传说的演绎版本。

理亦治也。”整理自然事物或生活物品可以叫“理”，那么处理狱讼案件亦即整理人世间复杂之事的专官叫作“理”，就很自然了。因为“李”与“理”同音，那么通过假借通用，进而把“理”官称作“李”或“李官”，将其所执之法称作“李法”，也就是很自然的了。所以皋陶在尧舜时为“士”或“士师”，即执法官，《管子·法法》记作“皋陶为李”，尹知章注曰：“古治狱之官。”《史记·天官书》：“荧惑为李。”是以“荧惑”星为天国中的执法星官。战国时齐国的司法官就称为“李”，并有专门惩治官吏违法失职的《李法》：“然而置李者，所以守国邑之□（法?）也。”[3]所以后世又常将“司理”（司法）之官称作“司李”。从这一考察可以看出，上古时人们对于法司的基本认识或理念是：法司是专职理狱解纷的，是专职把疑难杂乱的案件理顺或了结的。

第三，“李”作为一个政治体中的执法官，其位置关系国家兴亡治乱；其职责内外兼治、文武兼治。古人以天上的“荧惑”星为星界的“李官”。一方面，这颗星宿的位置（“舍”）是否正常，是国家治乱的标志或征兆。《史记·天官书》：“察刚气以处荧惑。曰南方火，主夏，日丙丁。礼失，罚出荧惑，荧惑失行是也。出则有兵，入则兵散。以其舍命国。荧惑为勃乱、残贼、疾、丧、饥、兵。”《史记索隐》引《春秋纬文》云：“赤帝熛怒之神，为荧惑焉，位在南方，礼失则罚出。”这一个“李”星官，非常重要，“以其舍命国”，就是以其所居位置看国家的兴亡征兆。“荧惑”位置恰当，就天下太平；不恰当（“失行”），就要出现“勃乱、残贼、疾、丧、饥、兵”。所以当“荧惑”失位时，刑罚就要出来派用场了，“礼失则罚出”。另一方面，荧惑星作为天国世界的执法官，其职责是内外兼治，兵刑合一的。《天官书》：“荧惑为李。外则理兵，内则理政。”《史记集解》：“荧惑谓之执法。”《史记正义》云：“荧惑为执法之星……主甲兵，大司马之义；伺骄奢乱驱，执法官也。”因此，其职责权力是两个方面：一为对内，“荧惑……内则理政”，“礼失，罚出荧惑”，就是负责征税，负责理狱，负责惩治坏人；二为对外，“荧惑……出则有兵”，“外则理兵”。所谓对外“理兵”，就是负责征讨敌叛。《汉书·天文志》：“左角李，右角将。”师古注曰：“李者，法官之号也。总主征伐、刑戮之事也。故其书曰李法。”这就是“兵刑合一”“兵刑同源”的“自然法”表述，是为“大刑用甲兵”[4]的理念寻找自然法依据的说法。这一星宿的职务使命，代表了人类必须模仿或

---

〔3〕《银雀山汉墓竹简·守法守令十三篇·李法》，载蒲坚主编：《中国古代法制丛钞》第1卷，光明日报出版社2001年版，第181页。

〔4〕《国语·鲁语上》。

遵循的自然法。

（二）“士”（“士师”）的起源与职司旨趣

中国上古的专职法司，最早有正式记载的，大约是“士”。《尚书·皋陶谟》：“帝曰：皋陶，汝作士，五刑有服，五服三就；五流有宅，五宅三居。惟明克允。”舜帝任命皋陶担任“士”这一职务，其职责就是负责“五刑”的，就是专职司法官，或曰“刑官”“理官”“李官”。所以《管子·法法》说“皋陶为李”。《尚书大传》云：“士，理官也。”《尚书正义》曰：“士即《周礼》司寇之属。”这就是说，“士”是中国早期关于专职法司的统一称谓。

“士”指代“专职法司”是怎么来的？我们可以从“士”的原始含义考察。《说文解字》云：“士：事也。数始于一，终于十。从一，从十。孔子曰：推十合一为士。”许慎假借孔子的话所作的这一解释，显然牵强附会。最初的造字人哪里会想到后世伦理对“士”阶层的德才要求（“推十合一”）并根据这一要求去造字呢？

其实，“士”也许是一个极为简单的象形字，象戈、戟〔5〕之类“十”字形兵器，垂直立于地面（地面象以“一”）之形。上古酋邦时代，持戈戟侍立于酋长身边的人，就是“士”〔6〕。这种“士”，大约就是后世所言“侍卫”或“卫士”〔7〕。

“侍卫”或“卫士”为何后来演化成了专职法司？这大概跟“司寇”本来系军官后来演化成专职法司的情形一样。

在《周礼》中，“士”不是一个具体的职务，而是司法类职务的总称，都属于“秋官司寇”系统。有“士师”“乡士”“遂士”“县士”“方士”“讶士”“朝士”“都士”“家士”等名目。几乎所有“士”都与执法听讼有关：“其附于刑者，归于士”〔8〕。“士师掌国之五禁之法，以左右刑罚”，“乡（遂、县）士”的职责是“各掌其乡（遂、县）之民数而纠戒之，听其狱讼”，“方士掌都家，听其狱讼之辞”，“讶士掌四方之狱讼”，“朝士掌建邦外朝之法”〔9〕，等等。

“士”本指“侍卫”或“卫士”，原系“武士”或“军士”。他们之所以能演化成执法官，与他们的特殊角色位置有关。“卫士”在酋领身边，最受信任，最容易被

---

〔5〕“戟”是一种中国独有的古代兵器。实际上戟是戈和矛的合成体，它既有直刃又有横刃，呈“十”字或“卜”字形。

〔6〕也许“士”字先写作“土”。后来为了与指代土地的“土”区分开来，才把底下一横变短了。

〔7〕直到今天，中国象棋里面，都是“士”或“仕”侍卫于最高领袖“将”或“帅”周围。

〔8〕《周礼·地官司徒》之“调人”“司市”。

〔9〕《周礼·秋官司寇》。

委以逮捕罪犯、审讯罪犯、执行刑罚的责任〔10〕,这大概就是“士”逐渐演变为“专职法司”之总称的缘由了。这又一次诠释了“兵刑同源”。

不过,到了“士”逐渐成为一个社会阶层(贵族之末,四民之首)的总称的时候,作为专职法司的“士”就必须有更加专门的名称,于是“士师”或“理官”就成了这一通称。《论语·微子》:“柳下惠为士师。”《孟子·公孙丑下》:“为士师,则可以杀之。”所以,“皋陶为士”或“皋陶为李”的事实,在《春秋元命包》中直接表述为“尧得皋陶,聘为大理,舜时为士师”了。春秋时齐国设“士”,卫国设“大士”,战国时齐设“士师”,都是刑政之官。王莽时曾一度将国家司法之官称为“作士”〔11〕。

(三)“理”(“大理”)的起源与职司旨趣

中国古代的专职法司又称为“理”或“理官”,其最高者称为“大理”;后世的“大理寺”系由此而来。“理”,本指“纹理”“条理”。《韩非子·解老》:“理者,成物之文也。长短大小、方圆坚脆、轻重白黑之谓理。”后来引申为按照“纹理”“条理”把事情处理好,故《说文解字》:“理,治玉也。顺玉之文而剖析之。”就是引申为“治理”“整理”“修理”“审理”等意义上的“理”。“理,谓察理刑狱也。”〔12〕后来,干脆把专门职司“审理”“听理”“处理”案件的官员叫作“理”。“理”于是就成了专职法司的称谓。据说,早在尧舜时代或夏朝就有了“大理”之职官名:“咎繇为理”〔13〕,“皋陶为大理”〔14〕,“士,夏曰大理,殷曰司寇”。〔15〕《韩诗外传》卷二:“晋文公使李离为理。”〔16〕《管子·小匡》:“弦子旗为理。”楚昭王曾任用石奢为“理”〔17〕。司马迁《报任安书》有“遂下于理”之语。战国时期,齐国的司法官叫“大理”〔18〕,卫国的司法官似乎也叫作“大理”〔19〕,楚国的司法官叫“廷理”,均系由此而来。《史记·天官书》:“斗魁四星,贵人之牢,曰大理。”按照汉人的观

〔10〕 明朝以“锦衣卫”(亲军)办理钦定大案要案,正是这一传统的流风余韵。

〔11〕 《唐六典》卷十八,《大理寺》。

〔12〕 《唐六典》卷十八,《大理寺》。

〔13〕 (汉)刘向:《说苑·政理》。

〔14〕 《史记·五帝本纪》;汉人刘向《说苑·君道》。

〔15〕 汉人郑玄注《尚书·皋陶谟》及《周礼》所谓帝舜命“皋陶作士”条。

〔16〕 《史记·循吏列传》:“李离曰:理有法:失刑则刑,失死则死。公以臣能听微决疑,故使为理。”

〔17〕 (汉)刘向:《新序·节士》。

〔18〕 一般法史著述均言战国时齐国的法官叫“大理”,不知据什么史料而知。

〔19〕 (汉)刘向:《说苑·政理》:“卫灵公问于史鳅曰:‘政孰为务?’对曰:‘大理为务。听狱不中,死者不可生也,断者不可属也。故曰大理为务。’”

念,天上有星宿负责天国执法,曰“大理”。不知这“大理”之星与“荧惑”之星是什么关系,是不是同一组星?汉景帝时,一度更廷尉为“大理”,武帝时又复为廷尉。曹魏初称大理,旋即复名廷尉。北齐时正式设置“大理寺”;隋唐以后仍之,一直至清末。

(四)“司寇”(“司败”)的起源与职司旨趣

作为专职法司的称谓,“司寇”起源于何时?按汉人郑玄的看法,大约始于商朝:“士,夏曰大理,殷曰司寇。”[20]《尚书·洪范》篇首次出现“司寇”之名,以其为国家“八政”之一。《立政》篇正式提到了“司寇苏公”,疑伪的《周官》篇有“司寇掌邦禁,诘奸慝,刑暴乱”语。大致可以确定“司寇”之名始于商朝和周朝。春秋时期,鲁国、宋国的司法官称“大司寇”和“少司寇”,如孔子就出任过鲁国的大司寇。《左传·襄公三年》:晋侯之弟扬干有罪,“请归死于司寇”,司寇负责审判罪案。又《左传·昭公十八年》:郑子产“使司寇出新客,禁旧客勿出于宫”,可见司寇也负责治安。楚国、陈国、唐国等国称“司败”。《左传·文公十年》,城濮之战后,子西曰:“臣免于死,又有谗言,谓臣将逃,臣归死于司败也。”《论语·述而》云:“陈司败问昭公知礼乎?”《左传·定公三年》云:“子常归唐侯,自拘于司败。”可见,楚、陈、唐三国都有“司败”这一官称。“臣归死于司败”与“请归死于司寇”文意相同,可见“司败”[21],即中原各国的“司寇”。到战国时期,各国一般不再称司寇,而改为“廷尉”或“大理”等。

(五)廷尉(廷理)的起源与职司旨趣

尉,本为武官之名。在一个地区执掌治安和军事责任者称“尉”。《商君书·境内》云:“其县有四尉,訾由丞尉。”[22]《北堂书钞·职官部》引韦昭《辨释名》云:“廷尉、郡尉、县尉,皆古官也,以尉尉人心也。凡掌贼及司察之官,皆曰尉。尉,罚也,言以罪罚奸非也。”可见“廷尉”是在“廷”即朝廷执勤的“尉”,是武官被指派掌管京师或全国的治安防卫及处罚犯罪之职司者,其与郡尉、县尉本质上是一样的职务,只不过辖区范围有大小之分而已。历史上最早的“廷尉”职务,大概产生于战国秦时,第一个被记载担任“廷尉”职务的就是李斯[23],其实

---

[20]　汉人郑玄注《尚书·皋陶谟》及《周礼》所谓帝舜命“皋陶作士”条。

[21]　“司寇”最初以“败”敌为职责,又要对“败”阵者进行处罚,或许因此称“司败”。

[22]　商鞅之意思是:县里设“尉”四人,罚金(“訾”)之事由县丞县尉掌管。

[23]　《史记·秦始皇本纪》。

秦国很早大约就有“廷尉”一职。楚国的司法官叫“廷理”〔24〕,似乎也是由廷尉演变而来。《汉书·百官表》说,廷尉,秦官,掌刑辟。《汉书》如淳注引应劭曰:“听狱必质诸朝廷,与众共之,兵狱同制,故称廷尉。”师古注曰:“廷,平也。治狱贵平,故以为号。”汉景帝时更名为大理,武帝复为廷尉;哀帝复为大理,王莽改曰“作士”。《唐六典》说,后汉复为廷尉;魏初为大理,后复为廷尉。历宋、齐,皆为廷尉;梁为秋卿,陈因之。北齐至隋唐为大理寺。

(六)尚书刑部的起源与职司旨趣

尚书刑部的起源,最早大概可以上溯到秦汉时期的九卿中的“少府”。少府属官有专门主掌皇帝文书档案、机要秘书事务的“尚书”。在西汉时,尚书台起先仅设“常侍曹”“二千石曹”“民曹”“主客曹”等四曹;成帝时增加“三公曹”,共为五曹;东汉光武帝时增加“中都官曹”,合为六曹。“常侍曹”(东汉初改名为吏曹)主丞相御史公卿事,东汉初改主选举祠祀事;二千石曹主刺史郡国事,东汉初改为主辞讼事〔25〕;民曹主吏民上书事,东汉初改主工程池苑事;主客曹(东汉称客曹)主外国夷狄事;三公曹主断狱事,东汉初改为主年终考课州郡事;又设中都官曹,主水火盗贼事〔26〕。这个尚书六曹,实际上就是后世尚书六部的前身。在这六曹中,在西汉时期与司法相关的是三公曹;在东汉时为二千石曹、中都官曹。魏晋时,一般置五曹或六曹,名称代有变化;如西晋时为吏部、祠部、度支、左户、都官、五兵等六曹,在各曹之上分设“尚书”主之,逐渐有六部尚书体制。随着“尚书”逐渐取代三公特别是丞相(司徒)系统成为国家实际行政中枢,逐渐称“台”直至曰“省”的进程的深化,二千石曹、三公曹和中都官曹逐渐演变为“尚书刑部”了。不过,我们必须注意到,从汉代的主司法事务的各曹(三公曹、二千石曹),到魏晋时主司法的各曹(吏部曹、都官曹),再到隋唐时的尚书省六部中的“刑部”,中间是一种什么样的转承关系,是无法考证清楚的。

二、专职法司与中国司法传统的初期特征

在本文中,讨论的仅仅是相对单独或主要执行法律制裁犯罪之意义上的法司,就是那种除了服从于王权以外相对独立于其他所有国家机构的专司治安与

---

〔24〕(汉)刘向:《说苑·至公》:“子文之族,犯国法程,廷理释之,子文不听,恤顾怨萌,方正公平。”《韩非子·外储说右上》:“荆庄王有茅门之法曰:‘群臣大夫诸公子入朝,马蹄践溜者,廷理斩其辀,戮其御。’”

〔25〕(汉)应劭:《汉官仪》:“二千石曹掌水火盗贼、词讼罪法。”

〔26〕《晋书·职官志》。

审判的国家机构。至于其他兼有司法职责的机构、专职法司的下属或内设机构、地方长官的司法佐贰机构等,我们暂时都没有考察。

通过对这样的专职法司的起源及原初职能的系统考察,我们发现了一些非常有意义的规律或特征。这些特征或规律,我们大致可以初步总结为以下四个方面。

(一)司法是国政的一部分,没有独立于行政的司法概念

古代中国的司法官或专职法司,是君主委任的具体执掌治安、督察、审判、解纷事务的机构,不是任何意义上的独立的权力机构。从尧舜任命皋陶"汝作士,五刑有服"开始,中国古代的专职法司就是君王之下的治安官、治狱官或司刑官,"其附于刑者,归于士",就是说所有涉及用刑罚惩治之可能的事情,都归"士"办理。专职法司的职务,是君主的值勤官、宪兵、督战队的角色,是鹰犬爪牙的角色,这一角色对于君主的其他负责军事、征税、教化等事务的机构而言,是相对专业化于司法领域的,是相对独立的。但对于君主而言,理论上讲是绝对服从的。因此,进言之,古代中国所谓司法,仅仅是国家整体政务的一部分,是皇帝或整个国家机器"为民父母"职责的一部分。没有与所谓行政相对独立或分离的司法概念,也没有相对独立于司法的行政概念。司法所司者,实际上并不是后世所谓法,而是君主的意志。要么是君主通过"律令""律例"的形式表达出来的比较稳定的一般意志,要么是君主随时随地随事发出的个别意志。汉人杜周为廷尉,不遵循"三尺法",即国家稳定经常的律令(亦即君王的一般而稳定形态的意志),反而专门窥伺皇帝临时变化的(可能违反正式律令的)意旨办案,有人责备他:"君为天子决平,不循三尺法,专以人主意指为狱,狱者固如是乎?"杜周能够振振有词地为自己辩解:"三尺安出哉?前主所是著为律,后主所是疏为令。当时为是,何古之法乎?"[27]说明他是深懂君主专制政治体制下司法的本质属性的。正因如此,廷尉张释之才会对汉文帝说"且方其时也,上使立诛之则已"[28],承认皇帝有超越法律、超越程序,随时诛杀本来依法只应当判处罚金的"犯跸"(冲撞皇帝仪仗)市民的权力。这实际上是承认皇帝的临时意旨在直接由皇帝本人来执行时有高于正式颁行的法律的效力。在古代中国政治中,法司应该司君主一般稳定的意志还是司君主临时变化的意志?这一争议一直存在,但两种情形都与司法是国政整体的一部分的理念不相矛盾。

---

〔27〕《汉书·杜周传》。
〔28〕《汉书·张释之传》。

（二）最亲近于君主的机构执掌真正的司法

古代中国的专职法司，虽然大致可以视为专职司法机关，但是我们考察其起源和职能演变，就会发现司法权并不排他地、固定地、恒久地归属于它。也就是说，不管其机构名称如何明确地标示它是专门司法机关，无论法律如何明文规定它是专职司法机关，司法权（审判和处罚权）并不一定属于这个衙门或机构。一个机构是否真正的司法机构，不在于国家体制的设计，不在于法律的规定，而在于君主的亲近、信任和授权。最早的专职法司“士”，就是由君主贴身的亲信卫士蜕变而来。后来，明确其职责权限和身份，有了“士师”或“司寇”之名，无非表明不再是一般意义上的“士”，而是更加委以重任、更加信赖、地位更加尊崇的权威（师者尊也），或更加强调其职司（防止和制裁寇盗）与其他职司的区别。再后来，“士师”“司寇”职司的专业化倾向，自然使其逐渐疏离君主，于是在君王朝廷中职司“掌贼及司察”的“廷尉”取代了“司寇”的审判和制裁权力。更后来，“廷尉”改称“大理”，无非为了重新彰显审判和制裁权力之重和尊（大者重也），大概也是为了跟“卫尉”“中尉”等军事警卫性质的职司明确区分开来。到唐代，“大理寺”仍主持审判，权力甚重；尚书省刑部负责复核。到宋代，皇帝不满大理寺审判的专业化程序化及难以控制的趋向，一度在皇宫中设置“审刑院”，所有重大案件均由皇帝直接控制的“审刑院”审理。到元代，大理寺更被撤销，遂以更加亲近皇帝的“大宗正府”和“刑部”审判案件。明清时代，大理寺虽然恢复，但只作为慎刑机关而存在，即仅仅负责在刑事审判中二线把关、防止错案；在第一线执掌审判的是撤销了宰相以后由皇帝直接领导的六部中的刑部。特别只得注意的是，在明代，因不满于刑部、大理寺执法审判的迟缓，遂以更加亲近于皇帝的“东厂”“西厂”“锦衣卫”“内行厂”等宦官或亲军特务机构办理案件，直接逮捕和审判乃至执行刑罚。总之，谁离“至尊”越近，越受“至尊”信任，越方便“至尊”控制，谁就有了真正的审判处罚权。实质上的审判处罚权，在各种机构之间“流动”。这种传统，直到今日或许还有部分存留。

（三）兵刑合一、内外合一、兵刑同源

传统中国的所谓专职法司，一开始就有着一种特别的属性，就是“内外合一”“兵刑合一”。军事职司转而司法，专职法司来自军事职司，司法官司兼有军事功能。中国司法的这一传统，似乎是一开始就注定了的。最早的所谓“李”或“理”，就是军事执法官；而《黄帝李法》所谓“壁垒已定，穿窬不由路，是谓奸人；奸人者杀”正是典型的军法或军刑法。最早的“士”，也是随扈君主的军人或武士，后相对专于随时奉命执法。在人们心目中，天上的“李”官（荧惑）应该是“外则理兵，内则理政”的，人世间的李或李官当然也如此。最早的“司寇”，其职司是伺察或防范外寇，是防备外敌入侵的。后来，逐渐仅仅以军中执法督战行刑之官为“司寇”，其投降或通敌于外寇者、不力战而败于寇者〔29〕，以及外寇之被捕获俘虏者，由“司寇”审理制裁之，这大约是过渡。最后，司寇职务逐渐转为以防备和制裁内寇或盗贼为主，前述军中执法行刑职责遂变成次要的任务，但我们仍可以说原始“司寇”的职责仍泰半保存于后世。廷尉亦然，“廷尉、郡尉、县尉，皆古官也，以尉尉人心也。凡掌贼及司察之官，皆曰尉”，三国时学者韦昭的话道出了廷尉之职务的“军兵”由来。“尉”有执勤之义，安慰、安抚也，是武官被指派掌管治安防卫及处罚犯罪之职司者。“廷尉”之不同于“中尉”“郡尉”“县尉”“都尉”之类，在于其值勤于君王身边。“听狱必质诸朝廷，与众共之，兵狱同制，故称廷尉”，这一属性使其逐渐演变为专职法司。《汉书・天文志》：“左角李，右角将。”师古注曰：“李者，法官之号也。总主征伐、刑戮之事也。故其书曰李法。”法官的原始职责是“征伐”“刑戮”两者兼主的。“大刑用甲兵，其次用斧钺，中刑用刀锯，其次用钻凿。……大刑陈诸原野”〔30〕，“夫刑人用刀，罪人用法，诛人用武。武法不殊，刀兵不异”，“夫德劣故用兵，犯法故施刑。刑之与兵，犹足之与翼也”〔31〕。就是这一理念或历史传统的最好描述。后世中国特别是改革开放之前的中华人民共和国之所以偏好以军事机构审理民人案件、以军人转任司法官、司法官着装军官化、司法程序军事威慑化、司法机构军事管理化、司法行动战役化等，似乎都来自中国最悠久的“兵刑同源”的传统。

（四）简化程序、深入基层、方便民众

从专职法司的起源及早期理讼观念可以看出，中国的司法一开始就有追求简化程序、深入基层、不误农事、方便民众的倾向。关于“李”官与李树关系的传说也许正是中国上古断狱理讼历史事实的变相记载；文王断虞芮之讼的传说，召公甘棠听讼的传说，可能都是真实的历史，都代表着简易司法、便民司法传统开始形成。“召公之治西方，甚得兆民和。召公巡行乡邑，有棠树，决狱政事其下，自侯伯至庶人，各得其所，无失职者。召公卒，而民人思召公之政，怀棠树，不敢

〔29〕 以故战国时代楚国、陈国、唐国的司寇称作“司败”。

〔30〕《国语・鲁语上》。

〔31〕（汉）王充：《论衡・儒增》。

伐,歌咏之,作《甘棠》之诗。”[32]据说,召公在甘棠树下听狱理讼,最根本的考虑是方便百姓:“于是,(召伯)出而就烝庶(百姓)于阡陌陇亩之间,而听断焉。邵伯暴处远野,庐于树下,百姓大悦,耕桑者倍力以劝。”[33]“故召伯听断于甘棠之下,为妨农业之务也。”[34]《周礼》也要求地方官吏们在巡回乡间“巡其稼穑”,“趋其稼事而赏罚之”,即督促农业的同时,“听其治讼”或“辨其狱讼”[35],这当然是在陇亩之间对百姓的争讼简易处理。这一简易诉讼理念,《周礼》也设计于城市:“胥师、贾师莅于介次,而听小治小讼。”[36]介次,就是设于市场中的管理办公室,要求在市场内就近审理解决商市发生的各种纠纷。这一传统,在后世,包公作了很好的继承:“旧制,凡讼诉不得径造庭下。(包)拯开正门,使(民)得至前陈曲直,吏不敢欺。”[37]民间传说包公经常巡察于乡间田头地角,深入百姓人家,在大树底下或百姓的乡场上审理案件。《龙图公案》《百家公案》《三侠五义》《清风闸》等小说中的描写也许是真实历史的变相记录。“马锡五审判方式”亦是这一传统的继承和发扬。

三、中国司法传统的关键要害及其成因

通过对专职法司的起源和旨趣的考察,笔者发现中国后世的所谓司法传统或司法体制、司法理念的特征,早在专职法司出现之初就开始形成了。或者说,萌芽时期的中国司法,就有了后世中国司法体制和司法文化的特征或气质的雏形。这也许并不奇怪,就如一个人终身的某些生理或心理特征在其婴儿时代就初现出来一样。这些特征,我们当然也不必要进行褒贬评价,我们无法苛求古人按照后世的所谓“法治”理念来设计和进行司法。笔者感兴趣的是,在古代东亚大陆农耕文明背景下,为何就必然地形成了这种特有的司法传统或司法体制特征?

在笔者考察总结出的四个传统特征中,最关键的是“司法为国政的不可分割部分”这一特征,这一特征决定着其他几个特征。

在传统中国,没有角色中立意义上的司法,只有相对专业或专司意义上的司

---

[32] 《史记·燕召公世家》。
[33] 《韩诗外传》卷一。
[34] 《盐铁论·授时》。
[35] 《周礼·秋官司寇》之“乡士”“遂士”,及《周礼·地官司徒》之“遂师”“县正”。
[36] 《周礼·地官司徒·司市》。
[37] 《宋史·包拯传》。

法；没有国家议事、执行、审判三种职权分立意义上的司法，只有作为整体国政的一部分的司法〔38〕；没有与王权、皇帝权相对抗衡意义上的司法，只有作为王权“附庸”意义上的司法。

传统司法一开始就具有的这一属性，决定了我们的司法传统的其他三个属性或特征。

第一，保障以君主的亲信执掌司法权，因为这是保障君权完整和至尊的需要。在中国传统文化的观念中，司法权是典型的“生杀予夺”“作威作福”之权，是君主至上至尊权威的最典型体现。通过亲信控制司法，实际上就等于君主自己执掌最高司法权，就是保障“礼乐征伐自天子出”。司法的过于专业化、程序化、制度化，实际上有使君主生杀予夺大权旁落的危险。因此才要不断地以新的近卫亲信取代早已体制化而略嫌迟钝的专职法司。

第二，强调“李官”兼主“刑戮”“征伐”的属性，强调“兵刑合一”，强调“兵刑同源”。对于一个完整的混沌不分的君权而言，其防贼防寇的职责可以授予相对专职的官员或衙门去承担或履行，对外防寇和对内防贼本质上是没有区别的；以对外防寇的理念和方式来实现对内防贼也是最为简便易行的、最顺理成章的。“德以柔中国，刑以威四夷”〔39〕，“礼以待君子，刑以威小人”，都是一个意思，内贼（“小人”）归根结底是国人中间的“夷狄”。前些年尚存的司法须区分敌我矛盾和人民内部矛盾两类不同性质的矛盾的观念，就是这一传统观念的遗留。本质上讲，专职法司的真正职责不是“司”国家之公意即“法”解决人民之间的纠纷，而是做君主的“鹰犬爪牙”以防御贼寇，以保障人民“亲上死制”〔40〕的君权政治秩序。

第三，司法实践中不需要专业化的、程序化的、客观中立的、相对消极被动的司法，而强调简易司法和积极司法。司法不是“司”（执行）相对凝聚稳定的人民的公意即法律，而是“司”一种君权至上、国家至上、秩序至上的“意志”；司法主要宗旨不是分辨是非、保护合法权益，而是恢复尊卑有等、相安无事“安定团结”的秩序。因此，在田头地角、乡场炕头，以最简单方式、最小代价平定争斗，恢复相安无事、安分守己的秩序，是司法“程序”的最佳选择。

---

〔38〕 瞿同祖先生在以英文撰写《清代地方政府》（*Local government in China under the Ching*）时，以英文的 Justice Administration（直译“司法式行政”或“司法性行政”）来指称清代的“司法”，是非常有见地的。参见瞿同祖：《清代地方政府》，范忠信等译，中国政法大学出版社 2003 年版。

〔39〕 《左传·僖公二十年》。

〔40〕 《商君书·农战》。

这一司法传统特征是如何形成的？我们与西方历史放在一起看就比较好理解。

在西方，自古希腊罗马时代起，就有了司法机关专“司”公民大会、人民大会制定的法律，而法律又凌驾于执政官或王权力之上的观念。在古希腊古罗马，国家最高权威不是君王个人，而是人民公议订立的“法律”，这应该说是占上风的概念。在罗马共和时代，人们一般认为：人民是终极权力的来源，法律的权威基于人民的意志。即使到了帝国时代，罗马法学家仍继承了共和制的法律精神，他们坚持认为：皇帝虽然拥有至高无上的权力，但他不是国家的主人，而是国家或法律的第一位仆人；他的臣民也不是他的奴隶，而是拥有自身权利的自由人；是人民将他们的权力授予了皇帝，于是皇帝的命令才具有法律的效力，他才取代人民而拥有最高的权力。法学家乌尔比安说：“皇帝的意志（之所以）具有法律效力，（是）因为人民通过《王权法》把他们的全部权力授予了他。”〔41〕这典型地代表了那时的最高权威观念。这种以公意立法为最高权威的观念，又建立在“社会契约”的基础之上。西塞罗说：“国家（或共和国）是人民的事业。但是，人民并不是以任何一种方式联系到一起的人的集合，而是在协议共同尊重正义的基础上大规模的人民的联合体和谋求共同利益的伙伴。”〔42〕西塞罗所说的“共同尊重正义”“谋求共同利益”的“协议”，其实就是许多自由个人协商创建国家这个政治共同体的“社会契约”。这个“社会契约”才是政治体中的最终极的权威。后来的一切法律都是这个“社会契约”具体化、条文化。这些法律既授权给王或执政官或皇帝，当然也能监督控制他们；所以它们才是最高的权威。归根结底，国家最高的权威是公意的固化形态——“法”，而不是任何个人。任何实际掌握权力的个人，都是公意的仆人或法律的仆人。

这样以公意订立的法律为国家最高权威的观念，在中国古代从来没有出现过。我们的最高权威是至上至尊的君主个人。他是半人半神的领袖，是人民的救星或生死所寄。我们一旦以“天下归之谓之王”的方式选择了他，就等于把自己的一切（包括生死）交给了他。他是至上权威，司法就是司他的意志，按照他的旨意行事而已。一个以协商凝聚的公意（法）为最高权威，一个以公意信赖或公众委身依赖的某个人（君）为最高权威，导致了中西司法传统的分道扬镳。至于我们中国古代为何不能发展出以公意及法为最高权威的政治法律传统，而一

---

〔41〕［古罗马］查士丁尼：《法学总论》，商务印书馆 1989 年版，第 7－9 页。

〔42〕［古罗马］西塞罗：《论共和国》，载《The Loeb 古典丛书》（第 1 卷），第 25 章。

定要倾心委身于人君以为至尊，到底又来自什么更深一层的原因？这又是另一个问题，容待以后讨论。

余　论

前文考述的古代中国专职法司，基本上是就中央专职法司而言的。在这里，有三种机构似乎应该考察，但因暂时力不能及而没有考察。一是监察机关，笔者称为“督政机关”，是专门负责监督文武官吏奉公守法、弹劾不法行为的机构，亦即御史机构。在历史上，它们一般也视为“法司”或“执法”，但本文没有专门讨论。因为这一机构系统虽然可以侦讯、预审、调查官吏的违法犯罪，但一般没有直接审判或主持审判的权力，顶多是预审、参审、督审、复审或录囚，就是说只有对刑事审判活动的参与权、监督权，没有相对独立或正式的判决权；所以我们暂时不列入讨论。二是专职法司的下属机构，如秦汉廷尉下属的左右正、左右监、左右平、史、奏谳掾、奏曹掾、文学卒史、从史、书佐、行冤狱、治狱使者等，如隋唐大理寺下属的左右正、左右丞、主簿、司直、评事等，我们也没有专门考察。因为它们不过是中央专职法司之内的具体职能分担者，是专职法司的构成部分，也没有专门讨论的必要。三是地方上的专职法司，如汉代郡守之下的辞曹掾、决曹掾、贼曹掾，唐宋时代各州的录事参军、司法参军，宋代各路的提点刑狱司，明清时代各省的提刑按察使及各府的理刑官、司狱官或推官等，我们也没有正式在本文中考察。因为他们是根据中央专职法司的模型在地方复制出来的，是各级政务长官的司法佐贰，并且其产生的时间相对较晚，所以在本文里也没有特别讨论的必要。这三者以后可以专门撰文讨论。

（原载《中国法学》2009年第5期）

国家理念与中国传统政法模式的精神

国家是什么？国家为什么？国家干什么？国家当如何？对这一系列问题的思考和回答，就构成了中国古代的国家观念或国家理念。这些观念或理念，是在中国古代特定的政治和社会生活中生长出来的，体现了中华民族的民族特性和中国政治法律文化的基本精神。我们有必要对中国古代较为典型的国家理念作一个系统梳理，以推进我们对于中国法律传统基本属性和精神的认识。

多少年来，在马克思主义的历史唯物主义国家观指导之下，学术界对中国传统国家和社会发展阶段、社会制度属性、阶级关系与特色、土地制度与剥削关系等问题进行了非常系统深入的研究，取得了十分突出的成就。但是，我们也不能不注意到，我们过去的这些研究，有一些误区或缺陷。许多研究者过分注意中国与西方国家在国家发展阶段或社会制度成长阶段上的共性，过分注重中国与西方古代和中世纪在社会构成与阶级关系上的共性，甚至牵强附会、生搬硬套地在中国古代史实中“找”出与西方社会发展的共性或者“造”出这种共性，而不注意中国国家形态、社会制度、社会经济模式、阶级关系等与西方社会大为不同的民族个性或者差异性；甚至马克思恩格斯早就特别注意到的东方世界“亚细亚生产方式”特色的研究思路（他们也许正是以此提醒我们不要简单地将西方世界的社会历史发展模式、阶级和国家概念等简单套用于东方世界的历史进程），除经济史学界有过一定的关注外，在政治法律史学界长期以来未能获得响应。这是令人遗憾的。事实上，与东方世界特殊的“亚细亚生产方式”相应，有一个“亚细亚政治模式”，中国古代的国家政权及其运行机制就是亚细亚政治模式的典型代表。本于这样一种认识，本文拟对中国古代的国家基本理念作一个全面的梳理和解析，旨在认识中国古代政治和法制模式的特殊性，认识作为亚细亚政治模式之典型代表的古代中国政治和法制模式的特性，认识中国和西方在政权、民族、阶级、政治、法制等一系列国家基本理念和价值问题上的典型差异。

关于中国古代典型的国家理念，我们大致整理出八种，借以窥见中国古代政治哲学的基本特色，窥见中国传统政法模式的精神。

一、"中央帝国"理念

中国古代政治理念中，"中央帝国"理念是最为典型的"中国"理念。在古代中国士人看来，"天下"有"万国"，万国的中心是"中国"，即"中央帝国"。中央帝国的君王——"天子"是"天下之王"，"万王之王"。中央帝国是天子的"王畿"或"内服"，是天下的"京师"；此外的万国都是中国的"外服"，是四方诸侯。"中国"之义，一方面在于为天下的地理中心，"地必待中，是故三代必居中国，法天奉本，执端要以统天下，朝诸侯也"[1]；另一方面为文明的渊薮，"中国者，盖聪明徇智之所居也，万物财用之所聚也，贤圣之所教也，仁义之所施也，诗书礼乐之所用也，异敏技能之所试也，远方之所观赴也，蛮夷之所义行也"[2]。

古人强调这样的"中国"概念，一方面是要强调天子代表"中国"应负担的基本使命——"惠此中国，以绥四方；惠此京师，以绥四国"[3]。靖绥"四方"或"四国"的方式就是"因俗而治"，承认"中国"以外的蛮夷戎狄各有自己的风俗习惯，"中国戎夷五方之民，皆有性也，不可推移。东方曰夷，被发文身，有不火食者矣。南方曰蛮，雕题交趾，有不火食者矣。西方曰戎，被发衣皮。有不粒食者矣。北方曰狄，衣羽毛穴居，有不粒食者矣。中国、夷、蛮、戎、狄，皆有安居、和昧、宜服、利用、备器"[4]。"夷狄者，与中国绝域异俗，非中和气所生，非礼义所能化，故不臣也。"[5]这是说不要把夷狄地区作为中国的正常地方来看待或要求，并非真的不以为"臣"。因此一般不要求把华夏的礼乐文明或生活方式强加于蛮夷戎狄，要注重教化施行的边界，不强行在华夏文明传统区域外"用夏变夷"。据

---

[1] 《春秋繁露·三代改质文》。

[2] 《史记·赵世家》。

[3] 《诗经·大雅·民劳》。此处以"中国"和"京师"互称，正表明其含义相同。西汉《诗经毛传》释云："中国，京师也。四方，诸夏也。"

[4] 《礼记·王制》。

[5] 《白虎通德论·王者不臣》。

说,孔子作《春秋》,其本意就是要强调“夷狄入中国,则中国之,中国入夷狄,则夷狄之”[6],就是要“入境随俗”地尊重对方的文明。当然这里带有华夏族的文明优越感,亦即对四方少数民族文明的贬低或鄙视,正如管仲所云:“戎狄豺狼,不可厌也;诸夏亲昵,不可弃也。”[7]

另一方面是要强调“华夷之辨”或“夷夏之大防”。可以在必要的时候“用夏变夷”,至少对于入了“中国”的夷狄要以礼乐变之,绝不允许反过来“用夷变夏”,不允许其落后风俗冲击中国礼乐秩序,此即孔子强调的“夷狄之有君,不如诸夏之亡也”[8],“裔不谋夏、夷不乱华”[9];亦即孟子强调的“吾闻用夏变夷者,未闻变于夷者”[10]。《春秋》常谓“不以中国从夷狄”[11],“不与夷狄主中国”[12]、“不与夷狄之执中国也”[13]、“不使夷狄为中国”[14],“内诸夏而外夷狄”[15],都是强调这个意思。这种华夷之辨的观念,在异族入主中原时士人尤为强烈。如明末清初有强烈反清倾向的三大思想家都不约而同地强调华夷之辨。顾炎武认为:“君臣之分所关者在一身;华夷之防所系者在天下。”[16]王夫之指出:“天下之大防二:中国、夷狄也,君子、小人也。”[17]黄宗羲也说:“中国之与夷狄,内外之辨也。以中国治中国,以夷狄治夷狄,犹人不可杂之于兽,兽不可杂之于人也。”[18]

黄宗羲等思想家更把“华夷之辨”与“亡国与亡天下之辨”结合起来:“明亡于闯贼,乃亡国也;亡于满清,则亡天下”,“亡天下者,衣冠易改,披发左衽矣”[19]。很显然,他们把“夷狄”入主中原特别是以夷狄风俗改变华夏文化视为

[6] 这话是否孔子所说,难以肯定。唐人韩愈《原道》最早说“孔子之作《春秋》也,诸侯用夷礼,则夷之,进于中国,则中国之”。清帝雍正《大义觉迷录》则将韩愈的话理解为“中国而夷狄也,则夷狄之;夷狄而中国也,则中国之”。

[7] 《左传·闵公元年》。

[8] 《论语·八佾》。

[9] 《孔子家语·相鲁》

[10] 《孟子·滕文公上》。

[11] 《春秋谷梁传·襄公十年》。

[12] 《春秋公羊传·哀公十三年》。

[13] 《春秋公羊传·隐公七年》。

[14] 《春秋谷梁传·宣公十一年》。

[15] 《春秋公羊传·成公八年》。

[16] (清)顾炎武:《日知录》,岳麓书社1994年版,第245页。

[17] (清)王夫之:《读通鉴论》,载《船山全书》(十),岳麓书社1988年版,第502页。

[18] (清)黄宗羲:《留书》,载《黄宗羲全集》(十一),浙江古籍出版社1993年版,第12页。

[19] (清)黄宗羲:《留书》,载《黄宗羲全集》(十一),浙江古籍出版社1993年版,第12页。

“亡天下”,认为这比“亡国”即政权垮台更可怕。[20]

至于唐人韩愈作强调的“诸侯用夷礼,则夷之;进于中国,则中国之”[21],以及清帝雍正所强调的“中国而夷狄也,则夷狄之;夷狄而中国也,则中国之”[22],则将通常的“华夷之辨”更加推进了一步:除地域和种族标准外,更以“礼乐”或“道德”水准作为区分“中国”和“夷狄”的标准。此亦强调儒家道德教化的政治意义,儆醒官方和国人不要自堕落为“夷狄”。

二、“王道大一统”理念

“王道大一统”是中国传统国家理念中最重要的理念。这一理念的要害是:国家应该是以“王道”,即仁义道德实现的高度政治统一而不是诸侯割据分裂的状态。何为“王道”?《尚书·洪范》云:“无偏无党,王道荡荡;无党无偏,王道平平;无反无侧,王道正直。”公平公正稳定,没有偏党,没有反复和倾斜的政治,就是“王道”。“王道”要求“仁义”和“威力”都至高无上:“彼王者不然,仁眇天下,义眇天下,威眇天下。仁眇天下,故天下莫不亲也。义眇天下,故天下莫不贵也。威眇天下,故天下莫敢敌也。以不敌之威,辅服人之道,故不战而胜,不攻而得,甲兵不劳而天下服。是知王道者也。知此三具者,欲王而王,欲霸而霸,欲强而强矣。”[23]从政治手段来讲,“王道”要求“礼乐政刑”综合为治:“礼节民心,乐和民声,政以行之,刑以防之。礼乐刑政,四达而不悖,则王道备矣。”[24]“王道”的起点并不高:“不违农时,谷不可胜食也;数罟不入洿池,鱼鳖不可胜食也;斧斤以时入山林,材木不可胜用也。谷与鱼鳖不可胜食,材木不可胜用,是使民养生丧死无憾也。养生丧死无憾,王道之始也。”[25]

汉人董仲舒是“王道”的最权威诠释者。他说:“古之造文者,三画而连其中,谓之王;三画者,天地与人也,而连其中者,通其道也,取天地与人之中以为贯,而参通之,非王者庸能当是。是故王者唯天之施,施其时而成之,法其命而循

---

[20] 这里的“亡国”应是指现代意义上的政权消亡,这里的“亡天下”则是指现代意义上的民族国家的沦亡。

[21] (唐)韩愈:《韩昌黎文集·原道》。

[22] (清)雍正帝编:《大义觉迷录·雍正上谕》,远方出版社2002年版。

[23] 《荀子·王制》。

[24] 《礼记·乐记》。

[25] 《孟子·梁惠王上》。

之诸人，法其数而以起事，治其道而以出法，治其志而归之于仁。”〔26〕他认为，王者的角色使命就是沟通天地人，效法天地之道（“命”“数”）而成“仁义”之政，就是“王道”。在董仲舒看来，“王道”也可以体现为非常具体的“仁政”：“五帝三王之治天下，不敢有君民之心，什一而税，教以爱，使以忠，敬长老，亲亲而尊尊；不夺民时，使民不过岁三日，民家给人足；无怨望忿怒之患、强弱之难，无谗贼妒疾之人；民修德而美好，被发衔哺而游，不慕富贵，耻恶不犯，父不哭子，兄不哭弟；毒虫不螫，猛兽不搏，抵虫不触，故天为之下甘露，朱草生，醴泉出，风雨时，嘉禾兴，凤凰麒麟游于郊；囹圄空虚，画衣裳而民不犯，四夷传译而朝，民情至朴而不文。”〔27〕

在这样的“王道”统率下，国家应该实现“王道大一统”。这样的“大一统”，有两重含义。第一重含义是政治的统一。孔子讲“一匡天下”〔28〕，孟子讲“天下定于一”〔29〕，荀子讲“治海内之众，若使一人”〔30〕，“一天下，财万物”，“通达之属，莫不从服”〔31〕，“四海之内若一家”，“齐一天下”，“天下为一”〔32〕，墨子讲“治天下之国若治一家，使天下之民若使一夫”〔33〕，都是讲国家政治的高度统一。不过，王道大一统必须包括思想的高度统一，古人很强调这一点。荀子主张的“一天下”包括“六说者立息，十二子者迁化”即消除不同思想〔34〕，墨家主张的“尚同”——“一同天下之义”亦即思想的高度统一。这样的“统一”如何实现？孟子说“不嗜杀人者能一之”〔35〕，认为只有实行“仁政”的统治者才能实现天下的统一；荀子认为：“用国者，得百姓之力者富，得百姓之死者强，得百姓之誉者荣。三得者具而天下归之，三得者亡而天下去之。天下归之之谓王，天下去之之谓亡。”〔36〕以道德感召人民，自然就会实现国家的统一。

第二重含义是“改弦更张，政教之始”。《春秋》所主“王道大一统”，并非仅

---

〔26〕《春秋繁露·王道》。
〔27〕《春秋繁露·王道》。
〔28〕《论语·宪问》。
〔29〕《孟子·梁惠王上》。
〔30〕《荀子·不苟》。
〔31〕《荀子·非十二子》，《荀子·儒效》也有此语。
〔32〕《荀子·儒效》。
〔33〕《墨子·尚同下》。
〔34〕《荀子·非十二子》。
〔35〕《孟子·梁惠王上》。
〔36〕《荀子·王霸》。

指政治统一而言。《春秋》开篇第一句话是“元年春王正月”,《公羊传》释云:“何言乎王正月?大一统也。”汉人董仲舒对这句话的解释是:“何以谓之‘王正月’?王者必受命而后王;王者必改正朔,易服色,制礼乐,一统于天下,所以明易姓非继人,通以已受之于天也。”[37]汉人何休注《公羊传》曰:“天王始受命改制,布政施教于天下;自公侯至于庶人,自山川至于草木昆虫,莫不一一系于正月,故云政教之始。”唐人徐彦疏云:“所以书正月者,王者受命制正月以统天下,令万物无不一一皆奉以为始,故言大一统也。”今儒蒋庆先生认为,大一统的“大”不是小大之“大”,而是尊大之“大”,是“推崇”的意思;“一统”则是自下而上的立元正始(是推崇政治社会及万事万物的形上本体),而不是自上而下是整齐划一,即“统一”。[38]

三、“天下为公”理念

“天下为公”是中国传统国家理念中最有民主性人民性的理念。孔子描述的“大同世界”就是“天下为公”:“大道之行也,天下为公,选贤与能,讲信修睦。故人不独亲其亲,不独子其子;使者有所终,壮有所用,幼有所长,矜寡、孤独、废疾者皆有所养;男有分,女有归。货恶其弃于地也,不必藏于已。力恶其不出于身也,不必为已。是故谋闭而不兴,盗窃乱贼而不作。故外户而不闭,是谓大同。”[39]这个“天下为公”,一是政权为全民公有,所以要选贤能之人执掌公务;二是情感公有,不仅仅关爱血缘亲属,还要关爱所有的人;三是社会资源财富公有。这是古代中国所能提出的最高政治理想。

要强调“天下为公”,必须区分“国”与“天下”。荀子说:“故可以有夺人国,不可以有夺人天下;可以有窃国,不可以有窃天下也。夺之者可以有国,而不可以有天下;窃可以得国,而不可以得天下,是何也?曰:国,小具也,可以小人有也,可以小道得也,可以小力持也;天下者,大具也,不可以小人有也,不可以小道得也,不可以小力持也。国者,小人可以有之,然而未必不亡也;天下者,至大也,非圣人莫之能有也。”[40]“天下”生来就应该是姓公不姓私的,这跟有时可以姓私的“国”不一样。

---

〔37〕《春秋繁露·三代改制质文》。
〔38〕蒋庆:《公羊学引论》,辽宁教育出版社1995年版,第352－353页。
〔39〕《礼记·礼运》。
〔40〕《荀子·正论》。

要实现“天下为公”，就必须反对“天下为私”，反对君主刻剥天下以奉一人或一家之享乐。《慎子·威德》：“古者立天子而贵之者，非以利一人也。……故立天子以为天下，非立天下以为天子也。立君以为国，非立国以为君也。”《商君书·修权》：“故王者以义亲天下，五伯以法正诸侯，皆非私天下利也，为天下治天下。”《吕氏春秋·贵公》说：“天下非一人之天下也，天下之天下也。”《春秋繁露·尧舜汤武》：“且天之生民，非为王也；而天立王，以为民也。”唐人张蕴古上唐太宗《大宝箴》云，“故以一人治天下，不以天下奉一人。”〔41〕这些都是说，天子和国家政权均为人民的公益而设置，是为人民服务的，不是反过来把天下交给他享乐的。所以，最好的政治就是孟子所谓“民为贵，社稷次之，君为轻”〔42〕的政治，就是黄宗羲所谓“以天下为主，君为客”的政治，就是“三代”那样的“大公”政治：“三代之法，藏天下于天下也：山泽之利不必其尽取，刑赏之权不疑其旁落，贵不在朝廷也，贱不在草莽也。”君主应该“不以一己之利为利，而使天下受其利；不使一己之害为害，而使天下释其害”，“凡君之所毕世而经营者，为天下也”〔43〕。尽管传统中国的政治现实是“家天下”，但是“公天下”的理念一致是相当多的士人信奉的基本政治理念，对中国政治的影响也是明显的，至少使帝王们不敢公然宣称“家天下”，反而要不断地以“公天下”装点门面，因为这是政权合法性、正当性的最好说辞。如故宫养心殿所悬清帝雍正手书的一副对联：“惟以一人治天下，非以天下奉一人”，就说明了这种影响。

四、“家天下”理念

中国传统政治哲学中的“家天下”理念，应该作正负两重理解。

从正面讲，国家当“以天下为一家，以中国为一人”〔44〕，君主为天下人民的父母，为“民主”，应爱民如子，哺育万民。《尚书·多方》：“天惟时求民主……代夏作民主。”《尚书·洪范》：“天子作民父母，以为天下王。”《尚书·康诰》说君主对人民应该“若保赤子”〔45〕。董仲舒说：“天子父母事天，而子孙畜万民。”〔46〕所谓“民主”，就是人民的主人，人民的父母；上天把天下人民托付给了真命天

〔41〕《旧唐书·张蕴古传》。
〔42〕《孟子·尽心下》。
〔43〕（清）黄宗羲：《明夷待访录·原法》。
〔44〕《礼记·礼运》。
〔45〕《尚书·康诰》。
〔46〕《春秋繁露·郊义》。

子,他应像父母养育子女一样“哺乳”人民,为人民谋幸福。但是,这样的正面的“天下一家”理念,历代帝王们并不真心认同,他们中多数并不当真。

从负面讲,就是“天下为家”“天下为私”。《礼记·礼运》:“今大道既隐,天下为家,各亲其亲,各子其子,货、力为己;大人世及以为礼,城郭沟池以为固,礼义以为纪,以正君臣,以笃父子,以睦兄弟,以和夫妇,以设制度,以立田里,以贤勇知,以功为己。故谋用是作,而兵由此起。”讲的就是这种“天下为家”“天下为私”的世道,包括君、臣、民都“天下为私”。特别是对君主而言,以天下国家为自己打拼出来的“产业”,以其为“汤沐邑”并在其中不断“开销”“花息”。汉高祖刘邦登基后在他父亲面前夸耀说:“始大人常以臣无赖,不能治产业,不如仲力。今某之业所就孰与仲多?”[47]这句话正代表了古代帝王们的共同心理。

清人黄宗羲对这种“家天下”的观念作了深刻的剖析:“后之为人君者不然,以为天下利害之权皆出于我,我以天下之利尽归于己,以天下之害尽归于人,亦无不可;使天下之人不敢自私,不敢自利,以我之大私为天下之大公。始而惭焉,久而安焉,视天下为莫大之产业,传之子孙,受享无穷;汉高帝所谓‘某业所就,孰与仲多’者,其逐利之情不觉溢之于辞矣。此无他,古者以天下为主,君为客,凡君之所毕世而经营者,为天下也。今也以君为主,天下为客,凡天下之无地而得安宁者,为君也。是以其未得之也,屠毒天下之肝脑,离散天下之子女,以博我一人之产业,曾不惨然!曰‘我固为子孙创业也’。其既得之也,敲剥天下之骨髓,离散天下之子女,以奉我一人之淫乐,视为当然,曰‘此我产业之花息也’。然则为天下之大害者,君而已矣。”“既以产业视之,人之欲得产业,谁不如我?摄缄縢,固扃鐍,一人之智力不能胜天下欲得之者之众,远者数世,近者及身,其血肉之崩溃在其子孙矣。”[48]在这种“家天下”的理念下,国家法律不再是“天下之法”,而蜕变为“一家之法”。“后之人主,既得天下,唯恐其祚命之不长也,子孙之不能保有也,思患于未然以为之法。然则其所谓法者,一家之法,而非天下之法也。……后世之法,藏天下于筐箧者也;利不欲其遗于下,福必欲其敛于上;用一人焉则疑其自私,而又用一人以制其私;行一事焉则虑其可欺,而又设一事以防其欺。天下之人共知其筐箧之所在,吾亦鳃鳃然日唯筐箧之是虞,故其法不得不密。法愈密而天下之乱即生于法之中,所谓非法之法也。”[49]这样从负面理

---

〔47〕《史记·高祖本纪》。

〔48〕(清)黄宗羲:《明夷待访录·原君》。

〔49〕(清)黄宗羲:《明夷待访录·原法》。

解的“家天下”理念,倒是历代绝大多数君王们“打天下”前后的真实心理,只是很少有帝王公然宣明而已。

五、“正统”“正朔”理念

传统中国政治哲学中的“正统”“正朔”理念,主要是强调政权的“圣统”或“道德合法性”。这一理念与“华夷之辨”理念有一定的关系,但不完全相同。

古代中国士人认为,国家政治权力有一个“圣统”存在。这个“圣统”圣圣相传,得其传者则为“正统”“正朔”,不得其传者则为“伪”为“篡”为“贼”。这个“圣统”始自尧舜禹,或者始自黄帝。黄帝传圣统于尧舜,尧舜传给禹。

从黄帝起,这个圣统有了象征物,就是传国宝鼎。《汉书·郊祀志》载:“闻昔泰帝兴神鼎一,一者一统,天地万物所系象也。黄帝作宝鼎三,象天、地、人。禹收九牧之金,铸九鼎,象九州。”《左传·宣公三年》说夏禹之时“远方图物,贡金九牧,铸鼎象物”。(晋人杜预注:“使九州之牧贡金。”)就是天下九州诸侯贡献金属,铸造九鼎,表示服从中央,宣示天下一统。从此,“九鼎”成为中央最高权力和一统天下的象征。这个“九鼎”,据说禹传给了夏,夏传给了商,商传给了周。周天子把九鼎放到庙堂。东周时,发生过“楚子问鼎之大小轻重”[50]的事情。东周亡国时,九鼎为秦所夺,据说九鼎中有一鼎沉没于泗水。秦始皇东巡时曾下令千人入泗水打捞周鼎,但无所获[51]。九鼎作为国家最高权力正统性合法性的象征,主要是因为来自大禹的“圣传”;得九鼎就等于得到了尧舜禹传下的“神圣衣钵”,就有了政治的正统性。所以楚国想得之以称霸中原,秦朝想得之证明自己的的权力来自尧舜禹。到汉武帝时,从汾水寻获了周鼎,并命名为汉鼎,改元元鼎。[52] 不过汉武帝时重新发现的周鼎,多半可能是伪造,以图证明自己得“圣统”而已。汉亡以后,汉鼎亦不知所踪。此后历代多有制造国鼎并传承之事,但公认非周鼎。

自秦始皇起,国家的“正统”“正朔”又有了另一个象征物,就是“传国玉玺”。据说此玺系以楚人卞和所献“和氏璧”为材料,始皇命宰相李斯篆书“受命于天,既寿永昌”八字。秦亡国时,秦王子婴将其献于刘邦。西汉末,玺为王莽所夺。莽亡,玺转至绿林军所扶持的更始帝,后又转到光武帝刘秀之手。东汉

---

〔50〕《左传·宣公三年》。

〔51〕《史记·周本纪》及《秦本纪》、《秦始皇本纪》、《封禅书》。

〔52〕《汉书》卷六十四,《吾丘寿王传》。

末，董卓作乱，此玺一度失踪，后为孙坚所部兵士发现于洛阳一古井，又辗转复归汉室。曹丕篡汉时，此玺从献帝转至曹丕手上。曹丕命人于传国玺肩部刻隶字“大魏受汉传国玺”，以证其非“篡汉”。司马氏代魏，传国玺归晋。晋末，怀帝、愍帝被掳，玺归前赵。19 年后，后赵石勒灭前赵，得玺，于右侧加刻“天命石氏”四字。20 年后，传国玺又辗转重归晋朝司马氏。南朝时，传国玺历经宋、齐、梁、陈四代更迭。隋统一后传国玺入隋宫。隋亡，炀帝萧后携太子元德怀传国玺遁入漠北突厥族地区。唐初，李靖率军讨伐突厥，萧后与元德太子背突厥而返归中原，传国玺归于李唐。唐末，朱全忠废唐哀帝，夺传国玺，建后梁。16 年后，李存勖灭后梁，建后唐，传国玺转归后唐。13 年后，石敬塘引契丹军至洛阳，末帝李从珂怀抱传国玺登玄武楼自焚，传国玺就此失踪[53]。此后历代时有“传国玉玺”现身之鼓噪，然皆附会、仿造之赝品，系历代帝王做戏聊以自慰，以证明“正统”。民国十三年(1924 年)11 月，末代皇帝溥仪被冯玉祥驱逐出故宫，从此连赝品“传国玉玺”亦失传，至今仍无下文。

传国宝鼎、传国玉玺，都是中国最高权力和国家一统的象征物。传鼎传玺的过程，扑朔迷离，刀光剑影，血雨腥风，无非就是争夺政治正统性的象征。这一过程还随着无数神奇灵异的故事，如说秦掠取九鼎迁咸阳途中，突遭大风，将一鼎吹至千里外的泗水沉没；秦始皇派千人在彭城泗水打捞周鼎时，本已打捞出水，但有蛟龙自鼎中飞出咬断绳索，使鼎复沉入水中。汉武帝时，人称汾水有“金宝气”，后于此复得“周鼎”。东汉末，传国玺失踪，后有人见洛阳城南甄宫中一井中有五彩云气，遂使人入井，找到了传国玉玺……

---

〔53〕 据野史记载，天聪九年九月初六，察哈尔林丹汗之子额尔克孔果尔率众归附皇太极，并献上历代传国玉玺。为此，皇太极特率众贝勒迎至盛京城外南冈，设香案拜天受之。这块传国玉玺出自汉代，后数传至元代，至元顺帝为明洪武帝所败，弃都城，曾携玉玺逃至沙漠，后死于应昌府，玉玺遂遗失。据传说 200 年后，有牧羊人在一处山冈下放羊，见一只山羊三日不啮草，而不断用蹄子刨一个地方，牧羊人很奇怪，就在那块地方挖起来，发现了汉代的这块传国玉玺。后为元后裔博硕克图汗所宝藏，察哈尔林丹汗打败了博硕克图汗，传国玉玺再易其主。这块传国玉玺以璠玙为质，雕交龙纽，上有汉篆“制诰之宝”四字，并非卞和得于荆山下的和氏璧。史上赫赫有名的和氏璧，由楚文王得到后，流传于战国时期的赵国，秦昭王曾允以 15 城换取此无价之宝，赵国使臣蔺相如凭借大智大勇，终于使之完璧归赵。秦始皇统一全国后，命良工将和氏璧琢为玉玺，秦相李斯书大篆“受命于天，即寿永昌”由玉工孙寿雕刻于玺上，其形如鱼龙凤鸟。西汉末年王莽篡位，逼窦太后交出传国玉玺，窦太后怒骂而用玉玺掷之，使和氏璧一角残破，遂用金镶之，由此便有金镶玉一说。东汉末年，群雄争霸，孙坚、袁术、曹操先后曾拥有此传国玉玺，后归为西晋，再流传于北方十六国至隋唐，公元 936 年后唐废帝李从珂带玉玺登玄武楼自焚，传国玉玺至此失踪，其后世典籍再无记载。

从这一过程中,我们可以发现几个典型的理念。

一是国家政权传自“先圣”,受命于天。宝鼎制自黄帝或大禹,传国玺制自秦始皇。黄帝大禹是上古圣君、代表圣统自不必说;秦始皇虽非圣君,但辗转于列国的和氏璧最后归秦,象征“六王毕,四海一”,象征天下一统的最高权力。因此,得九鼎者得圣统和九州一统之兆,得传国玺者得天下一统之最高权力之兆。鼎失传后,鼎之意义合于玺。鼎、玺的传承或者“仿制”,之所以如此受重视,对于新朝和新帝而言,无非为了表明:得国于先圣暨上天之“圣授”或“神授”,而非得自被推翻或取代的王朝或君主。汉人董仲舒说:“王者必受命而后王;王者必改正朔,易服色,制礼乐,一统于天下,所以明易姓非继人,通以己受之于天也。”[54]“改正朔”就是制定本朝的专有历法,以某月为正(正为一年之始),以某日为朔(朔为一月之始),目的就是标明国家“易姓非继人”(不是继承被推翻的王朝),而是受命于天或传国于古先圣王,标明自己的政治不是简单延续前朝,而是改弦更张。

如果得不到九鼎或传国玺,总给人“名不正言不顺”的感觉,总觉得缺乏正当性合法性,要编“受命于天”或“传国于先圣”的故事总不太方便。

二是国家即使分裂时也有正伪汉贼之辨。在华夏区域分裂为多个国家之时,哪个国家的皇帝,不管实际辖区大小,都想得到宝鼎或传国玺,以证明自己是华夏权力正宗,是权力的合法正当承受者,也最有理由荡平群雄统一中国。如三国时,曹魏虽然搞“禅让”得到了汉家天下,得到了传国玺,但刘备以“皇叔”的血统关系仍被编《三国志》的陈寿视为“正统”,而以曹魏政权为“贼”;蜀汉政权也是以“汉贼不两立”、平定中原恢复汉家天下亦即恢复统一为基本国策。在分裂割据的政权均为华夏民族政权时,士人则主张区分正与伪、汉与贼、禅或篡;在分裂割据的政权中有夷狄时,则将“华夷之辨”与“正伪之辨”合一。东晋时,花九牛二虎之力从北方夺回了传国玺,无非也是为了加强自己相对于北方少数民族政权的正统地位。

三是华夷之辨与正伪之辨合一。如果是少数民族入主中原,那么正伪之辨又与华夷之辨合在一起。比如西晋亡时,北方的前赵、后赵、冉魏等少数民族政权视从汉族政权掠夺回的传国玺为至宝,无非为了证明自己的政权是华夏正统政权,不是胡人或夷狄寇边乱华,也是想据此为理由统一南方。在元朝,蒙古族

---

〔54〕《春秋繁露·三代改制质文》。

统治者虽然据说有侮辱汉族知识分子的“九儒十丐”政策（当然，有学者认为这是当时士林编出来贬低蒙元政权、煽动民族仇恨的），但武宗至大元年（1308年），加封孔子为“大成至圣文宣王”，盛赞孔子为“万世师表”；同时将孟子推崇到“亚圣”地位；推崇忠孝等儒家道德，令人以蒙文译《孝经》，并称赞《孝经》：“乃孔子之微言，自王公乃至庶民，皆当由是而行。”[55]其对儒学的崇尚之情溢于言表。这无非为了证明自己是孔孟圣道的信奉传承者，不是夷狄。最为典型的是清朝。清朝入关，以“为君父复仇”、驱逐“闯贼”为旗号，入关后立即为崇祯帝发丧，无非想标明自己是华夏国家政权的合法继承人。在曾静策反岳钟琪案发后，雍正帝亲自撰写《大义觉迷录》，反驳以曾静为代表的汉族知识分子以满清为夷狄的理论：“自古中国一统之世，幅员不能广远，其中有不向化者，则斥之为夷狄。如三代以上之有苗、荆楚、狁，即今湖南、湖北、山西之地也。在今日而目为夷狄可乎？至于汉、唐、宋全盛之时，北狄、西戎世为边患，从未能臣服而有其地。是以有此疆彼界之分。自我朝入主中土，君临天下，并蒙古极边诸部落，俱归版图，是中国之疆土开拓广远，乃中国臣民之大幸，何得尚有华夷中外之分论哉！”他说，如果一定要以我满洲人为夷狄，则你们华夏的祖先舜帝和文王也是夷狄，“不知本朝之为满洲，犹中国之有籍贯。舜为东夷之人，文王为西夷之人，曾何损于圣德乎？”[56]这一反驳不能说完全没有道理，也确实道出了中国传统国家理念中的“华夷”“正伪”之辨的狭隘性。

古代中国思想家们认为，中国统治权之“正朔”“正统”的传承，大概有三种途径。第一种是禅让，如帝挚禅让给尧、尧禅让给舜、舜禅让给禹、禹禅让给益；第二种是世袭，即各王朝内部的父死子继、兄终弟及；第三种是革命，就是像商汤王、周武王、汉高祖、明太祖起兵造反推翻夏朝、商朝、秦朝、元朝一样。这三种方式获得政权，都必须强调权位表面上受之于人、实际上受之于天、受之于民。孟子说，尧传舜、舜传禹，都不是私人之间的权力授受，而是“天与之，人与之，故曰，天子不能以天下与人”。“天与贤，则与贤；天与子，则与子”，“唐虞禅，夏后殷周继，其义一也”[57]。荀子说：“汤、武非取天下也，修其道，行其义，兴天下之同利，除天下之同害，而天下归之也。桀、纣非去天下也，反禹、汤之德，乱礼义之

---

[55]　《元史·武宗纪》。

[56]　（清）雍正帝编：《大义觉迷录·雍正上谕》，载王慧编：《雍正自白：大义觉迷录简注》，民族出版社1999年版，第85页。

[57]　《孟子·万章上》。

分，禽兽之行，积其凶，全其恶，而天下去之也。天下归之之谓王，天下去之之谓亡。故桀、纣无天下，而汤、武不弑君，由此效之也。"[58]

六、"民为邦本"理念

"民为邦本，本固邦宁"[59]，这是我们中国传统国家理念中又一重要理念。这一理念是以人民为国家的重要因素。人民在国家究竟重要到什么程度，就看这个"本"字如何解读。"本"一般可以解为"根本""本钱""本体""本质"，但在"民为邦本"一语中到底是哪个意思？这是值得细细分析的。

孟子说："诸侯之宝三：土地、人民、政事。宝珠玉者，殃必及身。"[60]孟子的意思是：没有眼光的君主会以珠玉为宝贵财富，有眼光的则以土地、人民、政事为宝贵财富。在这里，孟子的意思是，人民是君主的宝贝或本钱。荀子也有这样的意思："用国者，得百姓之力者富，得百姓之死者强，得百姓之誉者荣。"[61]人民为什么会成为国家的最大本钱？因为统治者需要人民的"力""死""誉"。《说苑》载管仲曾说"君人者，以百姓为天，百姓与之则安"[62]。汉人贾谊说："闻之于政也，民无不为本也。国以为本，君以为本，吏以为本。故国以民为安危，君以民为威侮，吏以民为贵贱，此之谓民无不为本也。"[63]这些说法的意思就是《春秋谷梁传》所言"民为君之本也"[64]。人民对于国家和君主的作用，说白一点，就是唐人韩愈所言："是故君者，出令者也；臣者，行君之令而致之民者也；民者，出粟米麻丝，作器皿，通货财，以事其上者也。君不出令，则失其所以为君；臣不行君之令而致之民，则失其所以为臣；民不出粟米麻丝，作器皿，通货财，以事其上，则诛。"[65]

但是，古代贤哲并不仅仅从这种赤裸裸的功利意义上理解"民本"。《周易》乾卦上九曰："亢龙有悔。"《易传·文言》曰："亢龙有悔何谓也？子曰：'贵而无位，高而无民，贤人在下位而无辅，是以动而有悔也。'"孔子的意思是，人民是统

---

[58] 《荀子·正论》。
[59] 《古文尚书·五子之歌》。
[60] 《孟子·尽心下》。
[61] 《荀子·王霸》。
[62] （汉）刘向：《说苑·建本》。
[63] （汉）贾谊：《新书·大政上》。
[64] 《春秋谷梁传·桓公十四年》。
[65] （唐）韩愈：《韩昌黎文集·原道》。

治者的根基或基础;脱离人民,统治者就“亢龙有悔”。孟子说:“民为贵,社稷次之,君为轻。是故得乎丘民而为天子,得乎天子为诸侯,得乎诸侯为大夫。”[66]“得乎”就是“讨得欢心”的意思。讨得人民的欢心就可以当天子,就像讨得天子的欢心可以当诸侯、讨得诸侯的欢心可以当大夫一样。人民的拥护是天子获得权力的前提。所以,从这个意义上讲,“民贵君轻”。正是从这个意义上讲,荀子才借孔子之口说:“君者,舟也;庶人者,水也。水则载舟,水则覆舟。”[67]人民对于国家政权或国君的作用,相当于水把舟托起来得以航行的作用。人民的力量可以把船托起来航行,也可以把船淹没埋葬。这也是讲人民拥护是国君权力的道德基础或道德来源的意思。汉人贾谊说:“夫民者,至贱而不可简也,至愚而不可欺也。故自古至于今,与民为雠者,有迟有速,而民必胜之。”[68]这从反面解释了“民为邦本”的意思。

历代思想家们在这里所强调的只是君主获得权力的道德前提,而不是法律前提或途径。人民拥护是君主权力的道德基础或伦理前提,但不是说必须经过人民的法定选举程序才能当君主。君主候选人是否“得乎丘民”?如何判断、统计其道德和能力达到了“得民心”的程度?这是迈向民主的第一道门槛的问题,在中国古代被有意无意回避了,或者是我们中国传统政治哲学的盲区。

如何判断统治者得民心或失民心?荀子认为最好的检验方法就是看人民是投奔还是逃离。孟子认为统治者“其身正而天下归”[69],“得道者多助,失道者寡助。寡助之至,亲戚畔之;多助之至,天下顺之”[70]。至于像夏桀商纣那样残贼仁义,众叛亲离,最后成为“独夫民贼”的君主,则人人得而诛之。荀子说“天下归之之谓王,天下去之之谓亡”[71]。争取“天下归心”就是最好地贯彻民本主义。他们都是从这个意义上理解“民为邦本”的。

“民为邦本”还有一个意思是国家君主都是为人民利益而设置的;国君和国家的政治必须以服务人民为本职,必须有利于人民。据《史记·五帝本纪》载:“尧知子丹朱之不肖,不足授天下,于是乃权授舜。授舜则天下得其利而丹朱病,授丹朱则天下病而丹朱得其利。尧曰‘终不以天下之病而利一人’,而卒授

---

[66] 《孟子·尽心下》。
[67] 《荀子·王制》及《哀公》。。
[68] (汉)贾谊:《新书·大政上》。
[69] 《孟子·离娄上》。
[70] 《孟子·公孙丑下》。
[71] 《荀子·王霸》及《正论》。

舜以天下。”这就是所谓“立天子以为天下,非立天下以为天子也”[72],“且天之生民,非为王也;而天立王,以为民也”[73]。所以《尚书·洪范》说:“天子作民父母,以为天下王。”这亦即《尚书》所谓“作民主”。天子或统治者要像父母养育子女一样养育人民,对人民要“若保赤子”[74],这才是君主的本职;绝对不能“以天下奉一人”。好的君主,应为人民谋福利,此即孔子所言“因民之所利而利之,因民之所恶而去之”[75],亦即孟子所言,“保民而王,莫之能御也”[76]。清人黄宗羲把“民本主义”几乎推近了“民主”的境界:“古者以天下为主,君为客,凡君之所毕世而经营者,为天下也。……盖天下之治乱,不在一姓之兴亡,而在万民之忧乐。”[77]

民本主义还强调尊重人民的意见,倾听人民的呼声;甚至强调人民的呼声代表上天或神的意志,敬神不如敬民。此即孟子引《尚书·泰誓》所谓“天视自我民视,天听自我民听”,亦即《尚书》皋陶谟所谓“天聪明自我民聪明,天明畏(威)自我民明威(威)”,“民之所欲,天必从之”[78]。所谓“夫民,神之主也。是以圣人先成民而后致力于神……民和而神降之福”[79],所谓“国将兴,听于民;将亡,听于神”[80],都是坚持“民本主义”,反对“神本主义”“君本主义”的体现。因此,《周礼·秋官司寇》关于国君召集万民到“外朝”征询他们对国危、迁国、立君等国政大事的意见的记载,关于国家重大案件应以“讯万民”等“三刺”制度来“求民情”的记载,都不过是在以美化(乃至虚构)周朝制度的方式表达作者自己的“民本”理念。这与《孟子》的“国人皆曰贤然后用之,国人皆曰可杀然后杀之”的主张用意一致。这种特别强调“尊重民意”的意义上的“民本”,与“民主”理念也只有一步之遥了。这一步就差在:如何用法定的程序化的方式集中和升华民意,让民意能够控制政府;国家权力尊重民意不仅仅靠当政者的开明豁达,而是因为制度的约束限制不得不然。

---

[72] 《慎子·威德》。
[73] 《春秋繁露·尧舜汤武》。
[74] 《尚书·康诰》。
[75] 《论语·尧曰》。
[76] 《孟子·梁惠王上》。
[77] (清)黄宗羲:《明夷待访录·原君》。
[78] 《尚书·泰誓上》。
[79] 《左传·桓公六年》。
[80] 《左传·庄公三十二年》。

七、封建与郡县之辨

传统中国的国家理念，自秦统一中国开始，就有了“封建”和“郡县”之辨。秦始皇平定天下后，群臣曾经两次就应否分封诸侯的问题展开过争论。第一次是秦始皇二十六年（前 221 年）丞相王绾等人建言：“诸侯初破，燕、齐、荆地远，不为置王，毋以填之。请立诸子，唯上幸许。”秦始皇命令群臣讨论此事，大家“皆以为便”。唯独廷尉李斯反对：“周文武所封子弟同姓甚众，然后属疏远，相攻击如仇雠，诸侯更相诛伐，周天子弗能禁止。今海内赖陛下神灵一统，皆为郡县，诸子功臣以公赋税重赏赐之，甚足易制。天下无异意，则安宁之术也。置诸侯不便。”始皇曰：“天下共苦战斗不休，以有侯王。赖宗庙，天下初定，又复立国，是树兵也，而求其宁息，岂不难哉！廷尉议是。”最后否决了分封诸侯之议。第二次是始皇三十三年（前 214 年），仆射周青臣在朝廷酒会上率先歌颂秦始皇废分封立郡县，引起群臣反感。博士淳于越乘机进言：“臣闻殷周之王千余岁，封子弟功臣，自为枝辅。今陛下有海内，而子弟为匹夫，卒有田常、六卿之臣，无辅拂，何以相救哉？事不师古而能长久者，非所闻也。今青臣又面谀以重陛下之过，非忠臣。”秦始皇又下令群臣讨论此事。又是丞相李斯力排众议：“五帝不相复，三代不相袭，各以治，非其相反，时变异也。今陛下创大业，建万世之功，固非愚儒所知。且越言乃三代之事，何足法也？异时诸侯并争，厚招游学。今天下已定，法令出一，百姓当家则力农工，士则学习法令辟禁。今诸生不师今而学古，以非当世，惑乱黔首。丞相臣斯昧死言：古者天下散乱，莫之能一，是以诸侯并作，语皆道古以害今，饰虚言以乱实，人善其所私学，以非上之所建立……”〔81〕因此，他主张干脆禁止这类讨论，并主张实行“焚书”，即烧毁诸子百家游说诸侯各行其是闹得天下分裂割据的那些书，以杜绝这种争论的思想源头。

汉初，高祖曾分封了八个异姓诸侯王和九个同姓王；后来剪灭异姓王，加封同姓诸侯王，共封十余国。鉴于恢复分封后诸侯势力坐大威胁中央，汉人贾谊提出“欲天下之治安，莫如众建诸侯而少其力”〔82〕，于是文帝、景帝实行“推恩”“削藩”政策，平定吴楚七国之乱。汉景帝中五年（公元前 145 年），“令诸侯王不得复治国，天子为置吏”〔83〕。此后诸侯权力大大减小。此后历代，在应否封建诸侯

〔81〕《史记·秦始皇本纪》。

〔82〕《汉书·贾谊传》。

〔83〕《汉书·百官表》。

的问题上争论不休，但“封建”制度一直或多或少直接或间接地保存了下来。“封建”是中国传统政治结构的灵魂。王者打天下，追随建功者众。既得天下，岂能独吞一切，势必与众家瓜分战利品。中国传统的政治，就是这样一种以“论功行赏”为本质的分赃政治，曰“分封制”。分封当然不仅是裂土而分，关键还要“守望相助”，为屏藩，保障天子一宗利益无虞，保障大家共同的“战利”不改复归于消亡。所以分封制又不能过分把权力放给诸侯，中央要加强对各类形形色色的诸侯的控制，于是必须按“郡县制”的实质改造分封制。中国传统政治结构正在体现“分肥”与体现“控制”两者之间亦即分封与郡县之间的艰难选择。

唐人柳宗元最早开始封建郡县公私之辨。他认为，封邦建国，置诸侯，“非公之大者也，私其力于己也，私其卫于子孙也。秦之所以革之者，其为制，公之大者也”，他认为秦废分封，立郡县，置守宰，“公天下之端自秦始”。[84]《旧唐书》说：“然建侯置守，如质文之递救，亦不可一概责也。救土崩之难，莫如建诸侯；削尾大之势，莫如置守宰。”[85]其实，今天看来，两者均非公，皆为天下大私。清人王夫之认为，“两端争胜而徒为无益之论者，辨封建郡县是也。郡县之制，垂二千年而弗能改矣，合古今上下皆安之，势之所趋，岂非理而能然哉？……郡县之法，已在秦先。秦之所灭者，六国耳，非尽灭三代之所封也。则分之为郡、分之为县，俾才可长民者皆居民上以尽其才而治民之纪，亦何为而非天下之公乎？”他认为，从客观效果上讲，“郡县者，非天子之利也，（秦汉以后）国祚所以不长也；而为天下计，则（郡县制）害不如封建之滋也多矣。呜呼！秦以私天下之心而罢侯置守，而天假其私以行其大公。存乎神者之不测，有如是夫！”[86]他认为秦废分封行郡县虽然出于一姓之私，但从天下共同利益的角度来看，其危害比封建制要少些，客观上符合“公天下”的要求。清人顾炎武说：“自汉以下之人，莫不谓秦以孤立而亡；不知秦之亡，不封建亡，封建亦亡；而封建之废，固自周衰之日，而不自于秦也。封建之废，非一日之故也，虽圣人起，亦将变而为郡县。”他认为，封建郡县各有利弊，“封建之失，其专在下；郡县之失，其专在上”，最好的制度是“寓封建之意于郡县之中”，就是寻找二者的折中制度。他的具体建议是：“尊（郡县）令长之秩，而予之以生财治人之权；罢监司之任，设世官之奖，行

---

〔84〕《柳河东集·封建论》。
〔85〕《新唐书》列传第三，《宗室》传赞。
〔86〕（清）王夫之：《读通鉴论·秦始皇一》。

辟属之法。”他认为这样一来，“二千年以来之敝可以复振”，“而天下治矣”[87]。

八、“臣民无私合”理念

从中国传统的政治哲学角度看，臣民没有独立的权利，是需要自行结成社会组织来捍卫和保障的。臣民的职责本分是效命于君主。他们在为国家和君主效劳的前提下有一些权益，但这些权益不能自行组织团体去保护，只能以君主为保护人。

在中国古代政治中，百姓除了通过血缘形成的家族或宗族组织形式，除了由国家安排组成乡里、保甲、什伍、村社等组织形式之外，除了人民为治安、教化或学术等目的而自发形成（后因其符合国家目的被国家推广）的“乡约”、书院、诗社等组织形式，是不能有其他目的和形式的社会组织的。所有不经国家安排或认可的社会组织，都是“结党营私”，都被视为对君主和国家权力的威胁。

在古代中国的政治语言中，臣民为自己的利益自行发生任何组织联系，就叫作“结党”或“朋党”。“党”是一个贬义词。“朋党比周”“阿党偏私”“阿党不平”“结党营私”“党同伐异”。因此，孔子主张“君子不党”[88]，“君子矜而不争，群而不党”[89]。所谓“群而不党”，就是可以有群体生活，应该合群，但不应该有偏党之见或结党营私之举。《尚书》主张“无偏无党，王道荡荡；无党无偏，王道平平”[90]，就是要完全以君主和国家利益为依归。《老子》主张“民至老死不相往来”，从防止民众结团护卫自己的利益来讲，应是诸子百家的共同主张。

古人认为，人民只应依据礼制和法律保持一种“小事大”“贱事贵”“少事长”“弱事强”“贫事富”的结合秩序就可以了。在这种体制、章法或秩序之外，人民是应该老死不相往来的。“古之王者，鸡狗之声相闻，其人民至死不得相问见也。上非禁其相问见之道也，法立令行而民毋（无）以相问见为也。凡民为礼节相朝夕问见者，外以备患祸，内以备衣食也。臣闻柏（霸）王之国，其民劳能佚之，饥能食之，寒能衣之，乱能治之。”这就是说，无论是“备患祸”即安全的需要，还是“备衣食”即生存的需要，都应该由国家来解决，不应当由人民自己通过结社互助的方式解决。既然国家能解决，人民还有什么必要自行交往或结社呢？

---

[87] （清）顾炎武：《亭林文集》卷一，《郡县论》。
[88] 《论语·述而》。
[89] 《论语·卫灵公》。
[90] 《尚书·洪范》。

如果国家不能履行这一种父母保养婴儿般的职能,“饥弗能食,寒弗能衣,乱弗能治,则外弗能杀,中弗能禁,内弗能使”,人民就会离散,国家就会崩溃。国家和王者应该用“食之”“衣之”“治之”的方式有效控制人民,“上操三者,(使)民外无□□(备患),内无感欲也”,使人民没有安全和生存忧虑;并且要做到“杀之则死,生之则生,欲使之则使”[91],就是使人民绝对服从国家和君王,成为驯服工具。

古代哲人认为“朋党”祸害无穷,特别提醒国家防范和打击朋党。《管子》认为:“请谒得于上,党与成于乡。如是则货财行于国,法制毁于官。”[92]孔子杀少正卯,其罪名之一就是“其居处足以撮徒成党”[93],就是要打击有私自结成社会组织倾向的在野知识分子。荀子主张,“朋党比周之誉,君子不听”[94];认为秦国的官吏“出于其门,入于公门;出于公门,归于其家,无有私事也。不比周,不朋党”[95]是一种理想的政治状态。韩非子特别强调要打击“群臣有内树党以骄主”[96]、“内构党与、外接巷族以为誉”[97]的行径。他认为“公私分,则朋党散;朋党散,则无外障距内比周之患”[98]。所以,秦始皇统一中国后实行的大焚书,也与担心百姓受诸子思想影响而结党有关。《史记·李斯列传》记载的那次讨论中,李斯就是以“私学相与非法教之制……率群下以造谤。如此不禁,则主势降乎上,党与成乎下”的潜在“危机”说服秦始皇下令“焚书”的。当时国家最担心的是人民有“党与”;认为“党与”成气候就威胁“主势”,民众如结成“党与”就等于国家力量削弱。

为了防止人民结成社会组织,儒家提出了“坊民”主张,法家提出了“弱民”“制民”主张,道家提出了“愚民”主张。总之要使百姓“无私”。《礼记·坊记》:“君子之道,辟则坊与!坊民之所不足者也。大为之坊,民犹逾之,故君子礼以坊德,刑以坊淫,命以坊欲。”就是要像建堤防限制洪水泛滥一样防范人民。《商君书·弱民》:“故有道之国,务在弱民。”因为“民弱国强,国强民弱。”《商君书·

---

〔91〕《银雀山竹简·齐国守法守令十三篇》,载《文物》1985年第4期。
〔92〕《管子·立政》。
〔93〕《孔子家语·始诛》。
〔94〕《荀子·致士》。
〔95〕《荀子·强国》。
〔96〕《韩非子·说林》。
〔97〕《韩非子·说疑》。
〔98〕《韩非子·难三》。

画策》:“能制天下者,必先制其民。……故胜民之道在制民,若冶于金,陶于土也。本不坚,则民如飞鸟禽兽,其孰能制之?”《老子》说“古之善为道者,非以明民,将以愚之”,最好是“常使民无知无欲”。《尉缭子·治本》:“善政执其制,使民无私。为下不敢私,则无为非者矣。”《管子·任法》说:“官无私论,士无私议,民无私说,皆虚其胸以听于上,上以公正论,士无私议,民无私说,皆虚其胸以听于上,上以公正论,以法制断。”《管子·八观》的话其实可以代表先秦诸子的共同主张:“明君者,闭其门,塞其途,弇其迹,使民毋由接于淫非之地,是以民之道正行善也,若性然。故罪罚寡而民以治矣。”据说,《法经》有“群相居一日以上则问,三日四日五日则诛”的“徒禁”〔99〕,这反映了一种极端恐惧人民结合成团体的心态,这是中国历代王朝的共同心态。

九、结语

传统中国的政治结构,从西周至明清,几乎一直可以概括为“天下—国—邑—家”四重结构。对这种政治结构的理解,是我们理解传统中国国家特质的关键。在中国古代正统的政治理念中,在传统中国政治的内在架构中,我们确实能看到这样一种四重结构。无论在传统中国的实际政治秩序中,还是在中国政治哲学理念中,“天下”“国”“邑”“家”四者都有一种同构关系,或者说一种同心圆的关系。天下是最大的“家”,家是最小的“国”。与这种政治模式或观念结构相对应,才有本文所梳理的八大基本政治理念。这八大理念是我们认识中国传统国家属性的关键,是我们认识中国古代政法模式特色的关键。离开了这八大观念所构成的中国政法模式的特有气质或性格,我们是不能真正认识中国传统的。不特别领悟这个中国特有的模式和观念体系,我们就会误以为中国的政法史或制度史不过是按照与西方一致的某种先验的“理念”或标准模式在东方世界的复制史或实验史而已。

（原载《法学评论》2011 年第 1 期）

〔99〕（明）董说:《七国考》引汉人桓谭《新论》述《法经》。

礼乐政治与中国传统行政的“程序”特征

传统中国的政治，是一种礼乐型的政治，亦即“礼乐”对国家政治和法律有深刻影响的政治，亦即“礼乐”构成国家行政的形式风格及内容特质的政治。不理解这样一种特殊内涵与风格的政治和行政，实际上就不了解中国文化。

礼乐作为国家和社会的规范体系及实施辅佐系统，可能自夏商以来就有了。孔子说：“殷因于夏礼，所损益可知也；周因于殷礼，所损益可知也。其或继周者，虽百世可知也。”〔1〕他认为，礼乐是代代政治传承的灵魂。自西周以来，中国就有了重视礼乐、以礼乐推行国政的传统；这一传统一直延续到清末。对这一传统作一个粗略了解，对于我们理解中国具体的政治与行政制度传统有十分重要的意义。

所谓“礼”，就是夏商周以来的宗法伦理行为规范体系（包括仪式）；所谓乐，就是辅助礼制或礼教实施的音乐舞蹈体系。“礼”“乐”二者合起来就是古代中国的社会控制系统中的倡导、教导或引导部分；它们与作为社会控制系统中的指令、督促、制裁部分的“政”“刑”相配合，共同完成社会控制。

关于礼乐与传统中国政治的关系，从前已经有许多学者进行过研究；但是对于礼乐政治所体现的中国传统政治中特有的“法制”精神及“程序”精神，实际上很少有人研究过。本文主要讨论礼乐社会控制模式（礼乐政治）与中国传统行政法制文化之间的关系，大致探讨中国传统行政的礼乐形式及礼义精神，特别通过这一

〔1〕《论语·为政》。

探讨揭示古代中国法制的礼乐型程序特征。

一、古代中国的“礼”与“乐”

中国古代社会的“礼”与“乐”，是一个综合系统，很难分开来理解。但是，为了大致说明二者各自的功能、目的，我们有必要相对区分二者。

（一）古代中国的“礼”

在古代中国，“礼”是一切社会控制体系的灵魂。不知“礼”，就根本不懂中国传统社会控制的要害。“礼”虽说早自夏朝、商朝就有了，但将其真正光大为国家典章制度总体并对后世产生影响深远的是周朝。周初，开国傅相周公（姬旦）主持进行了一次大规模礼制编纂运动，此即“周公制礼”。这次运动，用当时中国的政治法律语言，就叫作“制礼作乐”。这实际上是一次立法活动，是在整理夏礼、殷礼的基础上，结合周族原有的习惯，加以修订补充完善，编纂出了一套适用于当时社会各个方面事务的规范体系——“周礼”。

“礼”最初是社会生活所有方面规范的混沌整体，内容无所不包。礼的起源，来自最基层社会生活的最基本需要，来自最早社会生活中的图腾、禁忌、习惯、仪式。“礼”字在周代钟鼎铭文中作，象征二玉在器之形，大约与向神灵或祖先献祭有关。《礼记 · 礼运》说：“夫礼之初，始于饮食。其燔黍捭豚，污尊而抔饮，蒉桴而土鼓，犹若可以致其敬于鬼神。”《说文解字》：“礼，履也，所以事神致福也。”也就是说，礼产生于献祭祖先与神灵（礼敬神灵祈求幸福）的行为方式；那些方式或仪式的相对固定，就是最早的礼。这些最早的礼，作为禁忌习惯仪式而存在，是社会生活需要中自然形成，根本谈不上“制造”，因而没有人为的规范体系。后来，氏族部落的耆老酋长们将其不断加工，才慢慢发展出体系来，才慢慢有了“制礼”事实。《汉书 · 礼乐志》说：“人性有男女之情，妒忌之别，故为制婚姻之礼；有交接长幼之序，为制乡饮之礼；有哀死思远之志，故为之哀祭之礼；有拳拳敬上之心，为制朝觐之礼。”也就是说，“礼”是因应人性、人情、人事活动需要而产生的，是对人性人情和人事活动的节制或调整；没有它，社会生活就乱套了。

关于“礼”的具体内容，我们可以从礼义、礼法、礼仪三个层次来理解。

1. 礼的三层次——礼义、礼法、礼仪

所谓礼义，就是精神原则层面上的“礼”。《左传 · 昭公二十五年》：“夫礼，天之经也，地之义也，民之行也。天地之经而民实则之。”《礼记 · 大传》说：“亲

亲也,尊尊也,长长也,男女有别。”《礼记·礼运》:“何谓人义:父慈子孝,兄良弟悌,夫义妇听,长惠幼顺,君仁臣忠。”《礼记·丧服四制》:“夫礼,吉凶异道,不得相干,取之阴阳也;丧有四制,变而从宜,取之四时也;有恩有理,有节有权,取之人情也。”《孟子·滕文公上》:“父子有亲,君臣有义,夫妇有别,长幼有序,朋友有信。”这种意义上的“礼”是人间一切规范背后的原则或精神准则。也是周公制礼的基本指南,是周礼的灵魂部分,是礼的最高层次。

所谓礼法,就是体现礼义或者贯彻礼义,有“宪法性”规范或其他法律规则性质的“礼”。这是“礼”的中间层次。比如《礼记·礼运》“大人世及以为礼”〔2〕,就是一条宪法性的礼法,是贯彻“亲亲”原则的权力继承法。《礼记·曲礼》“礼不下庶人,刑不上大夫”也是一条宪法性的礼法,是贯彻“尊尊”原则的身份权益待遇法。如《周礼·夏官司马》:“大司马以九罚之法正邦国:冯弱犯寡则眚之,贼贤害民则伐之,暴内凌外则坛之,野荒民散则削之,负固不服则侵之,贼杀其亲则正之,放弑其君则残之,犯令凌政则杜之,外内乱鸟兽行则灭之。”这是一条宪法性的礼法,是贯彻“封邦建国,以屏藩周”“大宗率小宗”“尊王攘夷”之礼义的“违礼诸侯制裁法”。眚(省,削也)、伐、坛(废君位而幽之)、削、侵、正、残、杜(封锁)、灭,都是中央对诸侯国的轻重不等的制裁方式。《尚书·康诰》:“元恶大憝矧惟不孝不友。子弗祗服厥父事,大伤厥考心……乃速由文王作罚,刑兹无赦。”这则是一条刑法性质的礼法,是贯彻“亲亲尊尊”之礼义打击“不孝不友”之恶行的礼法。又如,《左传》所记载的“两国交战,不斩来使”“不伐丧国(不伐哀兵)”“不伐乱国”“师出有名(理由)”等“军礼”就是贯彻了“仁义”之礼义的国际法(战争法)性质的礼法。依照当时军礼,讨伐战争必须“大张旗鼓”,“凡师有钟鼓曰伐;无曰侵,轻曰袭”。所以,僖公三十三年秦军潜师袭郑国,王孙满批评说:“秦师轻而无礼!”〔3〕这都是礼法在当时适用的证据。

所谓礼仪,就是为了贯彻“礼义”,个人或集体行为应该遵守的具体程序手续方式等。这是最低层次的礼。因为它仅仅就礼节仪式而规定,有时从严格的意义上讲竟不视为“礼”,仅仅视为“仪”。〔4〕实际生活中,大家都视之为应当遵

〔2〕世,即父死子继;及,即兄终弟及。就是以子弟继承父兄为权力继承的基本准则。

〔3〕《左传·僖公三十三年》。

〔4〕《左传·昭公二十五年》:“子大叔见赵简子。简子问揖让周旋之礼焉。对曰:‘是仪也,非礼也。’简子曰:‘敢问何谓礼?’对曰:‘吉也闻诸先大夫子产曰:夫礼,天之经也,地之义也,民之行也。天地之经,而民实则之。’”《论语·阳货》载孔子云:“礼乎礼乎,玉帛云乎哉?乐乎乐乎,钟鼓云乎哉?”孔子强调玉帛钟鼓只是礼乐的形式,不是本质。

行的具体礼仪。礼仪，广泛涉及或规范社会生活的各个方面。《礼记·昏义》：“夫礼，始于冠，本于婚，重于丧祭，尊于朝聘，和于乡射，此礼之大体也。”

关于这样的具体礼仪，一般有“五礼”“六礼”“九礼”之说。相传系“周礼”一部分的《仪礼》一书，就是对周代“礼仪”的追记和汇编。

所谓“五礼”，即吉礼、凶礼、军礼、宾礼、嘉礼等五礼。《尚书·尧典》有“天秩有礼，自我五礼有庸哉”之说。《汉书·刑法志》有“圣人因天秩而作五礼”之说。《周礼·地官》有“大司徒以五礼防民之伪，而教之中”的说法。大概指此五类礼而言。

所谓吉礼，即祭祀、燕饮之礼；所谓凶礼，即丧葬之礼；所谓军礼，即征伐、战阵之礼，有出征誓师仪式、战争法规等。所谓宾礼，即朝贡、觐见、盟会、聘享、迎宾之礼；所谓嘉礼，即冠婚、选士、封赏、乡饮酒、乡射之礼。

所谓“六礼”，一般谓冠礼、婚礼、丧礼、祭礼、乡（饮、射）礼、相见礼等六种礼仪。这就把“军礼”排除在外了。当然，还有一种狭义的“六礼”，仅仅指结婚之礼。

所谓“九礼”，一般谓冠礼、婚礼、朝礼、聘礼、丧礼、祭礼、宾主礼、乡饮酒礼、军旅礼等九种礼仪。所谓朝礼，即朝觐之礼，诸侯对天子曰朝觐；所谓聘礼，即聘享之礼，诸侯平行交往曰聘享。二者实际上相当于后世中央与地方关系及地方之间相互关系的行政规则。

这些规则，其实绝大部分实际构成了法律规范，在当时带有强制性。当然，有些诸侯国或者个人违反了这些礼，并不一定都受到制裁（但肯定受到舆论的谴责）；但我们决不能以有人违礼未受制裁为由反过来否定这条礼规则为法律（因为直到今天违法而未受制裁的情形还经常存在）。

当然，我们也必须注意到，在“礼仪”中也有高低层次之分。重要的、高层次的礼仪，实际上是强制性的法律；次要的、低层次的礼仪，则仅仅是伦理规则或倡导而已。

这样的伦理规则性质的礼仪，《周礼》《礼记》《仪礼》中记载的极多。如有敬亲之礼：“夫为人子者，出必告，反必面，所游必有常，所习必有业，恒言不称老。”“亲有疾饮药，子先尝之。医不三世，不服其药。”有敬长之礼：“谋于长者，必操几杖以从之。长者问，不辞让而对，非礼也。”有敬师之礼：“从于先生，不越路而与人言；遭先生于道，趋而进，正立拱手。先生与之言，则对；不与之言，则趋而退。"还有"男女授受不亲"的异性交往之礼。[5] 这些礼,即使违反了,一般只会受讥评,不会有什么正式制裁。所以,这些礼是不应该视为法律的。

2. 礼的性质与作用

古人认为,礼是人与禽兽的区别之所在。《礼记·曲礼》:"是故圣人作,为礼以教人,使人以有礼,知自别于禽兽。"《礼记·礼运》说:"故礼义也者,人之大端也,所以讲信修睦而固人肌肤之会、筋骸之束也。所以养生送死事鬼神之大端也,所以达天道人情之大宝也。"认为"礼"就是人类生命形式。《左传·隐公十一年》:"礼,所以经国家,定社稷,序民人,利后嗣者也。"《左传·昭公二十五年》:"夫礼,天之经,地之义,民之行也。天地之经而民实则之。"这都是说"礼"为人类社会规定了基本的生活秩序,特别是规定了政治生活和社会交往的规则秩序。《礼记·经解》说:"礼之于正国也,犹衡之于轻重也,绳墨之于曲直也,规矩之于方圆也。"这是说"礼"就是人们社会生活的各个方面的具体的法律准则(当时人们总是以权衡、规矩、绳墨来比喻法律的作用)。《礼记·曲礼上》说:"夫礼者,所以定亲疏,决嫌疑,别同异,明是非也。……道德仁义,非礼不成;教训正俗,非礼不备;分争辨讼,非礼不决;君臣上下父子兄弟,非礼不定;宦学事师,非礼不亲;班朝治军,莅官行法,非礼威严不行;祷祠祭祀,供给鬼神,非礼不诚不庄。"只有"礼"才能造就人类社会的良好公共秩序,没有"礼"就会罪恶横生:"故婚姻之礼废,则夫妇之道苦,而淫僻之罪多矣;乡饮酒之礼废,则长幼之序失,而争斗之狱蕃矣;丧葬之礼废,则骨肉之恩薄,而倍死忘生者众矣;朝聘之礼废,则君臣之位失,诸侯之行恶,而倍畔侵凌之败起矣。"[6]

(二)古代中国的"乐"

"乐"在中国古代社会文化体系中也有特别重要的地位。要理解中国古代的"乐",不能仅仅从音乐艺术的角度去理解,必须进而从传统政治和社会控制体系的构成部分的角度去理解。

"乐"在早期中国文化中的地位和意义,我们可以先从《乐经》可以看出。孔子晚年授徒讲学,所使用的教科书为"六经"——《诗》《书》《礼》《乐》《易》《春秋》。这六部书,是孔子生活时代所能见到的最为重要的古代文化遗典,甚至是当时所能见到的古代遗典的全部。当时虽传说上古有"三坟、五典、八索、九

---

[5] 以上均见《礼记·曲礼》。
[6] 《礼记·经解》。

丘”〔7〕,但是人们都见不到了。“六经”都是经孔子整理修缮并传习下来的,不然它们也会失传。这六部书,之所以被奉为“六经”,是因为代表了当时政治和文化的六大主要诉求或功能。“诗”即《诗经》,是用来观民风、民心的,所谓“诗言志”。“书”即《尚书》,是上古圣贤主政的言论和思想记录;《春秋》是上古时王朝政治事件的大事记,所谓“左史记言,右史记事,事为《春秋》,言为《尚书》”〔8〕是也。“礼”即“周礼”,但不是我们今天所见的《周礼》《仪礼》《礼记》,在孔子时代它也许是一个完整的关于国家典章制度和礼义礼仪的经典。“易”即《易经》,是关于观天通神之道的经典。“乐”就是《乐经》。《乐经》是什么内容,因为亡于秦火,我们已无法确知。从字面上看,是关于音乐理论和音乐教育的经典。从它与观民心、纪国事、纪圣言、定礼仪、观天道等五个方面的经典并列在一起就可知,它的内容一定与国家这五个方面的诉求或功能同样重要。可以说,“协和民声”是它的内容或诉求。

因此,在古代中国,“乐”不仅仅指音乐而言,而且是政教体系的一部分,是通过音乐的形式协调人民、感化人民,辅助礼教或礼治的一种社会控制系统。

要理解中国古代的“乐”,必须先明确“声”“音”“乐”三者的不同含义。

汉人司马迁说,“凡音之起,由人心生也。人心之动,物使之然也。感于物而动,故形于声;声相应,故生变;变成方,谓之音;比音而乐之,及干戚羽旄,谓之乐也。乐者,音之所由生也,其本在人心感于物也”。“凡音者,生人心者也。情动于中,故形于声,声成文谓之音。”“乐者,心之动也;声者,乐之象也;文采节奏,声之饰也。”〔9〕三者关系如此。

在古人看来,外在事物撼动人心或人心为外物感动,这种感动由声音发表出来,就叫作“声”,这仅仅是原始粗朴的声音而已。因为外物变化万端,人的感动亦相应变化万端,故人类发出的声音也变化万端。这种变化万端的声音一旦“成方”或“成文”,也就是经过了艺术条理化或技术升华,成了文化体系,就叫作“音”。所以“音”是经过艺术升华的“声”的体系。人如果随着这样的声音而喜怒哀乐并手舞足蹈,就叫作“乐”。这里的乐不再是一般意义上的音乐:“天下大定,然后正六律,和五声,弦歌诗颂,此之谓德音,德音之谓乐。”

---

〔7〕《左传·昭公十二年》。

〔8〕《汉书·艺文志》。不过学者多认为应该是“左史记事,右史记言”。因为左丘明为史官,作《春秋左氏传》,专记国家重大事件。“左氏”应即“左史”。

〔9〕《史记·乐书》。下引文字除特别注明外,均出自此书。

因此,在古代中国,“乐”的含义远比现代要广,首先是指音乐(声乐、器乐)及相应的舞蹈,其次是指音乐背后的人心人情,最后还有与人性人情相关的伦理和政治含义。对音乐的这些含义的领悟,是君子小人的分野:“凡音者,生于人心者也;乐者,通于伦理者也。是故知声而不知音者,禽兽是也;知音而不知乐者,众庶是也。唯君子为能知乐。”“是故审声以知音,审音以知乐,审乐以知政,而治道备矣。是故不知声者不可与言音,不知音者不可与言乐。知乐则几于礼矣。”

按照古代中国的“乐”理论,要知道哪些才能叫“知乐”呢?“乐”有哪些含义呢?谨根据《史记・乐书》和《礼记・乐记》所述音乐礼论〔10〕,总结为以下五点。

第一,古人认为声音生于人心,不同的声音能反映人的内心喜怒哀乐的不同,“是故其哀心感者,其声纵以杀;其乐心感者,其声啴以缓;其喜心感者,其声发以散;其怒心感者,其声粗以厉;其敬心感者,其声直以廉;其爱心感者,其声和以柔。六者非性也,感于物而后动,是故先王慎所以感之”。人心为外物感动而生哀、乐、喜、怒、敬、爱六种“情”时,分别会发出六种不同情感内涵的声音:纵而杀、啴而缓、发而散、粗而厉、直而廉、和而柔。

第二,音乐是为了节制人性泛滥而存在,不同性格旨趣的人应该“对症下药”地选用不同的歌乐。“夫乐者,乐也,人情之所不能免也。乐必发诸声音,形于动静,人道也。声音动静,性术之变,尽于此矣。故人不能无乐,乐不能无形。形而不为道,不能无乱。先王恶其乱,故制雅颂之声以道之,使其声足以乐而不流,使其文足以纶而不息,使其曲直繁省廉肉节奏足以感动人之善心而已矣,不使放心邪气得接焉,是先王立乐之方也。”孔子弟子子贡拜见著名音乐家师乙时问:我听说“声歌各有宜”,请问像我这样的人适宜唱什么歌?师乙回答说:“宽而静、柔而正者宜歌‘颂’;广大而静、疏达而信者宜歌‘大雅’;恭俭而好礼者宜歌‘小雅’;正直清廉而谦者宜歌‘风’;肆直而慈爱者宜歌‘商’;温良而能断者宜歌‘齐’。夫歌者,直己而陈德;动己而天地应焉,四时和焉,星辰理焉,万物育焉。”

第三,不同的音乐对人民的品行有不同的感化熏陶,音乐能反映民风民情和社会政治优劣。“夫人有血气心知之性,而无哀乐喜怒之常;应感起物而动,然

〔10〕《史记・乐书》和《礼记・乐记》的文字绝大部分相同,不知谁先谁后,本节引文均出自此二者,不再具体注明出处。

后心术形焉。是故志微焦衰之音作，而民思忧；啴缓慢易繁文简节之音作，而民康乐；粗厉猛起奋末广贲之音作，而民刚毅；廉直经正庄诚之音作，而民肃敬；宽裕肉好顺成和动之音作，而民慈爱；流辟邪散狄成涤滥之音作，而民淫乱。”“是故治世之音安以乐，其正（政）和；乱世之音怨以怒，其正（政）乖；亡国之音哀以思，其民困。声音之道，与正（政）通矣。”因此，“郑音好滥淫志，宋音燕女溺志，卫音趣数烦志，齐音骜辟骄志，四者皆淫于色而害于德，是以祭祀不用也。”“郑卫之音，乱世之音也，比于慢矣。桑间濮上之音，亡国之音也，其政散，其民流，诬上行私而不可止。”因此，统治者要学会通过音乐了解民心民情民俗，观察政治得失。

第四，“乐”之五音辅助仁义礼智信“五常”；通过音乐可以教化人民。“夫上古明王举乐者，非以娱心自乐，快意恣欲，将欲为治也。正教者皆始于音，音正而行正。故音乐者，所以动荡血脉，通流精神而和正心也。故宫动脾而和正圣，商动肺而和正义，角动肝而和正仁，征动心而和正礼，羽动肾而和正智。故乐所以内辅正心而外异贵贱也；上以事宗庙，下以变化黎庶也。”“乐者，圣人之所乐也，而可以善民心。其感人深，其风移俗易，故先王著其教焉。”“然则先王之为乐也，以法治也，善则行象德矣。”“故圣王使人耳闻雅颂之音，目视威仪之礼，足行恭敬之容，口言仁义之道。故君子终日言而邪辟无由入也。”“故闻宫音，使人温舒而广大；闻商音，使人方正而好义；闻角音，使人恻隐而爱人；闻征音，使人乐善而好施；闻羽音，使人整齐而好礼。”“是故乐在宗庙之中，君臣上下同听之，则莫不和敬；在族长乡里之中，长幼同听之，则莫不和顺；在闺门之内，父子兄弟同听之，则莫不和亲。故乐者，审一以定和，比物以饰节，节奏合以成文，所以合和父子君臣，附亲万民也，是先王立乐之方也。”不同的音乐收到不同的教化结果，“雅颂之音理而民正，嘄嗷之声兴而士奋，郑卫之曲动而心淫”。用不同音乐引导人民的结果大不一样：“故舜弹五弦之琴，歌南风之诗而天下治；纣为朝歌北鄙之音，身死国亡。舜之道何弘也？纣之道何隘也？夫南风之诗者生长之音也，舜乐好之，乐与天地同意，得万国之欢心，故天下治也。夫朝歌者不时也，北者败也，鄙者陋也，纣乐好之，与万国殊心，诸侯不附，百姓不亲，天下畔之，故身死国亡。”

第五，“乐”之五音谐调象征尊卑贵贱和谐的政治状态。司马迁说，音乐中的宫、商、角、徵、羽五个音素或五根弦象征着政治和自然的五种重要现象：“弦大者为宫，而居中央，君也。商张右傍，其余大小相次，不失其次序，则君臣之位正矣。”“宫为君，商为臣，角为民，徵为事，羽为物。五者不乱，则无怗懘之音矣。”五者不乱，即尊卑贵贱秩序不乱，政治有条理。反之，“宫乱则荒，其君骄；商乱则搥，其臣坏；角乱则忧，其民怨；徵乱则哀，其事勤；羽乱则危，其财匮。五者皆乱，叠相陵，谓之慢。如此则国之灭亡无日矣”。国家应该“使亲疏贵贱长幼男女之理皆形见于乐”，才能有益于政治。

二、礼、乐、政、刑四者之间的关系

(一)“礼”与“乐”的关系

关于“礼”与“乐”的关系，我们还是以《礼记・乐记》和《史记・乐书》的文字为依据[11]来考察古代中国士人关于礼乐关系的基本认识。

第一，礼乐是人心与天地沟通的结果，是天地自然秩序的文化阐释：乐法天之仁，礼法地之义。“春作夏长，仁也；秋敛冬藏，义也。仁近于乐，义近于礼。乐者敦和，率神而从天；礼者辨宜，居鬼而从地。故圣人作乐以应天，作礼以配地。礼乐明备，天地官矣。”“乐者，天地之和也；礼者，天地之序也。和，故百物皆化；序，故众物皆别。乐由天作，礼以地制。过制则乱，过作则暴。明于天地，然后能兴礼乐也。”“大乐与天地同和，大礼与天地同节。和，故百物不失；节，故祀天祭地。明则有礼乐，幽则有鬼神，如此则四海之内合敬同爱矣。”

第二，乐强调“和”与“同”，礼强调“别”与“异”。“乐者为同，礼者为异。同则相亲，异则相敬。乐胜则流，礼胜则离。合情饰貌者，礼乐之事也。礼义立，则贵贱等矣；乐文同，则上下和矣；好恶著，则贤不肖别矣；刑禁暴，爵举贤，则政均矣。仁以爱之，义以正之，如此则民治行矣。”“乐统同，礼别异，礼乐之说贯乎人情矣。穷本知变，乐之情也；著诚去伪，礼之经也。”“礼者，殊事合敬者也；乐者，异文合爱者也。礼乐之情同，故明王以相沿也。”“礼者，天地之别也；乐者，天地之和也。”

第三，“乐”主要是规范内心向外表达，“礼”主要是约束外在行为。“乐由中出，礼自外作。乐由中出，故静；礼自外作，故文。大乐必易，大礼必简。”“乐者，所以象德也；礼者，所以闭淫也。是故先王有大事，必有礼以哀之；有大福，必有礼以乐之：哀乐之分，皆以礼终。乐也者，施也；礼也者，报也。乐，乐其所自生；而礼，反其所自始。”“致乐，以治心者也；致礼，以治躬者也。治躬则庄敬，庄敬

---

〔11〕 本节所引文字，除特别注明者外，均出自《史记・乐书》《礼记・乐记》。

则严威。心中斯须不和不乐，而鄙诈之心入之矣；外貌斯须不庄不敬，而慢易之心入之矣。故乐也者，动于内者也；礼也者，动于外者也。乐极和，礼极顺。”“故礼主其谦，乐主其盈。礼谦而进，以进为文；乐盈而反，以反为文。”“故礼有报而乐有反。礼得其报则乐，乐得其反则安。礼之报，乐之反，其义一也。”

第四，礼乐相互配合，共同用以节制嗜欲、推行教化。“人生而静，天之性也；感于物而动，性之欲也。物至知知，然后好恶形焉。好恶无节于内，知诱于外，不能反己，天理灭矣。夫物之感人无穷，而人之好恶无节，则是物至而人化物也。人化物也者，灭天理而穷人欲者也。”“是故先王制礼乐，人为之节：衰麻哭泣，所以节丧纪也；钟鼓干戚，所以和安乐也；婚姻冠笄，所以别男女也；射乡食飨，所以正交接也。”“是故先王之制礼乐也，非以极口腹耳目之欲也，将以教民平好恶而反人道之正也。”“礼乐顺天地之诚，达神明之德，降兴上下之神，而凝是精粗之体，领父子君臣之节。”“乐也者，情之不可变者也；礼也者，理之不可易者也。”“乐至则无怨，礼至则不争。揖让而治天下者，礼乐之谓也。暴民不作，诸侯宾服，兵革不试，五刑不用，百姓无患，天子不怒，如此则乐达矣。合父子之亲，明长幼之序，以敬四海之内。天子如此，则礼行矣。”

（二）“礼”“乐”“政”“刑”四位一体

古人特别强调“礼乐政刑”四位一体的关系。

在古人看来，礼乐都是因应人的本性和社会控制的需要而作：“缘人情而制礼，依人性而作仪，其所由来尚矣。人道经纬万端，规矩无所不贯，诱进以仁义，束缚以刑罚，故德厚者位尊，禄重者宠荣，所以总一海内而整齐万民也。”[12]“礼乐政刑”不过是表达君王或国家之喜怒的工具而已：“夫乐者，先王之所以饰喜也；军旅鈇钺者，先王之所以饰怒也。故先王之喜怒皆得其齐矣。喜则天下和之，怒则暴乱者畏之。先王之道，礼乐可谓盛矣。”

在国家的治理控制中，“礼乐政刑”各自承担不同的任务，有不同的作用。“故礼以导其志，乐以和其声，政以壹其行，刑以防其奸。礼乐刑政，其极一也，所以同民心而出治道也。”“礼节民心，乐和民声，政以行之，刑以防之。礼乐刑政四达而不悖，则王道备矣。”“礼义立，则贵贱等矣；乐文同，则上下和矣；好恶着，则贤不肖别矣；刑禁暴，爵举贤，则政均矣。仁以爱之，义以正之，如此则民治行矣。”

---

〔12〕《史记·礼书》。除本条外，其余全部引自《史记·乐书》，不再一一注明。

（三）“礼”与“刑”“法”的关系

关于礼与法、礼与刑的关系问题，在古代可能根本不成其为问题。古时的人们非常理解它们之间的关系，不会有什么疑问；我们很少看到古人就礼与法、礼与刑的关系问题有争论。这个问题，是近代社会以来才产生的问题，是西方法制和法律观念引进以后才产生的问题。这个问题的产生，是因为从西方引进了与中国古代概念迥异的“法律”和“道德”的概念，引进了西方的刑法、民法、诉讼法等部门法分类及体系的概念。用西方移植来的这些东西作为标准或尺度，去判别中国古代的社会规范整体中什么是“法律”、什么是“道德”，说什么是“刑法”“民法”“行政法”“诉讼法”之类时，问题就产生了。因为中国古代并没有这一套思考模式，没有这一套规则分类模式，也没有西方式的社会秩序构成。

不过，我们目前还只能根据西方式法学概念体系来分析礼与法、礼与刑的关系，因为我们还没有找到在中国和西方之上的一套通用解说语言体系。

1. 礼与法

在古人心目中，从较高较广的意义上讲，礼与法是同义词，礼就是法。如《礼记·礼运》“政不正则君位危，君位危则大臣倍小臣窃。刑肃而俗敝则法无常，法无常而礼无列”，“礼行于五祀而正法则焉”，“诸侯以礼相与，大夫以法相序，士以信为考”，“故天子适诸侯，必舍其祖庙。而不以礼籍入，是谓天子坏法乱纪”。“法无常”，就等于“礼无列”；“礼行”就等于“法正”，大夫间序名分的礼也叫作“法”，天子非礼就是坏法。《礼记·曾子问》：“古之礼，慈母无服。今也君为之服，是逆古礼而乱国法。”这里，“古礼”等于“国法”。《荀子·修身》：“好法而行，士也。……人无法则怅怅然；有法而无其义则渠渠然；依乎法而又深其类则温温然。”这个君子所应该“好”的“法”到底是什么呢？就是“礼”：“礼者，所以正身也；师者，所以正礼也。……故非礼，是无法也；非师，是无礼也。”

正是从这个意义上讲，《淮南子·齐俗训》才说：“礼义者，五帝三王之法籍也。”宋人李觏说：“礼者，圣人之法制也。……有仁义智信，然后有法制。法制者，礼乐刑政也。”〔13〕清人蒋彤说：“三千三百，无体之刑；三刺八辟，无体之礼。”〔14〕

---

〔13〕（宋）李觏：《直讲李先生文集》四，《礼论》四。

〔14〕（清）蒋彤：《刑论》，《国朝文汇》丁集卷三。转引自杨鸿烈：《中国法律思想史》（下册），商务印书馆1936年版，第83页。“三千三百”，指《周礼》“礼仪三百，威仪三千”之类的“礼”；“三刺八辟”，指《周礼》“三刺之法”和“八辟（八议）之法”。

所以，从一般的社会生活规范来讲，或者从社会生活的基本法则来讲，在古人心目中，“礼”就是中国传统社会生活中的“法制”的主体，或者说（较高较广意义上的）礼就是那时中国人心目中的真正的法，是更高意义上的、更广意义上的法。

但是，古人有时也从较低、较狭意义上来谈礼与法的关系。

从这个层次来讲，礼与法是有区别的。

较低较狭意义上的“礼”是社会规范中强制性较弱的部分，是社会规范中的绝大部分；而较低较狭意义上的“法”是社会规范中强制性较强的部分，是社会规范中较少的部分。礼是社会生活的倡导性、引导性、指导性规范，更多有道德规范和行政规范的性质。其中有的礼，违反了有一定的强制制裁，但制裁手段只是行政性、民事性的，如讥讽、责让、诘难、赔偿、卑贬（包括拒朝、降礼秩、贬爵级、留止、执）、夺邑、免职、鞭笞、放逐等〔15〕。有的礼，违反了也不一定给予行政或民事制裁，只有道德舆论谴责。所以这种意义上的“礼”，部分是道德规范，部分是法律规范——相当于今天的民事、行政性质的法律规范，是不以刑罚为后盾的法律规范。当然，作为这类礼的后盾的民事、行政制裁手段，不一定不能叫作“刑”；因为还可能有“象以典刑、鞭作官刑、扑作教刑、金作赎刑”〔16〕之类的“刑”。这种较低较狭意义上的“法”，大致相当于我们今天所说的“刑事法律”，但绝不相等；因为夏商周时代的人所说的这种层次或意义上的“法”，仅仅是以“五刑”（肉刑、死刑）之类的狭义的刑罚为后盾的法律，不包括我们今天看到的刑法的其他制裁手段。况且，古人说到的“刑法”一词，也不包括以“鞭作官刑、扑作教刑”之类的“刑”为制裁手段的法律规范。

正是从这样“礼法有别”的意义上讲，《荀子·富国》才讲“由士以上必以礼乐节之，众庶百姓必以法数制之”，《大戴礼记·礼察》才讲“礼者禁于将然之前，而法者禁于已然之后。是故法之用易见，而礼之所为生难知也。若夫庆赏以劝善，刑罚以惩恶……岂顾不用哉？然如礼云礼云，贵绝恶于未萌，而起敬于微眇，使民日徙善远罪而不自知也。”从这个意义上讲，“礼”是适用于有身份的人们的行为规范，“法”是适用于庶民百姓即没有身份的人们的规范。

2. 礼与刑

礼与刑的关系，在古人那里是非常清楚的。同样，因为引进了西方的法律概

---

〔15〕 参见栗劲、王占通：《奴隶制社会的礼与法》，载《中国社会科学》1985 年第 4 期。

〔16〕 《尚书·尧典》。

念体系后，要以西方法律的概念为尺度去理解中国古代的礼刑关系，反而有些困难了。

《礼记·乐记》：“故礼以导其志，乐以和其声，政以一其行，刑以防其奸。礼乐刑政，其极一也。”这里的“礼、乐、刑、政”合起来就是古人广义上的“法”。在这种“法”（广义的礼）之下，有礼、刑之分。《荀子·成相》说：“治之经，礼与刑，君子以修百姓宁。”这里的“经”，就是“法”〔17〕。这是明确地把“礼”“刑”二者看作广义的“法”的两个相互依存的部分。

这是从这个意义上讲，《后汉书·陈宠传》才说：“臣闻礼经三百，威仪三千，故《甫刑》大辟二百，五刑之属三千。礼之所去，刑之所取，失礼则入刑，相为表里者也。”《唐律疏议》才可以说“德礼为政教之本，刑罚为政教之用，犹昏晓阳秋相须而成也”〔18〕。如果一定要用今天的法律概念为尺度来理解，我们可以说：这里的“礼”“刑”合起来相当于今天我们所讲的法的全部，包括宪法、民法、刑法、行政法、诉讼法等；而“礼”相当于我们今天的宪法、民法、行政法、诉讼法等，“刑”则相当于我们今天的刑法。严重违反了“礼”，则进入“刑”（刑法规范和刑罚手段）的制裁范围，就如我们今天把严重违反宪法、民法、行政法、诉讼法规定的义务达到一定程度的行为规定到刑法中作为犯罪，以刑罚制裁一样。或者，有时，在相当少的情形下，“礼”相当于今天法律规范要素中的行为模式（或假定、处理）部分；“刑”相当于今天法律规范要素中的法律后果（或制裁）部分。

三、传统中国行政“程序”中的礼乐

传统中国的行政与“礼乐”有密切联系。或者说，传统中国的行政体现了一种礼乐精神。所谓传统中国行政体现礼乐精神，主要指两方面的意思：一是说传统行政惯于以礼乐方式实行，就是说礼乐仪式在行政中经常被使用，似乎是传统行政的基本程序；二是说传统行政注重以礼乐教化人民这一根本任务，而不仅仅是把政令推行到民间而已。以下分别就这两个方面来分别说明。

（一）作为行政程序的“礼乐”

礼乐在古代中国有行政程序的意义，也许我们今天难以理解。据说早在尧舜禹时代，就十分重视礼乐。据《尚书》记载，尧帝时任命契为司徒，“敬敷五教”，一般认为就是以礼乐教民。尧帝任命夔当典乐官，“教胄子”，专门教育王

---

〔17〕《左传·昭公十五年》传注云：“经，法也。”
〔18〕《唐律疏议·序》。

侯子弟，其教育的内容就有“诗言志，歌永言，声依永，律和声，八音克谐，无相夺伦，神人以和”，这就是礼乐教育，或者说是当时的行政能力技巧的教育。《尚书》说夔的音乐演奏（“击石拊石”“搏拊琴瑟”）能达到“祖考来格，虞宾在位，群后德让”，“百兽率舞”“凤皇来仪”“鸟兽跄跄”[19]的效果，亦即通过音乐沟通了亡故的先祖，使先朝的后裔皈依本朝，又使四方诸侯互相礼让，还让禽兽都感动而顺从人类。这显然是把歌乐当成了政治或行政。舜帝亲自创作并在朝堂之上带头歌舞的“元首股肱关系之歌”（“敕天之命，惟时惟几；股肱喜哉，元首起哉，百工熙哉；元首明哉，股肱良哉，庶事康哉；元首丛脞哉，股肱惰哉，万事堕哉”[20]）就是一曲关于“君臣职责分工与合作”的政治歌舞，那朝堂上天子带领群臣搞大合唱、跳集体舞的行为，可以视为当时有明确政治或行政目的例行程序之一。

此后的礼乐为政治服务，为政治或行政的手段或程序，一直是中国古代社会的典型传统。

早在周代就有所谓“朝日”“夕月”礼。《春秋谷梁传·庄公十八年》：“王者朝日。故虽为天子，必有尊也；贵为诸侯，必有长也。故天子朝日，诸侯朝朔。”《国语·鲁语》：“天子大采朝日，与三公九卿祖识地德，日中考政与百官之政事；师尹维旅，牧相宣序民事。少采夕月，与太史司载纠虔天刑。”这种天子朝拜太阳、月亮的礼乐仪式，就是当时的国家行政程序之一，并且与官吏工作考绩、向百姓布置任务、检查司法用刑等具体行政任务联系在一起。

自西周开始就有“先农”或“亲耕”之礼，这是一种典型的农业行政程序性质的礼仪。天子斋戒三日，鼓乐先导，在群臣的陪同下，来到天子的专用“样板田”——“籍田”，作一种亲自耕作的仪式，宣读告民文书毕，天子扶着犁把赶牛耕地一圈。与此相随，还有后妃“亲蚕”的仪式。这一仪式一直传到了清末的宣统皇帝。这显然是每年宣布春耕生产开始，并鼓励督促百姓不误农时的国家行政程序。

自夏商周时就有所谓朝觐之礼，即四方诸侯朝见天子并敬献方物之礼。这更是一种典型的行政程序。汉人叔孙通协助刘邦制定汉家《礼仪》，实即制定行政程序法。汉初，因为废除了秦朝的“仪法”，朝堂之上乱了套，“群臣饮争功，醉或妄呼，拔剑击柱，上患之”，于是叔孙通主动请缨制礼乐。“汉七年，长乐宫成，

---

〔19〕《尚书·尧典》和《舜典》、《益稷》。

〔20〕《尚书·益稷》。

诸侯群臣朝十月”，首次试用朝仪。程序复杂而严肃，“引诸侯王以下至吏六百石以次奉贺，自诸侯王以下莫不震恐肃敬……御史执法举不如仪者辄引去。竟朝置酒，无敢欢哗失礼者。于是高帝曰：‘吾乃今日知为皇帝之贵也！’”〔21〕这一套程序，实为强化皇帝权威、确定行政等级秩序以利于政令贯彻的行政程序。这样的朝觐礼乐行政程序一致坚持到清朝。

从三代开始的尊“三老五更”之礼，更可以视为行政程序。“三老五更，昔三代之所尊也。天子父事三老，兄事五更，亲袒割牲执酱而馈，执爵而酳。三公设几，九卿正履，祝鲠在前，祝饐在后。使者安车软轮，送迎至家，天子独拜于屏。”〔22〕最后程序是“遂发咏焉，退修之以孝养也；反登歌清庙，既歌而语以成之也，言父子君臣长幼之道”〔23〕。这一礼仪，是天子推行敬老养老之政策的示范性行政程序，可以说是国家的道德教化行政的最高示范程序。

“乡饮酒”之礼也可以视为行政程序。在周代作为乡学学生毕业典礼庆祝活动的乡饮酒礼，汉代以后变成了国家推行乡间道德教化、强化伦理秩序、缓和社会矛盾之行政程序。“今郡国十月行乡饮酒礼，党正每岁邦索鬼神而祭祀，则以礼属民而饮酒于序，以正齿位之礼。凡乡党饮酒，必于民聚之时，欲其见化知尚贤尊长也。”在饮酒宴席上，不仅是论长幼尊卑而宴饮，还要对乡中不守规矩的人进行教化。〔24〕这显然就是一种道德教化行政程序。明太祖朱元璋的《大诰》甚至直接规定了“乡饮酒”礼的“座次”安排：“乡饮坐次，以高年有德者居于上，高年淳笃者并之，以次序齿。而列其有曾违条犯法之人，列于外坐，同类者成席，不须干预良善之席”〔25〕。直到清代，州县官们每年正月和十月要在州县学举行“乡饮酒礼”，由州县官主持酒会款待本地年高德劭者〔26〕，以宣扬和督促人民“敬老”“敬贤”。政府还专门拨款作为“乡饮酒礼”的经费，这一经费直到1843年才取消〔27〕。

古代中国还有所谓“金鸡放赦”之礼，也可以看成一种彰显“仁政”的司法行

---

〔21〕《汉书·叔孙通传》。

〔22〕《通典》卷二十，《职官二·三老五更》。“三老五更”，注家多谓通天地人者为三老，知五行者为五更。但《七国考》卷六《楚礼》引蔡邕《月令章句》谓“三老，国老也；五更，庶老也”。

〔23〕《通典》卷六十七，《礼》二十七，《养老》。

〔24〕《礼记·乡饮酒礼》汉人郑玄注。

〔25〕（清）薛允升：《唐明律合编》卷九，“乡饮酒礼”条引《明大诰》。

〔26〕《清会典》卷三十，第13页；《礼部则例》卷四十九，第1页。

〔27〕《户部则例》卷九十三，第22页。

政程序。如宋代的"恩赦"礼仪是:

"宰执百官立班于丽正门下,驾兴,官驾乐作,上升楼。……丈竿尖直,上有盘,立金鸡,衔红幡,上书'皇帝万岁',盘底以红彩索悬于四角,令四红巾百戏人争先沿索而上,先得者执金鸡嵩呼谢恩。……御楼上,以红锦索引金凤衔赦文放下,至宣赦台前,通事舍人接赦宣读,大理寺帅漕两司等处,以见禁杖罪之囚,衣褐衣,荷花枷,以狱卒簪花跪伏门下,传旨释放。……楼上帘以垂,伞扇已入,上回内,伶人乐大震,迎驾入内。"〔28〕

在清代,州县地方衙门每年每月的例行礼仪,更可以看作亲民行政程序。如州县官每个月的初一和十五要到孔庙、城隍庙、关帝庙和文昌庙进香。每年的春秋两季,即在农历二月和八月要向孔圣人、社稷、风云雷雨神和山神、河神、城隍神献祭。农历三月还要向神农献祭。〔29〕此外,每年春秋还要分别向"名宦祠""乡贤祠""忠义祠""孝悌祠""节孝祠"献祭〔30〕,还要向"厉"〔31〕即无人祭祀的鬼魂献祭。〔32〕这些礼仪都是做给老百姓看的,旨在教育和诱导人民忠君爱国,敬圣贤、怀忠烈、崇孝义、敬神灵,安分守己。

还有《大明律》《大清律》规定的"讲读律令"制度〔33〕,实际上是一种礼仪。"每遇朔望两期,(州县长吏)务须率同教官佐贰杂职各员,亲至公所,齐集兵民,敬将圣谕广训逐条讲解,浅譬曲喻,使之通晓"〔34〕,这实际上是一种礼仪式的行政,是一种对人民进行教化和普法的行政程序。当然,其行礼如仪的象征意义大于实质意义。

(二)礼乐行政以教化人民为目的

礼乐式的行政的目的在于贯彻落实"礼"的要求,亦即对人民实施教化,让人民提高道德水平,使人民成为国家的良民顺民。教化人民,是中国古代政治哲学公认的国家最大目的。管子说"礼义廉耻,国之四维;四维不张,国乃灭亡"〔35〕,国家行政的目的就是建设礼义廉耻。汉人班固说:"上圣卓然先行敬让

---

〔28〕(宋)吴自牧:《梦粱录》,浙江人民出版社1980年版,第42页。

〔29〕《清会典》卷三十六,第1页、第4页;《礼部则例》卷一百三十四,第1-2页、第6页,卷一百三十五,第4-5页;《牧令书》卷二十二,第35页。

〔30〕《清会典》卷三十六,第14页;《礼部则例》卷一百三十五,第6-7页。

〔31〕这种祭仪一年要举行三次,见《礼部则例》卷一百三十四,第4页。

〔32〕参见瞿同祖:《清代地方政府》,范忠信等译,法律出版社2003年版,第276-277页。

〔33〕《大明律·吏律·公式》。

〔34〕《钦颁州县事宜·宣讲圣谕律条》。

〔35〕《管子·牧民》。

博爱之德者，众心说而从之。从之成群，是为君矣；归而往之，是为王矣。”[36]圣贤靠礼义的力量凝聚人民，获得人民的支持。所以，一切礼乐，仪式本身并不重要，重要的是仪式歌舞音乐的背后。“乐者，非谓黄锺大吕弦歌干扬也，乐之末节也，故童者舞之；布筵席，陈樽俎，列笾豆，以升降为礼者，礼之末节也，故有司掌之。”[37]仪式歌舞音乐的背后是对人民进行道德教化。

所以，古人特别强调礼乐仪式的教化意义。如所谓天子“朝日”“夕月”之礼仪，其目的是什么？《国语·周语》说：“古者先王既有天下，又崇立于上帝，明神而敬事之，于是乎有朝日、夕月，以教民事君。”“教民事君”，就是教导人民尊君敬上，履行对君国的义务。

又如，所谓敬“三老五更”之礼。这样极隆重的“敬老养老”之礼，当然不只是要给那几位象征性的“国老”以殊荣。其真正目的无非两者：对王室宗亲而言，“所以教诸侯之悌也”，就是要教导“诸侯”们敬重作为天下大宗代表的天子，如敬兄长；对其他臣民而言，“言父子君臣长幼之道”[38]，亦即向人民灌输道德礼义。

再如，所谓“乡饮酒”之礼。国家以“集体喝酒”为行政方式或程序，其目的同样是教化。“饮酒之义，君子可以相接，尊让洁敬之道行焉，是贵贱明、隆杀辨，和乐而不流、弟长而无遗、安燕而不乱。此五者，足以正身安国矣”[39]，这是一场政治饮酒或行政饮酒。古人认为，“乡饮酒之礼废，则长幼之序失，而争斗之狱繁矣”[40]。乡饮酒礼仪，是为了教导百姓敬老尊老、礼敬贤能的风尚，防止小民百姓犯上僭上，加强社会治安综合治理；如果这一礼仪废除，尊卑长幼的伦理秩序就会败坏，犯罪就会增多。

明清两代的“乡约”制度，实际上也是一种通过例行公事的礼仪实行道德教化的制度。在乡村，乡绅或生员被推举为主讲人（“约正”和“约副”），每月聚会一次，向当地绅民讲解“圣谕”。[41] 这一“宣讲圣谕”的乡约制度，与《大明律》《大清律》规定的“讲读律令”制度实际上合而为一。在明代，除讲读律令外，宣

---

[36] 《汉书·刑法志》。
[37] 《史记·乐书》。
[38] 《通典》卷六十七，《礼》二十七，《养老》。
[39] 《通典》卷七十三，《礼》三十三。
[40] 《礼记·经解》。
[41] 《清会典事例》卷三百九十七、卷三百九十八；《清会典》卷三十，第12－13页；《钦颁州县事宜》第8页；《吾学录初编》卷二十三，第5页；《锡金识小录》卷一，第13页。

讲太祖朱元璋的“六条圣谕”,“孝顺父母、恭敬长上、和睦乡里、教训子弟、各安生理、无作非为”。在清代,除讲读律例外,宣讲的是康熙的十六条“圣谕”:“敦孝弟以重人伦,笃亲族以昭雍睦,和乡党以息争讼,明礼让以厚风俗,重农桑以足衣食,尚节俭以息财用,务本业以定民志,隆学校以端士习,黜异端以崇正学,讲法律以警顽愚,训子弟以禁非为,息诬告以全良善,戒窝逃以免株连,完钱粮以省催科,联保甲以弭盗贼,解仇忿以重身命。”〔42〕

理解了“礼乐政治”的这两个方面,我们才能进一步理解中国古代的具体政治和行政制度。

(原载《甘肃政法学院学报》2010 年第 2 期)

〔42〕《清会典事例》卷三百九十七。

中国“封建”法制史研究论纲

“封邦建国,以为屏藩”的政治和法律制度,是中国古代社会数千年中最典型的制度之一。但是,对这一意义上的“封建”法制史的研究,在过去一个多世纪里,几乎是史学界的公共盲区,几乎无人问津。虽然有人以“封建制度”或“封建社会”的题目写过著作[1],但都是用西方式的“封建社会”或“封建制度”概念套用于中国历史而写成的中国政治制度通史类著作,都没有把中国数千年特有的(形式虽或因时有变但精神不变的)“封邦建国”制度作为一个完整系统来加以专门探讨。所有的政治制度史或法制史教科书,除在西周阶段略述宗法分封制外,对西汉以后直至清末和太平天国一直实行“封建”制度几乎只字不提。回避了这一最有中国特色的法律制度的研究,中国法制史就不可能写成真正的中国法制史。

过去的政治法律制度史的研究,因过分简单地套用马克思主义的社会发展史的五个阶段之理论,过分简单地用西方“feudalism”的尺度标准来衡量中国古代社会,所以只注意到关于反映地主阶级政治统治属性的“中国封建制度”(国体政体)的研究和关于反映地主阶级经济剥削属性的“中国封建制度”(生产关系)的研究,不注意中国土生土长意义上的“封建”制度的研究,把这个最有中国特色的最能作为中国古代政治制度灵魂的制度体系视为无

---

〔1〕 据笔者所知,1900—1980年,直接涉及封建制度研究的著作有李亚农的《中国的奴隶制和封建制》(华东人民出版社1954年版)、陶希圣的《中国封建社会史》(上海南强书局1929年版)、瞿同祖的《中国封建社会》(商务印书馆1937年版)、刘节的《中国封建制度考》(南京钟山书局19××,出版年不详)。

物。这种研究的结果，当然严重地妨碍了我们对中国古代政治法制特色和本质的正确认识与把握。

本文是就中国式的“封邦建国”制度体系的研究作一个概论式探讨。笔者想通过这一概论说明，这种中国特定意义上的“封建”制度的研究，对于揭示中国古代政治制度、法律制度的奥秘，揭示中国传统宗法制政治的本质，揭示中国古代社会的文化精神，有着十分重要的意义；对于揭示今天许多实际政治制度或惯例的根源来由，认识今日中国政治变革中的清除封建主义因素的任务，也有十分重要的意义。

一、什么是中国式的“封建”制

中国式的“封建”制度，不是指社会发展史的“feudalism”意义上的封建制度，而是指“封邦建国，以为屏藩”的特定制度和理念体系。

这一制度和理念体系主要有以下含义：

第一，全国的土地（地域），除了天子的直接统治区（王畿）以外，被分割为若干封域，封域构成某种意义上的“国中之国”。这种封域，不仅仅指地域，后来也体现为一定数量的民户（税户）、一定的势力范围、一定范围内的资源和利益，等等。

第二，天子将封域分授其亲戚或功臣，赐爵为诸侯王（亲王）、列侯或各种类似名分，通过“裂地而封之”，或者“裂权力或势力范围而封之”的方式，将部分疆土或权力、资源授予亲戚功臣们去统治、支配和享受。这种封授是作为对同族或亲戚的“家天下”利益分配或对有功之臣战功的报偿。其实质是“分肥”。

第三，天子与诸侯们一般都通过符誓、册书、誓诰等方式立下誓约：有福同享，有难相救，永不背叛；允许诸侯爵位、政治地位、封域等“世袭罔替”，子孙相传，香火不断。此即所谓“剖符作誓”“带砺山河”“丹书铁券”云云。

第四，封域（或权力、资源、势力范围）是封君们的衣食之源、享乐之源，“食毛践土”是封君们的权利。皇帝或中央允许封域的经济事业和一切收益（除按照规定上缴中央以外）由封君控制和享用。此即古时称封域为“食邑”“采邑（地）”“汤沐邑”之本意。〔2〕

〔2〕《汉书·刑法志》：“一同百里，提封万井，除山川沈斥，城池邑居，园囿術路，三千六百井，定出赋六千四百井、戎马四百匹、兵车百乘，此卿大夫采地之大者也，是谓百乘之家。”注：“采，官也。因官食地，故曰采地。”

第五,封君除不得违背王朝的大礼大法以外,几乎完全可以在封域内言出法随、口含天宪,支配其人民。他就是“土皇帝”,是域内人民的真正主宰。

第六,天子或中央的权力在封域很弱或较弱,中央法律在此封域内效力很弱或者有时干脆无效;封域有自己的“土法制”实际支配人民。封域对国家的统一政治而言有不同程度的封闭性、排斥性。

第七,封君对天子或中央负有一定的义务,如必须守礼法,立后、立嗣、任官必须报请天子同意,必须朝觐贡献或将采地中的收益上缴一部分给天子或中央,有急难或大役时必须出人出力协助、救助中央(所谓“勤王”),等等。

这种意义上的“封建”制度,在我们过去的各种政治制度史、法律制度史研究著述中,从来就没有人系统地研究过。至今没有人写过一部这种意义上的《封建制度史》。我们迄今为止的中国政治制度史、中国法制史著作或教科书,除了偶有章节介绍周初封建诸侯或其“大宗率小宗,小宗率群弟”的宗法制之外,根本就没有对“封建”制度的历史和规律进行专门研究的章节或专题。〔3〕1900 年以来的政治史、法制史论文,尚未见到一篇是系统地研究中国“封建”制度及其实践的。〔4〕

当然,也许有人说,这样的封建制度不值得专门系统深入地去研究,因为它只是西周到战国末的一种短暂历史现象;秦始皇“废分封,立郡县”以后已经消灭。此后历史上几乎没有封邦建国的“封建”,只有 feudalism 意义上的封建。

这种说法也是不对的。其实,“封建”是中国古代史上一种贯穿始终的政治制度,是中国古代政治中的一贯精神原则或价值。汉代以后直至清末和太平天国,一直实行实实在在的“封建”,只不过封建的形式代有其异而已。

二、“封建”是贯穿中国古代的政治制度

中国的“封建”制在秦以后长期存在,是一个不可忽视的事实。这种存在,有三种模式。

第一种模式,是“封邦建国”直接存在。即直接以田土、民户、岁禄等方式封赐诸侯。

不可否认,秦始皇统一中国后,的确彻底取消了分封制,以致有“今陛下有

---

〔3〕 我们可以看韦庆远:《中国政法制度史》,中国人民大学出版社 1989 年版;张晋藩主编:《中国法制通史》,法律出版社 1997 年版;其他著作亦然。

〔4〕 参见武树臣主编:《中国传统法律文化辞典》,北京大学出版社 1999 年版,“附录二”。

海内,而子弟为匹夫"[5]之局面。但是,汉高祖初定天下,此一局面即发生了改变,高祖"以海内初定,子弟少,激秦孤立亡藩辅,故大封同姓以填天下"[6],"同姓子弟封王者九国,功臣封侯者百有余人"。这些诸侯,"大者或五六郡,连城数十,",而"汉"(中央)仅直接统辖十五郡,还有"公主列侯食邑其中"。这些诸侯,"置百官宫观,僭于天子"[7],或"宫室百官,制同京师"[8]。至汉景帝时,实行"推恩令","使诸侯得推恩分(封)子弟国邑,故齐分为七,赵分为六,梁分为五,淮南分三"。[9] 虽大大削弱了诸侯分裂势力,收了"强干弱枝"之效,然诸侯"封建"仍是国家统治的重要政治系统。

唐代,"高祖受禅,以天下未定,广封宗室,以威天下。皇从弟及姪,年始孩童者,数十人封为郡王"。高祖二十二子,先后封王。如世民为秦王,元吉为齐王,元景为赵王,元昌为鲁王,元方为周王,元晓为密王,元婴为滕王。[10] 所封之地域大小不一,如任城王道宗,仅因一次战功"赐封六百户";河间王孝恭,因冤狱平反补偿,"赐实封千二百户"[11]。密王元晓,滕王元婴,均"实封至千户"。[12] 太宗以后亦封王侯无数,还一度搞世袭州刺史之制。

明初,"洪武三年,帝惩宋元孤立,失封建古意,于是择名城大都,豫王诸子,待其壮而遣就藩服,外卫边陲,内资夹辅"。[13] 明制,"皇子封亲王,授金册金宝,岁禄万石,府置官属。护卫甲士少者三千人,多者至万九千人"。[14] 亲王中最多者"岁禄五万石"。[15] 如太祖长子朱樉,封秦王,建宫西安;第六子朱桢,封楚王,建宫武昌。[16] 当时"裂土分封,盖惩宋元孤立、宗室不竞之弊,而秦晋燕齐梁楚吴蜀诸国,无不连邑数十,城郭宫室亚于天子之都"。[17] 明太祖虽著令"兹

---

[5] 《史记·秦始皇本纪》。
[6] 《汉书·高五王传》。
[7] 《史记·诸侯王表第五》。
[8] 《汉书·诸侯王表》。
[9] 《史记·诸侯王表第五》。
[10] (宋)王溥:《唐会要》卷四十六,《封建》。
[11] 《新唐书》卷七十八,《宗室传》一。
[12] 《新唐书》卷七十九,《宗室传》二。
[13] 《明会要》卷四,《帝系》四,《杂录》。
[14] 《明史》列传第四,《诸王传序》。
[15] 《明会要》卷四十三,《职官》十五引《续通典》。
[16] 《明史》列传第四,《诸王》一。
[17] 《明会要》卷四,《帝系》四引王圻《续通考》。

土不畀藩封"[18],但后来王侯请赐田地牧场多许之,"岁禄外量给草场牧地,多不及千顷",但景王、福王所占田地,竟多达四万顷[19]。后又定制:"郡王诸子年十五岁,人赐田四十六顷为永业。"[20]

直至太平天国,亦有封王之举。"今特褒封左辅正军师(杨秀清)为东王,管治东方各国;褒封右弼又正军师(萧朝贵)为西王,管治西方各国;褒封前道副军师(冯云山)为南王,管治南方各国;褒封后护又副军师(韦昌辉)为北王,管治北方各国;又褒封达胞为翼王,羽翼天朝。"[21]又如,封洪仁玕为干王,诏曰"锡报胞以干天府王爵,子孙世袭,永远光荣,以昭福善盛典。胞靖共尔位,世世股肱天朝也。"[22]太平天国封王之滥时,"由广东跟出来的都封王,本宗亲戚也都封王,捐钱粮的也都封王。"[23]仅1861年9月到1864年7月,在短短的三年中,总共封王二千几百人,封侯无数。[24] 这些王侯大者均开府设官,除官阶高者报东王、天王封命外,中下级官员均自设。甚至"私铸印信,私给官凭",随意封官。直到洪仁玕推动天王颁布《钦定功劳部章程》强调把黜陟升降官员的大权收归中央以后[25],情况才稍有变化。

当然,自明以后,直接实封民户、田土者减少,更多的是封以岁禄。还封赐以乐户、客户、奴仆等。

第二种模式,是"封建"的间接存在。即以官爵、职位、名号等政治身份封赠官吏,许其世袭。

历代"封建"间接存在形式甚多。自汉以降,郡、州、府、县的守令,实际上与古时大小诸侯相似。以唐代为例。中唐以后,各州刺史、节度使,实为诸侯。"唐有镇帅,古诸侯之比地。"[26]最为典型的标志一是他们在地方专擅独断,为

---

[18] 《明史·梁储传》。

[19] 《明史·潞王传》。

[20] 《明会要》卷四,《帝系》四引王圻《续通考》。

[21] 洪秀全:《永安封五王诏》,载太平天国历史博物馆编:《太平天国文书汇编》,中华书局1979年版,第36页。

[22] 洪秀全:《封干王诏》,载太平天国历史博物馆编:《太平天国文书汇编》,中华书局1979年版,第46页。

[23] 《黄文英自述》,神州国光社1953年版,《太平天国》,第852页。

[24] 参见邱远猷:《中国近代法律史论》,安徽大学出版社2003年版,第76页。

[25] 该章程规定:"嗣后……主将以下统兵官,无论其高官王位,亦不得私铸印信,私给官凭,僭越一些。倘有私与官职者,当律以大辟;私授官职者,亦正典刑。"参见《洪仁玕选集》,中华书局1978年版,第28-29页。

[26] 《新唐书》列传第四,《宗室》。

土皇帝，屡屡兴兵威胁中央；二是他们的职务有直接或间接的世袭。唐太宗时，曾一度推行"世袭刺史制"，让各州刺史子弟世袭爵土。太宗诏曰，"今之刺史，古之诸侯，虽立名不同，而监统一也。故申命有司斟酌前代，宣条委共理之寄，象贤存世及之典。司空（长孙）无忌等并册名运始，功参缔构，即令子孙世代承袭，非有大故，无或黜免。余官食邑并如故"。[27]

到明清时，各省督抚仍称"封疆大吏"，其所开府曰"藩邸"，官属实质上自设自命，朝廷动辄封田封地酬其功。高中级官员子孙世袭爵位、荫封官品、荫入国子监，皆有定制。其权力不亚于古时诸侯。如"明初因前代任子之制，文官一品至七品，皆得荫一子以世其禄。……或即与职事，或送监读书"。洪武十六年，"定职官子孙荫叙：正一品子，正五品用；从一品子，从五品用；正二品子，正六品用，从二品子，从六品用。……"[28]

太平天国时，洪秀全"诏封从前及后一概打仗升天功臣，职同总制世袭；（封）掌打大旗升天功臣，职同将军、侍卫世袭。……凡一概同打江山功勋等臣，大则封丞相、检点、指挥、将军、侍卫，至小亦军帅职，累代世袭，龙袍角带在天朝"[29]。

第三种模式，是"封建"的精神存在。即政治生活中充满"封邦建国"的精神。

这种精神存在，中国历代无时无之，甚至今日亦然。"父母官"观念，"县太爷""子民"观念，即典型体现之一。按说，"天子子畜万民"，百官皆天子臣子，官员岂可以自居为"父母官""太爷"？这不是把自己放到了与天子"同辈"的位置上了吗？按封建宗法政治伦理，正常的称谓应该是"兄长官"才是。因此，"父母官""县太爷"之类观念，正是有"国中之国""土皇帝""天高皇帝远"的"封建"观念的结果。这正是"裂土而封"的观念。地方长官们的"我的地盘"观念，是中国最强顽的观念。官吏们统治一地，则吃此一地，以为享乐之源，因此官缺有"肥缺""瘦缺"之分。此外，"封建"的精神存在还在于，"天下"或由争斗获得的战利品，必须与亲戚功臣分享；不分享是违反道德的。孟子说："仁人之于弟也……亲爱之而已矣。亲之欲其贵也，爱之欲其富也。"如果舜在当了天子以后

---

〔27〕《旧唐书·长孙无忌列传》，《唐会要》卷四十七，《封建杂录》下。

〔28〕《明史·职官志》六。

〔29〕洪秀全：《谕兵将立志顶天真忠报国到底诏》，载太平天国历史博物馆编：《太平天国文书汇编》，中华书局1979年版，第35页。

不分封自己的弟弟象为诸侯,那就是错误的:“身为天子,弟为匹夫,可谓之亲爱乎?”[30]要讲亲亲,要讲仁义,就要与亲戚功臣分享战利品,就要分肥。《春秋》传曰:“贤者子孙宜有土。”[31]也是这一观念的典型代表。始封之君,依儒家正义,皆为贤者。唐人封德彝批评唐高祖时“欲敦睦九族,一切封王爵”的做法是“盖以天下为私,殊非至公驭物之道也”。[32] 此亦即黄宗羲所批判的“藏天下于筐箧”“鳃鳃然日唯筐箧之是虞”[33]的“家天下”观念。这种观念在中国古代是贯穿始终的观念。

三、关于中国“封建”法制的内容

中国古代“封建”法制的内容,指的是它作为国家体制一部分所必需、所使用的全部制度性规定或惯例。这些内容笔者以为体现在以下五个方面。

(一)关于封君的制度

中国古代关于封君的制度,主要体现在以下几个方面。

第一,关于始封君资格的制度。

始封之君,或为皇子、宗室,或为外戚,或为功臣,有时还包括宦官和降附之酋长、先代君王或圣贤之后[34]。总之主要是三种人:一是根据“亲亲”原则和建立“屏藩”“藩辅”原则不得不分封的皇子皇宗;二是为皇帝所宠爱的外戚或近臣;三是有大功勋者。降附者和先代及圣贤后裔是特殊情况。自汉代起,即致力于建立一些资格限制。如汉高祖刘邦虽封过异姓八王,但不久一一诛杀。后来他杀白马约会群臣盟誓:“非刘氏而王者,天下共击之!”[35]“非刘氏不王,若有亡功非上所置而侯者,天下共诛之!”[36]想禁绝异姓封王(异姓功臣、外戚只可封侯)和无功者封侯,但刘邦一死就翻案了,如吕后就封诸吕中数人为王,但吕后死即被一概削除王爵[37]。不过,这种限制原则后来还为历代所注意效法。如唐代,起初只有李姓宗室封王或郡王,如长孙无忌、房玄龄、李靖、杜如晦等虽

---

[30] 《孟子·万章上》。

[31] 《汉书·梅福传》引《春秋谷梁传》。

[32] 《唐会要》卷四十六,《封建》。

[33] 黄宗羲:《明夷待访录·原法》。

[34] 封先代和圣贤后者,如汉代封殷后为绍嘉侯、周后为承休侯、周公后为褒鲁侯、孔子后为褒成侯之类。参见《西汉会要》卷十八,《礼》十二。

[35] 《汉书·王陵传》,《汉书·高后纪》。

[36] 《汉书·外戚恩泽侯表序》。

[37] 如常山王吕不疑、吕王吕台、梁王吕产、燕王吕通等。参见《汉书·异姓诸侯王表》。

功高盖世，也只能封为“国公”。武后时，诸武封王者多人，废周复唐后，这些异姓王基本被黜或降爵为“国公”。[38] 唐太宗时，封德彝建言：“若宗室疏远者，非有功如周之郇滕，汉之贾泽，并不得滥叨名器，所以别亲疏也。”太宗从其议，“于是卒以疏属降爵，唯有功者数人得王，余并封为县公”。[39] 也就是说，宗室封王也要讲功劳。

第二，关于继立封君资格的制度。

什么人可以继立为封君？当然也是实行嫡长继承制。“有嫡立嫡，无嫡立庶”“立嗣以贵不以贤”。汉时，在诸侯王国里，也可以立王太子、王太孙，为王储。在侯国里，可以立世子，为侯储。如病故或因罪过而废，可以依序改立其他王子侯子。立改废之权均操于天子，由中央册封。明制，“凡王世子必以嫡长。如或以庶夺嫡，轻则降为庶人，重则流窜远方。若王年三十，正妃未有嫡子，其庶止为郡王。待王与正妃年五十无嫡子，始立庶长子为世子”。[40]

第三，关于封君立废与宗籍管理。

确立封君，立嗣君，或废黜封君，均由皇帝直接决定。在中央有专司管理相关事务，如汉秦时代的宗正府，隋唐有宗正寺，明清时有宗人府。关于封君的立嗣、立后、废黜等申报审查事务，是其职掌之一。如明代的宗人府，“掌皇九族之属籍，以时修其玉牒，书宗室子之嫡庶、名封、嗣袭、生卒、婚嫁、谥葬之事。凡宗室陈请，为闻于上。选才能，录罪过”。[41] 设有专门谱牒。《史记》和《汉书》中的《诸侯王表》《王子侯表》《功臣侯表》《恩泽侯表》，大概是这些谱牒的整理转述。

第四，关于封君个人的身份义务。

封君个人对天子对中央的义务，历代是有制度惯例的。如朝觐义务、贡献义务、助役义务等。同时，诸侯或其太子、世子的婚姻必须由皇帝决定，其生子要请求皇帝赐名，均是其义务。此外，封君必须“就藩”，非经天子召唤，不得返回京师。如汉文帝十二年诏：“今列侯多居长安，邑远，吏卒给输费苦，而列侯亦无繇教训其民。其令列侯之国，为吏及诏所止者，遣太子。”[42] 王侯们还不得擅自出

---

〔38〕《唐会要》卷四十七，《封建杂录下》。

〔39〕《唐会要》卷四十六，《封建》。

〔40〕《明会要》卷四，《帝系》四，《杂录》。

〔41〕《明史·职官志》。

〔42〕《汉书·文帝本纪》。

界。如汉时诸侯“坐出界”而废黜者多人。[43] 还有，两王侯之间，非经奏请批准，不得会见；封君一般不得入仕做官（明代甚至与藩王联姻的人也不得当京官），不得从事工商业，不得与封地的官府交往。还有其宫殿建筑衣服车马均须符合礼制的限制，等等。[44]

（二）关于封国制度

第一，关于封邦、封爵等级制度。

据说尧舜禹时即有诸侯制度，按与中央（王畿）的距离远近，分为五等，曰五服（甸服、侯服、绥服、要服、荒服）。周代封建，有侯、甸、男、采、卫五服，按受封人与天子的亲属关系远近亲疏，由近致远而封之。又封国分为五等：公、侯、伯、子、男。汉兴，“剖裂疆土，立二等之爵”，即王和侯。[45] 侯中又有关内侯和列侯二等，列侯中有县侯、乡侯、亭侯之大小等级。魏晋之时，封君有王、公侯伯子男六等。唐宋时有亲王、郡王、国公、郡公、县公、侯、伯、子、男等级。清时宗室封爵有和硕亲王、世子、多罗郡王、长子、多罗贝勒、固山贝子等十四级，功臣封爵有公侯伯子男等。

第二，关于封疆的制度。

历代“封建”，凡有实封之国者，则有疆域大小之分。周初封建，封国最大者地约四百里，一般百里左右，最小者三十里。[46] 汉初封建，地最大者五六郡，“连城数十，地方千里”，相当于今天的省那么大。[47] 最小的侯，大概不过一亭之地，故有“亭侯”之名（汉制十里一亭）。据蔡邕《独断》记载：“汉兴，以皇子封为王者，得茅土。其他功臣及乡亭他姓公侯，各以其户数租入为限，不受茅土，亦不立社也。”[48] 汉武帝时，主父偃建言行“推恩令”：“令诸侯以私恩自裂地分其子弟，而汉为制封号……而诸侯地稍自分析弱小。”[49] 晋时，县公“邑一千八百户，地方七十五里；大国侯，邑千六百户，地方七十里。……”[50] 唐以后很少有划封实际地域者，但“封户”部分包含了封域之意。

---

〔43〕《汉书·王子侯表》。如文帝时的宁侯魏指，景帝时阳邱侯刘偃等即“坐出界”免爵、国除，或耐为司寇。（又见《史记》卷十八，《汉书》卷十六、卷十七。）

〔44〕参见韦庆远：《中国政治制度史》，中国人民大学出版社 1989 年版，第 423 页。

〔45〕《史记·汉兴以来诸侯王表序》。

〔46〕《史记·汉兴以来诸侯王表序》。

〔47〕《汉书·主父偃传》。

〔48〕（清）永瑢等撰：《历代职官表》卷六十四，《历代建置》。

〔49〕《汉书·中山靖王传》。

〔50〕（清）永瑢等撰：《历代职官表》卷六十四引杜佑《通典》。

第三,关于封户制度。

封户制度或起源于周。周制虽分封地域,广狭有等,但似乎同时也分封民户给诸侯。如伯禽封鲁,同时封给他“殷民六族”;康叔封卫,同时分给“殷民七族”;唐叔封晋,同时封给“怀姓九宗”。[51] 这大概是封给民户之始。汉初封侯,大者万户,甚至有三万户者,[52] 小者五六百户。晋时公侯封户有一千八百户到几百户不等。南朝宋时,“凡王子为侯者,食邑皆千户”。南朝陈时,一般王侯封户不过二千,但衡阳王陈昌特加至五千户。[53] 唐初,封君一般封千户而止,如高祖李渊的几个儿子,徐王元礼,霍王元轨,舒王元名,均“实封至千户”。[54] 但武后时,相王(太子)、太平公主封至七千户。[55] 宋代,各王均保有封户,如定王赵元俨食邑达一万七千五百户,食实封七千户。[56] 此后直至明清,封户之制一直存在,不过因赐予宗禄以后,很少直接封税户,而是封工户、乐户、杂户等,与封君有人身依附关系。

第四,关于政权机构和军队。

封国内的政权,有严格的制度。以汉为例,封王者,可以设王宫,“置百官宫观僭于天子”,[57]“有太傅傅王,内史治国民,中尉掌武职,丞相统众官,卿大夫都官如汉朝”。[58] 乃至自立三军。如汉景帝时吴楚七国之乱,吴楚联军竟威胁中央,险些打垮中央军队。此种情形武帝以后才有所改变。三国吴时,封王例“给兵三千”。[59] 南朝宋时,封国“大小国皆有三军”。[60] 唐时,诸王府置师或傅、长史、司马等,不过多为大臣的兼衔。只有少数王府真正开府办公。明初,王国内置王相府、参军府,设左右相、左右傅、教授、指挥、参军、录事、咨议、护军、典签、记室等官。[61] 万历时,各王府还设有宗正官。明初,诸王“护卫甲士少者三千人,多者至万九千人”[62]。到太平天国,各封王均可开府,府中设丞相、军师、

---

〔51〕《左传·定公四年》。

〔52〕《汉书·萧何传》。

〔53〕(清)永瑢等撰:《历代职官表》卷六十四引杜佑《通典》。

〔54〕《新唐书》卷七十九,《列传》第四,《高祖诸子》。

〔55〕《唐会要》卷五,《诸王》。

〔56〕参见司义祖编:《宋大诏令集》,中华书局1962年版,第138页。

〔57〕《史记·诸侯王表》。

〔58〕《汉书·百官表》。

〔59〕《三国会要》卷二,《帝系》下。

〔60〕(清)永瑢等撰:《历代职官表》卷六十四引杜佑《通典》。

〔61〕《明会要》卷四十,《职官》十二,《王府官》。

〔62〕《明史》列传第四,《诸王传序》。

殿前都检点等文武官员,结构类似于天王府、东王府,只不过规模大小有异。

第五,关于诸侯权力。

历代诸侯权力可能大小不一。周代诸侯可能权力很大。中央给予《召诰》《康诰》,提示治国方略或政策法制原则,然后允许其在境内有的事情适用中央法律("疆以周索"),有的适用当地习惯法("疆以戎索")。汉时,诸侯王在境内可以临民治事,但一般都由中央派辅相辅佐(有时辅相成为真正的执政官)。汉初王侯权力之大,可以吴楚七国之乱前的吴楚等国之实际权力观之。汉景帝中五年,"令诸侯王不得复治国,天子为置吏"。[63] 曹魏时,同姓王侯都是虚封,几无任何权力。"皆使寄地空名而无其实。王国使有老兵百余人,以卫其国。虽有王侯之号,而乃侪于匹夫。……诸侯游猎不得过三十里,又为设防辅监国之官以伺察之。王侯皆思为布衣而不可得。"[64] 唐时,王侯虽有封户,但实际上仅有其府邸中的指挥权,没有实际治民行政之权;仅向封户索取服役和租税而已。明制,"分封而不锡土,列爵而不临民,食禄而不治事";清制,"诸王不锡土,而封其号,但予嘉名,不加郡国"。[65] 王侯们如果实有治民参政之权,完全是因为其"内襄政本,外领师干"即实际担任其他文武实职所致,王侯身分本身并无政事权力。

(三)关于封授程序

关于分封诸侯的封授程序,应有以下几方面的制度。

第一,关于封授礼仪。历代封授,可能大多有正规的礼仪。一般册封,授金册金宝的仪式恐是不免的,这应属五礼中的吉礼或嘉礼。如宋代册命王侯之礼,有《开宝通礼》规定之。大约是:先由礼部提名,皇帝同意,即命"翰林草制"。宣布册封日,大会群臣,"即先称有制,百官再拜,宣制讫,复再拜舞蹈称贺"。然后是"从内出东上閤门外宣词以赐"或加上授旌节。然后是受封者朝谢礼,"皆拜敕舞蹈"。最后是鼓乐前导,"并载以彩舆迎归第"等。[66] 册封礼或程序中,最重的大概是"加九锡"之礼。曹操就假献帝之手表演过此礼。历代重臣想篡皇位者大多要先行此礼。当然,在战争期间,前线册封,可能只有封书而无典礼。这些典礼,实可视为当时的程序法制。

---

〔63〕《汉书·百官表》。

〔64〕《三国志》卷二十,《魏书·武文世王公传》注引《袁子》。

〔65〕《清史稿·诸王一》。

〔66〕《宋史》卷一百一十一,《礼》十四,《嘉礼》二。

第二,关于封授文书内容格式。

所谓"诰命""诰授",是历史上一般的说法。《尚书》中的《康诰》,或许即周公时封授其弟康叔于卫国时的册封文书。其文曰:"孟侯,朕其弟,小子封……肆汝小子封在东土。封,汝念哉!今民将在祇遹乃文考,绍闻衣德言。……天畏棐忱,民情大可见,小人难保。往尽乃心,无康好逸豫,乃其乂民。……勿替敬,典听朕告,汝乃以殷民世享。"汉时,封爵之誓诰形成了固定格式,如曰:"使河如带,泰山若厉,国以永宁,爰及苗裔。"〔67〕北宋英宗治平元年册封皇子赵頊为颍王,制书曰:"古先哲王,享国长久。历世治安。盖封建子孙,屏扞王室。所以定维城之业,成磐石之固。稽若旧典,可举而行。皇长子……頊,天性温恭,神识英秀。……当启真王之封。……是用建尔国家,胙之茅土。於戏,制节谨度,故能守富贵,敷道养德,莫若尽忠孝。王其戒之,无忝予一人之休命。"〔68〕再如,明太祖朱元璋封其子朱樉为秦王时,即赐玺书曰:"关内之民,自元氏失政,不胜其敝。今吾定天下,又有转输之劳,民未休息。尔之国,若宫室已完,不急之务悉已之。"〔69〕这是对诸侯王册封时的政略指示文书。

(四)关于封邦与中央的关系

关于封国与中央的关系,这是"封建"制度中的最关键问题。这方面的制度,可能包括以下几个方面。

第一,关于治理权。

周代诸侯皆有治理封邦之全权。只要不威胁中央,又尽朝觐义务,则全由自主。汉初诸侯也有临民治事之权,是时诸侯"虑无不帝制而天子自为者。擅爵人、赦死罪,甚者或戴黄屋,汉法令非行也"。〔70〕景帝时,"令诸侯王不得复治国,天子为置吏"。〔71〕汉武以后,"作左官之律,设附益之法。诸侯惟得衣食租税,不与政事"。〔72〕治理权力,多由中央派出的"相"来辅佐行使,最后多由"相"独行之,诸侯王反而被架空了。是以汉代中央文告在称呼"省级"主官时,直称"郡国守相"而不称"郡国守王",是将国相与郡太守并论,秩二千石。唐代宗室

---

〔67〕《史记·功臣侯表序》。

〔68〕司义祖编:《宋大诏令集》,中华书局1962年版,第139页。

〔69〕《明史·诸王列传一》。

〔70〕《汉书·贾谊传》。

〔71〕《汉书·百官表》。

〔72〕《汉书·诸侯王表》。

诸侯王,"设爵无土,署官不职"[73]。至于"比于古诸侯"的节度使、世袭州刺史,则因为本来即有临民治事的实际官职而有统治全权。宋元明清时代诸侯对封域或封户并无单独的行政治理权(多只有收取租税之权),除非兼有其他实际官职。如明清时"分封而不锡土,列爵而不临民,食禄而不治事",任何诸侯不能仅以诸侯的名义行使行政权力。

第二,关于人事权。

诸侯在封域内有多大人事权?在周时基本是无限制的,但汉以后大大减少。汉初,"诸侯得自除御史大夫群卿以下众官,汉(中央)独为置丞相。自吴楚诛后,稍夺诸侯权,左官附益阿党之法设。其后诸侯唯得衣食租税"。[74] 自景帝时起,诸侯王不得自置官吏,未经中央同意而为诸侯官吏者为"左官",受严厉制裁。诸侯的官吏如果与王侯结党营私,知王侯为恶为乱不向中央举报,则构成"阿党附益罪",制裁亦重。唐以后,诸侯可以开府置官,但其主要官吏可能都由朝廷任免,次要官吏可能自定。太平天国时诸王府用人好像有自主权。各王侯开府设官,除官阶高者报东王、天王封命外,中下级官员均自设。甚至"私铸印信,私给官凭",随意封官,直到太平天国末期才明令禁止。[75]

第三,司法或理讼。

诸侯在封国有无司法权?周代有之,如《尚书·康诰》几乎就是周公对康叔的司法指示,如说"非汝封刑人杀人,无或刑杀人""用其义刑义杀,勿庸以次汝封"等,表明诸侯就是封国的最高司法官,可能有司法终审权。汉初诸侯虽还有一定司法权,但非终审权。如汉成帝时,司空何武奏云"往者诸侯王断狱治政,内史典狱事,相总纲纪辅王,中尉备盗贼。今王不断狱与政……"说明汉初诸侯王实际治狱。但西汉中期以后似乎就没有王侯治狱了;治狱之事,可能全由国相掌握了;他们掌握的司法权与郡太守的司法权无异。诸侯王在封国内所犯案件,吏民可以随时上告至朝廷,朝廷随时派员案治。唐以后没有实际的封邦,当然没有王侯或其王官对吏民行使正常司法权问题。

第四,关于赋税贡献与上计。

周时各封国应无向中央上交赋税之义务,只有定期贡献。诸侯向朝廷贡献是个定制。汉时,有所谓"酎金罪"。诸侯王参与宗庙祭祀时,必须贡献上等醇

---

〔73〕《唐会要》卷四十六,《封建》。

〔74〕《汉书·高五王传》。

〔75〕参见《洪仁玕选集》,中华书局1978年版,第28-29页。

酒与成色上等的黄金。若以次充好,即为犯罪,削地废国。汉初诸侯王国似仍有征税及税赋支配全权,汉中期以后则削权至只有“衣食租税”权而已,税户统计、征税、税粮输送等均由行政官吏管理,诸侯王但留下自己份额而已。侯国更是简单,只是个坐收租税的土地主而已。“唐制,食实封者,得真户,户皆三丁以上,一分入国。开元定制,以三丁为限,租赋全入封家。”[76]因此,唐代封君可以获得封户租赋三分之一,或获得每户三丁的租赋额度。亦为地主而已,余皆上缴中央。明初诸侯王,景王、潞王、福王,均获赐庄田四万亩,这些田地的所有租税不知是否均入封君之家,应该包括向朝廷上缴的赋税部分。后来,诸王只有“禄米”,大约是从当地税收中支付,当然就没有上缴部分赋税之说了。另外,在王侯实际封域地区,其土地、人口、赋税额等均要参加全国统一统计审计,如汉时大计“郡国县道”一齐进行。

第五,关于徭役和军事。

建诸侯的目的就是在中央或天子有难时能为屏藩、翼护。周制,天子有难,召集诸侯勤王救驾,诸侯必须率兵前往。中央搞重大工程,诸侯也有助役义务。汉制亦然。但后来诸侯王实无兵马,只有私卫,故基本不存在此一救驾义务。但汉景帝时,吴楚等七国能蓄养如许大军队,说明当时制度上诸侯有蓄兵并有随时“勤王”义务。汉时,中央征调诸侯国人民服兵役,诸侯王不得阻止。《汉书》载几个诸侯王就是因为阻止其吏民服中央兵役而受处罚的。[77] 除服从中央役事外,王侯们自己在国中兴役是受到中央控制的。汉武帝时,多个诸侯是“坐事国人过律免”,[78]就是役使百姓超过了中央许可的数量、时限,受免爵的处罚。

四、研究“封建制”的意义

研究“封建制”的意义,我们可以借此更加深入地认识中国传统政治的性质、特征,了解传统政治制度的基本构思或思路。

中国古代社会的一切制度、一切政治,最后都可以归结于“封建”。

首先,“封建”是中国传统政治结构的灵魂。王者打天下,追随建功者众。既得天下,岂能独吞一切,势必与众家瓜分战利品。中国传统的政治,就是这样一种以“论功行赏”为本质的分赃政治,曰“分封制”。分封当然不仅是裂土而

---

〔76〕《资治通鉴》卷二零九,唐景龙三年注。

〔77〕《汉书·淮南王传》《汉书·王子侯表》。

〔78〕《汉书·诸侯王表》。

分,关键还要"守望相助",为屏藩,保障天子一宗利益无虞,保障大家共同的"战利"不改复归于消亡。所以分封制又不能过分把权力放给诸侯,中央要加强对各类形形色色的诸侯的控制。中国传统政治结构正在体现"分肥"与体现"控制"两者之间的选择。"然建侯置守,如质文之递救,亦不可一概责也。救土崩之难,莫如建诸侯;削尾大之势,莫如置守宰。"〔79〕柳宗元认为置诸侯"非公之大也,私其力于己也",秦废分封,置守宰,"公天下之端自秦始"。〔80〕其实,今天看来,两者均非公,皆为天下大私。置封建,成全诸侯之私;置郡县守宰,成全天子之大私。制度或理念无论如何变,人民都只是客体或支配对象而已。

其次,"封建"是中国古代社会组织形式的灵魂。封建之起源,盖肇因于尧舜禹时期,部落联盟时代,各部落酋长对"天子"的归附臣服。"禹会诸侯于涂山,执玉帛者万国。"〔81〕殷汤伐夏,诸侯归附者三千余国〔82〕。周武王伐纣,各部落归附,"不期而会者八百诸侯"。〔83〕各氏族部落,就是最早的社会组织模式。分封诸侯制,使这种社会组织模式在国家政权机构完备后仍合法存在、得以延伸。自周至清,中国的社会组织也有强烈的"封建性"。一宗族聚居一地,常常始自其祖先获封此地,或以此地名为氏。封君也常有因宗族集体之功劳者,如萧何因"举宗族数十人皆随我(高祖)"而列功第一,被封为酂侯,食邑万户。〔84〕宗族即使无此封土背景,其宗族长治族人亦有封君之意。地方官亦以宗族为社会组织最佳状态。因此,分封制是中国古代没有(市民的)社会的"社会"组织的灵魂。

最后,分封制是中国传统权力分配形式的核心。中国古代的权力分配,没有平行的分权与制衡的权力配置,实际上也没有真正纵向的中央集权式权力层级配置。分封制是在两者之间的一种权力配置模式。大小诸侯,大小官吏,凡经封授或委任者,均获得一些权力。这种权力,既是一种临民治事之权,也是他们获取红利之道。这种权力,不能视为分权制衡制下的权力自不必说,甚至也不能视为上级委授给行政下级行使的行政权。因为那种纯粹中央集权制下的委授行政权的行使,没有行使人(下级)的私人利益在,其利害结果均归上级或中央。"封

〔79〕《新唐书》列传第三,《宗室》传赞。
〔80〕《柳河东集·封建论》。
〔81〕《国语·鲁语下》。
〔82〕《通典》卷一七一,《州郡一》。
〔83〕《史记·周本纪》。
〔84〕《史记·萧何传》。

建”制则不然,权力行使与掌权者个人利害关系重大,乃至生财蚀财皆由于此。这种权力分配模式,不以效率为核心,不以防止滥用为核心,主要以利益为关注点。

(原载《中国法学》2003 年第 6 期)

中国传统行政法制文化研究导论

引　言

中国传统法律文化是一个迥异于西方法律文化的文化体系。这一文化体系建立在与西方不同的自然环境和社会生活之上，有着不同的观念基础和构成形态。近代向西方学习以来，我们习惯于以西方法学的眼光去解读中国法律传统，以西方的法律概念体系和逻辑思路去阐释中国古代法制，常常产生许多重大误解；关于中国古代行政法律制度的认识就是我们通常发生误解最多之处。中国古代的某些制度和思想，与西方的某些制度和思想，表面上相似或等同，实际上常常风马牛不相及。中国和西方，互以本民族的眼光看待对方的常见事物时，常常有井蛙语海、夏虫语冰之感。因此，我们有必要重新找到解读中国政治法律传统特别是行政法律传统的概念体系和逻辑思路，要找到一套符合中国法律文化内在特质的解读或阐释语言符号体系。

要找到这样一套阐释语言符号体系断非易事。中国政治法律传统自身的语言或符号体系，如"德""礼""政""刑""纲常""伦常""礼法""德法""刑典""律例"之类，是完全内在自足的意义整体。如果继续用这些语言符号去解释中国古代的制度和思想，等于同语反复，没有意义，又无法跟西方沟通。要跟现代学术沟通，就必须使用现代学术公认的语言符号系统，而这一套系统又来自欧美，来自一种异己的文化传统；用外来文化传统中的语言符号体系解读我们的法律传统，又常有隔靴搔痒、盲人摸象之感，有曲解或误读之危险。而舍弃这一套西来语言符号，又再也没有凌驾于中西之上的、为双方共同接受的第三套语言符号系统可用。这就是我们讨论中国法律传统特别是行政法律传统时遇到的最大尴尬。

这不仅是本书的尴尬，也是近代以来整个中国学术的共同尴尬，是我们无法回避的尴尬。我们所能做的是，在使用外来语言符号系统的同时，尽量不要有意无意掩饰了中西之间的典型差异。

本卷不避尴尬，试图用现代法律文化语言符号系统来整理、复述、解读、阐释中国传统行政法律文化。

一、中国传统的"行政"与"行政法制"

中国传统的"行政"，与西方的 administration 或 executive 大不相同。西方是从国家权力的划分及不同机关分别行使国家部分权力的角度使用"行政"概念的；中国则不然。

要理解中国历史上的所谓"行政"概念，关键要把握其三重含义。第一，"行政"就是执掌权柄；第二，行政就是把君主的旨意（政令）推行于百姓；第三，行政就是"为民父母"护育人民。这种意义上的行政，实际上包含中国古代国家机器的全部活动，特别是以百姓为直接对象的活动。

中国传统用语中的"政"，有多重含义；因此"行政"相应也有多重含义。

"政"第一种含义是表示权力，故行政表示执掌权力。《史记·夏本纪》："于是帝尧乃求人，更得舜。舜登用，摄行天子之政。"《史记·周本纪》："周公摄行政当国""周公行政二年""召公、周公二相行政，号曰共和"。这里的"政"，就是国家最高权力或国柄，这大概就是"政"的最初含义。于是"行政"，就是行使最高权力或执掌国柄。孔子云："天下有道，则政不在大夫"〔1〕，意思是权力必须掌握在天子手里。

"政"的第二种含义是表示政令，故"行政"表示推行政令。"政"的外化形式为政令或法令，于是"政"又被视为"命令"或"法令"的同义语。孔子云："导之以政，齐之以刑，民免而无耻。"〔2〕此处的"政"，就是政令、法令。儒家的政治理想是"礼乐征伐自天子出"〔3〕，"非天子不议礼、不制度、不考文"〔4〕。"礼乐征伐"就是政令或法令。因此，"行政"就是执行政令或法令。《管子·宙合》：

---

〔1〕《论语·季氏》。
〔2〕《论语·为政》。
〔3〕《论语·季氏》。
〔4〕《礼记·中庸》。

"言君之所出令无妄也,而无所不顺,顺而令行政成。"《管子·正》:"立常行政,能服信乎?"《大戴礼记·小辨》:"制礼以行政。"唐人韩愈云:"君者,出令者也;臣者,行君之令而致之于民者也。"[5]这都展示了早期的"行政"概念。这里的"令",也是"政",都是讲执行政令。

"政"的第三种含义是表示"国政"或"政治"。《礼记·礼运》"政不正则君位危",《中庸》:"文武之政,布在方策。其人存,则其政举;其人亡,则其政息。人道敏政,地道敏树。夫政也者,蒲卢也。故为政在人"。这里的"政"是指国家公共事务;"行政"则是指进行国家公共事务。

"政"的第四种含义是表示"征伐"。《逸周书·作雒》:"二年,又作师旅,临卫政殷,殷大震溃。"刘勰《文心雕龙·时序》:"方是时也,韩魏力政,燕赵任权。"这里"政"指"征伐"或战争。

"政"的第五种含义是"征税役"。《周礼·地官·均人》:"均人掌均地政。"《孟子·尽心下》:"无政事则财用不足。"《荀子·王制》:"相地而衰政。"《礼记·王制》:"八十者一子不从政。"这里的"政"都有"征税"或"征役"的意思。

不过,后两种意义时的"政"应该读作"征"(第一声),几乎没有见到将其与"行"字相连曰"行政"的例子。不过,理论上讲,把"政"(征)与"行"(推行、进行)连称的可能是存在的,这种意义上的"行政"应该是中国古代"行政"的特定含义之一。

这五重含义,都是从"行政"的表面特征及事实内容而言的。

还有从政治道德或伦理意义言"行政"的。《孟子·梁惠王上》:"为民父母行政,而至于率兽食人,恶在其为民父母也?"这是讲"为民父母"应该是"行政"的本质。

本书正是从上述所有意义上理解"行政",也在这样的意义上理解中国传统的行政法制——所有有关这样的"行政"的法律制度,都是本书所说的行政法制。也就是说,我们是从中国古代特有的语义来理解中国历史上的"行政"和"行政法制",不是从西方人的权力分立与制衡中的"行政权"的意义上理解,也不是从"宪制"下的"依法行政"的含义上理解"行政"和"行政法制"。事实上讲,西方这种意义上的"行政"和"行政法制",在中国古代是不存在的。这是本书开宗明义必须特别强调的一点。

---

[5] (唐)韩愈:《韩昌黎文集》卷一,《原道》。

本书书名之所以要标明“行政法制文化”，是因为我们在本文要研究的不仅是制度，而且要研究以法律制度为中心的那个文化体系，故干脆叫“行政法制文化”。什么是“行政法制文化”？一切与行政法制直接相关的文化现象，都可以称为行政法制文化。

二、中国行政法制文化与中国法律传统

中国法律传统，作为一个法律文化整体，其内部应该是有各种逻辑构成部分的。西方惯于将一个法律体系或文化传统分为宪法、民法、刑法、诉讼法、行政法等部门或分支，或者在民事法内部又划分人法、物法、诉讼法或总则、物权、债、亲属、继承等逻辑构成部分，中国古代似乎没有这样的部门或分支划分。那么，怎样才能发现中国传统法律文化内部实际上存在的逻辑结构体系或有机构成的划分呢，也就是发现中国传统法律文化的内部构成机理，这是非常困难的事。因为这一困难，所以我们要把中国古代法制文化体系分成民事法、刑事法、诉讼法、行政法、经济法等的各个分支体系是不很恰当的。但是，为了与世界学术沟通，为了与现代学术沟通，我们又只好大致按照这样的部门法思路来解说中国法律传统。

中国法律传统没有西方由不同部门法共同构成的逻辑体系，但是有自己的内在逻辑体系或有机构成体系。这一体系，有自己特有的灵魂，有自己特定的内在互补自足的构成体系。

中国传统的社会秩序的灵魂，就是“圣贤教化愚民”。一切法制都是本于这一精神而形成的。“天”被假定为至善至美的无上权威，“天子”是上天化民的使者，是圣贤的总代表。所有圣贤辅佐天子治国抚民，一切官吏应该是由圣贤来担任的。国家的一切政治，是“为民父母行政”。为了建构这一秩序，中国的传统法制，在上注重选官治官，尽力保证官吏队伍道德合格、堪为百姓表率，保证其有资格教化人民；对下注重教民治民，德刑并用，恩威并济，文武兼施。一切暴力手段归根结底是为教化百姓服务。这就是作为动词的“文化”的含义，就是为了使人民在温饱之外还获得“人之所以为人”的礼义感召和升华。此为对华夏地域内部而言。对外注重华夷之辨，注重教化施行的边界，不强行在华夏文明传统区域外“用夏变夷”，但也不允许“用夷变夏”。一切礼乐制度的最终目标是建成温良恭俭让的礼乐融融的和谐社会。

在这样的理念指导下形成的中国法律文化体系中，实际上包含以下几个分

支体系:一是关于巩固天子权威的制度体系;二是关于选任优秀官吏的制度体系;三是关于监督官吏廉政的制度体系;四是关于国家财富资源配置的制度体系;五是关于国家公益工程建设问题的制度体系;六是关于人民身份管理及赋役责任的制度体系;七是关于教化人民及治安控制的制度体系;八是关于处理国家与四夷关系的制度体系。

这八个分支制度体系的内容并不是各自完全独立的,而是互相有交叉的。这个体系,显然是不能用西方的部门法体系来比拟的。这样一个体系,正是一个以"明君、清官、良民和谐共处构成礼乐文明社会"为显性目标的秩序体系或法律文化体系。至于这一秩序或法律文化体系背后的隐性目标,则不外是不同力量(以体力智力为主的综合能力)的社会群体(阶层)有差别地分享社会资源而已,且必须让这种差别合法化正当化而已。这在哪个民族都一样。我们解读一个民族的法律文化,只能解读其显性目标秩序或法律文化体系,即只能解读其把社会各阶层(群体)对社会资源的差别占有或分享作合法化、正当化修饰(安排)或解释的特殊思路、技巧、方法和安排而已。各民族对资源占有差别的各自特有的正当化、合法化修饰(安排)和解释体系,就是一个民族的法律文化体系。

在中国这样一个由八大部分组成的法律文化体系中,似乎没有叫作相当于西方"行政法制"的分支体系。但是,我们如果用中国历史上特定意义的"行政"概念来解说,或者说用中国文化中特有的"行政"观念来观察,就会发现一个中国特有意义上的"行政法制"体系。进一步来讲,我们也大致可以总结出中国历史上特有的行政法制文化体系。

中国行政法制文化体系是一个什么样的体系呢?这样一个体系,显然要把西方的部门法概念和中国古代的"行政"概念结合起来,才有可能描述。光用二者之一作为标准是无法描述清楚的。

三、中国传统行政法制的内在逻辑体系

中国传统的行政法制进而行政法制文化,有着一个自在的逻辑体系,潜存于这一文化整体之中。对这一逻辑体系的描述,需要借助一些取自中国传统文化语汇又根据现代政治法律术语加以适当变通的概念体系。

(一)家天下的"君治"为中国行政法制文化逻辑体系的逻辑起点

中国传统行政法制文化的逻辑体系,有一个基本的逻辑起点,就是"君治"。"君治"不能简单地理解为西方政治学意义上的"君主政体""君主专制",应该

根据中国文化作特定的理解。这个特定理解,有以下几方面的含义必须注意。

第一,君主代上天为治,奉天命天意为治。汉人董仲舒说“唯天子受命于天,天下受命于天子”[6]“受命之君,天意之所予也”[7]“王者,天之子也。天以天下予尧舜,尧舜受命于天而王天下”[8]“王者承天意以从事”[9],都是这个意思。

第二,君主职位为人民利益而设。《慎子·威德》:“古者立天子而贵之者,非以利一人也。……故立天子以为天下,非立天下以为天子也。立君以为国,非立国以为君也。”《商君书·修权》:“故王者以义亲天下,五伯以法正诸侯,皆非私天下利也,为天下治天下。”《春秋繁露·尧舜汤武》:“且天之生民,非为王也;而天立王,以为民也。”

第三,君主为天下人民的父母,为“民主”,应爱民如子,哺育万民。《尚书·多方》:“天惟时求民主……代夏作民主。”《尚书·洪范》:“天子作民父母,以为天下王。”《尚书·康诰》说君主对人民应该“若保赤子”[10]。董仲舒说:“天子父母事天,而子孙畜万民。”[11]所谓“民主”,就是人民的主人,人民的父母;上天把天下人民托付给了真命天子,他应像父母养育子女一样“哺乳”人民,为人民谋幸福。

第四,只有圣人才能为君主。《礼记·中庸》:“惟天下至圣为能聪明睿智足以有临也。”《荀子·正论》:“天子唯其人。天子者,至重也。非至强莫之能任;至大也,非至辨莫之能分;至众也,非至明莫之能和。此三至者,非圣人莫之能尽。故非圣人莫之能王。”

第五,君主靠官吏系统治理国家。《墨子·尚同上》:“天子立,以其力为未足,又选择天下之贤可者,立以为三公、诸侯、正长。”《尚同下》:“是故古者天子之立三公诸侯卿之宰乡长家君,非特富贵游佚而择之也,将使助治乱刑政也。”《慎子·民杂》:“君臣之道,臣事事而君无事,君逸乐而臣任劳。臣尽智力以善其事,而君无与焉,仰成而已。”

第六,君主靠礼义法度治天下国家,礼义法度是君臣民共同的准则。《管

---

〔6〕《春秋繁露·为人者天》。
〔7〕《春秋繁露·深察名号》。
〔8〕《春秋繁露·尧舜汤武》。
〔9〕《汉书·董仲舒传》。
〔10〕《尚书·康诰》。
〔11〕《春秋繁露·郊义》。

子·七臣七主》说:"法令者,君臣所共立也。"《管子·任法》:"君臣上下贵贱皆从法。"汉人张释之云:"法者,天子所与天下共也。"[12]唐太宗说:"法者,非朕一人之法,乃天下之法。"[13]

理解了中国古代"君治"的这六重意义,我们才能开始讨论中国古代行政法制文化的逻辑体系。也就是说,这五者合一意义上的"君治"的落实、施行和保障,是一切行政法制文化(尤其是其中的制度)的设计起点。

这六者合起来,就是"家天下"的"君治"。这个"家天下"有正负两方面的含义。从负面讲,是"天下为家""天下为私"或是以天下国家为自己家族打拼出来的"产业",以其为"汤沐邑"并在其中不断"开销""花息"。刘邦在他父亲面前的夸耀之语"某之业所就孰与仲多"[14]正是其代表。从正面讲,"以天下为一家,以中国为一人"[15],"天子为民父母","天子……子孙畜万民",要天子象父母一样哺养人民,保护人民,教导人民,像父母对孩子一样尽心尽力为孩子谋幸福,这是一种何等崇高的理想。

当然,有人可以说,这六者只是在谈理想的"君治",是关于设计正当合理的"君治"体制的建议,并不一定是现实的"君治"体制;这是真的,我们不能否认。但是我们不要忘了,任何时代任何国家的制度,都是本于一定的理想设计出来并本于一定理想推动其完善的。没有完全公开地本着赤裸裸的君主个人或家族私利来设计制度或谈制度建设的。如果说有负面"家天下"的实际结果,那也不是制度设计追求的结果,而是冠冕堂皇的制度实施变异(异化)的结果,或者至少是公开设计的制度力图加以掩饰的东西。这是任何时代哪个民族哪个国家的法制背后都一样的,我们不能仅仅凭这种异化或内在实质谈古代中外的行政法制文化;如果那样谈就没有谈的必要了,因为各国各代都一样。

我们看到,从这样的"君治"的逻辑起点处出发,我们会得出三个结论:其一,"君治"就是国家的公共政治,就是人民的公益所在;其二,"君治"的落实要靠一个庞大的官僚辅助系统,不然就落空了;其三,"君治"要靠一整套法制去规范和保障;法制的主要任务是落实公益和制止恶行,包括管理人民和监督官吏。

---

[12] 《汉书·张释之传》。

[13] (唐)吴兢:《贞观政要·公平》。

[14] 《史记·高祖本纪》。

[15] 《礼记·礼运》。

（二）“佐君父为治”为中国行政法制文化逻辑体系的基本设计目标

“佐君父为治”既是中国传统官僚体系的基本使命，也是中国传统法律体系的基本使命。官僚体系，是为了“君治”从“人手”即力量上得以落实，让文武百官作为“天子股肱”、天子耳目，使天子真的变得三头六臂、千手观音，无所不能、无所不为；法律制度，是为了从“规矩”上让“君治”得以落实，使其有章法、条理、保障，使其不至于淆乱而走向反面。

简单地说，“佐君父为治”，就是实施国家政治，靠的是两者：一是人，二是法。有人无法，政治活动无规则，政治必乱；有法无人，空有美意，不能及于人民，还是落空。

所以，中国传统的行政法制文化的设计目标就是两个方面：一方面，为了保障“君治”实现，必须设计出良好的官吏管理制度，以保障官吏贤能廉洁；另一方面，为了保障“君治”实现，必须设计出良好的其他法律制度，使良好政治及于人民，造福人民。

（三）“政”“行”“督”“受”四者关系及中国行政法制逻辑体系的基本架构

中国传统“行政法制文化”，我们如果想勾画出一个基本逻辑结构体系的话，必须先明确中国传统行政的四个基本概念。

“政”是第一个基本概念，其含义就是前节讲到的五重含义，不过最重要的是“权柄”“政治”“政令”三者。在我们讨论中国传统行政法制及其文化体系时，我们实际上是在这三重意义合一的基础上使用“政”这个词的。所谓“行政”，就是“执掌权柄”“执行政令”“实行政治”三个意思的合一。

“行”是第二个基本概念，其含义是“执行”“施行”“实行”“推行”。即指行为动作，如“为民父母行政”；也指行为结果，如“令行政成”“令行禁止”，但最主要的还是指动作手续过程。中国传统的行政法制文化，就是要在“行”这个动作的规范完善（以避免坏的结果）上做文章。

“督”是第三个基本概念，其含义是“监督”“督责”“督察”。其含义最早光大于法家，法家的“督责术”（“循名责实”）赋予这一概念基本内涵。“督”，是相对于“行”而言的，是对“行政”的监督，是为了督促“行”，防止“乱”，实现“政”。“督”归根结底还是“行”。

“受”是第四个基本概念，其含义是“承受”“接受”“受惠”。这是就人民的角色地位而言的。理论上讲，人民应是国家所“行”之“政”的承受者、受益者，“政”化为人民利益，才算“行”了，才算“治”了；如果害民，就是“乱政”“苛政”。

人民在受政中要尽义务(赋役)报答国家和君王,其所尽的义务还是为了支付行政成本而已。人民在受政中如果感觉自己利益受了损害,也可以在体制内去争取一定的救济。

明白了这四个基本概念,我们就可以把中国古代的行政法制文化勾画出一个基本逻辑结构图来(见图1)。

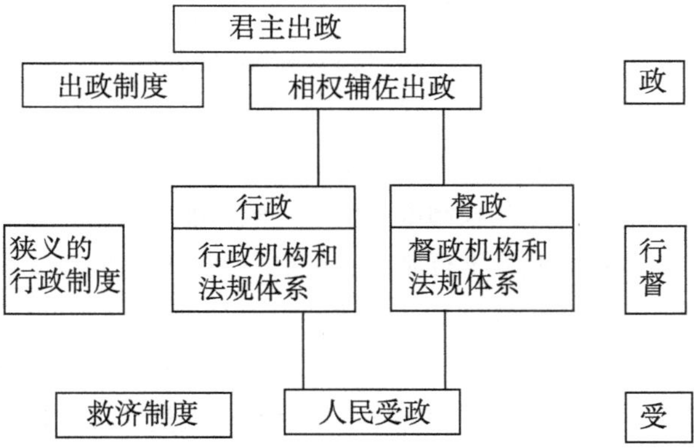

图1　广义的中国传统行政法制

对于这一个逻辑体系,我们可以作简单的理解,不要人为地复杂化。

图1所显示的是广义上的中国传统行政法制。在这一体系,必须用中国传统的思路去理解。

纵向来看,首先是“君—臣—民”三个层次,是一个自上而下的“出政—行政/督政—受政”的系统。

从横向看,在每一个层次中,都有两个构成方面。

在“君”(包括相职)的层级,主要使命是“出政”,有君主出令、相权辅政两个方面,相当于现代社会讲立法和决策。理论上讲,立法和决策权最后属于君主一个人,但君主必须依赖相权的辅佐才能完成立法和决策。

在“臣”的层级(相职以外的臣),其主要使命是“行政”,就是把君主的政令推行到人民那里。在这一层级,大致分为行政、督政两个方面。这两个方面的划分,只是大概而言,在古代并无明确的界限,“督政”的目的还是“行政”。督政官员直接凌驾于原行政官吏执行行政事务,中央派出督政机构逐渐演变为地方行政机构,这是古代中国的一般规律。

在“民”的层级,其“本分”只是“受政”,本无所谓“行政”可言。人民只是

“行政”的对象而已，用今天行政法的术语，叫“行政相对人”。但是，我们要注意到，人民受政，不仅仅是“受”而已。作为“受益”的回报，必须“完粮纳税”；如果感到受害，还可以依法律或惯例救济（申诉、控告）。并且，我们还应注意到，国家还经常借助人民监督官吏（如明代的“捉拿犯官赴京”的制度），所以人民不是完全被动的接受者。

（四）中国传统行政法制的基本构成

中国传统行政法制的基本构成，可以从“出政制度”“行政制度”“督政制度”“救济制度”四个大的方面来勾画。

出政制度，就是国家立法和中央决策制度。这一制度是一个体系，包括君主制度及君主政令制度，包括相权制度及佐君出政制度。

行政制度，就是国家政令推行制度。包括中央行政机构组成制度、地方行政机构组成制度，中央和地方政令推行制度、军事行政机构及军事行政制度。

督政制度，就是国家官吏管理和监督制度、国家公务督办和纠错制度。包括国家监察机构组织制度及官吏监察制度，国家公职人员选拔考核监督制度。

救济制度，就是人民在遭遇国家官吏侵害或国家行政造成的损害时，以什么途径或手续进行救济以恢复或保障利益的相关制度。这一类制度，在中国古代内容不多，且都是附在其他种类的制度之中，基本没有构成什么体系。

这个构成体系，用今天的行政法学的眼光看，是不太好概括或划分的。

四、《官与民：中国传统行政法制文化研究》〔16〕的基本思路

按照中国古代实际存在的“出政—行政/督政—受政”制度体系的划分思路，我们在本卷里本欲按照出政、行政、督政、受政四编来写。但是，仔细思索，我们发现这样的写作思路是不妥当的：第一，“出政”不属我们今日所谓“行政”范畴，“受政”更不是“行政”范畴，通常亦无制度可言。第二，这样的写作思路，无法与现代行政法学的认识模式沟通。所以，我们必须谋求一条比较好的写作思路。

我们要对中国传统的“行政”法律制度体系及相关文化进行全面梳理，当然必须借鉴过去的关于中国政治制度史、中国行政制度史、中国行政法制史的著作的写作思路。

〔16〕 参见范忠信主编：《官与民：中国传统行政法制文化研究》，中国人民大学出版社 2018 年版。——编者注

（一）过去有关著作的写作思路或叙述框架

过去的中国政治制度史、中国行政制度史、中国行政法制史著作，有一些基本的写作思路或编写体系我们可以借鉴。

1. 中国政治制度史的叙述思路

笔者手里拥有的几本《中国政治制度史》，对笔者的写作思路有一定的借鉴。第一本是张晋藩先生的《中国古代政治制度》，该书分为奴隶制国家的政治制度、封建专制主义的政治制度等两个时期，把夏、商、周三代分别视为奴隶制政治制度的初建、确立、发展时期；把战国、秦、汉、魏晋南北朝、唐、宋、明、清分别视为封建专制主义的政治制度的初步形成、建立、强化、完备、高度发展等时期。在每一个朝代或时代，大致按照中央政治体制、地方政治体制、科举与人事、军事、司法、监察等方面来阐述。这一思路，与王汉昌、林昭代主编的《中国古代政治制度史略》基本上是一致的。第二本是韦庆远先生的《中国政治制度史》。该书的古代部分是按照先秦、秦汉魏晋南北朝、隋唐五代宋、辽夏金元、明清政治制度等五章来叙述的。在每一章中，大致按照皇帝制度、中央行政体制、地方行政体制、法律制度、监察制度、军事制度、职官管理制度、教育和科举制度等线索，叙述历代具体的政治制度分支。第三本是白钢先生主编的《中国政治制度史》。该书对古代中国政治制度的叙述，大致分为夏商、西周、春秋战国、秦汉、魏晋南北朝、隋唐五代、宋、辽金西夏、元、明、清朝政治制度等几个阶段来叙述；在每一个时代中，大致也是分为皇帝制度、中央决策机构及制度、中央行政体制、地方行政体制、监察制度、司法制度、军事制度、财政制度、人事制度等方面来阐述。第四本是李明晨先生的《中国古代政治制度纲要》，该书也是按照原始氏族社会、奴隶制国家、封建制国家、半殖民地半封建国家等几个阶段来叙述的。在每个时期，大致分为中央和地方行政机构、司法和监察制度、军事制度、学校制度、科举任官制度、考课制度、爵禄制度等方面来叙述。第五本是杨鸿年、欧阳鑫先生的《中国政制史》，该书将古代中国政制分为中央政治制度、地方政治制度两编。在中央政制编，分为君主制度、宫廷内外制度、宰相制度、行政制度、监察制度、司法制度、文官制度等方面。第六是韦庆远、柏桦主编的《中国政治制度史》，该书比前几本书的体例有了较大的变化，在古代政制制度编，该书分别从王权和皇权制度、中枢辅政制度、中央政务体制、地方行政体制、法律制度、监察制度、军事制度、财政经济制度、科技文教卫生制度、文书玺印符节制度、行政辅助人员制度、职官管理制度等十余方面来阐述。

2. 中国行政制度史的叙述思路

关于中国行政制度史,近代以来直接通史性专题论著较少,大致有:程幸超先生的《中国地方行政制度史略》(中华书局 1948 年版)、严耕生的《中国地方行政制度史》(台北,"中研院"历史语言研究所 1961 年版)、丁文的《中国行政制度史》(中国人事出版社 1991 年版)、李孔怀的《中国古代政治与行政制度》(复旦大学出版社 1993 年版)、卢广生等的《中国古代行政管理概论》(河南人民出版社 1993 年版)、秦闻一的《中国行政制度史纲要》(中州古籍出版社 1991 年版)、周振鹤的《中国地方行政制度史》(上海人民出版社 2005 年版)。

3. 中国行政法制史的叙述思路

关于中国行政法制史的著作,所见更少。笔者目前所知的有张晋藩、李铁的《中国行政法史》(中国政法大学出版社 1991 年版),王士伟的《中国行政法史》(陕西人民出版社 1993 年版),蒲坚的《中国古代行政立法》(北京大学出版社 1990 年版)。

(二)本卷的叙述和讨论思路及基本框架

确定本卷的叙述和讨论思路,有两个方面考虑。

一方面必须考虑到中国古代特有的"行政"及其法律文化的内在理念、机理,必须以此为基础。也就是说,要以"君主—臣僚—人民"的社会层级机理以及"出政制度—行政/督政制度—受政制度"的机理来考察叙述分析中国传统的行政法制。

另一方面,又必须考虑到现代法学所理解的行政制度、行政法制的基本所指。也就是说,要让大家知道中国古代的行政法律制度内容的主要部分各自大致相当于现代行政法学所研讨的哪一个部分,或者说至少是针对现代行政法学的哪方面问题而言。这一点如果不解决,我们的讨论就只能"以其昏昏,使人昏昏",就没有现代意义了。

关于现代行政法学的体系,各家各派学者的主张不同。

罗豪才、应松年的《行政法学》(中国政法大学出版社 1989 年版)认为,行政法可以分为三大类:有关行政组织的规范,有关行政行为的规范,对行政进行监督的规范。王连昌、张树义主编的《行政法学》(中国政法大学出版社 1993 年版)把行政法学的内容分成行政主体、行政行为、监督行政与行政救济三大部分。熊文钊主编的《行政法通论》(中国人事出版社 1995 年版)把行政法学的内容分为行政主体、行政行为、行政程序、行政责任四大部分。周佑勇的《行政法原论》(中国方正出版社 2002 年版)把行政法分为行政主体、行政行为、行政救济三大部分。方世荣的《行政法与行政诉讼法》(中国政法大学出版社 2007 年版)认为,行政法的分类可以分为行政组织法、行政活动法、行政救济法。把这几家的分类作一个归纳,我们发现,把行政法分为行政主体法、行政行为法、行政救济法三大部分是大家的体系中最为共同的部分或共同倾向。

所以,我们在本卷叙述中国古代行政法制传统时,不能不考虑这一共同倾向。我们在本书里必须考虑这一倾向并采取这样的划分,不是为了与现代行政法学附会,主要是因为这一划分最为接近中国行政法制传统的真实面目,符合前文讲的中国传统行政法制文化的内部构成机理。

我们古代的"出政制度",其实质主要关注的是行政主体或行政组织问题;我们古代的"行政/督政制度",其实质主要关注的是行政行为、行政程序问题;我们古代的"受政制度",其实质主要关注的是行政监督与行政救济。所以,把如实阐释古代制度传统、较好地沟通现代这双重目标综合起来,我们选择了行政主体法制、行政行为法制、行政救济法制三分法来叙述和阐释中国传统行政法制。

鉴于此,本书的结构体系,除导论外,分为以下几个部分。

第一编,传统中国的国家和行政:特质和理念。

本编主要对传统中国的国家特质和国家理念(第一章)、行政理念(第二章)、礼乐政治模式(第三章)以及这一切的生长土壤环境(第四章)作一个全面的讨论,以便我们认识在这样的国家特质和理念之下形成的特有的行政法制传统。因为不认识这一点,我们就会误解我们的传统"行政"和"行政法制"。

第二编,传统中国的行政主体法制。

本编主要讨论传统中国国家机构的组织、权责及其运作机制。在这一编,我们分别要讨论三个方面的问题。

一是出政主体和出政制度问题,这主要是本书的第五章"君主制度及最高出政制度"、第六章"中央辅政决策机构及佐君出政制度"。

二是行政、督政主体及行政督政制度问题。这主要是本书的第七章"中央政务执行机构、派出机构及行政制度"、第八章"地方政务执行机构及行政制度"、第九章"军事行政机构及相关制度"、第十章"乡里组织的行政职能"、第十一章"监察机构及相关制度"。这相当于我们今日所讲的行政组织法。

三是关于各类国家机关的人事、财政、公文等方面的共同办公条件、共同纪律规范的问题,也就是关于行政主体的一般办公条件、资源和纪律问题。这就是本书的第十二章、第十三章、第十四章。这些问题涉及行政主体存在和办事的基本条件以及基本纪律,所以也必须放在“行政主体法制”中加以探讨。

第三编,传统中国的行政行为法制。

本编主要讨论传统中国的行政督政活动的基本程序以及所行之政的具体内容问题。严格地说,本章应该包括古代中国的行政、督政两个方面,因为在传统中国的制度中,督政归根结底是行政。但是,由于在第二编行政主体部分要讲督政(监察)机构体系及相关制度,在第三编行政救济部分也要讲督政和监察制度给人民带来的救济机会或权利,所以在本章里主要讲最狭义的“行政”——仅仅是督政系统以外的“行政机构”所进行的行政行为。当然,在讲到这些行政行为制度时,也在必要时涉及督政(监察)行为。

本编本来还应该划分为两个部分来探讨更清晰:

一是行政程序、行政手续部分,即探讨古代中国国家机关在推行君主关于各类公益事务的政令时应遵循的基本手续、主要程序,这主要是技术或形式问题,有些象我们今天所说的行政程序法。

二是各类行政法规的具体规范内容亦即人民在各类行政事务中的具体实质性权利义务问题。过去的行政法学、行政法史研究可能更多地注意的是前者,而忽略后者。本书特别注意后者。

但是,我们注意到,在中国古代政治和行政中,要真的把这两个部分划分清楚是很困难的。因为中国古代法制,尤其是行政方面的法制,非常不注重程序,很少有单独的程序或手续规定,人民也无法引用行政程序规定救济自己。古代的行政程序的少数零星的规定,是夹杂在关于人民的行政方面的权利义务的实体规定之中的。所以我们在本书中就没有把二者区分开来。

本编本着“官与民”的关系(现代所谓“行政主体与行政相对人”的关系)以及“行政—受政”关系的架构,对传统中国的行政行为法制加以梳理。本着“官—民”或“行政—受政”关系的架构,就是说只注意官与民发生直接关系的行政领域,只注意“官”直接把“政令”推行给“民”的事务领域,其他不发生官民直接关系的领域的行政行为,不在本编的讨论范围内。

本着这样的基本认识,我们把传统中国的行政行为分为三大部分:

第一类,经济行政行为,在本书的第十五章至第二十章讨论,包括授田限田、劝课农桑、备荒赈灾、稽粮征赋、征徭兴役、征商管工等六个方面的行政行为。

第二类,治安行政行为,在本书的第二十一章至第二十五章讨论,包括蕃民编户、制民防奸、僧道管理、番政归化、军征武备等五个方面的行政行为。

第三类,文化行政行为,在本书的第二十六章至第二十九章讨论,包括兴学养士、教民正俗、察举科举、惠弱济贫等四个方面的行政行为。

在传统中国政治和行政中,涉及人民“受政”的“行政”行为,亦即涉及官吏直接与人民打交道的行政行为,我们目前总结的就这十五个方面。除此之外,我们还想不出别的直接涉及官民直接交往的行政行为种类,即使有也大致能归入这十五类的任何一类中。

第四编,传统中国的行政救济法制。

一般认为中国历史上没有行政救济问题,连人民一般意义上的救济权利的概念都没有。前人在这些方面的研究十分少,所以可以借鉴的成果相当少。

古代中国的政治中,人民到底有没有权利观念和事实上的权利?回答这个问题是我们讨论救济制度的前提。如果没有事实权利和权利观念,就无所谓救济。我们认为,古代中国人民是有事实上的权利的,也是有一定的权利观念的;因此,人民是需要救济,也经常使用了法律规定或惯例赋予的救济途径。

本编讲传统中国的行政救济法制,都是就人民在“受政”过程中如果认为自己权益受损或官吏贪污腐败时可以如何设法挽救的角度而言的。中国古代没有单独设立救济制度体系,但各种法律和惯例提供的救济途径是存在的。我们就根据这种存在的事实状况,以五章的篇幅讨论古代的救济制度。

在第三十章至第三十四章中,我们先讨论古代中国的一般行政异议制度(第三十章),接着讨论通过司法诉讼的救济制度(第三十一章),再讨论国家通过人民监督官吏的制度(第三十二章),随后讨论国家设置的进言、告密和谏议制度(第三十三章),最后讨论监察机构在行政救济中的作用(第三十四章)。

这五章所讨论的救济制度和惯例,与今日行政法制所言的行政救济制度,是不可简单相提并论的,其范围实际上远远超出今日行政救济法制的范围,且很多制度和惯例的涉及初衷并不是为了人民的救济,而主要是为了监督官吏;只是在使用这些制度时客观上会有救济人民权益的效果。这一点是必须特别说明的。

余论,传统行政法制遗产与当代中国依法行政。

本书的余论主要是想就中国传统行政法制文化遗产的影响和意义作一个大致说明。一方面,要说明传统行政法制文化是如何不知不觉地存在于我们今日的政治生活中的;另一方面,要说明它对我们为了以“依法行政”为宗旨的行政法制现代化建设有什么意义。

本书的写作是一个将中国传统行政理念与现代行政理念结合起来,解读中国传统行政法律文化的尝试。

（原载《河南政法管理干部学院学报》2008 年第 2 期）

律令关系、礼刑关系与律令制法律体系演进

——中华法系特征的法律渊源角度考察

“律”“令”是古代中国最重要的法律形式，是古代中国法律体系的两根最大的支柱。古代中国的法律体系模式，日本学者率先称之为“律令制”，很多中国学者随后也接受这一判断。无论是汉代的“律令科比”体系，还是唐代的“律令格式”体系，其中心都是“律”“令”两种法律形式；这两种法律形式之间的关系，以及其他法律形式与这两种法律形式之间的关系，构成这一法律体系特征的要害环节。关于律令制，作为对中国古代法律体系的一种宏观认识路径，我们有很多问题需要进一步追究。何为律令制？律令制下的律令二者关系的要害是什么？律令制法律体系是如何逐渐形成的？律令制与古代中国的“礼刑结合”法文化之间是什么关系？这些都是我们认识或理解中国传统法律体系特征乃至整个中国法律文化特征的关键。本文拟从律令关系的演进历程出发考察律令制的形成历程，并总结律令制形成历程的几个阶段的阶段性特征，并附带就律令关系与礼刑关系的相互影响作一些补充说明。

一、“律”“令”法律形式与律令制法律体系

关于多种法律形式共同有机地构成一国法律体系的这种自觉，也许是历史较晚时期的事情。就中国的历史看，这种自觉至少在秦汉时代似乎还不明显。当然，没有这种自觉，并不等于没有法律体系之事实存在。

各种法律形式，在国家治理体制中具有不同的性质，担负着不同的角色，起着不同的作用，而且相互配合不可互缺，这就是“法律

体系"之事实存在。中国历史上的法律体系,以汉唐两代为典型。汉代曰"律令科比"体系,唐代曰"律令格式"体系。不过,汉人的体系意识较弱,当时并没有人主动明确地把"律令科比"作为一个逻辑体系来说明相互关系。只有到了《唐六典》中才开始有了一个体系的自觉。因此,我们仅以唐代的"律""令"为例来理解这两个法律形式的基本概念。

"律"是国家的基本治罪法典,其重要性有些类似于今日之宪法,但其内容主要是关于犯罪和刑罚之规范,类似于今日刑法典。日本学者仁井田陞说:"律是刑罚法典……是禁止法,是对犯人的惩戒法。"[1]但必须强调,"律"的内容范围比今日刑法典更大,因其包含很多今日看来属于民事法、诉讼法、行政法的内容(因仅有行为指令,不含相应的刑罚),不过这些内容是依附于罪罚规定而存在的,是对罪罚规定的必要铺垫或说明。

"令"是国家对臣民的行为进行使令、教令、指令的规范,一般不涉及刑罚。仁井田陞说令是非刑罚法典,是命令法,是行政法[2]。就其内容而言,既包括国家行政管理方面的规范,也包括人民日常生活的指导规范。唐代所谓"令",大多系"礼"的规范转化法律性的行为指南,或从皇帝关于国家行政管理的单行诏令而来;凡经整理删修编纂而定为国家长期行政制度者,则为"令"[3]。

除"律""令"之外还有"格""式"。"格",实为皇帝以制敕断决罪案或处分特别公事[4],其决定经过删修整理编纂程序作为长久普遍规范的,曰"以为永格""永为定格",简称曰"格"。《唐六典》说:格"盖编录当时制敕,永为法则以为故事"。作为刑事法特别规范的"格",其效力高于"律"。"式"系国家各级政权的办事规则及公文程序。式具有相当的强制力,违反者不仅要受到行政处罚,也可能构成"违式罪"受到"律"中笞四十的制裁[5]。

因为"律""令"二者是汉唐两代甚至整个古代中国的最主要法律形式,所以日本学者才率先以"律令制"来称呼中华法系的法律体系。"律令制",最先是由

---

[1] [日]大庭修:《秦汉法制史研究》,林剑鸣等译,上海人民版社 1991 年版,第 1 页。

[2] [日]大庭修:《秦汉法制史研究》,林剑鸣等译,上海人民版社 1991 年版,第 1 页。

[3] 在汉代,就具体事宜确定制度,常称为"著为令""定为令""疏为令"。唐代"令"的产生,参见霍存福:《论礼令关系与唐令的复原》,载《法学研究》1990 年第 3 期。

[4] 皇帝制敕一般就特别的人或事而发,仅仅适用于特定人和事,一般不具有普遍适用的法律效力。一旦要作为永久规则,就要"著为定格"或"永格",那就是"制敕断罪"而形成的刑事特别法。参见陈顾远:《中国文化与中国法系——陈顾远法律史论集》,中国政法大学出版社 2006 年版,第 431 -433 页。

[5] 《唐律疏议·杂律》"违令"条:"诸违令者,笞五十;别式,减一等。"

日本学者中田熏先生在其《关于中国律令法系的发展》一文中提出的一个用以概括描述以古代中国为首的东亚法系特征的概念。中田熏先生认为,在以古代中国为中心的东亚地区形成了一个独立的法律体系,这是一个以公法为主的体系,可以称为"律令法系"或"律令法体系"〔6〕。在律令制下,国家最主要的法律形式为"律"和"令"两者,或体现为两种特定法典形态,并辅以其他次要的法律形态(如格、式等)。这些形态的法制共同构成了一个有机体系,维系着一种特殊的社会统治形态。

二、"律""令"关系的缘起和变迁

(一)夏商时代尚无"律""令"之名

夏商时代有"刑",但无"律"和"令"。《左传·昭公六年》说:"夏有乱政,而作禹刑;商有乱政,而作汤刑。""禹刑""汤刑"可能是夏商时代刑事法规的总称,都以其开国先祖命名,地位大约相当于后世的"律"。《左传·昭公七年》谓:"夏后氏之王天下也,则五刑之属三千,殷周于夏,有所损益。"《尚书大传》谓"夏刑三千条"。"三千"盖指夏代的以死刑肉刑处罚犯罪的三千个案例的汇集,不可能是指三千条刑法条文,因为那时不可能制定出复杂的罪名体系来。《尚书·伊训》谓商汤"制官刑,儆于有位",盖商时有专门惩治官吏违法的法规曰《官刑》。总之,"刑"乃当时的主要法律形式之一。

此外还有典、训、誓、诰、告、命、礼、彝等,尚未见有以"令"命名的法律形式。不过,当时的"命"也许就是后世的"令"——《尚书·大禹谟》有"济济有众,咸听朕命"语,《甘誓》有"恭命""用命"之说,可知"命"是王发布的命令,是法律的形式之一。

(二)西周时代亦无"律""令"之名

西周最重要的法律形式是"礼""刑",没有"律"。"礼"不仅仅是国家社会生活长期自然形成的习惯法,还通过了"周公制礼"这样的立法行动。"刑"或许就是后世相当于"律"的"刑典"。《左传·文公十八年》记载周公曾作《誓命》曰:"有常无赦,在九刑不忘。"《逸周书·尝麦解》说成王时有"刑书九篇",《左传·昭公六年》谓"周有乱政,而作九刑"。其他法律形式还有誓、诰、命、令等。所谓"命",也是君王对臣下的指示命令。《尚书》中有周平王封赏文侯时发布的

---

〔6〕［日］大庭修:《秦汉法制史研究》,林剑鸣等译,上海人民出版社1991年版,第1页。

《文侯之命》。所谓“令”,是指国家中央机关发出的一般命令。《周礼·春官宗伯》有“内史执国法及国令之贰”,“御史掌邦国都鄙及万民之治令”等记载。也许,周代已经正式有了“令”这种法律形式〔7〕。但鉴于一般认为《周礼》系刘向、刘歆父子伪造,故对周代是否有“令”这种正式法律形态应存疑虑。

(三)战国时代始现“律”“令”之名

春秋时期各国的法律,见于史书的有子产“铸刑书”,邓析作《竹刑》,晋文公的“被庐之法”,赵宣子的《常法》,范宣子的《刑书》、夷蒐之法,赵鞅“铸刑鼎”,等等。楚国也有《仆区之法》《茅(茆)门之法》等。

战国时期,据说出现了最早的系统法典——魏国国相李悝制定的《法经》。商鞅受取《法经》到秦国后,“改法为律”〔8〕,据说是正式制定了一部秦律,但至今没有证据来证明。不过,“律”作为一种法律形式于此正式出现,应无怀疑,《云梦秦简》中的秦律十八种,就某种程度上反映了商鞅“改法为律”的成果。商鞅为何要“改法为律”?为何一定要用“律”来指称国家的基本法典?这一基本法典叫“律”与从前叫“法”或“刑”到底有什么不同?这一改变到底强调了什么或要突出什么?这是一个特别有意义的问题。有人认为,“律”主要强调的是比“法”“刑”更强烈的稳定性、确定性、专属性、单一性〔9〕。新的时代,国家的基本法典要特别强调这样一种属性,以适应时代需要。此外,商鞅发布了什伍告奸之令、燔诗书之令、分户之令、《垦令》等。也就是说,“律”和“令”的正式名称开始形成。

与此相类,战国时的赵国有《国律》,齐国有《守法》《守令》《李法》《库法》《市法》《田法》《王法》《兵令》等十三篇〔10〕,楚国有《鸡次之典》,魏国还有《大府之宪》(《宪令》)、《立辟》等,韩国制定了《刑符》,燕国有《奉法》等。跟秦国的情形相似,各国正式有“律”(“法”)和“令”的正式名称,特别值得注意的是齐国的《守令》《兵令》等单行令典。

(四)秦朝初显“律”“令”正式分野,“令”含刑罚

自商鞅“改法为律”后,秦即有“律”。那个以《法经》为蓝本的秦律,在商鞅

〔7〕 参见沈家本:《历代刑法考》(第二册),中华书局1985年版,第811、834页。

〔8〕 “改法为律”事,历史记载不详,仅《史记·商君列传》《晋书·刑法志》简单提及。

〔9〕 参见刘权坤:《对商鞅“改法为律”的历史文化分析》,载《江苏警官学院学报》2011年第3期。

〔10〕 参见吴九龙:《银雀山汉简齐国法律考析》,载杨一凡主编:《中国法制史考证》甲编第2卷,中国社会科学出版社2003年版;刘海年:《战国法律制度中的若干问题》,载《中国法学》1988年第2期。

时代是否真的就是“六律”，很难确定；是否有一个“秦律”的总名称，也不能确定。从《晋书·刑法志》和《唐六典》关于“商君受之以相秦”的记载来看，秦代的律就是一个包含《盗》《贼》《囚》《捕》《杂》《具》六律的有内在逻辑架构的综合律典。不过，《云梦秦简》《岳麓书院秦简》的发现又使我们产生疑虑。

《云梦秦简》中保留了秦始皇统一前夕秦国的多种律名，如《置吏律》《除吏律》《除弟子律》《尉杂(律)》《内史杂(律)》《傅律》《徭律》《司空(律)》《军爵律》《敦(屯)表律》《戍律》《臧(藏)律》《效律》《行书(律)》《牛羊课(律)》《游士律》《属邦(律)》《公车司马猎律》《中劳律》《捕盗律》等“律”。近年，湖南大学岳麓书院从我国香港特别行政区购回了一批秦简〔11〕，简称“岳麓秦简”。在“岳麓秦简”中还出现了《奉敬律》(或《奔敬律》)、《狱校律》、《兴律》和《具律》等律名；而后两个律名正是来自《法经》的六律中的两个。

秦代的“令”，一般是指个案政事处置性质的令。自商鞅变法至秦始皇时期，有“变法令”“分户令”“禁书令”“焚书令”“实田令”“垦令”“垦草令”等。秦始皇下令改“命为制，令为诏”，那个“令”就是指这种单行政事诏令。但现有线索可以肯定，当时已经出现了关于特别种类政事的一般法规性质的单行“令”，如《云梦秦简》中提到了《田令》：“故腾为是而修法律令、田令及为间(奸)私方而下之。”〔12〕这种特别种类的政事的法规性质的单行“令”，在“里耶秦简”“岳麓秦简”中更多。在2002年出土的里耶秦简中包含《兴徭令》《徒隶令》《徙户令》三条秦令〔13〕。在“岳麓秦简”中“令”的名称就多达二十多种，像《尉郡卒令》《郡卒令》《廷卒令》《卒令》《赎令》《挟兵令》《捕盗贼令》《稗官令》等〔14〕。如有一条关于避讳的法令简文：“(2026)令曰：黔首徒隶名为秦者更名之，敢有有弗更，赀二甲。”〔15〕这是我们迄今为止看到的最早的“令”文之一，这里的“令”规定了“赀二甲”这样的刑罚。

---

〔11〕 2007年湖南大学岳麓书院从香港特别行政区收购了一批秦简，其中较完整的有1300余枚。次年，香港一收藏家又将其购藏的少量竹简捐赠给岳麓书院，有30余枚完整简。二者合称为岳麓书院藏秦简。这批秦简经过初步整理，其主要内容分为七大类：《质日》《为吏治官及黔首》《占梦书》《数书》《奏谳书》《秦律杂抄》《秦令杂抄》。

〔12〕 《云梦秦简·语书》，《睡虎地秦墓竹简》，文物出版社1977年版，15页。

〔13〕 王焕林：《里耶秦简校诂》，中国文联出版社2007年版，第45、105、174页。

〔14〕 《岳麓书院藏秦简》(一)，上海辞书出版社2010年版。于洪涛《近两年岳麓书院藏秦简研究综述》，《简帛网·简帛文库》(http://www.bsm.org.cn/show_article.php?id=1428)。

〔15〕 陈松长：《秦代避讳的新材料——岳麓书院藏秦简中的一枚有关避讳令文略说》，载《中国社会科学报》2009年9月10日，第5版。

司马迁说："明法度，定律令，皆以始皇起。"[16]这里的"定律令"中的"律""令"应该是特有所指的，就是说已经基本具备了后世的"律""令"的分野和互相配合的体系格局。

(五)汉代正式确立"律""令"分野，"令"为副律

汉代的"律"，一般认为有萧何所制《九章律》。《汉书·刑法志》说萧何"作律九章"，但并没有把这九章概括以一个类似"汉律"的总名。九章之外，还有公孙弘所拟《傍章(律)》，张汤所制《越宫律》，赵禹所制《朝律》等，号称六十篇(章)。这六十篇，似乎更没有一个正式官定总名称。称"汉律"，只是人们的习惯称谓而已。

《张家山汉简》中也见到汉代的律有《盗律》《贼律》《捕律》《具律》《户律》《杂律》《金布律》《徭律》《置吏律》《效律》《传食律》《行书律》《田律》《□(关)市律》(以上律名与秦律相同)以及《均输律》《亡律》《史律》《告律》《钱律》《赐律》《爵律》(以上律名为秦律所无)等。

在汉代，"令"的情形与秦代已经大为不同，发生了较大变化。个案政事处置性质的令不怎么受关注，特别种类的政事的一般法规性质的单行令备受关注。史载汉代有《学令》《功令》《田令》《选举令》《金布令》《宫卫令》《祠令》《祀令》《斋令》《狱令》《秩禄令》《公令》《卖爵令》《棰令》《水令》《津关令》等名，这是关于各该类政务的一般性行政单行法令。此外还有《缗钱令》《马复令》《推恩令》《养老令》《任子令》《相保令》等关于推行新政治举措或改革的个案法令。

在汉代，要把对某事的某种处理办法确定为将来有普遍约束力的一般法令，常曰"著为令""定著令""具为令""疏为令"等。为了便于查阅，曾将令编为"令甲""令乙""令丙"等。这种编辑，意义非常重要，这就是把零散的"令"按照一定的逻辑进行汇编，也可能同时进行消除抵牾的工作，这就是后世"令典"编纂工作的前身。

汉代的"令"仍由相当一部分兼有刑罚内容。东汉人陈宠说："今律令死刑六百一十，耐罪千六百九十八，赎罪以下二千六百八十一。"[17]《盐铁论·刑德》说："方今律令百有余篇，文章繁，罪名重。"可见，"令"与"律"一样规定罪名，一样施加刑罚(甚至死罪)。高明士先生以"令"有刑罚内容而称"令"为"副

[16]《史记·李斯列传》。
[17]《后汉书·陈宠传》。

律"[18],很有道理。

(六)曹魏除军事"令"有刑罚外,一般"令"无罚,或只有行政罚

曹魏的律,就是《新律》十八篇。《新律》所谓"新"是相对于汉律而言的,并不是一个正式的综合律典名称。当时是否正式叫"魏律"也很难肯定。参与魏初立法的刘劭曾著《律略论》云:"删旧科,采汉律为魏律,悬之象魏。"[19]这个"魏律"很难说就是正式律名。

关于曹魏的"令",据程树德先生考证,有《州郡令》《尚书官令》《军中令》《军策令》《战船令》《步战令》《邮驿令》《变事令》《甲辰令》《设官令》《褒赏令》《选举令》《明罚令》《内诫令》等[20]。这些令,从名称看很像是一般政事单行法规性质的令,但就史籍所见内容记述来看,有的属于个案政事处置性质的令。

在曹魏,重要的"令"制定,有所谓"金策著令"之制,"为金策,著令藏之石室","其书之金策,藏之宗庙,著于令典","并勒金策,藏之金匮"[21]。这似乎是格外强调作为特别种类的政事一般法令性质的"令"的立法程序,实际上标志着"令"作为法典形态的彻底确立。曹魏这些"令",除《军战令》等军刑法性质的令有刑罚内容外,其余据程树德先生考证,均无刑事处罚的内容。

(七)两晋注重"令典"编纂,"违令有罪则入律",强调"令"的非刑法性质

早在魏末的元帝咸熙元年(264年),实际已经执掌君权的大臣司马昭即以魏律烦杂、混乱为由,命贾充、杜预等制定新律。新律于晋武帝泰始三年(267年)完成,次年颁行,史称《泰始律》或《晋律》,内容分为二十篇。在修晋律时,执事者们特别注意区分"律""令"二者的作用功能。除关于犯罪事宜或较为重大的事宜入律以外,将其他一切不宜入律但又不能废弃的法律规范,都归入"令"中,编纂为《晋令》四十卷,两千三百零六条,与《晋律》同时颁行[22]。《晋书·刑法志》称:"其余未宜除者,若军事、田农、酤酒,未得皆从人心,权设其法,太平当除,故不入律,悉以为令。施行制度,以此设教,违令有罪则入律。"这似乎是首次格外明确"律"和"令"的功能区别,也是第一次正式编纂"令典"。今人张

---

[18] 高明士:《从律令制的演变看唐宋间的变革》,载《台大历史学报》2004年第32期。

[19] 《太平御览》卷六百三十八。

[20] 参见程树德:《九朝律考》,中华书局2003年版,第208-214页。

[21] 《三国志·魏志》卷二,卷三,卷五。

[22] 《隋书·经籍志》有"《晋令》四十卷。晋贾充等撰"之记载。今人张鹏一著有《晋令辑存》收录了晋《户令》《学令》《贡士令》《官品令》等共数百条。

鹏一著有《晋令辑存》[23]，收录了晋《户令》、《学令》、《贡士令》、《官品令》、《吏员令》、《俸廪令》、《服制令》、《祠令》、《户调令》、《佃令》、《复除令》、《关市令》、《捕亡令》、《狱官令》、《鞭杖令》、《医药疾病令》、《杂令》（其中包括《仓库令》、《盐铁令》、《酤酒令》、《捕蝗令》、《捕兽令》、《兴擅令》、《营缮令》、《工作令》、《禁土令》、《给假令》、《左降令》、《元会令》、《五时令》、《朔望令》）、《门下散骑中书令》、《尚书令》、《三台秘书令》、《王公侯令》、《军吏员令》、《选吏令》、《选将令》、《选杂士令》、《宫卫令》、《赎令》、《军战令》、《军法令》以及《杂法令》等共数百条。今人程树德著的《九朝律考·晋律考》中还有《丧葬令》《军水战令》《假宁令》等令名。

在晋令中，除了军事（含宫卫）性质的“令”外，其余所有“令”一般没有惩罚内容。即便偶有惩罚规定，也仅仅是规定有罚金、免官、禁锢之类的处罚，只能视为行政处罚，与当时人们一般承认的“刑”还是有区别的。

（八）南北朝更注重“令典”编纂，以尚书官衙、政务种类命篇名

南朝基本上沿用晋律。刘宋未立新律；萧齐曾作《永明律》二十卷，梁武帝时曾制订《梁律》二十篇、《梁令》三十卷、《梁科》四十卷[24]。陈武帝曾修订律令，制成律、令、科各三十卷。其实际均与晋律大同小异。

在北朝，北魏有《北魏律》（《后魏律》）。北魏分裂为东、西之后，西魏于大统元年（535 年）起开始着手制定新律，至十年（544 年）先后制定出三十六条新制，损益为五卷，颁于天下，定名为《大统式》。“式”自此成为一种新的法律形式（但作为刑事特别法，其实质相当于后来唐代的“格”而不是唐代的“式”）。东魏制定了《麟趾格》，“格”开始成为一种独立的法律形式。北周时有《大律》二十五篇，1537 条，又称《北周律》。北齐时正式编定成《北齐律》。《北齐律》成为隋唐律的范本或蓝本。

南北朝时期的“令”之篇名，见于记载的有《梁令》三十卷。梁武帝时命蔡法度等撰《梁令》三十篇：一《户》，二《学》，三《贡士赠官》，四《官品》，五《吏员》，六《服制》，七《祠》，八《户调》，九《公田公用仪迎》，十《医药疾病》，十一《复除》，十二《关市》，十三《劫贼水火》，十四《捕亡》，十五《狱官》，十六《鞭杖》，十

〔23〕 张鹏一：《晋令辑存》，三秦出版社 1989 年版。

〔24〕 《梁科》卷数其说不一：《梁书·武帝记》作四十卷；《隋书·刑法志》《隋书·经籍志》《唐六典注》作三十卷；《旧唐书·经籍志》《新唐书·艺文志》作二十卷。盖经过前后修订之故。今佚。此处采四十卷说。

七《丧葬》,十八《杂上》,十九《杂中》,二十《杂下》,二十一《宫卫》,二十二《门下散骑中书》,二十三《尚书》,二十四《三台秘书》,二十五《王公侯》,二十六《选吏》,二十七《选将》,二十八《选杂士》,二十九《军吏》,三十《军赏》。在南陈,据说范泉奉命编纂《陈令》三十卷,大致因袭《梁令》。这些命名,大多是取政事种类之名,也有以政府衙门名称命名。北魏初命崔浩定令,史失篇目。北齐时赵郡王睿等撰《齐令》五十卷,取尚书二十八曹为其篇名,又撰《权令》二卷,两《令》并行。后又命赵肃、拓跋迪定令,史失篇目。

南北朝时期的"令",可能已经彻底消除了刑法或刑罚的内容,仅仅为行政规范性质。

(九)隋朝律令体制初步形成,令篇命名原则仿北齐和南梁

隋朝的律,有《开皇律》《大业律》。隋律据说是模仿北齐,而不是继承北周。《开皇律》为十二篇,《大业律》为十八篇。"律"之篇名命名,除《名例》、《捕亡》、《断狱》外,大致系以犯罪种类或方面为准。

隋朝的"令"。隋文帝开皇年间,命高颎等撰《令》三十卷:一《官品》上,二《官品》下,三《诸省台职员》,四《诸寺职员》,五《诸卫职员》,六《东宫职员》,七《行台诸监职员》,八《诸州郡县镇戍职员》,九《命妇品员》,十《祠》,十一《户》,十二《学》,十三《选举》,十四《封爵俸廪》,十五《考课》,十六《官卫军防》,十七《衣服》,十八《卤簿上》,十九《卤簿下》,二十《义制》,二十一《公式上》,二十二《公式下》,二十三《田》,二十四《赋役》,二十五《仓库厩牧》,二十六《关市》,二十七《假宁》,二十八《狱官》,二十九《丧葬》,三十《杂》。

从西晋至此,"令"逐渐成长为一种正式的法典,已经相当严格。有正式的编纂程序,篇目之间有严格的内在逻辑关系,篇幅大致在三十篇(卷)至四十篇(卷)之间;篇名基本上以政事种类命名,再辅以中央衙门官署名。

(十)唐代形成了垂范东亚的严格"律令体制"

唐朝的"律",先后有《武德律》《贞观律》《永徽律》《开元律》。唐律继承《开皇律》编纂体例,仍为十二篇。命名原则仍旧以犯罪种类或方面为准。

关于唐代的"令",按编纂时间分,有《武德令》《贞观令》《开元令》等。按其内容分,有官品令、三师三公台省职员令、寺监职员令、卫府职员令、东宫王府职员令、州县镇戍岳渎关津职员令、内外命妇职员令、祠令、户令、学令、选举令、封爵令、禄令、考课令、宫卫令、军防令、衣服令、仪制令、卤簿令、乐令、公式令、田令、赋役令、仓库令、厩牧令、关市令、医疾令、捕亡令、假宁令、狱官令、营缮令、丧

葬令、杂令等三十三篇[25]。至此可以说，唐代已经形成了非常严格的“律令体制”。这一体制的要害是什么？日本学者认为隋唐律令体制具有良贱制、尊卑长幼制、官僚制三个基本特点[26]，这是就实质方面而言的，技术形式上的特征要害应该是中国式的“部门法”体制彻底形成：“律”相当于刑事法，“令”相当于部门行政法，“礼”相当于民事法兼行政法[27]，“六典”相当于机关组织法，“格”和“式”是对刑事法、行政法的补充。“至于令之所在，实以政事法为主，与律之以刑事法为主，礼之以民事法为主，虽非判然鼎足而立，然亦可窥过去法制之一斑矣。”[28]陈顾远先生的这一判断是对中国式“法律部门”理念的较好诠释。

隋唐时期日本曾经从中国输入了律令，并依此管理国家机构。因此，日本古代国家仿效大唐达成鼎盛时期。被日本历史研究者称为“律令国家”，并把当时的国家制度称为“律令制度”。[29] 后来，学者们又从日本的律令制度反过来称中国唐代的法律体系为律令体制。

（十一）唐以后“律令体制”形式有变，但实质仍存

唐以后的律令体制，从宋代开始很有变化。变化的主要特征是，“令”至少从刑事上逐渐式微了。

宋代一开始就大规模地“以敕代律”，改唐代的“律令格式”体系为“敕令格式”体系，实际上就是以皇帝临时制敕修改唐朝留下的律、令、格、式，特别是以敕取代律条，使原律条逐渐闲置。但是，作为法律形式，“律”还在，就是《宋刑统》；“令”还在，就是近年发现的《天圣令》之类。宁波天一阁藏明抄本《官品令》，经戴建国教授考证，实即失踪千年的北宋《天圣令》。现存十卷，即《田令》卷二十一、《赋役令》卷第二十二、《仓库令》卷第二十三、《厩牧令》卷第二十四、《关市令》卷第二十五（《捕亡令》附）、《医疾令》卷第二十六（《假宁令》附）、《狱官令》卷第二十七、《营缮令》卷第二十八、《丧葬令》卷第二十九（丧服年月附）、《杂令》卷第三十。共十二篇令名。除以上十二篇令之外，起码还应有：官品令、户令、祠令、选举令、考课令、军防令、衣服令、仪制令、卤簿令、公式令。其篇名、

---

[25]　[日]仁井田陞：《唐令拾遗》，栗劲、霍存福等译，长春出版社1989年版。

[26]　[日]布目潮、[日]栗原益男：《隋唐帝国》，日本讲谈社1997年版。

[27]　唐代多次编纂礼典，有《贞观礼》《显庆礼》《开元礼》等礼典。

[28]　陈顾远：《中国文化与中国法系——陈顾远法律史论集》，中国政法大学出版社2006年版，第433页。

[29]　周东平：《律令格式与律令制度、律令国家——二十世纪中日学者唐代法制史总体研究一瞥》，载《法制与社会展》2002年第2期。

篇数,应该与唐代大致一致[30]。

元朝的“律”,似乎未曾正式编订。有《大元通制》,但没有见“大元律”之类的正式编纂。《大元通制》可以视为元代的正式刑事法典,二十篇篇名与《唐律》、《宋刑统》基本一致。《元典章》仅仅是地方官府编辑的圣谕和律令汇编,不是国家正式律典编纂。元代有没有把“令”正式作为法律形式的一类?史载元成宗时曾命何荣祖等“更定律令”,又说何曾参与正式编纂《大德律令》,但未及颁行[31]。这样说来,“令”似乎仍作为一种法律形式,但今日看不到正式的“令典”。不过,仔细看看《至正条格》,实际上就是一部“令典”:“凡分目二十七:曰《祭礼》,曰《户令》,曰《学令》,曰《宫卫》,曰《军防》,曰《议制》,曰《衣服》,曰《公式》,曰《禄令》,曰《仓库》,曰《厩牧》,曰《田令》,曰《赋役》,曰《关市》,曰《捕亡》,曰《赏令》,曰《医药》,曰《假宁》,曰《狱官》,曰《杂令》,曰《儒道》,曰《营缮》,曰《河防》,曰《服制》,曰《站赤》,曰《榷货》。”[32]这与前代的令典完全一致。

明朝仍明显地继承了律令体制。于“律”有《大明律》,最后有《大明律集解附例》,实际上把唐代的“律”和“格”(明代的“例”相当于唐代的“格”)的内容合编了。明朝有正式的“令典”编纂,曰《大明令》,但条文仅有145条,而且是以六部衙门名来分篇。“凡为令一百四十五条:《吏令》二十,《户令》二十四,《礼令》十七,《兵令》十一,《刑令》七十一,《工令》二。”[33]另外编制了《大明官制》《诸司职掌》等行政法典,实为唐宋令典中多篇内容的汇合。不过,特别要说明的是,《大明令》中的《刑令》实际上是《大明律》颁行前的刑事法,《大明律》颁行后即失效。仅其他五篇仍起作用。在明代,前代列于“令典”中的所有行政法规的内容,大多已经进入了《大明官制》《诸司职掌》《明会典》中,会典就是按照政府衙门名称和政事种类来考订梳理编纂本朝所有行政法律制度的。所以,《明会典》也是“律令体制”的一部分。

清朝的“律例”体制虽然直接沿袭较多,但“令”作为一种法律形式在清代被彻底取消。清代除《大清律例》之外,还有“则例”和“会典”。这两者共同充当了唐代的“令”“式”的功能。清代的则例有《吏部则例》、《户部则例》、《礼部则

---

[30] 参见戴建国:《天一阁藏明抄本〈官品令〉考》,载《历史研究》1999年第3期。

[31] 《元史·成宗本纪》;《元史》卷一六八,《何荣祖传》。

[32] 《四库全书总目》卷八十四。

[33] (明)王圻:《续文献通考》卷一三六,《刑考》。

例》、《工部则例》、《中枢政考》(兵部则例)、《理藩院则例》、《钦定台规》(都察院则例)、国子监和内务府等衙门则例等一般则例,还有《八旗则例》《督捕则例》《漕运全书》《学政全书》《赋役全书》等关于特别种类的政事的特别则例,还有《吏部处分则例》《六部处分则例》《兵部处分则例》《吏部铨选则例》,以及吏部稽功司验封司的则例等相当于行政程序程式(相当于唐朝所言"令式")的程序性则例。总之,"则例"是关于政府各种类政事的行政规章。它或者以衙门名称命名,或者以政事种类命名。清朝的"律例"和"则例"并存互补的体系,实际上仍然较为完整地保存了唐代的"律令体制"的特征。

三、律令关系演进与"礼""刑"承载

日本学者大庭修认为,律令制法系是在唐代的律、令、格、式体系中完成的。唐以前并不存在这样的体系,唐以后也没有延续这样的体系〔34〕。这样的认识是有问题的,不能概括中国法制史上的法律体系真正规律,我们前文对律令体系形成和变迁史的全面梳理阐述已经说明了这一点,是对日本学者认识局限的一个重要补充修正。

事实上,一种以律令为主体的法律体系是中国法制历史的一贯现象。郑显文教授认为:"中国古代国家制定法自秦汉以来便形成了以律为核心、以令、科、格、式、敕、例等其他形式为补充的法律体系,这种律令制法律体系从此延续了二千余年的历史,贯穿了整个中国封建社会的历史。"〔35〕这一判断是有道理的,但郑教授没有做系统的历史考述并以事实证据说服人们。本文的研究补充了这一缺憾。为了明确这一事实,我们可以把中国历史分为几个时期加以说明。

(一)律令体制的萌芽时期

先秦时代,是律令体制的萌芽期。这一时期"律""令"两种法律形式的分野逐渐明朗,各自的作用功能地位逐渐稳定,从前两者分野不明的状态逐渐有所改变。具体地说,"律"作为国家治罪法典,旨在设置一些关于重大秩序问题的禁条,惩治严重违犯秩序的行为。不管是《法经》式的一般综合性"律典"(如秦国商鞅制作的"秦律",或赵国的"国律",韩国的"刑符",齐国的"李法"),还是关于特别种类犯罪的单行刑法(如齐国的《守法》《库法》《市法》《田法》等),"律(法)"作为治罪法典或主干法典的性质地位已经基本确定。同时,"令"作为国

---

〔34〕 参见[日]大庭修:《秦汉法制史研究》,林剑鸣等译,上海人民出版社1991年版,第1页。

〔35〕 郑显文:《唐代律令制研究》,北京大学出版社2004年版,"序言"。

家各类特别政事的单行法规,旨在规范各类行政治理活动,给官民百姓一种明确的公务行为和日常行为的指示引导,这一性质也逐渐明确。汉人编《释名》云“令者,领也。领理之使不相犯也”,大约记录了先秦人们的普遍观念,标志着“令”这一属性的法律在当时也已经基本定型。作为萌芽期的特征,有几点值得注意。一是国家最主要的治罪法典名称尚在从“刑”到“法”进而到“律”的过渡中,尚未统一到“律”上;二是要不要集中整合为一个完整综合的“律典”尚未确定,综合律典与各特别种类犯罪的单行治罪法典并存;三是“令”主要是以个案政事处置的法规性诏令(如《什伍告奸令》《燔诗书之令》《分户之令》《垦令》等)为主,某些种类政事的一般单行法规性质的令(如《守令》《兵令》)尚较少;四是尚未出现将因事制宜的零星单行令汇编整理成正式令典的情形。

(二)律令体制的形成时期

自秦代至曹魏,是律令体制的形成期。这一时期,就“律”而言,“综合律典”与“单行律典”并存的格局,逐渐转变为独存“综合律典”、取消单行律典的格局。同时,就“令”而言,临时政事处置性质的法规性的“令”减少了,更多代之以较为综合的常行的特别种类政事调整的一般单行法规性质的令典。汉代的“著为令”“定著令”“具为令”“疏为令”以及“令甲”“令乙”“令丙”的编纂,还有曹魏的“金策著令”制度等,正是“令典”编纂制度的完善标志。这一时期的律令关系特别强调两个认知。一方面,强调“律”系相对稳定之治罪法,而“令”系随时增补变通的治罪法;强调两者在相对稳定性上的差别,或普通法与特别法的差别。汉人杜周所谓“前主所是著为律,后主所是疏为令”[36],《汉书·宣帝纪》所谓“天子诏所增损,不在律上者为令”,汉人陆贾《新书》谓“天子之言曰令。令甲乙是也”[37],都反映了这一认识。用今天的话说,无非是强调特别法优于普通法。另一方面,一种新的律令关系认知也在成长。《盐铁论》云“春夏生长,圣人象而为令;秋冬杀藏,圣人则而为法。故令者,教也;法者,刑罚也”[38],多少有些开始强调“律”(法)和“令”的刑事与非刑事之区分(亦即教令法和刑事法的区分)的意思,不过这一区分真正完成是在下一个时期的事情。

(三)律令体制的完善和定型时期

自两晋至唐宋,是律令体制的完善期和定型期。这一时期,“律”完全定型

---

〔36〕《汉书·杜周传》。

〔37〕(汉)陆贾:《新书》卷一,《等齐》。

〔38〕(汉)桓宽:《盐铁论》卷十,《诏圣》第五十八。

于国家的唯一综合刑事法典，再也没有其他单行律典存在；“律”和“令”的刑事与非刑事分工彻底确定。关于“令”，《晋书·刑法志》谓“军事、田农、酤酒”之类日常政事的管理规范“不入律，悉以为令。施行制度，以此设教，违令有罪则入律”，这比历史上任何时间都更加明确地厘清了“律”和“令”的性质不同或功能分工不同。晋人杜预云“律以正罪名，令以存事制”〔39〕，《唐六典》云“律以正刑定罪，令以设范立制，格以禁违止邪，式以轨物程事”〔40〕，《新唐书·刑法志》云“唐之刑书有四，曰律令格式。令者，尊卑贵贱之等数，国家之制度也；格者，百官有司所常行之事也；式者，其所常守之法也。凡邦国之政，必从事于此三者。其有所违及人之为恶而入于罪戾者，一断以律”，都空前明确地强调了“律”系刑事法或治罪法而“令”系教令法、指导法或行政法的这一差别，也就是说进而强调二者的刑事与非刑事差别了。这些说法今天看来貌似喋喋不休，重复众所周知的事实，但实际上体现着当时人们关于法律体系观念的自觉，这比上一时期只强调“律”和“令”的普通法与特别法差别又大大前进了一步。至此，“令”仅仅作为对人们行为的教令，一般不规定刑罚，这一格局的形成标志着“律令体制”的定型或完成。“令”和“礼”的对应关系显著定型，是律令体制成熟的典型标志。霍存福教授认为：“唐礼与唐令的内容或相通或相同；相通表现为礼令规范的衔接，相同则表现为同一规范礼令两存。”“礼与令之间，礼是源、令是流，礼为主、令为次，礼处重、令属轻。而且一般是礼在前、令在后。”〔41〕“礼”和“令”的呼应关系这是我们把握中华法系特征的关键。唐律的这一体系格局也深深地影响了周边国家，使中华法系正式形成。模仿唐朝法制的日本在公元9世纪初编纂了《弘仁格式》，其序言云：“律以惩肃为宗，令以劝诫为本，格则量时立制，式则补阙拾遗。”日本《养老令》云：“令者教未然事，律者责违犯之然。”〔42〕这从海外移植者的角度高度阐释了唐律令体系的风格和精神。

（四）律令体制的蜕变时期

自元至清，是律令体制的蜕变期。这一时期，“律”作为国家基本的综合的刑事法典或治罪法典，并没有什么大的变化；与此前不同的是相当于唐代的“格”（刑事特别处置敕令）性质的“例”（宋代的“断例”，明清代的“问刑条例”

---

〔39〕《御览》卷六四一引杜预《律序》；（唐）虞世南：《北堂书钞》卷四五引《律令》。

〔40〕《唐六典》卷四，《尚书礼部》。

〔41〕霍存福：《论礼令关系与唐令的复原》，载《法学研究》1990年第3期。

〔42〕日本《令集解》卷一《养老·官位令》。“新订增补国史大系”《令集解》，东京，吉川弘文馆，1974，卷一，第7页。

"定例")纳入了法典中,合称为《律例》。关于"令",这一时期变化很大,元明两代还有正式的"令典"编纂(但规模变小了,重要性降低了),为何到清代彻底放弃了,乃至于最后"令"名也消失了。"令"的功能,在元代为"条格"所取代;在明代,虽保存了几十条非刑事的《大明令》,但其功能很快为《大明官制》《诸司职掌》《明会典》等所取代;在清代,彻底取消单行法规性的"令",其功能由"则例"所取代。"令"为何不能适应新的刑事需要而必须将其功能分散于"条格""职掌""官制""则例"等? 这是一个特别值得思考的问题。统一的"令典"有什么难以适应新形势的自身劣势呢? 特别是清代的各部院"则例"的实质内容与前代的"令"并无二致,都是关于各类具体行政事务的单行法律规范,但为什么一定不能用历史上的"令"来命名而一定要用"则例"这种名称呢? 也许称"则例"是为了强调与"令"有所不同的"例"(先例、成例)属性(亦即淡化"令"属性)而已。这样做也许是为了与前代的刑事特别法"格"已经转变为"例"(问刑条例、定例)相呼应而已。

四、余论:律令关系与礼刑关系

一部"律""令"关系的演进史,就是"律令体系"或"律令体制"的形成和变化史,也几乎是一部中国法制史。这一部法制历史为何恰恰以"律"和"令"二者互动消长关系的形态表达出来? 这是值得深思的。这一关系的认识,可能必须与礼刑关系联系在一起,才可能使我们高屋建瓴。在古代中国的社会秩序理念下,"故礼以导其志,乐以和其声,政以壹其行,刑以防其奸。礼乐刑政,其极一也,所以同民心而出治道也"。"礼节民心,乐和民声,政以行之,刑以防之。礼乐刑政四达而不悖,则王道备矣。"[43]认识礼刑关系,就把握了律令关系的要害。归根结底,"律"和"令"各自代表着中国法律传统中的具体的价值判断和意义追求,相辅相成、互相配合。"律"的"惩肃""惩恶""正罪名""正刑定罪"功能,和"令"的"设范立制""存事制""序尊卑""劝诫""教令"功能,共同体现了一个完整的秩序追求。这一追求,实际上就是"礼刑结合""出礼入刑"的追求。高明士教授认为,律令关系问题,实际上是礼刑关系问题;律令二者的分分合合、此消彼长,反映了礼刑分离到引礼入律、礼刑合一的进化过程。"令"代表着"礼"的追求,"律"代表着"刑"的判断。"出令入律"正是"出礼入刑"的表征[44]。这一判

---

〔43〕《史记·乐书》,《礼记·乐记》。

〔44〕高明士:《从律令制的演变看唐宋间的变革》,载《台大历史学报》第32期(2003年12月)。

断对我们很有启发。数千年的律令关系历史追述,已经基本体现了这样一种“礼”“刑”相辅相成的关系特征。不过我们也应该注意到,高先生所谓“秦汉律令不分”时期,恰恰不是“礼刑结合”时期(仅汉中期以后有引礼入律而已);他所谓“唐代律令有分”的时期,恰恰是公认的“礼刑合一”时期,这显然与他的判断有所不合。不过,作为一个长时段宏观大历史趋向判断,没有必要假设律令关系的演进史就该直接与礼刑关系演进史在每一个阶段对应。我们必须承认,律令体制的逐渐完善,的确体现着“礼”通过“令”的方式或法律渊源,融入国家成文法律的历史进程的逐步推进;中国人的法律渊源和法律体系意识实际上以“礼刑关系”理念(正如荀子所云“治之经,礼与刑”)为基础或出发点,应该是没有多大问题的。

(原载《法律科学》2014 年第 4 期)

公堂文化、公正观念与传统中国司法礼仪

引　言

任何国家任何时代的执法司法活动，都难免有一定的礼仪成分，古代中国的执法司法尤其如此。作为“礼义之邦”的古代中国，某种意义上讲就是一个“礼仪之邦”，礼仪充斥于国家公共政治活动和百姓日常生活；执法司法活动就是礼仪成分比较突出的国家公共政治活动之一。很多礼仪、符号、缀饰因素，构成了中国传统司法礼仪文化，传述着中国传统文化中特有的法律观念，特别是中华民族的公平正义观念。

什么是司法礼仪？就传统中国而言，凡用于执法、司法场合或与之相关的任何有固定格式、套路性质的行为方式、符号标志等等，都可以视为司法〔1〕礼仪。当然，这是从最广泛的意义上讲的。具体说来，以建筑与雕塑、服饰与仪容、器物与工具、仪式与程序、旗帜与仪仗、图腾与禁忌、语言与图像等七个方面的因素，设置或运用于司法场域和活动中，表达特定的公平正义观念或追求。也就是说，通过衙门建筑及雕塑格局、执法官服饰帽冠、公堂器具和刑具、问审仪式和程序、公务旗帜和仪仗、司法手段和时令禁忌、法务图腾和形象、法务格式化套语等方面的格式性因素，来表达传统中国对一般公平正义的理解和追求。这类礼节仪式性质的因素，

---

〔1〕 在司法与行政并无明显分界的传统中国，没有近代意义的“司法”；本文所说司法，都应从传统中国意义上理解。瞿同祖先生在《清代地方政府》中把清代地方司法翻译为“Administration of Justice”，如果直译就是“司法性行政管理”。参见该书英文原版 *Local Government in China Under the Ching* (published by the East Asian Research Center of Harvard University, 1962)第七章。

共同构成传统中国司法活动的某种模式或样式，进而表达了中华民族特定的公平正义观念。这样一个由“具象”不断坚持、重复形成一定“模式”，再由“模式”表达一定“价值观念”的文化系统，就是所谓礼仪文化。本文打算对传统中国的司法礼仪文化及其所传述的公平正义追求作一个粗略的梳理和阐释。

一、“八字衙门”格局及其价值追求

传统中国官衙建筑风格及布局，本身就是司法礼仪文化的一部分。通过“八字衙门”的建筑风格和布局，表达了传统中国关于官府职责、官民关系、防贪倡廉的一些基本理念，这是传统中国公平正义观念的一部分。

古代中国的官衙，现在保存得不多了，数得着的有直隶总督衙门、河南南阳府衙、江苏淮安府衙、山西霍州州衙、云南石屏州衙、河南叶县县衙、河南内乡县衙、江西浮梁县衙、山西榆次县衙等。其中河南保存得最多最好，有南阳府衙、叶县县衙、内乡县衙三处。这些衙门的格局，最早的大约是元代定格的，其他一般都是明清时代的。据说河南叶县县衙主要是明代的格局，内乡县衙代表清代格局。明代和清代的总体格局差别不太大，只是房子的檐廊角顶的风格有些变化而已。

我们以明清县衙的一般格局为例。一般县衙，其建筑布局从南到北大致是：最南边对着衙门大门的是影壁，第一道门是衙门的大门即正门，往北第二道门是仪门，仪门往北先后分别是正堂（大堂）、二堂、三堂，最北边是后花园。贯穿各个门堂的中轴线是长长石道，中轴线两边则是县官的辅佐机构办公地。如大门到仪门两边设有监狱（西边）和祭祀庙（东边）；仪门到大堂两边前排是吏、户、礼、兵、刑、工六房办公所；二堂两边连附的稍矮衙堂，左边是县丞（又称左堂）、主簿等佐贰官的办公室，右边是典史（又称右堂）等首领官的办公室；在二堂、三堂之间两边厢房有师爷（幕友）们的办公室；大堂外两边厢房后排还有衙役、长随们的值班之所。若未设派出衙门（县丞或同知衙门，称分县、分州、分厅）〔2〕，则整个州县（包括散厅）官方机构办公所全部集中在这一个大院之内，构成一个完整的系统，表达着一定的政治法律理念或追求。

这个地方政府所有机构集中化、一体化的大院格局，显然贯穿了古时中国人特有的政治法律理念。首先，官衙大院总格局是“坐北朝南，左文右武，前朝后

---

〔2〕　参见瞿同祖：《清代地方政府》（修订版），范忠信等译，法律出版社2011年版，第15－16页。

寝、东祀西狱"[3]。这体现了民族文化的一些特别考虑。地方长官代表"南面而王"的天子治理地方,当然也要"南面而治",所以县衙要"坐北朝南"。所谓"左文右武",一方面指二道门(仪门,只有重大典礼才开,平常不开)两边便门分别称文门、武门(分别通行文官、武官),或俗称生门、死门(判生刑则从东便门出,判死刑则从西便门出);另一方面指六房职能机构中的文三房(吏、户、礼)在正堂的左前方,武三房(兵、刑、工)在正堂的右前方。二者合起来,表示文优于武、生优于杀的政治法律价值观。所谓"前朝后寝",是指衙门大院前两重(三堂门即内宅门以南)为办公场所,后一重(内宅门以北,包括三堂、居室、后花园)是长官与家人燕居之所,就如故宫北端是帝后燕居的坤宁宫及后花园一般。所谓"东祀西狱",是指仪门东南前厢设有祭祀土地神和衙神(祭祀萧何)的小庙,西南前厢设有监狱及狱神庙(祭祀皋陶)。除了表达前述理念之外,我们还应注意,这种将一个地方所有公务机构集于一处办公的思路,还与今日东部沿海各县市"一站式便民服务中心"(或办证中心)的思路不谋而合,或多或少也有方便百姓投诉或办事的考虑。

这种机构全部集中一处的"八字衙门",其表达价值理念也许应历史地考察。因为大门两侧是向东南、西南梯形伸出的门墙(通常为官府张贴各种告示之处),很像一个大大的"八"字,所以俗称"八字衙门"。所谓"八字衙门朝南开,有理无钱莫进来"俗语,体现了人们对官衙腐化蜕变的指斥,但绝对不代表衙门格局的原始设计理念。其实,它的原本设计理念,应该是模仿张开的双臂,象征父母张开双臂欢迎孩子回到怀抱。这样的猜测依据有三:一是从儒家"为民父母行政"[4]的"父母官"理念来讲,二是从州县地方官的"亲民官"[5]定性来讲,三是从上古王城通衢建"明堂"八方开门以便百姓进言的传统来讲[6]。父母张开双臂关怀或欢迎来寻求帮助的孩子,包括庇护受了委屈来诉冤的孩子,这也正是古时朝廷设立地方官府的本意。如果要表达"有理无钱莫进来"或疏远阻隔百姓的用意,那么干脆建深壕、高墙、陡阶也许最好。但事实上古时没有这样,建筑风格正好相反:整个衙门,几乎见不到又高又陡的台阶,几乎见不到两层以上

---

〔3〕 刘鹏九先生在《内乡县衙与衙门文化》(中州古籍出版社 1999 年版,第 12 页)中将衙门格局总结为"坐北朝南,左文右武,前朝后寝、狱房居南"。我认为将最后一句改为"东祀西狱"更符合实际。

〔4〕《孟子·梁惠王上》。另外,《诗经·小雅·南山》有"乐只君子,民之父母"语。

〔5〕《管子·形势解》:"道之纯厚,遇之有实,虽不言曰'吾亲民',而民亲矣。"

〔6〕 参见张一兵:《明堂制度研究》,中华书局 2005 年版,第 6 页。

楼房，见不到很多隔离栏。豪门显贵私宅常见的高墙高阁形态，在官衙中几乎见不到。与此相关，古时有“官不修衙”[7]的政治规矩，如宋代有“在司擅增修廨宇”的罪名[8]，明清擅自营造官廨者则“坐赃论罪”[9]，这些都与衙门须亲民便民勿阻隔人民的初始理念相通。

走进八字衙门，我们会看到更多的符号标饰。衙门中最高大庄严的就是大堂或正堂，主持正堂的长官于是也被称作“某某州县正堂”。正堂门楣一般有“亲民堂”三字大匾，昭示地方官亲民、牧民之义务和责任；长官公案后正墙上是“江山海牙图”或“海水朝日图”——波光粼粼的大海上红日高照，象征日出东方、四海升平、社会和谐，或劝诫官员“清如海水，明似朝日”。有学者认为，在庄严肃穆、令人压抑的公堂上，这幅和谐图画“以极其温暖的色调来改善公堂极其压抑的氛围”[10]，即认为有缓和紧张感的用意。图上方是“明镜高悬”、“正大光明”或“执法如山”大匾，表达公正执法的承诺。往后是县衙二堂，乃审理民事案件和轻微刑事案件，特别是涉及隐私案件之所；门上一般有“天理国法人情”匾额，昭示情理法兼顾以解决纠纷的理念。二堂进入三堂之门为官员内宅门，由其长随“司阍”或“门上”把守。在衙门正门外，一般还有宣化坊，明代还曾设申明亭、旌善亭等，为讲读律令、宣传教化、解决纠纷之所。所有这一切格局、设置、图画、牌匾，无非都是为了彰显以儒家思想为灵魂的公平正义观，既昭化百姓，也警示官吏。

二、悬鼓放告的公开与监督意义

百姓想要进地方官衙告状或办事，第一眼见到的就是一面大鼓。这面大鼓，百姓称为“鸣冤鼓”、“申冤鼓”或“喊冤鼓”。设于各级地方官衙大门口东侧的这面大鼓，没有设围栏、没有专人把守、任百姓敲击诉告（仅民事诉告限放告日），这与八字衙门的张开双臂迎子民、“为民父母行政”的原初设计理念正好相呼应。

这面大鼓，可溯源至尧舜时代，起初只设于京师。“尧有欲谏之鼓……欲谏

---

〔7〕 参见张世明：《从官不修衙到官争修衙的法学思考》，载《中华读书报》2014年3月26日，第13版。

〔8〕 （宋）李焘：《续资治通鉴长编》（卷六十四），宋真宗景德三年。

〔9〕 《大明律》和《大清律》的《工律·营造》中均有此规定。

〔10〕 沈玮玮：《县衙里的装饰：古代公堂对司法公正的诠释》，载《人民法院报》2016年1月22日。

者击其鼓也"[11];那面立于朝堂外的"谏鼓",用途是供士民批评建言时擂击,"置敢谏之鼓,使天下得尽其言"[12]。到了大禹时代,"禹立建鼓于朝而备诉讼也"[13],谏鼓变成了"建鼓",直接为便利诉讼(告御状)而设。周代"建路鼓于大寝之门外……以待达穷者与遽令"[14],这一"路鼓"与尧时谏鼓作用相同。从西晋开始称"登闻鼓",设于京师朝堂外,以方便人民告御状或建言,直至明清时代依然。

这面大鼓何时开始普遍分设于各级地方官府?准确时间如今难以考证。西汉时的"枹鼓"或"桴鼓"(枹、桴,读音均为 fú,表示鼓槌),约为地方官衙设鼓之始。史载张敞、董宣为地方长官,严打犯罪,强化治安,创"桴鼓稀鸣,市无偷盗"[15]、"枹鼓不鸣"[16]的突出政绩,受到皇帝嘉奖,这就是史书所见最早地方官府大鼓。传说鬼魅常"诣(汝南郡)府门椎鼓者,郡中患之"[17],可见后汉时已在地方各级衙府门口设置大鼓,供百姓报警或告急;虽尚未以告状鸣冤为主要用途,但报警或告急自然包括举控刑案。今日好多旧县衙导游册常讲地方官衙设鼓始于汉高祖刘邦,不过没有史料依据。据说汉高祖时,有民女苏小娥曾自持锣鼓勇闯皇宫为救命恩人鸣冤(该恩人因勇斗恶徒救小娥而被诬入狱),其义举感动了刘邦,于是下诏命令地方官府门前置鼓以便百姓鸣冤。还应注意,明清时代各地方官衙实际上并不止这一面大鼓。除大门外供百姓鸣告的那面"鸣冤鼓"之外,公堂(大堂、正堂)门口还设有一面"升堂鼓"。

要了解中国传统法律文化,就不能小看了这两面大鼓,不能忽视这两面大鼓的设置理念。这两面大鼓,体现了一种方便百姓诉讼、畅达民声的理念,体现了有限司法公开、接受监督的理念。所以,把悬鼓放告、擂鼓鸣冤、击鼓升堂看成古代中国行政兼司法礼仪(程序)之一,进一步省察这一礼仪(程序)的法律文化含义,是很有必要的。其中的含义,我看可能包括以下几方面。

第一,悬鼓有一种简化官民沟通(联系)渠道的考虑。大鼓放在衙门口最易

[11] 《吕氏春秋·不苟论·自知》。
[12] (清)吴乘权:《纲鉴易知录》卷一,《帝尧陶唐氏》。
[13] 《管子·桓公问》。
[14] 《周礼·夏官司马·太仆》。
[15] 《汉书·张敞传》。
[16] 《后汉书·酷吏传·董宣》。
[17] 《后汉书·方术列传下》。

接触之处，没有设围栏，没有专人看管[18]。百姓想告状或求助，直接擂鼓就是，这显然包含了尊重百姓、方便百姓、简化手续的理念。即使是文盲和聋哑人，总可以敲鼓吧？官民之间公务联系的正式启动方式，竟简化到只需拿起鼓槌敲几下而已，世界上还有比这更简便的程序吗？包公更是这方面的实践典范。北宋时“旧制，凡讼诉不得径造庭下”，就是不能直接走到大堂前；但为方便百姓，包公下令“开正门，使（百姓）得至前陈曲直”，就是允许百姓擂鼓后直进公堂到公案前面向长官诉说。他这样做旨在使“吏不敢欺”[19]，也就是为了防止吏役从中欺压敲诈百姓。

第二，悬鼓有一种允许老百姓放大诉请声音的考虑。在没有广播、电视、报刊、网络的古代，擂鼓鸣冤大概是百姓放大哭号、声张诉求的最好方式。即使仅作为百姓报警或告急方式，也包含“扩音”考虑和效果，这很可贵。擂鼓所为，用今天的眼光看，有起诉、报警、信访三重属性。

第三，击鼓升堂有一种程序公开以接受监督的考虑。百姓擂鼓报警或控告，较重刑事案件以上不限时日，较轻刑案和所有民事案件则限“放告日”（法定受诉日）[20]。在放告日，“放告牌”立于大门外，表示可以听理告诉。擂鼓，一般就是案件受理程序的启动，当然并不是所有擂鼓都会随即升堂。听到擂鼓后，即有门子（长随）出来接待，“询问缘由，查看是否有诉状。如果案情严重，州县官就要被请出来升堂审理该案，并签发拘捕凶嫌到案的捕票”[21]。正式升堂前，由吏役执槌擂升堂鼓多遍，声闻数里，相当于开庭公告，通知附近百姓旁听。“所谓击鼓升堂，就是为了告诉民众，官府将要‘公开’审理案件。”[22]升堂时，“当地百姓被允许作为观众在堂下观审”[23]。清人汪辉祖自述，他为县官时升堂常常有

---

[18] 瞿同祖先生在《清代地方政府》中列举了州县官衙中的长随、书吏、衙役三类职员所承担的数十种具体工作职责（岗位），唯独没有提到看守鸣冤鼓、接受击鼓呈词的岗位职责。在《长随》一章他提到长随中有负责把门的“门上”或“门丁”，负责接受呈词或诉讼，但不知是否包括负责看管鸣冤鼓并接受擂鼓控诉。参见瞿同祖：《清代地方政府》（修订版），范忠信等译，法律出版社2011年版，第118页。

[19] 《宋史·包拯传》。

[20] 在清代，地方官府一般在四月初一至七月三十日不受理民事诉讼，其余几个月也只是在指定几天里（如有的地方是每月的三、六、九日，有的地方是每月三、八日）受理民事诉讼。参见瞿同祖：《清代地方政府》（修订版），范忠信等译，法律出版社2011年版，第183页。

[21] 瞿同祖：《清代地方政府》（修订版），范忠信等译，法律出版社2011年版，第124页。

[22] 徐忠明：《包公故事：一个考察中国法律文化的视角》，中国政法大学出版社2002年版，第429页。

[23] 瞿同祖：《清代地方政府》（修订版），范忠信等译，法律出版社2011年版，第193页。

三四百人(包括外地商人)前来旁听,规模宏大。整个程序,显然有意展现堂上"明镜高悬"或"正大光明"牌匾的宗旨,很有政务公开、审判公开的用意。此外,有学者认为,鸣冤鼓可能还部分保留了上古"建鼓"或"谏鼓"沟通民意、接受监督的功能,"鼓不仅可以声讨罪恶之人,而且可以警惕统治阶级免蹈罪戾之中"[24]。升堂时,百姓旁观旁听,是没有资格审查的,是无须"旁听证"的。旁听者随便进入,还可现场议论官员是非,指责官员不公。虽然对于起哄闹堂过分者也经常有意打击,但并未一概禁止围观百姓堂下议论。这种放任百姓旁听评论的审理模式,当有司法公开和接受监督的用意。

第四,擂鼓实为启动法制宣教,增强剧场效果。我们知道,古时演大戏有开场锣鼓,公堂似乎也需要。古时公堂,除了审案,实际上也是法制宣教剧场。擂鸣冤鼓告状、击升堂鼓升堂,实际上也相当于开场锣鼓,有渲染气氛的作用,也提醒围观百姓留心"剧情"而接受法制教育。这种剧场演戏式堂审,因为仪式程序烦琐,且公众监督拘束多,所以古时官员们难免常常有些畏惧和厌倦,"往往乐居内衙(二堂简易程序问案),而不乐升大堂"。清人汪辉祖曾批评:"不知内衙听讼止能平两造之争,无以耸旁观之听。大堂(听讼),则堂以下伫立而观者不下数百人;止判一事,而事之相类者为是为非,皆可引申而旁达焉,未讼者可戒,已讼者可息。"[25]这是对公堂法制宣教作用的最好解说。舒国滢教授曾专文讨论从"司法的广场化"到"司法的剧场化",他所说的"司法的剧场化是指在以'剧场'为符号意象的人造建筑空间内进行的司法活动类型"[26],其实就是指官吏按照案情"剧本"在公堂上表演赏善罚恶、教化百姓的公务过程。古代中国的公堂问审比西方更有剧场表演特征,布景(海水朝日图)、戏服(官服)、道具(伞扇、棍架、虎威牌、刑具),都是为公堂法制教育剧服务的。审案断曲直,不仅为了解决个案,更旨在通过剧场效果教育百姓、影响地方民风。当然,公堂擂鼓,可能还有军事性起源,旨在造成一种擂鼓进军的氛围,这一点在第六部分要专门讲到,这里暂不讨论。

三、包公黑脸的法律文化隐喻

中国的司法礼仪文化,还有一个特别的标志性符号,就是包公黑脸。把包公

---

〔24〕 参见丁山:《中国古代宗教与神话考》,上海文艺出版社 1988 年版,第 342 页。

〔25〕 (清)汪辉祖:《学治臆说》(卷上),《听讼在亲民》。

〔26〕 舒国滢:《在法律的边缘》,中国法制出版社 2000 年版,第 92 页。

黑脸当成中国司法文化的一个礼仪符号或价值标示来看待,也许更能解读中华法律文化的DNA。包公黑脸,是一个特别文化符号,是古时清官的专用标识。历史上真实的包公长什么样子?《宋史·包拯传》并没有记载。今传有一幅据称是包公的画像,也慈眉善目,看不到黑脸的样子。什么时候包公变成了黑脸?这大概是文化解释学要解释的。在古装戏中,包公的那个脸谱,黑脸白眉白鼻、额有白色月牙形疤纹,据说是包公一人的专用脸谱,别的角色都不能用。这实际上是一个"司法官标准脸谱",或者是国人心目中的"法律的脸谱"。为什么要这样呢?显然是想表达一些价值观,特别是国人关于法律和司法的认知或追求。包公的脸为什么必须是黑脸,为什么不能是白脸、红脸、黄脸?为什么与司法联系在一起的必须是黑脸?这个黑脸到底有什么特别象征意义呢?结合中国法律文化的一些基本特征和价值观,笔者认为可能有以下六重含义。

第一,黑色象征法官铁面。一般来说,黑色是铁的颜色,黑脸当然就可以延伸为无私的铁面。民间文学一定要把包公说成是黑脸,无非是期待法官都铁面无私,不徇私枉法。在这里,主要隐喻主要是二者:一是取铁的坚硬不易变之义,意喻法律应稳定少变,即法家所言"法莫如一而固,使民知之"〔27〕的追求;二是取铁坚硬锋利之义,意喻法律应凛然使人不敢犯,就是法家所崇尚的"天下之吏民……不敢开一言以枉法"〔28〕的追求。铁,不易变、不敢碰,黑脸正象征这两种含义。如果用其他颜色的脸,那就无法象征这些追求了。

第二,黑色象征法律应纯而不杂。黑色是一种简单颜色,相对于五彩斑斓而言,它十分纯粹,不复杂。很多颜色一遇到黑色,就被吸收到其中。黑色的这种属性,对于法律现象而言,能象征什么呢?我认为,是要强调法律应该纯而不杂:一方面是不可法令滋彰、法出多门;另一方面就是司法应该理大罪、赦小过,不应吹毛求疵,不应苛刻。此即唐人杨相如所云:"法贵简而能禁,刑贵轻而必行。小过不察,则无烦苛;大罪不漏,则止奸慝。"〔29〕法律如果太啰唆太苛刻,国家就治不好,人民就无所适从。传统法律文化中关于法律应该纯简(宜粗不宜细),忌讳苛刻(抓大放小)的愿望和追求,正通过包公脸谱(黑脸)有所表达。

第三,黑脸隐喻司法忌用情感。国人认为,一个好法官,应该是"铁面无情"或"黑脸无情"的。黑脸象征无感情,所以阳间的包公,阴间的阎王,都是以无情

---

〔27〕《韩非子·五蠹》。

〔28〕《商君书·定分》。

〔29〕(清)王夫之:《读通鉴论》(卷二十二),《唐玄宗》(一)。

的黑脸为标志的。黑脸不认人，就是不讲人情，不认亲戚，不向私情妥协。这正是中国传统文化特别是法家文化所崇尚的司法应有属性。徐忠明教授认为包公黑脸有刚直不阿、正气凛然、铁面无私的意涵〔30〕。先秦法家主张执法者"我喜可抑，我忿可窒，我法不可离也；骨肉可刑亲戚可灭，至法不可阙也"〔31〕，其实就是主张法官必须黑脸无情；认为执法讲情感或人情，就难保公正。这种关于法律和司法应该"黑脸无情"的主张，与古希腊哲人亚里士多德关于"法律是纯粹的理智，是超脱一切情与欲的""法律恰恰正是免除一切情欲影响的神祇和理智的体现"〔32〕之主张正相通和呼应。

第四，黑脸象征法律或国家之怒。我们通常说，"某人脸黑下来好可怕"，某个人脸色发黑，就表示生气或发怒，不高兴了。包公的黑脸，是否也是一种国家或法律之怒的隐喻？在古人看来，执法用刑就是国家正式发雷霆之怒、显虎狼之威。徐忠明教授认为，包公黑脸的"黑色与瘟疫、恐怖、神秘之类的意象相关，具有'威慑'的力量"〔33〕，是说黑脸正象征"怒而威"。国家的"怒而威"，只有通过法律特别是司法来表达，法官黑脸就是这种表达的最典型标志。如果包公被描述为红苹果或白冬瓜一般高颜值脸蛋，还能代表国家和法律之怒吗？

第五，黑脸象征法刑是凶丑不祥之物。从国人一般审美观来讲，黑脸是凶丑的、不祥和的面容。中国传统文化也将法和刑视为凶丑不祥之物，这与包公黑脸隐喻正相吻合。"法令者，治之具，而非致治清浊之源也"〔34〕，"刑法凶丑而不可罢者，以救弊也"〔35〕，"刑乃不祥之器"〔36〕，"刑为盛世所不能废，而亦盛世所不尚"〔37〕，古人的这些说法，代表了中华文化对法律特别是刑罚的基本判断：法律是"凶器"，是不祥之物；虽然正常社会少不了，但不应崇尚；这就像人们不能把防身保家的刀枪当成吉祥物供奉起来一样。一旦世道太平了，刀枪剑戟全部该收藏起来。

---

〔30〕徐忠明：《包公故事：一个考察中国法律文化的视角》，中国政法大学出版社 2002 年版，第 434 页。

〔31〕（清）钱熙祚：《守山阁丛书·子部》录《慎子》佚文。

〔32〕［古希腊］亚里士多德：《政治学》，吴寿彭译，商务印书馆 1983 年版，第 169－170 页。

〔33〕徐忠明：《包公故事：一个考察中国法律文化的视角》，中国政法大学出版社 2002 年版，第 434 页。

〔34〕《汉书·酷吏列传·序赞》。

〔35〕（晋）葛洪：《抱朴子·用刑》。

〔36〕（明）丘濬：《大学衍义补·慎刑宪》。

〔37〕（清）纪昀：《四库全书总目提要·政法类·法令之属按语》。

第六,黑为五行中的水色,隐喻法律"平之如水"。按照传统的五行学说,金德尚白,木德尚青,水德尚黑,火德尚赤,土德尚黄,分别代表东西南北中五方。五行说以火为阳、水为阴,故"阳为德,阴为刑"[38],"水主阴,阴刑杀"[39]。秦朝自以其德为水,故"衣服旄旗皆上黑""色尚黑""事统上法"。信奉"水德尚黑尚法"的秦始皇"刚毅戾深,事皆决于法。刻削无仁恩和义,然后合五德之数"[40]。包公黑脸隐喻也许正是"阴德"(水德尚法)文化或法家精神的延续,当然也可能与东汉许慎《说文解字》所云法应"平之如水"(后世云"端平一碗水")的追求相吻合。

包公黑脸的六重含义[41],正好就是传统中国文化对法律和司法的基本看法。这些看法,不管今天看起来是非对错如何,都是中华民族法律文化的真实观念,包公黑脸就是这些观念的外在符号之一。看到这六种含义,可以启发我们换个角度思考问题。

除这六重含义外,徐忠明教授有两点特别解读给我重要启发。其一,他认为包公那月牙疤黑脸即"阴阳脸",跟英国法官戴假发穿法袍的用意相类,实为一副赋予包公以"穿越阴阳两界"之神性的面具;把包公画成黑脸就是为了使他超越"凡俗"变成"神性"的存在,也就是为了使包公有降魔伏妖的神性力量。其二,他认为,在中国传统文化里,黑色代表忠诚和美德,包公黑脸也有这一意涵[42]。这两点我事先没想到,对我构成重要启发和补充,也许可以作为包公黑脸的第七重、第八重含义或隐喻。

包公黑脸,当然不仅仅是面部颜色或表情的问题,更有关于执法司法行为的特定态度、模式和价值追求与之相应。在包公的执法实践中,其"黑脸"执法态度、模式或"黑脸价值观"的实践方式,主要有三个方面。

首先是刚直无畏,不畏权势。据《宋史·包拯传》记述,包拯曾在朝廷"数论斥大臣",并上述弹劾国丈张尧佐、权臣郭承佑等人。当时有民谚说"关节不到,有阎罗包老",把包公比成执法公正的阎王爷,"拯立朝刚毅,贵戚宦官为之敛

---

[38] 《管子·四时》。

[39] (唐)司马贞:《史记·秦始皇本纪》索引。

[40] 《史记·秦始皇本纪》。

[41] 关于包公黑脸的第六重含义及第三重含义后半,系受许昌学院王忠灿博士、李艳玲老师于我在该院作同题演讲时现场指正启发而形成,谨致谢忱。

[42] 徐忠明:《包公故事:一个考察中国法律文化的视角》,中国政法大学出版社 2002 年版,第 434 页。

手,闻者皆惮之"也许真的是事实。对于皇亲国戚、高官显贵,他公平执法,敢于摧折权贵,为制裁犯罪权贵甚至不惜得罪贵妃和皇帝,不惜以自己的身家性命为抵押,这就是典型的"黑脸"执法模式。

其次是铁面无私,就是执法不顾私情,甚至六亲不认。史书说他"平居无私书,故人亲党皆绝之",几乎没有私人往来;"与人不苟合,不伪辞色悦人",平时表情过于严肃,叫人害怕,"人以包拯笑比黄河清"〔43〕,就是说看他笑比看到黄河变清还难。他曾当过谏官,人称"铁面御史"。戏曲中反复强化"包龙图铁面没人情"〔44〕的形象,《铡包勉》就反映了其六亲不认的执法态度,史书也曾记载他"鞭挞从舅"亦即对堂舅用刑,这些"黑脸"作风都承载了法律冷峻无私无情的属性。

最后是用刑威猛,就是执法中惯用严刑手段。真实的包公执法用刑是否威猛?史书并无直接记载,但文学作品中的包公无一例外都是威猛的。包公那三口铡刀(龙头铡、虎头铡、狗头铡),是包公黑脸执法模式的典型标志,是中国司法文化的典型道具。用极其严厉的刑讯和刑罚对付罪犯,包括酷刑或不人道待遇,都被视为正当;对坏人没有什么仁慈可讲,这是中华法律文化的基本看法。在戏曲中,包公刑讯逼供的方式有敲牙、拔指、剐眼睛、脑箍、烙铁、搧穴〔45〕,还有"看铜铡,取夹棍,灌热油",动不动就把犯人打得"皮开肉绽损肌肤,鲜血模糊,恰浑似活地狱"〔46〕,这都是作为正能量来宣传的。"只因老包心性直,打死无数不平人","你本是天上一座杀人星"〔47〕,真让人不寒而栗。包公在执法用刑时所展现的"雷霆之怒""虎狼之威"〔48〕,其实就是代表国家法律和司法的所发的怒和威。这些文学作品,其实不经意中演绎了普通百姓潜意识中的司法公平正义观念。

---

〔43〕 以上引文均出自《宋史·包拯传》。宋人沈括《梦溪笔谈》卷二十二也说:"(包)孝肃(公)天性峭严,未尝有笑容,人谓'包希仁笑比黄河清'。"

〔44〕 (元)无名氏:《陈州粜米》(第一折),载《元杂剧选注》(下册),北京出版社 1980 年版,第 482 页。

〔45〕 《清风闸》第三十回:"二贼见包公坐在上面,犹如阎罗天子一般。见两边摆列刀枪剑戟,鞭锏锤抓,外有铜铡铁铡、芦席子、大夹棍、点锤,还有短夹棍,敲牙摘舌,百样非刑,只唬得浑身发抖。"(清)浦琳:《清风闸》,远方出版社 2007 年版,第 141 页。

〔46〕 (元)关汉卿:《蝴蝶梦》(第二折),载(明)臧晋叔编:《元曲选》,中华书局 1989 年版,第 639 页。

〔47〕 (元)武汉臣:《包待制智赚生金阁》(第四折),载(明)臧晋叔编:《元曲选》,第 1732 页。

〔48〕 元杂剧《包待制智勘灰阑记》(第四折),载(明)臧晋叔编:《元曲选》,第 1127 页。

四、獬豸冠服的司法价值理念

执法司法人员的服饰——帽冠、衣饰等，也是传统司法礼仪的典型符号；神兽“獬豸”形象就是法吏服饰的典型标志。獬豸是什么？据说是一种有辨别是非曲直之特别本领的独角神兽。獬豸是历史传说的多种独角兽种的一种，在汉时亦被称为“觟觽”(xie zhi)或“解豸”“解廌”。“觟觽者，一角之羊也，性知有罪。皋陶治狱，其罪疑者，令羊触之，有罪则触，无罪则不触”[49]，“解豸似鹿而一角，人君刑罚得中则生于朝廷，主触不直者”[50]，“廌，解廌，兽也。似牛，一角。古者决讼，令触不直”[51]，“北荒之中有兽，名獬豸，一角，性别曲直。见人斗，触不直者。闻人争，咋不正者”。[52] 这一传说中帮助上古法官皋陶断决疑难案件的神兽，是否历史真实人们并不在乎，但汉人却几乎没有争议地将其作为法律正义的象征物，这是很值得玩味的。

这一象征后来广泛适用于执法官员的官帽官袍。帝王陵墓神道的石像中有时也有獬豸。至于宫殿、宗庙、陵墓门口所立的华表柱头上那个神兽，有人说是一种叫“犼”的神兽(定时吼叫提醒君王勤政)，有人说就是獬豸或者独角兽。

将獬豸(廌)形象搬上帽冠，据说始于春秋战国时的楚国；秦汉时代将獬豸冠确定为执法官专用冠。《后汉书·舆服志》说：“法冠，一曰柱后。高五寸，以纚为展筩，铁柱卷，执法者服之，侍御史、廷尉正监平也。或谓之獬豸冠。獬豸神羊，能别曲直，楚王尝获之，故以为冠。胡广说曰：‘春秋左氏传有南冠而絷者，则楚冠也；秦灭楚，以其君服赐执法近臣御史服之。’”汉人蔡邕记述：“法冠：楚冠也，一曰柱后惠文冠。……谓之獬豸。……秦灭楚，以其君冠赐御史。”[53] 按照上述说法，战国时期楚国即创制了獬豸冠[54]，是楚王的专用冠冕之一；秦灭楚国后将这种冠赏赐给御史，确定为法吏专用冠；汉代更将戴獬豸冠的范围扩大

---

〔49〕(汉)王充:《论衡·是应》。此语又见(南朝梁)任昉《述异记》(卷上)。

〔50〕(南朝宋)裴骃:《史记集解》引三国吴人韦昭《汉书音义》。

〔51〕(汉)许慎:《说文解字》(卷十),《廌部》。

〔52〕(汉)杨孚:《异物志　北户录》,中华书局1985年版,第5页。

〔53〕(汉)蔡邕:《独断》(卷下)。《史记·淮南衡山列传》集解注引蔡邕曰:“法冠,楚王冠也;秦灭楚,以其君冠赐御史。”

〔54〕武树臣老师认为獬豸冠应为皋陶后人所创制。被封于英、六地区创建古英国(今湖北英山)、六安国(今安徽六安)的皋陶后裔,为纪念先祖,以传说中先祖用过的司法神兽形象制成獬豸冠;楚国灭英国、六安国后,将该冠赐予执法官(御史)。参见武树臣:《寻找独角兽:古文字与中国古代法文化》,山东大学出版社2015年版,第114－115页。

至廷尉正、廷尉监、廷尉平，即最高司法官廷尉的三个佐官。这一獬豸冠，又称“柱后惠文”[55]。至唐宋时代，獬豸冠（法冠）几乎成为御史台、大理寺和刑部三大法司系统所有官员的冠饰[56]。御史、廷尉或刑部系统的官员，这就是古时意义上的“法官”，相当于今日的纪检监察部门和法院两大系统的干部。这些法吏的专用帽子即獬豸冠因而就理所当然地叫作“法冠”了。獬豸冠什么样子呢？有人依据汉代史书描述画出来，此冠为长方形斗状（上宽下窄），一根铁柱左右横穿似独角兽之角，整体看就像一头俯身出击的独角兽。獬豸冠形状，与传世的孔子司寇冠饰像上的冠饰有些相似性。有一幅据说是孔子为鲁国大司寇（最高法官）时的冠饰像，那个“司寇冠”呈一种“两头翘”的船型，中间贯穿一根棍子，与汉代的獬豸冠（法冠）形状很接近，不知是否就是獬豸冠的渊源。

将獬豸搬上官员袍服，不知始于何时。南北朝时大文豪庾信《正旦上司宪府诗》中有“苍鹰下狱吏，獬豸饰刑官”句[57]，有学者仅据此一条信息就认为“獬豸饰刑官，表明庾信时代司法官员的官服上绘有獬豸图案”[58]，逻辑理由很不充分，因为“獬豸饰”不一定是在袍服上，更可能是指獬豸冠。虽然唐代已经有了以不同动物图案缀饰官服标示官等的制度，但正式补服制度形成是在明代。将禽或兽形象绣于官服胸部背部，以标示官类官品，这叫“补子”或补服。明代的文官补子绣禽，以示文明（一品仙鹤，二品锦鸡，三品孔雀，四品云雁，五品白鹇，六品鹭鸶，七品鸂鶒，八品黄鹂，九品鹌鹑）；武官补子绣兽，以示威猛（一品麒麟，二品狮子，三品豹，四品虎，五品熊罴，六品彪，七品、八品犀牛，九品海马），这种“衣冠禽兽”官服形制为清代所继承。执法官即御史官或风宪官则以獬豸（廌）为补[59]，这是执法特类岗位标志。在清代，文官三品中的“惟副都御史及按察使前后绣獬豸”，文官四品中“惟道绣獬豸”，文官五中“惟给事中、御史绣獬豸”[60]。明清时的“风宪官”，主要指都察院系统（六科给事中、各道监察御史、

---

[55] 《汉书·张敞传》：“梁国大都，吏民凋敝，且当以柱后惠文弹治之耳。秦时狱法吏冠柱后惠文。”“柱后惠文”在这里直接成了“执法官吏”的代名词。

[56] 《旧唐书·舆服志》：“御史、司隶二台，法冠。一名獬豸冠。”《宋史·舆服志四》：“朝服：……三曰獬豸冠。今御史台自中丞而下至监察御史，大理寺卿、少卿、丞，审刑院、刑部主判官，既正定厥官，真行执法之事，则宜冠法冠。”

[57] 杜晓勤编：《谢朓、庾信诗选》，中华书局2005年版，第189页。

[58] 黄震云：《庾信乐府诗和汉画像石“獬豸”文图汇考》，载《乐府学》（第六辑），学苑出版社2010年版，第33页。

[59] 《明史》（卷六十七），《舆服志》（三）。

[60] 《清史稿·舆服志二》。

各省提刑按察使及下属各道)，大理寺和刑部系统似乎没有包括在内。

獬豸冠和獬豸补服，是古代中国执法官的标志，是司法礼仪文化的重要成分。古时刻意在执法官员的法冠、法袍上镶嵌獬豸这种独角神兽形象，是为了表达什么样的价值追求呢？当然是为了彰显公平公正期许，也就是司法正义追求。具体来说，就是期望执法官像獬豸一样明察秋毫、公正执法、无冤无滥。为什么獬豸能承载这样一些法律价值追求呢？我想有以下几个道理。

第一，獬豸代表着司法权威的公正明哲属性。獬豸本性嫉恶如仇、公正无私，没有偏袒，又擅长辨识真伪善恶，判断是非曲直。獬豸的这种本领和本性，是人类司法权威应具备的最本质属性和最根本追求，于是用獬豸来象征和鞭策执法官吏就理所当然了。这实际上寄托了对司法(官)的期许：德行上应该是彰善疾恶，能力上应该是明察睿智。对司法权威的这两个本质方面的定性和期待，世界各大民族的法律文明大致是相通的。

第二，獬豸代表着超越政治的、客观独立的裁判力。我们不知道獬豸是何方神圣，但它是上天派来的，它代表着一种神秘的聪明和威力，人比不上，也抗拒不了。执法司法权威的本质属性——既要德性良善、嫉恶如仇，又要智力明睿、不可欺蒙，就必然要求主体独立和权力独立，在服从正义之外绝不依附于任何主体。因为只有完全独立、绝不依附，公平公正才有了最起码的保障。所以，我们要特别省悟獬豸神话的隐喻：神是超越于人的，是不依附于人的，神的判断是不会受情欲和私利干扰的；它虽可以应法官请求出面判断曲直，但仍不受(雇请它的)法官的意愿约束，不受王朝政治的影响。这无非是将獬豸厘定为一种独立的超越的权威，这显然是关于"司法独立"这一人类共同价值追求在上古中国的变相表述或神话式表达。我们不要因这一神话传说的虚诞外表而对其潜在的司法独立价值追求视而不见。

第三，獬豸代表着超人间力量的公正审判制裁。獬豸神话和形象，既象征着神判，也代表着天罚。獬豸协助司法的传说，表达的基本理念是：一般案件，人类智力所及者，由贤能者根据良知和公平正义原则审判就可以了；疑难案件，人类智力所不及者，若实在弄不清谁是谁非，那就让天力天意来断决，最后取决于神命天意。这样的疑难案件解决模式，从过程而言，就是神判或神明裁判；从结果而言，就是天罚(天讨有罪，替天行罚)的一部分。将公平正义的最后保障寄托于神判天罚，这绝不是我族先人愚昧所致，恰是上古各大民族法律文明的共同特色之一。这与古希腊自然法观念及中世纪神学自然法观念是内在相通的，其实代表着我们先民对公平正义价值的格外尊崇和敬畏。

第四,獬豸象征着承认人类裁判能力局限并寻求弥补。獬豸神话暗喻着:作为一种至善、圣哲的神灵,獬豸可以弥补法官的智力不足,可以弥补人类司法的缺憾。大圣超人如皋陶者,仍有智力局限,仍可能于案件事实及证据上疑惑困顿,仍不可全知全能、火眼金睛,仍需要獬豸的神明之力加以辅佐。这样的神话暗喻什么呢? 说白了就是:一方面,人类司法不可能尽善尽美,因而不能不尊崇或敬畏更高的智慧。另一方面,更高的智慧就是神灵;她职司最后判断(裁判),实际上就等于说世俗最高权力并不当然代表公平正义的最后标准。

五、公堂拷跪的父权法观念基础

传统中国司法还有两个特别的标志性程序要素——跪和拷。下跪和拷打成为中国传统法律文化的特有符号之一,也可以说是传统司法礼仪的特别构成部分。

先说拷打。传统公务活动特别是公堂活动中凸显官民关系的父子关系属性的仪式,首先是拷打。把拷打视为中国传统司法礼仪之一,作为与"跪"配套的一种程序,也未尝不可。

拷打,广义上包括官府笞击百姓的所有动作,包括作为刑侦(逼供)手段的拷讯,还包括作为刑罚的笞杖,我们在这里合并考察。拷打能作为一种仪式来看吗? 笔者觉得可以。按照笔者的理解,公堂拷打,有时候是形式意义大于实质意义——创痛是次要的,强调父子关系是主要的。最能体现父子关系的仪式,除了跪,就是打。按照传统伦理,最有理由打人的是谁? 是父母亲。父母亲打孩子,在古代中国是天经地义的。有古文字学家说,老人的"老",耆老的"耆",孝道的"孝",教育的"教",考问的"考",这些字中共同的"耂"字头,读音为"lǎo",意指长辈。其实,也许是像老人手杖之形。手杖底下肃立着"子",这就是"孝",所谓"棍棒底下出孝子";"孝"字边上再加一只手(攵),就成了"教"。所以,古代父母官打老百姓,简直就是强化父子关系的一种"教孝"仪式。

拷打,尤其是刑讯,作为古时的司法礼仪,传载着中国特有的司法价值观,或者说体现着中国特有的司法公平正义观。具体说来,笔者觉得拷打有以下这样几种价值含义。

第一,官长拷打是家长式政治的必要仪式。古时家长的手杖,除了年老时作为步行辅助工具外,更主要的是充当家内维护秩序的执法工具。国家的全部刑罚,都可以视为家长的手杖,但最为直观和易用的就是公堂笞杖。官吏打百姓,与家长打不听话孩子道理是一样的,是政治管理的需要。公堂拷打,尤其是这种家长式政治的程序要求,是家长式威权具象化的体现。“家长式政治”的实体法,需要有一定的“诉讼法”程序与之配套,这就是拷讯。

第二,官长拷打被视为对百姓的教化方式。按照古时的政治哲学,公堂刑杖是用来“教孝”的,通过拷打来教导百姓对国家“行孝”(“移孝作忠”)。一般来说,父母打孩子喜欢在人多处,“堂前教子,枕边教妻”“人前教子,背后教妻”古谚正说此理。对父母官而言,众目睽睽、有剧场效果的公堂,就是教训不肖子民的理想场所,因为这里最符合教育效果的传播目的。古时强调“百善孝为先”“仁孝治天下”,官府以“棍棒底下出孝子”方式来“教孝”百姓,自是题中应有之义。《尚书》“鞭作官刑,扑作教刑”就是指官吏以棍杖教育百姓。《唐律疏议·名例》:“笞者,击也。又训为耻,言人有小愆,法须惩诫,故加捶挞以耻之。”也就是说,对百姓笞打,是为了“教耻”即教育百姓知耻。

总之,古代中国司法中注重拷打这种仪式,是与官吏为民父母这一政治理念相适应的。在民主法治下,我们觉得“棍棒打出孝子”的政治理念是很落后或野蛮的;但只要仍坚持公共政治关系可以有父子关系属性,就必然情不自禁地同意拷打作为政治仪式。比如,对于刑讯逼供,有人觉得不必大惊小怪,甚至觉得对恶人“杀威”应该有刑讯,在侦查技术条件不足时,可以通过刑讯快速找到侦查线索;人们顶多承认对刑讯过分滥用应加以限制,以防致人重伤或死亡而已。又如,很多人谈起新加坡今日仍保存的鞭刑,毫不掩饰地欣赏,大有中国传统良法有幸保存于远野之慨叹,甚至认为中国也该恢复鞭刑以惩治恶徒迅速恢复秩序。再如,有些人认为,为了体现对国家和大众利益的格外维护,对罪犯采取一些有损人身人格的制裁方式,包括对盗窃者痛笞,对强奸犯阉割之类,实行报应或报复主义,都是可以理解的。这样的观念至今很多人仍然存在,我们就没有办法苛求古人了。

当然,以拷笞为正义之工具是有前提的。在古代中国,刑讯有法律限制,不是官吏随意乱打。比如在唐朝,《唐律》对拷讯规定了十几种限制:第一,不是一进去就打,只有“赃状露验”,即有罪情昭彰仍不招供时才打;第二,拷讯时要“立案同判”,就是要取得副手(同、判)的同意,不同意则不能打;第三,拷打要用“国标”常行杖,大小轻重长短都有国家标准,检验不达标的不能用;第四,拷打总数有限制,全案中总共拷打不能超过三次,加起来总和不得超过二百下;第五,每次拷打之间必须间隔二十天，不能几天连着打；第六，每次拷打中间还不能换人，让一个人执行到底；第七，老弱病残孕妇幼等不能打，有荣誉和尊贵身份的不能打……这类限制很多，总之既要防止官员滥权，又要适当保护犯罪嫌疑人。

再说下跪。作为公务中的一种程序或礼仪，下跪（不管是百姓对官，还是下官对上官）并不是自古就有的，上古到唐宋时期好像没有这种跪。跪仪到底始于何时？康有为认为是从元朝开始的："汉制，皇帝为丞相起；晋六朝及唐，君臣皆坐，宋乃立，惟元乃跪，后世从之。"〔61〕有学者考证，宋代百姓见官是不须跪的，遇官下跪始于元〔62〕。"跪"作为仪式，可能源自上古祭祀神灵和祖先及接待贵宾的基本礼仪："这种不舒服的状态，抑或提醒该状态之下的人，在祖宗灵位面前处于卑微、焦虑之中，有点类似宗教活动中，以损伤自己来表达对神明的崇敬之情，达到一种无以复加的程度"〔63〕。在元明清时代，这种姿仪被扩张使用，不仅民对官须跪，下官对上官也须跪。为何有这一变化？在元清两代，可能与蒙满征服者迫令汉人以跪姿表达臣（屈）服有关；在明代，可能与朱明王朝沿袭了蒙元践踏人格暴戾奴役的统治模式有关。在公堂，"所有涉案人全部必须跪在地上：原告和被告跪在两边，证人跪在中间"〔64〕。从清末西洋传教士所拍的中国照片中，我们看到公堂上常常是跪倒一大片，而且是"五体投地"的跪姿。这种姿势要表达什么样的法律观念呢？

我觉得这要从官民关系的父子关系定位才好理解。从很早开始，官吏就被定性为"为民父母行政"者〔65〕，就要求官吏"乐只君子，民之父母"〔66〕，"爱民如赤子"〔67〕。同时要求百姓对君对官尽子女一般义务，"为子为臣，惟忠惟孝"。这种父子关系定位，在王朝统治尚算开明时，其仪式化要求不会很强烈；但到了封建君主专制"恶性癌变"的王朝，特别是民族压迫政权时代，就有了强迫子民百姓仪式化地表达"孝顺"的强烈需要，跪姿（仪式）正好满足了这种政治需要。

---

〔61〕 康有为：《拟免跪拜诏》。转引自茅建海：《从历史档案中窥探醇亲王府里的生活》，载《南方周末》2015 年 12 月 31 日。

〔62〕 吴钩：《从椅子的出现说到跪拜礼的变迁》，http://xw. qq. com/iphone/m/category/0dc23b6a0e4ab（腾讯网《大家》专栏）。作者还有《宋：现代文明的拂晓时辰》（广西师范大学出版社 2015 年版）一书可供参考。

〔63〕 刘金柱、田丽娟：《坐姿变化与中国人身心的解放》，载《河北大学学报》2005 年第 4 期。

〔64〕 瞿同祖：《清代地方政府》（修订版），范忠信等译，法律出版社 2011 年版，第 192 – 193 页。

〔65〕 《孟子·梁惠王上》。

〔66〕 《诗·小雅·南山有台》。

〔67〕 《银雀山竹书〈守法〉〈守令〉十三篇》，载《文物》1985 年第 4 期。

传统中国政治场合的跪姿,可以从以下四个方面理解其法律文化含义。

第一,跪姿表达百姓感恩父母官。按照古代中国政治哲学,王道政治本质就是官府施恩、百姓感恩。从上对下(官对民)而言,“刺史县令为人(民)父母,(对百姓)只合倍加乳哺”[68];从下对上(民对官)而言,就是要知恩感恩报恩,跪姿最能表达感恩态度。在古人观念中,百姓找官员办事就如羊羔找母羊吃奶,既然“羊有跪乳之义”,那么老百姓当然应该跪官。

第二,跪仪最能彰显屈民尊官。一般来说,跪姿使跪者人格贬低,同时凸显对方高大威风。如果不下跪,而是平起平坐,那就无法突出这种贬尊之别。所以,在平等遗风尚残存的宋以前,官民之间、上下官级之间,都不须通过“自矮半截”的跪仪来格外彰显尊卑之别。但到了极端专制的元明清时代,就必须通过百姓跪官仪式来格外强调官尊民卑了。

第三,跪仪表示百姓哀求庇护。“跪”和“求”本来就连在一起,不过上古时跪求的对象是神灵和祖先,初尚未及君和官而已。后世君和官权逐渐强化或扩张,所以就成了百姓跪求的对象了。百姓到官府,是为了寻求保护或庇护,就是要找“保护伞”,要找个青天。下跪,是乞求庇护的标准姿态。只有跪,才能把“哀”和“乞”的愿望表达得更充分。跪姿态是标准的示弱,平起平坐当然表达不了;示弱而后才能让对方怜悯。

第四,跪姿还可表示自认原罪。一个人如果意志自由、人格独立、堂堂正正,怎会愿意对他人下跪?只有人格奴化、屈辱偷生、百般无奈时才需要对他人下跪。所以公堂跪仪也部分出于强化百姓原罪感的需要。宗教一般强调原罪感,传统中国政治也有制造原罪感的需要。迫使百姓对官员下跪,就是要让百姓感到人格受贬辱,就是要在百姓积久成习地形成这种潜意识——“涉官司、上公堂就不是好人”“打官司给父母官添麻烦了”。《今古贤文》之“饿死不做贼,屈死不告状”的格言,正代表了民间把打官司看成“做贼”一般天然罪孽的潜意识。为了救赎原罪,我就先跪下来,这也许就是上公堂时的潜意识。

在总结了公堂“跪”仪的这四重法律文化含义后,我们还应进一步认识到:在古代中国官民交接场合,“跪”不仅仅体现在身体姿势上,还体现在官式语言上。在明清时代,所有百姓呈官文书,特别是诉状呈状,在称呼“朝廷命官”时,除了以古时官爵(如太守、方伯、县宰、邑侯、宪台)作为雅称来夸美外,还常常加

---

〔68〕(宋)王溥:《五代会要》(卷九),《定赃》。

上“青天父母”“大老爷”“老大人”“老父台”“老公祖”等亲属尊称，同时自称“子民”“蚁民”“草民”“山民”“罪民”“贱丁”“鄙人”加以贬低。这两者，一尊一贬，合成了一种语言和精神上的“跪”。这已经符号化了，成了公堂文化的一部分。

六、“刑以兵威”的军事化司法理念

中国传统法律文化，还有一种“刑以兵威”的特别原则或灵魂，并通过一系列特别的仪式符号表达出来。在中国古代的执法司法过程中，从制度设计到具体惯常做法，似乎都有意无意地借军事化要素来强化地方官权力威势，有意无意在执法司法工作中保持军事风格。

关于司法与军事的关系，上古中国有“兵刑同源”的说法。先秦时史家认为：“大刑用甲兵，其次用斧钺；中刑用刀锯，其次用钻凿；薄刑用鞭扑，以威民也。故大者陈诸原野，小者致之市朝。”[69]汉人王充认为：“夫刑人用刀，罪人用法，诛人用武。武法不殊，刀兵不异。夫德劣故用兵，犯法故施刑。刑之与兵，犹足之与翼也。”[70]他们所说的意思是一致的：对内执法用刑与对外用兵打仗，在本质上是一回事。对外打仗是动大刑，在内执法是用小刑；对外打仗是大战争，在内执法是小战争；大仗在草原上打，小仗在公堂上打。二者都是对付敌人的，对敌人战斗与对罪犯用刑本质是一致的，兵器与刑具本质是一致的。这就叫作“兵刑合一”或“兵狱同制”。

“兵刑同源”、“兵狱同制”或“兵刑合一”，其要害是“刑以兵威”，就是以军事性暴力为司法权威的质涵和助力。这在中国古代的执法司法活动中有许多礼仪性、仪式性体现方式。

其一，地方官衙建置及主官源自军事。战国时始行郡县制，起初地方长官均为军政合一，军事长官兼管行政。后来虽设专主军事治安的尉，但郡守、县令仍被视为地方最高军事长官，“守”“令”职名本身就强调守卫阵地、号令兵民的军事属性。最早地方官府实为军事将领驻所或指挥部，将领所在大营帐前以战车车辕架起长长甬道号称“辕门”，这也许就是衙门的起源。但清人赵翼考证，“衙门”原作“牙门”。上古军队以兽牙状先导旗帜（牙旗）彰军威，将领扎营时常以牙旗插于营帐门口，或曰古时以猎获猛兽牙或牙形木雕装饰将营大门以示威猛，故有“牙门”或“公牙”之名。因军事长官常兼地方行政，于是“牙门”或“公牙”

〔69〕《国语·鲁语下》。
〔70〕（汉）王充：《论衡·儒增》。

就成了地方官府的代称；后来因觉“牙”字不雅，于是改称“衙门”或“公衙”[71]。另外，大约自唐开始，地方长官礼聘大秘或高参曰“幕宾”“幕僚”，明清时称“幕友”或“师爷”，这类职岗其实也源自军事。军事长官驻扎大帐（帷幄或幕府），其礼聘的高参在幕帷内帮着谋划，因地位较高，待如宾友，故称“幕宾”或“幕友”；后来地方亦沿用“幕宾”或“幕友”之名。

其二，司法官员以军官职衔命名。黄帝尧舜禹时法官叫“李”、“理”或“士”，源自军官名称。“李”或“理”官，古人比之于“荧惑星”即天庭将星，其职责是“外则理兵，内则理政”[72]。“士”或“士师”也来自军中卫士的“士”。一把“十”字形兵器（如戈）杵立地面（一），就成了“士”的形象。执戈侍立在君或将身边的士，经常被委以审判特别案件的重任，于是其中一部分久而久之就变成了专职司法官。商周时专职司法官“司寇”亦然，“司”（伺）即前沿守哨御寇，最初显系军官名；后来大约经常被委以审判重任，故逐渐成了专职大法官。秦汉时专职司法官“廷尉”同理，“尉”更是典型军官职名。廷殿警卫或执纪的尉，随时被委派去审案，于是演变成了专职法官[73]。

其三，擂鼓升堂有某种振军威用意。衙门之鼓来自军队，在地方衙门设鼓前，军队使用战鼓已经数千或上万年了，正常军队离不开大鼓。军队之鼓，原本是模仿天雷滚震声响以助军威的[74]，其具体作用一在擂鼓进军（一鼓作气），二在擂鼓集会誓师，三在紧急时擂鼓鸣警（尤其夜晚）。这三大功能，后来都变相移植到了地方官衙大鼓上。擂鼓升堂与军队擂鼓誓师、擂鼓进军是否内在相通？在公堂等同于对敌战场的文化氛围下，擂鼓显示军威（示威）以震慑百姓、鼓舞军心（助威）的用意是不可否认的[75]。当然，还有开庭结束时的“退堂鼓”，这是不是军队“鸣金收兵”的翻版？至于擂鼓的报警鸣警、程序公开、招徕监督的属性，我们前文已经专讲过。

---

[71]　（清）赵翼：《陔余丛考·衙门》。

[72]　《史记·天官书》。

[73]　参见徐忠明：《包公故事：一个考察中国法律文化的视角》，中国政法大学出版社2002年版，第339－341页。另参见范忠信：《专职法司起源与中国司法传统的特征》，载《中国法学》2009年第5期。

[74]　《山海经·海内东经》有“雷，天之鼓也”之说。参见徐忠明：《包公故事：一个考察中国法律文化的视角》，中国政法大学出版社2002年版，第431页。

[75]　徐忠明教授认为：公堂擂鼓有“鸣鼓而攻之”即声讨有罪的用意，鼓也是战争场合用以助威的重要道具。参见徐忠明：《包公故事：一个考察中国法律文化的视角》，中国政法大学出版社2002年版，第342、343、429－431页。

其四,喊堂威类通于军队誓师或进军口号。在宋元杂剧中,地方官升堂时,公堂两边衙役低沉长音喊“威……武……”;官员退堂时,衙役们也齐喊“嗷”或“哦”助威;拷讯逼供时,衙役们还齐喊“有”或“噢”进行威慑。明清戏曲中还伴以衙役们用刑杖猛戳地面制造噪声。这些喝喊,显然是要彰显官府威风,给罪嫌和百姓一种威慑〔76〕。这一仪式,显然与战场上誓师或进攻时高呼口号以鼓舞士气、震慑敌方是一个道理。尤其注意,在审判现场,公差们齐呼“威武”而不是“公平”,可见对罪嫌和百姓构成震慑,靠的就是军事性威武!在某些戏曲中,有时喊堂威还用以阻止官员做某种有损官威的不妥行为,这也许体现了对官员的某种监督,不过有学者不同意这种猜测〔77〕。我也认为这仅是文学作品情节,没有任何其他史料可以佐证。

其五,长官授堂签犹如战场授令牌令箭。明清公堂审案时,官爷公案上有四个签筒,分别写有“执法严明”四字加以区别。其中,“执”字签筒里是拘捕签,“法”“严”“明”三筒里分别是白头签(代表一板)、黑头签(代表五板)和红头签(代表十扳)。公堂上大老爷以堂签下令或授权拘捕、拷打,跟战场上将军以令箭令牌发号施令不是一个道理吗?公差出门捕人时手持堂签,就如军人手持令箭出征打仗一般。

其六,官员仪仗是军队“大张旗鼓”的翻版。明清时官员公堂办案或出巡,都特别讲究仪仗排场。法定的仪仗仪威,虽有安保需要,但主要是讲排场、抖威风。如“肃静”“回避”之类“虎威牌”,“某某县正堂”“某某品某职”之类“职衔

---

〔76〕《老残游记》第十八回:“凡官府坐堂,这些衙役就要大喊小叫的,名叫喊堂威。把那犯人吓昏了,就可以胡乱认供了。”(清)刘鹗:《老残游记》,中州古籍出版社1995年版,第180页。喊堂威,在宋元杂剧中又叫“喝撺箱”。元关汉卿《窦娥冤》第二摺:“下官楚州太守桃杌是也。今早升厅坐衙。左右,喝撺厢!”见《元杂剧选注》(上册),北京出版社1980年版,第21页。

〔77〕《清风亭》中,张继保动心想认下义父母,两旁侍立的门子和青袍齐声呼喝“嗷……”张继保立即改了主意,翻脸将义父母驱逐。《玉堂春》中,王金龙正待要下来与苏三相认,两旁喊起堂威,王金龙只好坐回座上。《失空斩》中,诸葛亮一时踌躇想放过马谡,两旁喊起堂威,诸葛亮只好下令斩首。《破洪州》中,穆桂英对惩治违犯军规的杨宗保犹豫不决,也是两旁的堂威,促使穆桂英下定决心严惩不贷。公堂之上,无论是官员还是犯人,只要稍有不轨举动甚至仅仅是起了不轨之心,两旁立即喊起堂威,当事人顿时就收敛了。有人赞颂了戏曲中这种现象,认为表达了群众监督的威力,“提醒或警告坐在当中的主审官,应秉公执法,行为检点,不可做出出格的行为。……但凡做事业,要想有‘戏’,少走弯路,‘堂威’之类必不可少!”但这一观点受到一些学者的有力质疑。参见的灰:《漫谈“喊堂威”》,载《大连晚报》2016年4月4日。丁山教授以官衙之鼓还有用来警醒统治阶级免予罪戾的功能,此说与喊堂威警醒监督说大致相通。参见丁山:《中国古代宗教与神话考》,上海文艺出版社1988年版,第342页。

牌”，以及蓝伞、青扇、桐棍、皮槊等礼器和兵器，加上大轿子和鸣锣开道等，显然都源自将军出征“大张旗鼓”的仪仗。尤其是棍、槊[78]，这是典型的兵器，地方官要显摆兵器干嘛？这一切，如果联想军队出征时高扬将帅姓氏旗帜、擂战鼓、吹号角、列阵式、炫兵器，我们就明白为什么了。古人认为，如果“偃旗息鼓”，那就不怎么光明正大，也没有震慑力。大张旗鼓，显摆兵威，显然是为了张扬司法权威的正大和威严。

其七，执法官獬豸冠服含有军威因素。秦汉开始就以獬豸图象来标识执法司法官系列。在明清时代，文官、武官补服分别以不同禽、兽来标志等级。执法官本为文官，如果按“文禽武兽”的标准，应该以某种禽鸟为补服才是；现在不以禽鸟而单以獬豸为补服，这等于将法官看成武官之一类。我们今天关于“政法战线”（公、检、法、司、安）的某些观念及制度显然与此一传统有关[79]。

其八，公堂摆列使用惊堂木、刑具等也有军威意义。明清公堂审案时，有时将各种刑具（有称“十八般刑具”）摆列于公堂，就像军队出征时炫耀“十八般兵器”一般。至于惊堂木现场拍案造成的惊悚震慑，更相当战场鸣炮之威。包公戏里还常有三口铡刀排列，不过没有史料佐证。南阳县衙、叶县县衙展示的那些刑具，更多的是今人根据小说复原，不一定真实。不过，在刑讯合法化的时代，公堂逼供时确有展示酷刑刑具进行威慑的必要。既然把参与诉讼的人潜意识中当成敌人，那么当然就有排列十八般刑具制造军事性暴力震慑的必要。即使多数场合并不用，但这种军事化的威仪或仪式成分是有用的。

余　论

本文关于传统中国司法礼仪的讨论，是以中国传统体制的“大司法”为背景，以传统中国文明的“大礼仪”为视角的，不以近代意义上的“司法”和“礼仪”概念（观念）为区限。若从近代概念或观念入手，那就简直没有办法讨论了。这样的讨论，必须以钱穆先生所倡的那种“温情与敬意”为立足点。在《国史大纲》序言中，钱穆先生叮嘱我们：“尤必附一种对其本国已往历史之温情与敬意……至少不会对其本国已往历史抱一种偏激的虚无主义，亦至少不会感到现在我们

---

〔78〕《清史稿·舆服志四》：“乾隆时定外省仪卫之制‘……府佐贰、知州、知县仪卫：蓝伞、青扇各一，桐棍、槊各二，肃静牌二，青旗四’。”

〔79〕唯公、检、法、司、安五个部门至今仍设有与军队同样的“政治部”；十几年前法院、检察院系统仍以军官式的大盖帽、肩章制服为公务服饰。

是站在已往历史的最高之顶点,而将我们当身种种罪恶与弱点一切诿卸于古人。”[80]对传统中国的公堂文化、公正观念与司法礼仪问题,我们尤其应该作如是观;绝不能以今天的标准、逻辑和理想去苛求古人。我们阐释历史文化遗产,应先从“同情的理解”(从受到历史条件局限的古人视角与逻辑出发)出发去考察,然后再进升到人类文明进化大视野加以省思。片面溺陷入前者,或片面自矜于后者,都算不上理性的态度。

本文考察的公堂文化,若说简朴公衙、无冤獬豸、亲民大鼓等包含一定的公平正义追求,大家还能勉强接受。但是,说到刑以兵威、黑脸威猛、公堂拷跪等,似乎只给了人们暴力专制的印象,似与公平正义不沾边。对此,我们尤其必须先有相当的“同情之理解”,才可以进行讨论。在今日看来,军事性、家长性的威权专权因素,若融入执法和司法,当然是有悖于人权、民主和法治宗旨的。但是我们不要忘了:这种水准的观念,是人类政治文明进化到较高级阶段的产物;而在此前漫长岁月里,人们一般将军事性、家长性威权专权理解为公平正义的最有力保障。我们要明察并阐扬这些司法礼仪文化中的公平正义价值追求,不要被那些令人恐怖、憎恶的暴力专横外壳所障蔽。不过,历史进化到今天,我们在一个最大的是非上不能不清醒:古代中国人用以达至公平正义境界的梯子,今天已经过时或不可用了;找到在新时势下体现马克思主义的个体全面自由解放、追求并弘扬传统中国仁道仁政文明宗旨的公平正义登高云梯,正是我们当代法律人的最紧迫使命!

(原载《中国法律评论》2017 年第 1 期)

---

〔80〕 钱穆:《国史大纲》(上册)(修订本),商务印书馆 1996 年版,第 1 页。

兴学养士与古代中国“官本位”教育法制

——以官学为对象的初步考察

传统中国教育制度的精神，可以概括为“兴学养士”一语。作为古代中国教育主体的官办教育，实际上是以教育性官员官府（学官学府）培养候补官吏（学生员）的过程。这种以王公贵族子弟为主要对象的教育，后来虽扩及士庶子弟，但仍是以培养治民理政公务之“接班人”为宗旨的教育，甚至民办教育也攀附此一宗旨。本文旨在以官办正规学校教育（不包括官助民办的乡社村里之学）为考察对象初步解读古代中国教育法制的特征和精神。围绕着这一目标，我们应全面考察中国传统官办教育制度的主要因素，如关于学校设置和性质、学校招生对象范围、教学内容或修习课程、学业考查考试方式、学生毕业任用等方面的法律制度。至于乡举里选、察举科举等与官吏选补程序相关的制度，因相对独立于学校教育，本文暂不讨论。本文旨在对古代中国官办学校教育制度作一个大致梳理，初步总结分析这种以培养政治“接班人”为主旨的教育制度的主要属性、特色或精神。

一、学官学府：学校之官衙本质

古代中国的教育，一般通过学校完成。这里所说的学校，除私塾、社学和部分书院以外，一般是指从中央到地方的官办学校。这些学校，一般以“学官”为中心，其讲学之所称为“学府”，正式有编制名额的学生为“弟子员”“学生”“生员”。

《周礼》似乎记述了中国最早的国立大学：“大司乐，掌成均之法，以治建国之学政，而合国之子弟焉。凡有道者，有德者，使教焉,死则以为乐祖,祭于瞽宗。……乐师,掌国学之政,以教国子小舞。”[1]据此一记述可知:中国最早的官办教育始自音乐教育,大司乐算是最早的国立大学校长。“成均”“瞽宗”,是周代大学名称。乐师,就是国立音乐大学的教官;大司乐和乐师们以“乐德”“乐语”教训国子,他们的教学活动同时也是“国之学政”。一般以为,周代国立大学有五:中为辟雍,南为成均,北为上庠,东为东序,西为瞽宗。辟雍为王者所居,国子们分入东、西、南、北四学;四学中又以“成均”最尊[2]。《礼记·王制》说:“天子命之教,然后为学。小学在宫南之左,大学在郊,天子曰辟雍,诸侯曰泮宫。”这与《周礼》的记载略有不同,首次出现了“大学”和“小学”的划分。除了中央学校以外,周代似乎也开始建立了地方官学。《汉书·食货志上》说,周时“里有序而乡有庠。序以明教,庠则行礼而视化”。按照这一记载,里的学校(“序”)主要以“明教”即传授礼义为职责,乡的学校(“庠”)则主要以“行礼视化”即实习礼教(举办公共典礼仪式)并考察教化效果为职责。所以,“郑人游于乡校,以论执政”即士民们聚会于学校发出批评政府的“不和谐声音”时,“子产不毁乡校”[3]的美好传说,也反映了周代学校“议政”监督政治之特征性质的遗传。乡校不仅是传播礼义、举行典礼之所,还是国人对政治发表意见,褒贬官场人物的(有些原始民主监督性质的)场所。

汉代开始以博士官为中心建立了中央官学。汉武帝元朔五年(公元前124年)接受董仲舒建议,立太学,“为博士官,置弟子五十人”[4],其制“因旧官兴焉”。所谓“旧官”,就是指战国和秦以来旧有博士官制度。至此,博士官始有国家教授的职能[5],其配备的学生叫“弟子员”,即进入国家编制的预备干部。东汉明帝时,还设置了贵胄专门学校——四姓小侯学,是外戚樊、郭、阴、马四姓子弟的贵族学校[6]。东汉灵帝时,在洛阳鸿都门设置了一所专攻文学艺术的官学——鸿都门学,这是中央专门学堂之始。在各地,也先后设有官学——郡国学,至武帝时“乃令天下郡国皆立学校官”[7]。所谓“立学校官”,一是设立作为

---

[1] 《周礼·春官宗伯·大司乐》。
[2] 韩国“成均馆大学”之名应来自这一历史典故。
[3] 《左传·襄公三十一年》。
[4] 《汉书·儒林传序》。
[5] 汉代的博士官是皇帝的文学侍从官,备顾问、拟公文,并兼领选才、察访、平决冤狱等职责。汉武帝直博士弟子后,博士官始以研究经义教授学生为主要职责。
[6] 《后汉书·明帝纪》。
[7] 《汉书·循吏传》。

官府或官衙的郡国学校，二是设立作为教育主管官员的学官。汉平帝时，地方官学体制似乎趋于完备："郡、国曰学，县、道、邑、侯国曰校。校学置经师一人。乡曰庠，聚曰序，序庠置孝经师一人。"[8]在这些官办学校里，地方官员也是当然的教师。如汉武帝时，蜀郡太守文翁"乃选郡县小吏开敏有材者张叔等十余人亲自饬厉"[9]，亦即在自己衙门里开设"干训班"亲自培训预备干部。汉平帝时，何武为刺史，"行部必先即学官见诸生，试其确论，问以得失"[10]，亦即直接到学校主持考试或教学检查。

魏晋南北朝的"学官""学府"性质一如既往。在曹魏，黄初五年(224年)，魏文帝令立太学于洛阳，命慕学者自诣太学为门人。在孙吴，永安元年(258年)始"置学官，立五经博士"[11]。在西晋，晋武帝时即立国子学，"与天子宫对"。置国子祭酒、博士祭酒执教[12]。又立太学，太学中有明堂、辟雍、灵台之设。太学隶属太常，有博士十九人执教，每个博士各配有助教。东晋初，并无国子学、太学之设。成帝咸宁初年(335～337年)，采纳前国子祭酒袁环之建议，在江左复兴国子学；孝武帝太元初年，又"于中堂立行太学"。南朝时期，国子学和太学似乎已合而为一。宋文帝元嘉二十年(443年)正式复立国子学。同时又下诏各郡国"修复学舍，采召生徒"。自南朝宋时起，依名儒而建国立学馆的学府模式形成。南齐时期，学馆进一步发达。除京师外，各州郡亦兴学馆。这种学馆盖与从前州郡学大致相类。南梁时，国学兴盛，国学亦变成学馆模式，命五经博士各立一学馆，称五馆，聚生徒千余人。梁时亦重州郡学，武帝天监四年(505年)"分遣博士祭酒，到州郡立学"[13]。在州郡学，地方大吏常亲自任教授，讲经义[14]。北朝时期的学校以北魏、北周为盛。北魏道武帝初定中原时，即在首都平城立太学，置五经博士。天兴三年(340年)又"别起大(太)学于城东"。献文帝时，又令立乡学(郡学)。每郡置博士二人，助教四人。孝文帝时，曾在国(子)学之外专设"皇子之学"。迁都洛阳后，又在洛阳立国子大(太)学、四门小学。[15] 北齐

---

[8]《汉书·平帝纪》。
[9]《汉书·循吏传》。
[10]《汉书·何武传》。
[11]《通典》卷五三，《礼》一三。
[12]《晋书·职官志》。
[13]《南朝梁会要·(文学)》。
[14]《南朝梁会要·(文学)》。
[15]《通典》卷五三，《礼》一三。

时,设国子寺为中央教育主管机构兼国学,下设国子祭酒,国子博士等。又有太学博士,四门学博士,各领学生员数百[16]。北周时,仍分设太学与小学。设太学博士、助教各六人,设小学博士、助教二十余人。北周时亦有地方学校,可能分为两级:有“总管学”,即地方总管府辖区内最高学府,并有“县学”之设。其时文献常记有“总管学生”“县学生”之名称。在县学里,还没有“县博士”,应为专职教授兼学官。[17]

隋文帝时设国子寺(炀帝时改称国子监),为独立的中央教育主管机关,太常寺不再管学校。国子寺(监)以祭酒为主管,以司业为副,相当于后世的教育部正副部长。国子监下统国子学、太学、四门学、书学、算学等五所中央直属学校。每校各置博士、助教五人(但书学、算学仅各置二人)。[18]

唐代中央设有六个高级学府。在隋代中央五学之外,唐代增设“律学”,归大理寺领导。这是中国历史上首次出现的中央法律专门学校[19]。中央六所正式国立学校均设博士、助教、直讲各一人,执掌教席。龙朔二年(662年),唐高宗命于东都洛阳设东都国(子)学,置国子监、丞、主簿、录事各一员掌理之。又立东都四门学,设四门博士、助教掌理之。此外,唐代还有一些中央特别直属学校,如贵胄学校性质的崇文馆、弘文馆。唐代地方官学有州府学、县学、乡里学三级。各州(府)设州府学,设经学博士一人、助教一至二人。各州府又各设医学博士一人、助教一人。州府学主要有两类,一是普通性质的经学,二是专业性质的医学。经学博士的主要职责是“掌五经教授诸生”[20],可能同时还是一府一州的最高教育主管。在县级地方,各设县学、乡学。县学均设博士、助教各一人。武德元年(618年),高祖即下令“天下州县及乡,并令置学”[21]。

宋初亦置国子监,为教育机构暨最高学府;在四京(上京即汴京,西京、南京、北京)均设国子监,分辖各大区域教育事宜。后来国子监不再招生,专为教育管理机构。国子学与太学似乎合署。宋仁宗时,先设四门学;旋又设太学,废四门学。南宋初又复太学、国子监(学),于“行在”(杭州)招收太学生、国子学生。宋代真正有规模和定制的国立大学是太学。太学始于北宋仁宗庆历四年

---

[16] 《隋书·(百官志中)》。
[17] 《北周六典·(县令)》。
[18] 《隋书·(百官志下)》。
[19] 《新唐书·(百官志三)》。
[20] 《旧唐书·(职官志三)》。
[21] 《旧唐书·(礼仪志四)》。

(1044年)。南宋高宗绍兴十三年(1143年)在杭州复兴太学。除此之外,宋代中央还设有律学、书学、画学、医学、武学等专门学院(有的是在国子监中设专门系科)。还有宗学,是宗室贵族子弟学校,内分大学、小学,隶属宗正寺。徽宗崇宁年间还建有辟雍,"以处贡士"。宋代州县学制,几同唐制。

元代的国子学,按民族分为蒙古国子学、回回国子学、普通国子学三者。至元六年(1269年)正式设国子学,以许衡为祭酒;先隶属集贤院,国子监成立后隶属国子监。蒙古国子学设于至元八年(1271年)。回回国子学设于至元二十九年(1292年)。蒙、回两个国子学均单独设国子监领导,或监、学合一。元代地方官学有三类。一是官办普通学校(儒学),即路学、县学,包括至元二十八年(1291年)江南诸路及各县学内增设的小学。二是官办专业学校,有医学、蒙古字学、阴阳学等,均仅在各路设置,州府一般不设。医学属太医院。蒙古字学与蒙古国子学性质类似。阴阳学隶属太史院。三是书院。南宋时代即有许多书院,仅为民间讲学场所,到元代大致变成了官学之一种。书院广设于历代名贤大儒授业传教之地,设山长(总领院务并主讲)、教谕(讲授)、学录(负责考勤试业)、直学(掌钱谷)等学官,一般均系官府派遣或任命[22]。

明代国子学和国子监复行合一,改称国子监;既是教育行政机构,又是最高学府。全国的各级学校首次纳入国子监统一管理。国子监有南北两监,分设于北京、南京,又称南北两雍。明代一度设有太学,后废。此外还有宗室子弟专门学校——宗学,还有武学、医学、阴阳学等专门学院。明代的地方学校统称儒学,有一般府州县儒学,有边防卫所之儒学,有都司转运司儒学,有宣慰司、安抚司等土官衙司的儒学。在地方儒学之外,还有地方武学、医学、阴阳学等专科性质的官学。

清代的教育制度基本上抄袭明制。最高学府仍为国子监,习称太学。雍正三年(1725年),设管理监事大臣一人,位在国子监祭酒之上,总管国子监及全国学校[23]。在国子监之外,有宗学、觉罗学等贵胄学校,有旗学、俄罗斯学馆、琉球官学等特殊学校。地方官学即府州县儒学情形与明制略同,还出现了官办商学。

---

[22] 《元史·(选举志一)》。
[23] 光绪三十一年(1909年),设学部,撤国子监,中国传统的国子学至此终结,新式大学取而代之。

二、胄子俊秀：生员之候补资格

中国历代官办学校，其入学就读者大体上有一个共同特征，即以官僚贵族子弟为主体，入学即享有某种国家公务人员预备队资格。后来生源虽逐渐扩大至平民子弟，但培养“接班人”的教育宗旨不变，只不过为适应社会进步的需要将公职接班人资格范围扩大了一些而已。让更多的人进入“官家”，旨在扩大或巩固统治基础。

在周代，按《周礼》记载，在最早的大学“成均”中，有资格入学的，是“国之子弟”，也就是王公大人的子孙。在其他国立学府（如辟雍、上庠等），“王太子、王子、群后之太子、卿大夫元士之嫡子，国之俊选，皆造焉”〔24〕，尽是贵胄们的学校。

在汉代，选录博士弟子一开始即有选官性质：“为博士官，置弟子五十人，复其身。太常择民年十八以上仪状端正者，补博士弟子。……郡国县官有好文学、敬长上、肃政教、顺乡里，出入不悖所闻，令相长丞上所属二千石；二千石谨察可者，常与计偕，诣太常，得受业如弟子。”〔25〕昭帝时，举贤良文学，增博士弟子员至百人。宣帝末又倍增之。成帝时以“孔子布衣（尚）养徒三千人”为由，增博士弟子至三千人，平帝时增加至一万余人。太学于是差不多有近世大学之规模。东汉质帝时，令大将军以下至吏六百石皆“遣子弟就（太）学”，“于是游学者增至三万余生”〔26〕。献帝时，又令“公卿二千石（至）六百石子弟在家，及将校子弟见为郎、舍人（者），皆可听诣博士受业”〔27〕。地方官学生亦然，如蜀郡太守文翁在“成都市中”创办“学官”，“学官弟子，为除更徭”，免除了学生的徭役义务。免役正是官吏的待遇之一。郡学学生在校期间也直接跟着长官实习行政：“常选学官僮子，使在便坐受事。每出行县，益从学官诸生明经饬行者与俱，使传教令，出入闺閤。”〔28〕

魏晋南北朝时，贵胄更是国立学校的主要生源。曹魏时太学，“凡受业者，当其须十五以上公卿大夫子弟”〔29〕。孙吴时国立“学宫”主要“科见吏之中及将

---

〔24〕《礼记·（王制）》。

〔25〕《汉书·（儒林传）》。

〔26〕《后汉书·（儒林传）》。

〔27〕参见《通典》卷五三，《礼》一三。

〔28〕《汉书》卷八九，（文翁·循吏传）。

〔29〕《艺文类聚》卷三八，《礼部》上。

吏子弟有志好者各令就(学)业”[30]。西晋初太学规模较大,“有太学生三千人”(也有史书谓有七千人)。在太学之外,西晋开始单独设置“国子学”或“国学”:“官品第五以上得入国学。”[31]看来“国学”或“国子学”是中级以上官吏之子弟的专门学校。“国子学”与“太学”区分开来,其目的大约是“殊其士庶,异其贵贱”[32]。太学虽可以招平民俊秀,但生源似乎还是以官贵子弟为主:“大臣子弟堪受教者令入学。”[33]太学弟子有掌故、文学、弟子、门人、散生、礼生、寄学等名类,这种等级分类实际上已经有了预备公务员职岗或待遇等级的含义。东晋时太学、国子学时兴时废,其招生均系“权铨大臣子孙”。孝武帝时,尚书谢石奏“请兴复国(子)学以训胄子”,孝武帝讷其言,次年“选公卿二千石子弟生”入学[34]。《隋书·百官志上》载:“旧国子学生,限以贵贱,(梁武)帝欲招来后进,五馆生皆引寒门儁才,不限人数。”北魏初年即有太学、国子学,“增国子、大(太)学生员三千余人”;后又立四门小学。其国子、太学大约只招高官显贵之子孙,而四门小学主要招收一般士庶子弟[35]。北周时,太学主要招收官贵子弟:“诸胄子入学,但束脩于师,不劳释奠。”[36]

唐代的国立学校更注重“胄子”教育。唐制规定:国子学专招三品以上文武官及国公子孙(二品以上官爵则及于曾孙);太学专招五品以上文武官之子孙及三品以上官曾孙;四门学专招七品以上文武官及侯伯子男爵之子,并招“庶人子为俊士者”(其中官宦子弟名额600人,庶人子弟名额800人);崇文馆专招宗室、外戚、公侯子弟,及三品以上官员子弟;律学、书学、算学招八品以下文武官及庶人子弟为生员。在各州县学,按县之上中下等规定学生员额为二十至五十人不等。入学资格或录取名单的确定,均由行政长官负责:“国子监所管学业生,尚书省补;州县学生,长官补。”[37]

宋代的太学起初只招收八品以下官员及平民子弟为生徒[38]。地方官学,据《嘉泰会稽志》记载,法律规定九种情形者不得入学:(1)“隐匿丧服”;(2)“尝

[30] 《通典》卷五三,《礼》一三。
[31] 参见《南齐书·礼志上》引曹思文奏语。
[32] 参见《南齐书·礼志上》引曹思文奏语。
[33] 《通典》卷五三,《礼》一三。
[34] 《通典》卷五三,《礼》一三。
[35] 《通典》卷五三,《礼》一三。
[36] 《周书·武帝纪》。
[37] 《唐会要》卷三五,《学校》。
[38] 《宋史·选举志三》。

犯刑”；(3)“亏孝悌有状”；(4)“两犯法经赎”；(5)“为乡里害”；(6)“假户籍”；(7)“父祖犯十恶”；(8)“工商杂类”；(9)“尝为僧及道士”[39]。这种苛刻的资格，显然不仅是入学读书的资格，更是选任候补官吏的资格。

元代的三个国子监(学)都以招收贵胄子弟为主。普通国子学招生不限民族，但仅限招收宿卫大臣子孙、卫士世家子弟及七品以上朝官子孙。平民俊秀生，经随朝三品以上官员保举，始得作为陪堂生入学，但名额极少。蒙古国子学主要招收蒙古、色目官员和怯薛歹(禁卫军官僚集团)子弟，亦招收一些汉人官员子弟和平民子弟做陪堂生。回回国子学主要招收公卿大夫子弟和部分庶民子弟，主要培养翻译人员[40]。

明代国子监学生又称为太学生，有民生和官生之分。民生即平民子弟，官生即恩荫入学的品官子弟及蕃地土司子弟和外国留学生。民生的来源，有贡监和举监两类。贡监是各府州县学举荐进来的(又分为岁贡、选贡即优贡、副贡、恩贡、纳贡即例贡等名类)，举监是举人于京师会试落第者择优送国子监(由地方官保送)的学生。官生的来源，是皇帝颁给指标名额，以恩旨或荫庇选拔进入国子监学习者。官生分为荫监(三品官以上荫子弟一人入监)、恩监(功臣、烈士子弟一人特恩入监，或七品官以上子弟“勤敏好学”者特别恩准入监)两类。此外还有不分官民的例监(捐资入监，有时仅为买得一种资格)、优监(府州县官学生中的附生拔优选送入监)等名目。明代地方官学，即府州县儒学，学生均有规定名额，由地方提学官主持招生考试招入。经考试入府州县学、在法定名额之内且享受政府供应的正式学生，称“廪膳生”，即秀才。在原法定名额外，又给予一定名额增录或补录一些优秀者入学，是半正式学生，称“增广生”。

清代的官学招生基本上沿袭明制，以招收官宦子弟为主。

三、礼乐经义：学业之治术属性

古代中国官办学校开设的课程，亦即学生必须修习的学业内容，也是很值得注意的。官学的学业内容虽代有变化，但也有不变的东西贯穿其中，这就是“为政”术、“干禄”术、“治术”，或曰“治平术”，这是“帝王家”最需要的。

按《周礼·春官·大司乐》记载，在最早的国立大学“成均”中，大司乐和乐师们“以乐德教国子：中、和、祗、庸、孝、友，以乐语教国子：兴、道、讽、诵、言、语，

---

[39] 转引自喻本伐、熊贤君：《中国教育发展史》，华中师范大学出版社 1991 年版，第 240 页。
[40] 参见喻本伐、熊贤君：《中国教育发展史》，华中师范大学出版社 1991 年版，第 305 页。

以乐舞教国子：云门、大卷、大咸、大韶、大夏、大濩、大武”。这些“乐德”，无疑是当时政治所需要的“思想品德课”，“乐语”则是当时的“政治语文课”，“乐舞”则相当于“政治程序课”。《周礼·地官·师氏》：“以三德教国子，一曰至德，以为道本；二曰敏德，以为行本；三曰孝德，以知逆恶。”这更加明确了以德行教育培养“国子”政治素质和能力的具体内容。《礼记·学记》：“比年入学，中年考校：一年视离经辨志，三年视敬业乐群，五年视博习亲师，七年视论学取友，谓之小成。九年知类通达，强立而不返，谓之大成。”〔41〕这里的“小成”“大成”目标，其实均是政治品德和政治能力。《汉书·食货志》记载周代官学的学习内容：“八岁入小学，学六甲五方书计之事，始知室家长幼之节。十五岁入大学，学先圣礼乐，而知朝廷君臣之礼。”〔42〕宋人宋熹说：“三代之隆，其法寖备，然后王宫国都以及闾巷，莫不有学。人生八岁，自王公下至于庶人子弟，皆入小学，而教之以洒扫、应对、进退之节，礼乐射御书数之文；及其十有五年，则自天子之元子众子以至公卿大夫元士之嫡子，与凡民之俊秀，皆入大学，有而教之以穷理、正心、修己、治人之道。”〔43〕总之，宗法政治品德和政治技术，而不是科学或生产技术，是官学教育中的实质性内容。

这种教育内容，直到春秋时孔子开办民间教育时仍然坚持：“教以六艺：礼乐射御书数。”这六者，其实都是官僚贵族治民驭民之技能。弟子樊迟“请学稼”，遭孔子一顿痛斥〔44〕；另一弟子子张“学干禄”，孔子则为之欣慰，循循善诱：“多闻阙疑，慎言其余，则寡尤；多见阙殆，慎行其余，则寡悔。言寡尤，行寡悔，禄在其中矣！”〔45〕可见民办教育仍不以生活技术和自然认识为主要内容，仍是以“干禄”即从政本领为内容。

在汉代，官学教育的主要内容是经学，无论是今文经学还是古文经学，其实际内容都是儒家的主要经典：《诗》《书》《礼》《易》《春秋》，加上《论语》《公羊传》等。东汉时曾形成了一部由皇帝亲自主持会议审定内容而形成的太学教材《白虎通义》，对国家政治生活中的各类重大事宜都作了官方定义。这些儒家政治意识形态和政治技术，都是学生未来从政的基础。在汉代的地方官学，以蜀郡太守文翁的教学内容为代表：文翁直接让郡学学生跟着他做行政实习：“常选学

〔41〕《礼记·学记》。
〔42〕《汉书·食货志上》。
〔43〕(宋)朱熹:《四书集注·大学章句·序》。
〔44〕《论语·子路》。
〔45〕《论语·为政》。

官僮子,使在便坐受事。每出行县,益从学官诸生明经饬行者与俱,使传教令,出入闺阁。”[46]这种实习比学习经义更有作用,直接见习行政办事能力和技巧。

魏晋南北朝时期,大致沿袭汉代的教学内容格局。但自南朝宋时起,开始产生了一种新的教育形式,就是缘依有名望的大儒而建立的学馆。如武帝、文帝时在京师为名儒(雁门人)周续之立学馆,帝及王公、高官均亲往听讲礼经。文帝元嘉十五年(438 年)又立学馆于京师北郊鸡笼山,命名儒雷次宗居而讲授,聚徒百余人。又命丹阳尹何尚之于京南立玄学(学馆),“聚生徒”讲学,“谓之南学”。这种学馆,有时有专业分别。如文帝元嘉十六年(439 年)命何尚之立“玄素学”,命何承天立“史学”,谢元“立文学”,“各聚门徙”[47]。这大概是世界上最早的单科性质的独立学院——文学院、史学院、哲学院。这种学馆,教学内容其实仍然是当时政治需要的经义和治术,而不是后世意义上的知识或科学。在北朝,北魏的“四门小学”似乎有专业划分,有“算法生”“书生”“医生”等名目,这可以视为在国立大学分立“数学系”“书法系”“医学系”之始[48]。这是在通才型干部培养之外注意到了技术型干部(专才)的培养了。国家治理也需要这些专业性技术。

唐代的中央官学,以“五经”划分专业或系科:国子学生徒 300 人,分习五经,每一经 60 人;太学生徒 500 人,习五经,每一经 100 人;四门学生徒 1300 人,亦分习五经。在这些普通综合型大学里,按照五经分系——诗经系、尚书系、礼系、乐系、春秋系。五经,还有《孝经》《论语》《国语》等是主要教材,这相当于“专业理论课”;此外修《说文》《尔雅》《字林》《三苍》等,这相当于“语文课”。这些主要培养政治通才。此外有律学、书学、算学、医学、崇玄学之类的专门学校,其修习课程突出专业技术特色。如在“律学”即“独立法学院”中,学生“以律令为专业,格式法例亦兼司之”。在“书学”即“独立文学院”中,学生“以石经、说文、字林为专业,余字书亦兼习之”[49]。在“算学”即“独立数学院”中,学生主要修习《九章》《周髀》《五经算术》等。这些旨在培养专业技术性公务员。

宋以后的情形大致沿袭了唐代的传统,教学内容仍是通才的经义教育和专才的技术教育二者有相对划分。在宋代,北宋时期的官学教材主要是王安石父

〔46〕《汉书》卷八九,《循吏传·文翁》。

〔47〕(清)朱铭盘:《南朝宋会要·文学》。

〔48〕《北周六典·春官府》之“太学博士”“小学博士”条。

〔49〕《新唐书·百官志三》。

子在皇帝授权下为《诗》《书》《周礼》所撰写的"三经新义"。在南宋时代主要是朱熹等编撰的"四书章句"等。这都是官定政治意识形态和政治化文史哲教科书。学生虽然以学习理政治民之术为要务,但在校期间不得干预政治。如宋代学规中就列出了对学生犯规的五等处罚,"以谤讪朝政为一等罚之首"[50]。元明清的官学的情形大致类似,不必赘述。

四、课业黜陟:考绩之选吏属性

古代中国官办学校学生的学业考试考查,形成了许多制度。这些制度总目标是要求德学双修,因而这些学业考试考核主要不是以考察学生学业成绩决定升级或留级为目标,而是以对学生奖惩黜陟、动态选拔公务员为目标,因而把学业考试过程当成预备公务员选拔之逐步淘汰愚劣、撷取精英的过程。

早在周代,国立学府就有了学业考核制度:"将出学,小胥、大胥、小乐正简不帅教者,以告于大乐正,大乐正以告于王,王命三公九卿大夫元士皆入学;不变,王亲视学;不变,王三日不举,屏之远方。"[51]这里记载的似乎是对于国子们学业的考课督促制度。"小胥""大胥""小乐正"等都是教官,他们"简"(检查考核)出"不帅教"(不堪教育)的学生,向主管长官"大乐正"报告,并上报于"王"。王命高官们到学校去帮助训导;如果还不改正,王还亲自到学校视察督责。如果还不改变,就要将顽劣学生流放远方。为了表示流放学生于心不忍,王还三天不举乐以表示自责。

在汉代,以太学为例,其学业考核明显同时也是候任官吏的筛选淘汰过程:"一岁皆辄课,能通一艺以上,补文学掌故阙;其高弟可以为郎中,太常籍奏;即有秀才异等,辄以名闻;其不事学若下材,及不能通一艺,辄罢之。"[52]这种考核既可以视为年度学习成绩考核考试,也可以视为毕业任用考试。才干、成绩太差的随时清除出预备官吏队伍。

曹魏时的太学,虽然入学比较自由("命慕学者自诣太学为门人"),但进校二年后方通过考试决定正式学生员资格:"通一经者称(博士)弟子",否则罢遣归家。通过者,过两年再考:"通二经者补文学掌故,不通经者听须后辈试。"即与下届新考生一起重新参加考试,通过者"亦得补掌故"。再过两年又考试,"通

---

〔50〕《宋会要辑稿·崇儒》。

〔51〕《礼记·王制》。

〔52〕《汉书·儒林传序》。

三经者高第,为太子舍人”。又过两年更考,“通四经者高第,为郎中”[53]。两阶段未通过之人均可随下一届重考。魏时太学考核管理,颇有规章,“太学堂上,官为置鼓”,“凡受业者……不恭肃、慢师、酗酒、好讼,罚饮水三升”[54]。这些考试考核,都是德才兼察的。在孙吴的中央“学宫”里,“一岁课试,差其品弟,加以位赏”[55],一样是学业成绩考核与公务员任用资格之决定兼而有之。

唐代官学学生,有定期考试考核。《通典》载:“每岁仲冬,郡、县、馆、监课试其成。”[56]神龙二年(706 年),中宗诏令:“每年国子监所管学生,国子监试;州县学生,当州试。并选艺业优长者为试官,仍长官监试。其试者通计一年所受之业,口问大义十条,得八以上为上,得六以上为中,得五以上为下。及其学九年(律生则六年)不贡举者,并解追(遣归)。其从县(学)向州(学投考)者,年数下第,并须通计。服阙重仕者不在限。不得改业。”[57]值的注意的是,这里不仅规定了国子学生学绩考试的上、中、下等级标准,并规定了最长学习期限届满仍然科举不中者要罢黜遣归,取消预备官吏资格;还规定由国家中央机关或地方的长官(而不是学府的学官)主持考试考核,更可见其学绩考试和公务员考试合一的属性。

宋代在中央和地方官学里广行“三舍”升等考试法,这有些划分年级暨优差等级的意思,也有公务员任用预考的意思。神宗熙宁四年(1071 年)始立“太学三舍法”,将太学分为上舍、内舍、外舍三等。始入学为外舍生,初不限员,后定额为七百,再定额为三千员。每年春、秋各考试一次,优者升为内舍生[58],额二百员(又谓三百员)。过两年再考试一次,取优者一百人升为上舍生。在上舍内,又通过考试分为上、中、下三等。这些考试,均为公试。所谓公试,即“学官不预考校”,即本校主管、任课老师回避,而由其他机关长官来校考试。“三舍法”很快被推广到地方官学。哲宗元符二年(1099 年),“初令诸州行三舍法,考选、升补,悉如太学”。徽宗崇宁元年(1102 年)似又将“三舍法”推广至县学。州学“上舍生”不需考试可直接转入太学外舍就读;转入太学外舍后,三年未考升内舍者,则遣归即罢黜。州学生考试成绩优秀者,升入太学内舍。崇宁元年

---

〔53〕《通典》卷五三,《礼》一三。

〔54〕《艺文类聚》卷三八,《礼部》上。

〔55〕《通典》卷五三,《礼》一三。

〔56〕《通典》卷十五,《礼》三。

〔57〕《唐会要》卷三五,《学校》。

〔58〕宋哲宗元丰年间《学令》规定:“月一私试,岁一公试,补内舍生。”

(1102年)定制:县学生选考升州学,州学生三年一考“贡太学”。其后,又令在京城南门外建“外学”曰辟雍,天下贡士先入外学(辟雍),太学“外舍”亦并入外学,太学仅保留上舍、内舍。至此,宋朝之升学等级制完备:县学选考入州学,州学选贡入外学(辟雍),外学升考入太学(内舍、上舍)。太学生绩优者可直接任官,“入上舍而(绩)中上等者,得不经礼部试,特命以官”。崇宁五年(1106年)朝廷一度罢科举,一切考选任官均由学校三舍升等而来[59]。

元代继承宋代“升等法”,形成了“六斋升等法”。国子学分为六斋,下两斋为“游艺”“依仁”,中两斋为“据德”“志道”,上两斋曰“时习”“日新”。下斋为诵书讲说,修习小学;中斋讲授“四书”,诗词格律;上斋讲授《春秋》等经文。这相当于后世大学的不同年级开设不同难度的课程。国子生入学,依各自程度基础进入相应的“斋”学习,每季考试其所习课业,合格且无违返校规行为者,升入高一等“斋”学习。这一学业考试升级过程,实际上是预备官吏选拔过程,国子学生直接可以通过学校考试以“贡生”途径出仕。

明代的国子监分为六堂,与元代六斋相似,但也有相当变化。凡初入学,虽通四书而未通经者,居正义、崇志、广业三堂,实为初级班。修业一年半以上,经考试升入修道、诚心二堂,实为中级班;再修一年,考试经史兼通、文理俱优者升入率性堂,实为高级班。升中级、高级班(堂),除考试课业取优外,还要看“坐监”即在校学习时间是否届满。明制规定:只有坐监七百天以上(并考试优等)者,才可升入高一级的堂(班)。在率性堂(高级班)阶段,采取“积分”制:每季考试三次,每月一次;考试科目不同(或经义,或论,或诏诰表内科,或经史策),每次考试文理俱优者积一分;一年内积八分者给予出身(任官资格)并送吏部历事(见习为官员)[60]。以积分制逐渐汰选学生并确定任职资格,这更加典型地体现了学业考试的选吏属性。

清代国子监亦设六堂,同于明代,亦有升等法。又有内外班之分,六堂为内班,常住监内;外班则在监外,按期赴监听课,犹后世之走读。内班高于外班(主要是待遇有异),外班可以考升内班。清代地方儒学的考试考核升降奖惩办法,特别值得一提。通过岁试,考列二等者,增广生补廪膳生,附学生、青衣、升社生则补为增广生。考列三等者,廪膳生停其廪,复为候禀;增广生复为增生。考列四等者,廪膳生停廪,不除名额,限半年补考,免扑责;增生、附生、青衣、升社生则

---

[59]《宋史·选举志三》。
[60]《明史·选举志一》。

要受扑责,即鞭笞。考列五等者,廪膳生停除名额,原停廪者降为增广生,增广生降为附学生,附学生降为青衣,青衣则发社(发还社学),发社者“降为民”。考列六等者,发社、降为民或充吏役。这种升降制后来多成具文,岁考只有四等以上,发落极为罕见[61]。清代的官学考试办法更充分地体现了对学生逐渐汰选以确定出仕资格的属性,成绩差的轻则取消享受国家奖学金的资格,重则“降为民”即失去预备公务员身份。可见考试不是学绩优劣判断问题,而是决定“官”身份的去留问题。

五、毕业出仕:就业之治民职岗

古代中国官办学校学生,其毕业出路实际上只是“出仕”一条。孔子曾总结为“学而优则仕”,似乎不太准确。事实上,最后得到“仕”机会的并不一定的“学而优”者,还应包括勉强通过历次考试(核)、未被淘汰的那些并不一定“优”的学生。对古代中国的官学学生而言,只要勉强完成了学业,就有“出仕”的机会。他们学习的“治平术”,只能“货与帝王家”,没有别的“用人单位”需要这种术。所以“读书做官”,是官学生的“华山一条路”;毕业后就业,等待他的只有这一种职岗。如果没有职岗空缺,他就得终身等待,从事任何别的职业都不算真正就业。当然,这里的“仕”,也不一定要仅仅理解为狭义的“官”,应理解为广义上的“官吏”,亦即包括承担事务性、技术性、勤杂性公职并有俸禄(哪怕仅叫作“饭食银”)的各类“吏”。

早在周代,“诸侯岁贡少学之异者于天子,学于大学,命曰造士;行同能偶,则别之以射,然后爵命焉”[62]。也就是说,大学(太学)学生(造士)经一定考核后,可以直接授以官职。《礼记·王制》:“司徒论选士之秀者而升诸学,曰俊士。……然后因材而用之。”也是说官学生可以直接授官任职。

在汉代,太学“一岁皆辄课,能通一艺以上,补文学掌故阙;其高弟可以为郎中,太常籍奏;即有秀才异等,辄以名闻”[63]。进入太学,并无固定的学业期限,也不按类似今日年级学制升级,更多只是取得一个随时被选择出任官职的资格而已。入学一年后就考试授职,合格的就能有“补(官)缺”的机会,出任“文学”“掌故”之类的闲散官职。考试成绩更好的,由太常寺造册上报皇帝,可以得到

---

〔61〕《清史稿·选举志一》

〔62〕《汉书·食货志上》。

〔63〕《史记·儒林传》。

出任“郎中”(侍从官)的机会。特别出类拔萃的,随时报告给皇帝,可能随时委以要职。在地方官学,以武帝时蜀郡太守文翁所办学堂为代表,“高者以补郡县吏,次为孝弟力田”[64]。“郡县吏”,就是郡县衙门中的辅佐性、事务性公务员;“孝弟、力田”就是以教化、劝农为主要职责的乡官。

在三国两晋时期似乎也是如此。曹魏的太学,入学后每两年考试一次,决定更高官职任用资格:从“称(博士)弟子”到“补文学掌故”,到“为太子舍人”,直到最高者“为郎中”[65]。在孙吴的“学宫”,学生“一岁课试,差其品弟,加以位赏”[66],亦为考试授以官职。在西晋,晋武帝时曾下令对太学生进行淘汰考试,“已试经,才(堪)任四品(者)听留,余(皆)遣还郡国。”[67]这相当于毕业考试,考过者直接授以四品以上官职。

到了唐代,参加科举者须先经中央学校或州县官学进修,然后才可应科考。于是州县官学更直接与国家公务员考试任用接轨。大和七年(833 年),唐文宗敕:“应公卿士族子弟,取来年正月以后,不先入国学习业者,不在应明经、进士之限。”会昌五年(845 年),唐武宗制:“公卿百官子弟及京内士人寄客,修明经、进士业者,并宜隶于太学。外州县寄学及士人,并宜隶各所在官学。”[68]这就是规定,参加明经、进士科考试的生员,必须先正式入籍作为太学生、州县官学生;科举考试简直就成为官学学生的毕业考试。通过考试就授以官职。中央官学学生也有不经科举而直接授官者。高祖武德元年(618 年)诏令:“(学生)有明一经以上者,有司试策,加阶叙。”[69]《旧唐书·职官志》谓:“每岁,(国子)生有能通两经以上求出仕者,则上于(国子)监。”国子监报吏部,吏部拟定授官方案并报皇帝批准。

在宋代,太学生绩优者也可直接任官,按照“三舍升等法”,“入上舍而(绩)中上等者,得不经礼部试,特命以官”[70],就是考入太学“上舍”(高级班)成绩达到中等以上的太学生,不需要经过科举考试也可以直接授官。宋代一度废除科举,以中央官学毕业生考试后直接授官取而代之。

---

〔64〕《汉书》卷八九,《循吏传·文翁》。
〔65〕《通典》卷五三,《礼》一三。
〔66〕《通典》卷五三,《礼》一三。
〔67〕《通典》卷五三,《礼》一三。
〔68〕《唐会要》卷三五,《学校》。
〔69〕《通典》卷五三,《礼》一三。
〔70〕《宋史·选举志三》。

元代实行“贡生制”,是国子学与科举合流的授官任用模式。生员在学修业二三年,即可参加“贡试”,中选者即授以官职。“国子学试贡法:蒙古授官六品,色目正七品,汉人从七品。”〔71〕亦即国子生中一部分人可以不通过科举获得官职。当然,更多的官学生是通过科举考试获得官职。即使是民办官助的书院,其生徒学成后经守令举荐、台宪考核,也可直接任教官或吏员〔72〕。

在明清时代,地方府州县官学正式生员中选拔出优秀者“贡献”给天子,称为“贡生”,可以不经科举直接授以官职。《清史稿》说:“恩、拔、副贡以教谕选用,岁贡以训导选用。康熙中,捐纳岁贡,并用训导。雍正初,捐纳贡生,教谕改县丞,训导改主簿。既仍许廪生捐岁贡者,用训导;恩、拔、副贡年力富强者,得就职直隶州州判。”〔73〕“监生”即国子监学生,也可以不经科举直接通过国子监学业考试考核获得官职。

六、结语:学官养士的教育使命

经过上述考察,我发现,古代中国官办教育有五个方面的关键特征。

第一,学校的官衙属性。学校为“学官”、“学宫”或“学府”,有时兼为教育行政主管机构。教师为“博士官”、“学官”或“教官”,享受国家官吏品级和俸禄,掌握一定的教育行政权力。所以直到清末,地方府学、州县学的教授、学正、教谕,都是地方官府的“教职”学“学官”,广义上属于“佐贰官”的范围。他们除了授课和管理学校以外,还经常被委以其他行政职责〔74〕。学官或学府的设置,以国家政治统治的具体需要(如训育贵胄、招揽俊才、训练专才)为依据。总之,教育主要是“官家”的事,是“官治”之事。

第二,学生的候补属性。官办学校的受教育者为“弟子员”“生员”“学生”,其数量有着官吏岗位职数、编制般严格的限制。一般学校的学生编制是几十人(有的专业学校生仅仅十几人),有时几百人。即便如东汉太学生三万人之时,也不过是官吏编制员额滥行扩大而已(不一定都是正式有员额编制的学生,更多的是“游学者”)。他们都是纳入国家公务员编制的候补干部,只不过没有出任实际职务而尚在培训之中而已。官学的学生,起初以贵胄子弟为主体,即所谓

---

〔71〕《元史·选举志一》。

〔72〕《元史·选举志一》。

〔73〕《清史稿·选举志一》。

〔74〕参见瞿同祖:《清代地方政府》,范忠信等译,法律出版社2003年版,第21页。

“国子”“胄子”，教育宗旨在于培养他们“继体守成”亦即接父祖之“班”的能力而已。后来生源虽扩大至平民，但培养“接班”的教育宗旨不变，只不过随着社会的进步不得不将公职接班人资格范围扩大一些而已。其实，让更多的平民英才进入“官家”，极其有利于扩大或巩固统治基础。

第三，学业的治术属性。在官办学校，甚至扩大至官助民办的学校，其教学内容一直以礼乐经义为主体，体现了官办教育的治民术、理政术培训的实质属性。这些“治术”大约有三个层次，最高层次是文章、诗赋、音乐、射御之类，这是身为统治阶级的“雅致”课程，是高等身份的标志和享乐本领，是贵胄自矜于百姓的地方，或自命不凡之所在，是让文盲百姓崇敬信服之所在。中等层次是礼仪、礼义、经史、性理、经济之道等，这是对百姓进行统治管理和教化的基本策略技术之所在。最低层次是律学、书学、算学、医学、阴阳学之类，这是政治统治具体工作中所需要的各类专业技术。与此相关，官办学校一般分为贵胄专校、普通官校、专门技术官校三种情形，三种学校各以上述一个层次教育为主（兼习其他）。这三个层次主要是“治平术”，只能“货与帝王家”。

第四，考绩的选吏属性。官办学校对学生的学绩考核不仅仅是文化课程成绩的检验，而是仪状、品行、能力、成绩的综合考察。这不仅是指结业或毕业考试而言，也包括平常考试、考试考察学业的过程，就是一个逐步淘汰愚劣、撷取精英的过程，就是一个动态选拔过程。几乎每一次考试考察决定的不是成绩优劣、升级留级，而是能否作为预备官员继续保有资格享有待遇或享受什么等级的待遇的问题。

第五，就业的“唯仕”属性。官办学校学生毕业出校，严格地说无所谓就业问题。因为只有一个用人单位，那就是“帝王家”。这决定了他们毕业后只有一个“就业”去向，那就是“做官”。当然，这个“官”，可以从最广义上理解。这种“唯仕”就业取向，也说明了中国历代国家政权的人才需求取向：国家更需要的是一般政治管理暨“文化”（教化）型人才，而非社会生活实用技术型人才。从官学学生“就业”为正式官吏，不外走两条路：一是从官学经过学业考试或资格审查，直接授予官职；二是通过较为正式的公务员任用考试（隋唐以后即科举考试）获得官职。甚至两种途径都无能力走通的“成绩差”的人，还有第三种途径，如明清时代对于那些“屡试不第”的高龄老生员直接以授以虚职俸禄以养天年，这是对那些成绩太差无法正常“就业”且无“就”他“业”之能力的读书人的一种安抚或福利救济。

将上述五个方面的特征或精神合起来,大致可以概括出古代中国官办学校教育这一方面的全部制度的整体属性和内在精神了。至于这种属性或精神的形成原因,这就是另外一篇文章的题目了。

（原载《暨南学报》2011 年第 6 期）

古代中国人民权益损害的国家救济途径及其精神

引　言

在古代中国，国家虽然没有通过系统的立法具体详细地规定和保障人民的行政救济权利，但国家设计了一系列可供人民使用的救济途径或渠道是毋庸置疑的。国家行政既以“为民父母行政”相标榜，那么“为民做主”就是题中应有之义。为人民提供“鸣冤叫屈”“哭诉”“陈情”“请愿”的场所、途径、方式，并至少表面上要让人民能够实际使用这些途径或方式，是“为民做主”的最典型体现。这一点，即使是中央集权封建君主专制的王朝，还是不能不考虑的。

在古代中国，一般来说，百姓如果认为官府的行政举措违反国家制度或社会风俗礼制、侵害自身正当利益，是可以采取一定的方式或通过一定的途径加以挽救、救济或争取纠正的。这种救济方式或途径，虽然不一定有明确的法定程序，但却实实在在形成一定的制度或惯例；它们虽不一定以明确宣称以保障人民的行政救济权利的目的而生，但其供人民使用以防止官吏舞弊、保护百姓的正当利益的目标是明显的。事实上，防止官吏舞弊、加强廉政监督的方式、途径、程序、手段等，只要允许人民参加或利用，客观上就会起到在国家行政过程中救济人民权益的作用或达到这样的效果。

可以达到这样效果的救济途径，大致有以下几类。一是按照国家行政层级逐级申控的救济途径；二是通过国家设定的遍及全国各地的巡回监察机构的救济途径；三是直接上达皇帝或者向皇帝“告御状”的救济途径。除此三者外，我们可以把“越诉”制度单独提出来讨论。

一、按照国家行政层级逐级申控的救济途径

在古代中国，人民自认为有冤抑或正当权益受损害时，一般来说只能循着国家的行政层级逐级向上申控，以寻求救济。这种逐级申控的制度或惯例，也许是有国家政权以来一开始就有的。

古代中国政治体制提供给人民的救济渠道，一般就是从本管衙门或长官开始直至中央的寻求保护或救济途径。

《周礼》似乎就记载了周代的逐级申控途径。在周代，在各诸侯国和中央直属区（王畿），其地方行政管理，大约有乡（遂）、州（县）、党（鄙）、族（酂）、闾（里）、比（邻）[1]等六级。乡（遂）、州（县）两级，大约就是后世的地方省、县两级政权；党（鄙）、族（酂）、闾（里）、比（邻）四级，大约就是后世的乡村各级地方或宗族管理层级。在州（县）一级，长官州长"掌其戒令与其赏罚"，县正"掌其治讼，而赏罚之"[2]；有方士"掌都家，听其狱讼之辞"，县士"各掌其县之民数，纠其戒令而听其狱讼"[3]，这当然包括可以接受人民申控以便救济权益。在乡（遂）一级，长官乡大夫"各掌其乡之政教禁令"，遂大夫"掌其政令戒禁，听其治讼"[4]；有"乡士""遂士"专门听讼，"各掌其乡（遂）民之数而纠戒之，听其狱讼"[5]，这当然也包括接受人民申控以便救济正当权益。在这两级地方官府之上，人民权益的救济就必须到"国""朝"即诸侯国中央或王畿的中央了，如乡士、遂士所审案件"旬（或二旬）而职听于朝，司寇听之"；方士所审案件"三月而上狱讼于国，司寇听其成于朝"，县士所审案件"三旬而职听于朝，司寇听之"。最重大的案件，可以"王令三公会其期"来会审[6]。

真正比较严格意义上的逐级向上申控的制度，从今天确知的历柱来看，大约是隋朝开始的。隋文帝曾诏令全国："有枉屈，县不理者，令以次经郡及州；至省仍不理，乃诣阙申诉。"[7]

---

[1] 前者为诸侯国的层级，括号内为王畿内的层级。
[2] 《周礼·地官司徒》。
[3] 《周礼·秋官司寇》。方士，大约即"州"级专职司法官，与"县士"相对应，应为"州士"。
[4] 《周礼·地官司徒》。
[5] 《周礼·秋官司寇》。
[6] 《周礼·秋官司寇》。
[7] 《隋书·刑法志》。

唐代完善了逐级向上申控的救济体制。《唐六典》规定："凡有冤滞不伸，欲诉理者，先由本司本贯；或路远而踬碍者，随近官司断决之。即不伏，当请给不理状，至尚书省左右丞为申详之。又不伏，复给不理状，经三司陈诉。又不伏者，上表。"[8]这就是唐代关于人民在寻求申诉冤屈、控诉贪腐、救济权利时的一般救济程序或途径。所谓"本司""本贯"，就是自己所属的地方（县）或其他县级单位，救济必须从这里开始；对县里的处理不服，然后就到州里申控。如果本司、本贯路远不便，可以就近申控于虽然不是本司、本贯但方便告状的官府。当然，如果一开始就是以县官或州官为申控对象，那就不限于向本司、本贯先申控了。唐中宗大历年间规定："亡官失职、婚田两竞、追理财物等，并合先本司；本司不理，然后省司；省司不理，然后三司；三司不理，然后合报投匭进状。"[9]这里的"本司"，就是本州本县；本州县不理才可以到中央的尚书省六部各司；"省司"不理才可以到"三司"申控。这里的"三司"，不知是"三法司"（大理寺、尚书刑部、御史台），还是（对于特别重大的案件）由御史台、中书省、门下省长官组成特别最高法庭进行会审的那个"三司"，还是专门负责受理"上表"的三司[10]，我们认为应该是最后这个"三司"。

宋代继承了唐代的制度，人民申控冤抑救济权益同样必须逐级上告。宋代法制规定："人户诉讼，在法：先经所属，次本州，次转运司，次提点刑狱司，次尚书本部，次御史台，次尚书省。"[11]所谓"先经所属"，就是指所属的县或其他县级单位，然后到州（府、军、监）这一级，然后是在路（转运使、刑狱使）这一级，更后是中央（尚书本部、御史台、尚书省），最后是皇帝。

在各级地方除一般行政管治衙门以外，其他军事、特务和治安性质的官府不得擅自受理人民申控。比如明代法律规定，军府、锦衣卫、巡检等非一般行政官府不得受理诉讼。明武宗正德十六年（1521 年）七月十四日圣旨："今后缉事官校，只着遵照原来敕书，于京城内外察访不轨奸官、人命强盗重事，其余军民词讼，及在外事情，俱不干预。"明世宗嘉靖七年（1528 年）刑部题："各处镇守、总兵、参将、守备等官，务要干理本等职业，一切钱粮等项词讼，不得侵预，以招物

---

〔8〕《唐六典》卷六，《刑部》。

〔9〕《唐会要》卷五五，《省号下》。

〔10〕《唐律疏议·斗讼》"越诉"条疏议："依令：'尚书省不得理者，听上表。'受表恒有中书舍人、给事中、御史三司监受。"

〔11〕《宋会要·刑法》三之三一。

议。"违者,"听科道官通行究举,一体治罪"。[12]

此外,我们还可以把先秦时代国家派遣官员到民间采风访俗、访贫问苦的制度,也看成通过一般行政途径人民权益的变相形式之一。周代的"振铎访求民意"的制度就是如此。《左传·襄公十四年》引《夏书》:"遒人以木铎徇于路,官师相规,工执艺事以谏。"这是讲周代曾设置"遒人"之官,其职责是敲打(振)木铎于乡间道路,听取人民的呼声,征求人民的意见。《汉书》说"行人振木铎徇于路,以采诗献之"[13],《风俗通》说"周秦以岁八月遣遒轩使者(遒人?)采异代方言"[14],大概指的都是这一制度。到民间采访诗歌、民谣、民谚,其实也许正是给人民提供申控救济的机会。唐人颜师古注汉书曰:"采诗,依古遒人徇路,采取百姓讴谣,以知政教得失也。"民歌、民谣常常诉说人民的疾苦、控诉官吏贪腐,甚至就具体案件、事件而作。春秋时代,管仲在齐国创造了官吏主动深入闾里即乡村"问事"的制度。这种制度,实际上包含了直接听取民众申告之内容。如"问人之所害于乡里者何物也?""(问)除人害者几何矣?""问刑论有常以行不可改也,今其事之久留也何若?"[15]这实际上是在直接听取人民控诉申告,以图为民除奸除害申冤屈。这当然可以成为人民权益救济的实际途径或渠道。

二、通过巡回监察机构接受申控的救济途径

在古代中国,除了正常的地方行政层级的救济途径之外,国家还经常派遣官吏在全国各地巡回监察,接受人民的申控,这也成为人民申控冤屈、救济权益的经常途径之一。

这种巡回监察官吏在巡回督察中接受人民控告的救济途径,应该是很早就有的。据说,早在黄帝时代,就曾"置左右大监,监于万国"[16]。"大监"就是后世巡回监察御史的起源;"万国"就是地方部落盟邦。这些"监于万国"的"大监",当然也可以接受人民的控告,成为人民救济权益的途径。

汉武帝时代最先建立"刺史"制度,"绣衣直指刺史"实际上是巡回监察御史的一种特别形式而已。"刺史掌奉诏察州,以六条问事。一条,强宗豪右田宅逾制,以强凌弱,以众暴寡。二条,二千石不奉诏书遵承典制,倍公向私,旁诏守利,

---

[12] 《明代律例汇编》卷二二,《刑律五·诉讼》。
[13] 《汉书·食货志》。
[14] (汉)应劭:《风俗通义·序》。
[15] 《管子·问》。
[16] 《史记·五帝本纪》。

侵渔百姓，聚敛为奸。三条，二千石不恤疑狱，风厉杀人，怒则任刑，喜则淫赏，烦扰刻暴，剥截黎元，为百姓所疾，山崩石裂，袄祥讹言。四条，二千石选署不平，苟阿所爱，蔽贤宠顽。五条，二千石子弟恃怙荣势，请托所监。六条，二千石违公下比，阿附豪强，通行货赂，割损正令也。"〔17〕这六条虽然是国家派出巡回监察官主要监察的六个方面，但同时也表明：人民可以就这六个方面的官吏贪赃枉法、损害人民权益的情形向刺史控告，寻求救济或保护。其中的第二条（郡国长官经济违法犯罪）、第三条（郡国长官刑事执法残暴）、第四条（郡国长官人事任用上违法）、第六条（郡国长官不执行国家法令）等，从今天的眼光看，都有涉及行政违法损害人民权益的情形，人民向刺史控告，实际上就是寻求权益救济。

在汉代，在"绣衣直指刺史"这类负有特别使命且有固定辖区的监察官外，还经常派遣临时"使者"即巡回督察官员到各地，直接以考察地方治绩、发现冤假错案为使命。如汉武帝元狩元年派遣博士褚大等六人"分徇行天下，存问鳏寡废疾无以自振业者，……详问隐处亡位及以冤失职，奸猾为害，野荒治苛者，举奏"。〔18〕汉宣帝时亦曾派遣丞相御史之掾属二十四人分巡天下"举冤狱，察擅为苛禁，深刻不改者"。〔19〕"奸猾为害""野荒治苛""擅为苛禁""深刻不改"，都是指官吏违法犯罪、滥用权力、侵损百姓权益而言。这些钦差或使者要察访这类情况，非得广泛号召人民积极举告、申控不可。客观地说，这就是人民的权益救济程序。

在魏晋南北朝时代，这样的巡回督察使者也是经常派遣。如三国吴景帝永安四年（261 年）遣光禄大夫周奕、石伟等多人"巡行风俗，察得吏清浊、民所疾苦，为黜陟之诏"〔20〕。北魏宣武帝正始二年（505 年）"分遣大使，省方巡检。……观风辨俗，采访功过，褒赏贤者，纠罪淫慝，理穷恤弊"。〔21〕梁武帝天监元年（502 年）曾"分遣内侍，周省四方，观政听谣，访贤举滞。其有田野不辟，狱讼无章，忘公殉私，侵渔是务者，悉随事以闻"。〔22〕"大使"们巡察各地方考察官吏的善恶，当然也必须接受人民的申控举告才有可能；人民的权益救济目的也就在其中间接实现了。

---

〔17〕《汉书・公卿百官表》颜师古注引。
〔18〕《汉书・武帝纪》。
〔19〕《汉书・宣帝纪》。
〔20〕《三国会要》卷一九。
〔21〕《魏书・世宗纪》。
〔22〕《南朝梁会要・民政・遣大使》。

在唐代，继承汉代的“六察”制度，有监察御史“出使推劾诸色监，当经历六察，纠绳官司”的制度，其监察御史“时人呼为六指”“六察御史”“六察官”[23]，大约是仿汉代“六条问事”而来。宪宗元和七年（812年）敕：“前后累降制敕，应诸道违法征科，及行政冤滥，皆委出使郎官御史访察闻奏。虽有此文，未尝举职。外地生人之劳，朝廷莫得尽知。今后应出使郎官御史，所历州县，其长吏政俗，闾阎疾苦，水旱灾伤，并一一条录奏闻。”[24]郎官御史的巡回访察，当然包括接受人民的控告。其“违法征科”“行政冤滥”当然包括官吏违法行政、滥用权力损害人民正当权益的情形，人民向这些巡回督察官员进行举报控告，当然就是权益救济的途径之一。

在宋代，全国地方被分划成若干“路”。“路”起初只是“监司”的监察区域，后来似乎成了地方最高级政权层级。在各路，设有“监司”——经略安抚使（帅司）、转运使（漕司）、提点刑狱使（宪司）、提举常平使（仓司）。这些“监司”可以受理各种控诉，成为人民权益救济的途径。宋代法制规定，“人户诉讼，在法：先经所属，次本州，次转运司，次提点刑狱司，次尚书本部，次御史台，次尚书省”[25]，这里的“转运司”“提点刑狱司”就是巡回监察官，他们可以直接受理人民申控，以发现和纠正冤抑、制止官吏不法。绍兴二十二年（1152年）高宗诏：“自来应人户陈诉，经县结绝不当，然后经州，然后经监司。”[26]这里的“陈诉”，当然包括对官吏违法行政行为损害人民权益的控诉。宋代法制特别规定，人民可以直接到“监司”控诉本州长官，“若诣监司诉本州者，送邻州委官（审理）”[27]。

在元代，划分全国为22道监察区，每监察区设提刑按察使（后改为肃政廉访司）进行监察，凡辖区内民政、财政、百官奸邪等，皆纠察之。肃政廉访司官员在巡按地方时，有权“接受词状”，受理“随路京府州军司狱”。[28]这里的“接受词状”，当然包括接受人民关于官吏违法滥权损害人民权益的控诉。肃政廉访司的职责就是“使一道镇静，……民无冤滞”[29]，“按治有法，使官吏畏谨”[30]、“能

---

〔23〕《唐会要》卷六十，《御史台》、《监察御史》。
〔24〕《唐会要》卷六十二，《出使》。
〔25〕《宋会要·刑法》三之三一。
〔26〕《宋会要·刑法》三之二八。
〔27〕《宋会要·刑法》三之二六。
〔28〕《元典章》卷六，《台纲》二，《改立廉访司》。
〔29〕《元典章》卷六，《察司体察等例》。
〔30〕《元典章》卷六，《察司合察事理》。

使官吏廉勤,不敢犯法;凡事办集,不敢扰民"[31],这包括对地方官吏的行政行为及是否违法滥权造成人民损害进行纠察;其接受词状并依法作出处理,就是为人民提供权益救济途径。

在明代,法律对巡回监察官员受理申控的事宜作出了更加明确的规定。明律规定,"各部监察御史、按察司及分司巡历去处,应有词讼,未经本管官司陈告,及本宗公事未绝者,并听置簿立限,发当该官司追问"。[32] 这就是说,所有到巡回监察官员处申控的案件,必须先经过"本管官司"审理,只有不服本管官司处理或本管官司不理者才可以申控于巡回监察御史处。这仅仅是就司法案件而言,就是说巡回监察官员只可作为上诉审,不可作为初审。如洪武二十六年(1393年)的规定就是对明律这一制度的一个注释。它规定巡按监察御史及按察司分巡官在巡历地方时,"凡受理官民词讼,审系户婚、田宅、斗殴等事,必须发与所在有司追问明白"。[33] 也就是说,巡回监察官员不能直接受理户婚、田宅、斗殴等民事刑事案件的初审,这些案件必须由本管官司初审。但是,若是在这些种类的案件之外,是控告官吏违法滥权、贪赃枉法、刻薄百姓等情事,那就直接属于巡回监察官吏的监督、纠劾、处理范围,就可以直接受理了。但是,巡回监察官员接受了百姓对于官吏的控告后,也不一定亲自审理,可以移送或指定一定的衙门或官员审理:"若告本县官吏,则发该府;若告本府官吏,则发布政司;若告布政司官吏,则发按察司。"[34] 也就是说,巡回监察官员在接到对于地方违法官员的控告后,可以交给其直接上级衙门审问,或移交其同级监察衙门审问。除巡回监察官员外,其他带有派出或巡回监督性质的官员或衙司不得擅自受理词状或控告。如一般差遣官员使臣不得受理词讼事。明律规定:"凡差使人员,不许接词状、审理罪囚。违者,以不应(得为)论罪。"[35]

三、"告御状"与通过君王直接干预的救济途径

古代中国的人民权益救济途径,最为极端和特殊而使用极为困难而稀少者,大约就是向最高统治者君王或皇帝控告,这就是后世所谓"告御状"。这样的权益救济途径,历朝历代的情形相当不一样。但是,关于这一途径的基本惯例历代

---

〔31〕《元典章》卷六,《禁治察司等例》。
〔32〕《明代律例汇编》卷二二,《刑律五·诉讼》。
〔33〕《明会典》卷二一〇,《都察院》。
〔34〕《明会典》卷二一〇,《都察院》。
〔35〕《明会典》卷一七七,《刑部十九·问拟刑名》。

是一样的，比如第一，在历代都把“告御状”规定为权益救济的最后途径，一般禁止未经过地方到中央各级衙门处理的案件“告御状”；第二，一般都要经过一定的接待官员或衙门的审查甄别程序才能有选择地“上达天听”，一般并非人民直接向皇帝陈诉或递交状子；第三，一般也并非皇帝亲自坐堂问理或书面审理，而是由受理机关的臣僚们先行审理并提出处理意见后交皇帝斟酌决定。

（一）谏鼓、路鼓、谤木、善旌、肺石与先秦人民权益救济

上古中国的人民欲向最高统治者提出权益救济申控，有许多渠道。

据说早在黄帝时代就有“明堂”（或“明台”）的设置。“黄帝立明堂之议，上观于贤也”[36]。“明堂”大约是黄帝时代于王都中心位置建造的国家议事、招贤、纳谏的会议厅。

尧舜时代，就有能够供人民申控的谏鼓、谤木之设置。“尧有欲谏之鼓，舜有诽谤之木”[37]，“帝尧陶唐氏，……置敢谏之鼓”[38]，“尧舜之世，谏鼓谤木，立之于朝。”[39]所谓“谏鼓”，大约是悬于朝廷的一面大鼓；所谓“谤木”，大约是立于朝门之外的一根大木。其基本用途主要是君王招纳谏言、建言。“立诽谤之木，使天下得攻其过；置敢谏之鼓，使天下得尽其言。”[40]欲向君王进谏言者，就敲击此鼓；欲向君王批评者，可以写在此木上（或曰敲击此木）。“欲谏者击其鼓也，书其过以表木也”[41]。这种用以为君王招纳建言、谏言的设施，其实更多大概用于人民控告官吏贪赃枉法、滥用权力以救济自己的正当权益之用途。这种控告其实也兼有对君王或国家进行批评谏议的因素在内。在交通极为不便的古代，在人民的政治参与意识极其微弱的时代，有多少士民会不因自己的切身利害而纯粹为了君主或国家的公益而冒大风险去向统治者进谏呢？

另外，据说在尧舜时代还有“衢室”“善旌”的设置。“尧有衢室之问，下听于民也；舜有告善之旌，而主不蔽。”[42]所谓“衢室”，大约就是建于通衢的接待厅，专门用以纳谏的，这大约就是《后汉书·申屠刚传》所言“辟四门之路”的象征之

---

〔36〕《管子·桓公问》。

〔37〕《吕氏春秋·自知》。

〔38〕（晋）皇甫谧：《帝王世纪》。

〔39〕《后汉书·杨震传》。

〔40〕（清）吴乘权：《纲鉴易知录》卷一。谤木，诽谤之木。诽谤，原意是言人之非，是从旁边指出过错。

〔41〕《吕氏春秋·自知》。

〔42〕《艺文类聚》卷十一引《管子》。

房屋，也可能就是“明堂”。就是招纳谏言建议的公共官舍。所谓“告善之旌”，又称“进善之旌”，“古之治天下者，朝有进善之旌、诽谤之木，所以通治道而来谏者。”[43]这也是鼓励士民向国家或君王进善言或建议的一种标志，就是在国家王城的通衢竖立一面旗帜，欲进建言的人可以到旗帜下等待接见。我们必须看到，“衢室”实际上可能就是人民来访接待室，当然能接受人民对官吏的申控或救济权益的请求；“进善之旌”之下站立的人民，与站在“诽谤之木”下的人民一样，同样不会仅仅是为了批评而已，主要是为了控告官吏违法、救济自己的权益。

在大禹时代，据说还有“谏幡”“建鼓”的设置。《淮南子·泛论训》曰：“禹县（悬）钟鼓磬铎，置鼗，以待四方之士。为幡曰：教道寡人以道者击鼓，喻以义者击钟，告以事者振铎，语以忧者击磬，有狱讼者摇鼗。”这大概就是《路史》所说的大禹“立谏幡”“陈建鼓”。通过在王城里设“钟”“鼓”“磬”“铎”“鼗”[44]等五种打击乐器，并在显著位置立幡，大禹的目的除了招纳谏议、建言（教以道、喻以义）以外，显然更重要的是要给人民提供控告违法、救济权益的途径——“告以事”“语以忧”“有狱讼”者，就可以到王城“振铎”“击磬”“摇鼗”，就会有政府的官员接待立案并设法转告君王、加以解决。上述五者中的“鼓”“鼗”（鞉、鞀），大概就是所谓“建鼓”：“禹立建鼓于朝，而备诉讼也。”[45]

在夏商周时代，人民权利的救济途径，也有一些传说。“汤有总街之廷，观民非也；武王有灵台之宫，贤者进也。”[46]这些“观民非（诽）”“贤者进”的国家公务场所，显然也可以成为人民控告违法、制止侵害、救济权益的途径。

夏商周三代，关于百姓权益救济的可能途径，《国语·周语》载：“故天子听政，使工卿至于列士献诗，瞽献曲，史献书，师箴，瞍赋，蒙诵，百工谏，庶人传语，近臣尽规，亲戚补察，瞽史教诲，耆艾修之，而后王斟酌焉。”这里说的虽然是王者的招谏方式，但实际上也可以作为人民申控的救济方式。《左传》：“史为书，瞽为诗，工颂箴谏，大夫规诲，士传言，庶人谤，商旅于市，百工献艺。”[47]说的是同一个招贤纳谏体系。其中最能够成为人民申控救济途径的是“士传言”“庶人

---

[43] 《汉书·文帝纪》。

[44] 鼗，音 táo，又作鞉、鞀，即拨浪鼓。

[45] 《管子·桓公问》。

[46] 《管子·桓公问》：“黄帝立明台之议者，上观于兵也；尧有衢室之问者，下听于民也；舜有告善之旌，而主不蔽也；禹立建鼓于朝，而备诉讼也；汤有总街之廷，以观民非也；武王有灵台之囿，而贤者进也：此古圣帝明王所以有而勿失，得而勿忘也。”

[47] 《左传·襄公十四年》。

谤”“商旅(议)”:“士传言谏过,庶人谤于道,商旅议于市,然后君德闻其过失也。”〔48〕“士农工商”是为四民,四民“传言”“谤议”,当然不会仅仅是以“不干己事”向国家进言;他们一旦以“干己事”进言,则显然是申控和救济了。

夏商周时代还设置了一些可以特别用于人民申控救济的方式程序。

第一,“立肺石陈诉”制度。《周礼》:“以肺石达穷民。凡远近茕独老幼之欲有复于上而其长弗达者,立于肺石三日,士听其辞,以告于上而罪其长。”〔49〕这时最为典型的人民权益救济制度设计:社会上的弱势群体如果受到官吏的欺侮、权益受损而求告无门,最后的途径就是到王城门外的肺石(红色石头)上站立三天,以表示要申控官吏违法、请求救济。一旦有此种“信访”,专职法司“士”就要接待立案并初步询问(“士听其辞”);然后向君王汇报(“以告于上”)并对阻隔人民上访的地方官吏进行制裁(“罪其长”)。但这种告申控救济程序,并不给人留什么体面:“右肺石,达穷民焉,(朝士)帅其属而以鞭呼趋。”〔50〕百姓想申控救济,立于“肺石”前等候官吏“接待群众来访”时,要受到“朝士”及其吏卒用鞭子驱趋呼传的待遇。

第二,“摇鼗申控”制度。《吕氏春秋·自知》:“武王有戒慎之鼗。”按照古人的注释:“欲戒者,摇其鼗。”鼗就是一种有柄的小鼓,亦即拨浪鼓。周武王设置此鼓,大约也有方便士民申控和进谏之意。

第三,“击路鼓申控”制度。《周礼·夏官·太仆》:“建路鼓于大寝之门外,而掌其政。以待达穷者与遽令。闻鼓声,则速逆御仆与御庶子。”《周礼·夏官·御仆》:“御仆掌群吏之逆,及庶民之复,……以序守路鼓。”“逆”是指群臣的进言,“复”是指百姓之批评。《礼记大传》说:“尧设敢谏之鼓,禹设箴规之鼗。乃周建路鼓之意。”《文献通考》说:“盖穷者达其情于外朝之肺石,朝士又达穷者之情于内朝之路鼓。”〔51〕也就是说,周时悬鼓于王宫的“路门”之外,称“路鼓”,由太仆主管,御仆守护;百姓有击鼓申冤或批评建言者,御仆须迅速报告太仆,太仆再报告周王,不得延误。这“路鼓”后来发展为“登闻鼓”。

(二)汉魏两晋南北朝的“告御状”与人民权益的非常救济

关于人民“告御状”之类的非常上诉救济途径,汉代以后基本上按照先秦时

---

〔48〕《汉书·艺文志》。

〔49〕《周礼·秋官司寇》。

〔50〕《周礼·秋官司寇·朝士》。

〔51〕《文献通考》卷一百六,《王礼考》一。

代的基本思路,在制度上有所发展,特别是设置了职权明确的接受"告御状"的具体机构,规定了接受"告御状"的操作程序,等等。

秦朝废除了周代以来的谤木肺石之类制度。西汉时代,似乎也没有"登闻鼓"。王莽篡汉,为标榜恢复周代良制,"令于王路四门复设进善之旌、诽谤之木、敢谏之鼓,令谏大夫四人坐王路门受言事者"。[52] 王莽所恢复的是善旌、谤木、谏鼓等三个"标志性建筑",设四个专职官员在那里受理人民的"言事",这显然主要是接受人民告状申控,给予救济权益的最后渠道。王莽灭亡后,谤木、谏鼓遂废,东汉时代又恢复了谤木谏鼓制度。东汉经学家郑玄注《周礼·夏官司马·太仆》的"路鼓"制度时说"若今时上变事击鼓矣",说明其时有"登闻鼓"制度。

在汉代,百姓"告御状"还有"守阙诉讼"的非常控告模式。如东汉质帝时曾下诏谴责地方长吏"恩阿所私,罚枉仇隙,至令(百姓)守阙诉讼,前后不绝"。[53] 说明当时人民"守阙诉讼"已经成为一种常见之事。这里的百姓"守阙诉讼",就是"集体上访",直接到王宫的大门前,控告地方长官贪赃枉法。阙,即门观,西汉时指未央宫北阙,东汉是指鸿都门,是王宫之正门,均为重要的政治活动场所。[54] 汉代诣阙上书的人有宫车司马负责接待。"公车司马令一人,六百石。本注曰:掌宫南阙门,凡事吏民上章,四方贡献,及征诣公车者。"[55]

汉代人民向皇帝提出非常控告或上诉,还可以利用一种特别上书的方式。在当时,向皇帝上告重大紧急事件的特别上书,称"上言变事""上变事",简称"变事""急变"(如果系匿名而为,则称为"飞变""飞章""蜚变""悬书")。如汉成帝时,九江人梅福"数次因县道上言变事,求假(借)轺传诣行所在,条对急政"[56]。如果有关于官吏重大贪赃枉法、残刻民众的事件,百姓假借官车直接到"行在"(皇帝出巡临时驻跸之所)控告,不也是权益救济的方式之一了吗?

汉代的百姓还可以直接上书皇帝以救济权益,如《汉书·刑法志》所载少女缇萦上书汉文帝、主动请求入官为奴以赎其父肉刑之罪一事,应该看成一次典型的个人非常上诉救济权益的案例。

魏晋时代亦有"登闻鼓"之设置。正式以"登闻鼓"名告御状之鼓,大约始于

---

[52]　《汉书·王莽传》。
[53]　《后汉书·质帝纪》。
[54]　徐世虹:《中国法制通史》(第二卷),法律出版社1999年版,第580－581页。
[55]　《续汉书·百官志》。
[56]　《汉书·梅福传》。

晋。晋武帝时，于宫门外悬鼓，吏民有冤抑者，击鼓诉之于朝廷。“西平人麹路伐登闻鼓，言多祆谤，有司奏弃市。帝曰：朕之过也。舍而不问。”[57]麹路击“登闻鼓”要申诉的，肯定是与自己的权益相关的事情，可是被当时的官员认为是“言多祆谤”，用今天的话说就是当成“上访油子”，并且要处死刑。幸而晋武帝开明，没有追究。在当时，人民到京师非常上诉鸣冤的方式是“执黄幡，挝登闻鼓”[58]，好多人就是以此引起皇帝关注而申控成功的。如惠帝时太保主簿刘繇等人执黄幡、击登闻鼓为他人之讼冤；怀帝时小吏郘广盗官幔三张论刑弃市，其幼子执黄幡、挝登闻鼓乞恩[59]。所谓“执黄幡”，大约是类似于后世写鸣冤标语高举起来，引人关注。这些都是特别上诉申诉方式，实际上一直为后世沿用。

少数民族入主中原的北朝也模仿汉制设登闻鼓。北魏时，“阙左悬登闻鼓。人有穷冤，则挝鼓，公车上奏其表”。北魏法律规定，案件虽已经审结，“以情状未尽，或邀驾、挝鼓，或门下立疑”，以状告于皇帝。[60] “人有穷冤”，就是案件经过了所有审判层级环节，还不能申冤；此时向皇帝“告御状”的办法有三：邀车驾，击登闻鼓，门下立疑。“邀车驾”，大约是指直接于皇帝车驾经过之处拦轿喊冤；“门下立疑”是一种什么样的方式，不太清楚。是不是“立于肺石之下”的另一种说法，因为肺石一般就是设置于王宫的某个门下的。

在南朝也设有这类特殊救济方式。南朝梁武帝时曾设谏鼓、谤木、肺石。梁武帝天监元年(502 年)下诏于公车府谤木、肺石旁各置一函。“若肉食莫言，山阿欲有横议，投谤木函；若从我江汉，功在可策，犀兕徒弊，龙蛇方县，其次身高才妙，摈压莫通，怀傅吕之术，抱屈贾之叹，理有皦然，受困包匦；夫大政侵小，豪门陵贱，四民已穷，九重莫达。若欲自申，并可投肺石函。”[61]天监三年(504 年)，梁武帝出题策试秀才，曾曰：“朕立谏鼓，设谤木，于兹三年矣。”[62]注曰：“立鼓于朝，有欲谏君者击之；设谤木于阙，有诽谤，使人击之，武帝立之已三年矣。”说明当时曾仿行古制，在朝廷门外设置过谏鼓、谤木、肺石。“山阿欲有横议”，包括士民百姓申控官吏违法滥权、救济自己权益的情形；所谓“大政侵小”“豪门凌贱”，主要就是官僚贵族滥用权势欺压百姓、侵损其权益的情形。因为考虑到

---

〔57〕《晋书·武帝纪》。

〔58〕《晋书·惠帝纪》。

〔59〕《晋书》卷三六、卷七五。

〔60〕《魏书·刑法罚志》。

〔61〕《梁书·武帝纪》。

〔62〕《昭明文选》卷三六，任昉《天监三年策秀才文》。

“四民已穷，九重莫达”的困境，才给人民提供一个将申控状子“投肺石函”的机会或途径，以为非常救济。

在南朝时代，历朝皇帝还经常发布诏书征求人民建言或鼓励人民非常控诉。如梁武帝时曾发布诏书：“四方士民，若有欲陈言刑政，益国利民，沦碍幽远，不能自通者，可各诠条布怀于刺史二千石，有可采申，大小以闻。”[63]这是规定人民可以通过省级地方长官向皇帝申控。“陈言刑政”，包括就重大案件申控官吏、救济权益。“诠条布怀”，就是写成条理清楚的文书表达自己的建言或申控。在当时，负责接待士民应征来京及转递谏书的公车府，似乎变成了专门接待士民来访申控的接待处。如齐东昏侯时，士人崔偃“诣公车门上书申冤”，使其父崔慧景冤案得以昭雪[64]。

（三）隋唐至明清时代的“告御状”与人民权益非常救济

隋朝的非常上诉制度，首次特别明确地强调了必须层层级级逐级上诉、只有用尽一切正常途径仍无效时才能“告御状”的原则。“有枉屈，县不理者，令以次经郡及州，至省仍不理，乃诣阙申诉；有所未惬，听挝登闻鼓，有司录状奏之。”[65]这里的“诣阙申诉”，其实就是直接到宫门外喊冤，也许就是“立于肺石”或“门下立疑”。“挝登闻鼓”是除“诣阙申诉”以外的一种程序。

唐代的非常申控制度，相当完善。唐王朝一开始似乎就在长安、洛阳二京设“登闻鼓”。唐《公式令》规定：“诸辞诉者皆从下始。先由本司本贯；或路远而踬碍者，随近官司断决之。即不伏（服）当请给不理状，至尚书省，左右丞为申详之。又不伏，复给不理状，经三司陈诉。又不伏者，上表。受表者又不达，听挝登闻鼓。若独老幼不能自申者，乃立肺石之下。若（告诉人）身在禁系者。亲识代立焉。立于石者，左监门卫奏闻；挝于鼓者，右监门卫奏闻”[66]。国家正式律典中有关于非常上诉的规定。《唐律》规定：“邀车驾及挝登闻鼓，若上表诉，而主司不即受者，加（越诉）罪一等。”“诸邀车驾及挝登闻鼓，若上表，以身事自理诉，而不实者，杖八十。”[67]《唐律》规定了三种非常上诉方式：“邀车驾”“挝登闻鼓”“上表”。按照此规定，只要所诉属实，人民就可以有“告御状”的权利。不实者，也不过杖八十，是轻刑。法律也没有规定部分“不实者”坚决不受理。

[63]《南朝梁会要·求谠言》。

[64]《南齐书·崔慧景传》。

[65]《隋书·刑法志》。

[66]《唐六典》卷六，《尚书刑部》；《唐令拾遗·公式令》。

[67]《唐律疏议·斗讼》。

关于这三种告状方式，《唐律》中并没有格外强调前置程序——要先用尽各级处理程序后才能告御状，但《唐六典》强调了这一点。“凡有冤滞不伸欲诉理者，先由本司本贯……，经三司陈诉又不伏者，上表；受表者又不达，听挝登闻鼓。若茕独老幼不能自申者，乃立肺石之下。”〔68〕此外《唐六典》还对三种“告御状”的方式作了非常明确的使用顺序规定：先向皇帝上表，不达者再击鼓；二者都不能自为的弱者就立肺石。

武则天当政时期，为了“大收人望”，又搞了一些新名堂。“垂拱初年，令熔铜为匦，四面置门，各依方色，共为一室。东面名曰延恩匦，上赋颂及许求官爵者封表投之。南面曰招谏匦，有言时政得失及直言谏诤者投之。西面曰申冤匦，有得罪冤滥者投之。北面曰通玄匦，有玄象灾变及军谋秘策者投之。每日置之于朝堂，以收天下表疏。”〔69〕在这四个“意见箱”中，与人民的非常上诉或申控、救济权益有关的是“申冤匦”，专门满足“得罪冤滥”“怀冤受屈”“无辜受刑”的人民的救济需要。“招谏匦”也与此有一定关系。“言时政得失”“直言谏诤”“匡政补过”等其实也包括申控官吏违法滥权、救济正当权益。为了管理四匦，设置了匦院，“置匦使一人，判官一人。谏议大夫或拾遗补阙充其使，专知受状”。〔70〕这种设专职受理非常上诉的机关的方式，直接为宋代的相关制度开启了先河。

宋代继承唐制，除保持了这几种途径外，还设置了更加发达的专职机构。

宋朝似乎一开始就为“登闻鼓”设置了专门的机构——“鼓司”。又沿袭唐代的“理匦使”设置“理检使”，并为之设置了“登闻院”。首次形成了两个并列机构略有分工、互相牵制受理人民“非常上诉”的体制。孝宗至道二年(996 年)七月诏：“诸州吏民诣鼓司、登闻院诉事者，须经本属州县、转运司；不为理者乃得受。”〔71〕这时在此强调必须先经过所有的地方前置申控程序才能受理。真宗景德四年(1007 年)，改“鼓司”为“登闻鼓院”，改登闻院为登闻检院〔72〕。逐渐形成了以登闻鼓院收受人民关于“婚田公事”即民事纠纷、登闻检院收受人民其他申冤控诉事宜即刑事诉讼、行政诉讼的格局。〔73〕仁宗天圣八年(1030 年)八月诏：“登闻检院，今后诸色人投进实封文状，仰先重责结罪状。如委实别有冤

---

〔68〕《唐六典》卷六，《尚书刑部》。

〔69〕《旧唐书 · 刑法志》。

〔70〕(唐)封演：《封氏闻见录 · 匦使》。

〔71〕《宋会要 · 职官》三之六三。

〔72〕《宋会要 · 职官》三之六二、六四。

〔73〕参见张晋藩：《中国民事诉讼制度史》，巴蜀书社 1999 年版，第 57 页。

枉沉屈事件,不系婚田公事,即与收接投进。如扯开却夹带婚田公事在内,其进状人必当勘罪,依法遣断。所有争论婚田公事,今后并仰诣登闻鼓院投进。"[74]"如未经鼓院进状,检院不得接收;未经检院,不得邀驾进状。如违,亦依法科罪。"[75]"凡臣民上疏均先诣登闻鼓院;如鼓院不受,则诣检院。"[76]也就是说,当时的制度是:所有告御状,先须到登闻鼓院,过滤下民事案件;刑事和行政的案件再到登闻检院申诉;登闻检院不受理的才可以直接邀车驾向皇帝告诉。

为了加强对高级官吏的监督,宋真宗时定制:"或论长吏及转运使、在京臣僚,并言机密事,并许诣鼓司、登闻院进状。"[77]也就是说,申控于鼓司、登闻院的特别控告途径,这时主要被用作人民监督和控告中央地方高级官吏的途径。

像唐代一样,宋代也特别强调告御状必须是最后程序。《宋刑统》准用后周之制,规定:"诸色词讼及诉灾沴,并须先经本县,次诣本州本府。仍是逐处不与申理及断遣不平,方得次第陈状,及诣台省,经匦进状。其有蓦越词讼者,所由司不得理,本犯人准律文科罪。应所论讼人须事实干己,证据分明。如或不干己事及所论矫妄,并加罪。"[78]

在辽王朝,也设有受理非常申控的"钟院",相当于宋朝的"鼓院"。辽穆宗时曾废除"钟院",致使"穷民有冤者无所诉"。景宗保宁三年(971 年)下诏恢复"钟院"。[79] 重熙八年(1039 年),辽兴宗诏"有北院处事失平,击钟及邀驾告者,悉以奏闻"。[80] 在金王朝也设有登闻检院、登闻鼓院,正大元年(1224 年)"诏刑部、登闻检鼓院毋锁闭防护,听有冤者陈诉"。[81]

蒙古民族入主中原的元朝政权也继承了前代的一些非常申控制度,不过似乎简化了一些。元世祖至元十二年(1275 年)令中书省议立登闻鼓,规定"父母兄弟夫妇为人所杀,冤无所诉"者,听击鼓鸣冤;"其或以细事唐突者,论如法"。至元二十年(1283 年),世祖又下敕规定,"诸事赴省、台诉之;(省、台)理决不平者,许诣登闻鼓以闻"。[82] 同样,元代也特别强调须用尽前置程序,"诸陈诉有

---

〔74〕《宋会要·刑法》三之一七。
〔75〕《宋会要·刑法》三之一四。
〔76〕(清)黄书骥:《历代职官表》,上海古籍出版社 1982 年版,第 144 页。
〔77〕《宋会要·刑法》三之一二。
〔78〕《宋刑统》卷二十四,《斗讼四》。
〔79〕《辽史·刑法志》。
〔80〕《辽史·兴宗本纪》。
〔81〕《金史·哀宗本纪》。
〔82〕《元史》卷八、卷十二。

理,路府州县不行,诉之省部台院。省部台院不行,经乘舆诉之;未诉省部台院,辄径诉乘舆者,罪之”。[83] “经乘舆诉之”大概包括“邀车驾”“挝登闻鼓”两种情形。

明代的非常申控救济制度,由通政司、登闻鼓司二者共同构成。明代的登闻鼓是太祖时设置的。洪武元年(1368年)太祖令设登闻鼓于京师午门外,每日由监察御史一人负责值班。“其户婚、田土、斗殴、相争、军役等项,其状赴通政司,并当该衙门告理,不许径自击鼓,守鼓官不许受状。”[84]也就是说,民事案件和一般刑事案件,只能通过通政司提出非常申控;特别重大的刑事案件(命盗反逆重案、官吏贪腐或滥用权力残害人民之案件)才可以击登闻鼓向皇帝告御状;许击登闻鼓,监察御史随即引奏。“凡登闻鼓楼,每日各科轮官一员。如有申诉冤枉,并陈告机密重情者,受状具题本封进。其诉状人先自残伤者,参奏。如决囚之日有诉冤者,受状后,批校尉手传令停决,候旨。”[85]《明史·刑法志》说:“民间狱讼,非通政司转达于部,刑部不得听理。”

洪武二十六年(1393年),明太祖还下诏具体规定了通政司受理非常上诉的程序:“凡有四方陈情建言,伸诉冤枉、民间疾苦善恶等事,知必随即奏闻。及告不公不法等事,事重者,于底簿内誊写所告缘由,赍状奏闻,仍将所奉旨意于上批写,送该科给事中,转令该衙门抄行;常事者,另置底簿,将文状编号,使用关防,明立前件,连人状送当该衙门整理,月终奏缴底簿,送该科督并承行该衙门回销。”[86]

明代对告御状还有一个特殊的称谓。士民百姓直接控诉于皇帝,也被叫作“叩阍”。阍,即宫门,叩阍者可以击打登闻鼓。官吏百姓或者犯人家属,有冤情须直接向皇帝上诉者,则立于宫门喊冤曰叩阍。[87] 也就是说,“叩阍”实际上是立于宫门外喊冤、邀车驾和击登闻鼓等几者的笼统说法。

清代仿明制,顺治初年即设登闻鼓于都察院。吏民如有冤抑之情,可以击鼓申诉。顺治十三年(1656年)改设于右长安门外,每日科道官员一人轮值。后将登闻鼓移于通政司,并设鼓厅。如审知确系冤屈,由通政司奏请昭雪。[88] 否则

[83] 《元史·刑法志》。
[84] 《明会典》卷一七八。
[85] 《大明会典》卷二一三,《六科》。
[86] 《明代律例汇编》卷二二,《刑律五·诉讼》。
[87] 《明史·刑法志》。
[88] 《清史稿·刑法志》。

以“越诉”处理。当时似乎有规定，只有案涉军国重务，大贪大恶，奇冤异惨者，才能击鼓。[89] 对于告御状中的过激或违法行为，《大清律》所附“条例”作了特别规定，如对“擅入午门、长安门叫诉冤屈”“赴京控而原讼衙门尚来审结”“假以建言为由挟制官府”“邀车驾及挝登闻鼓申诉”“故令老幼残疾妇女代己申诉”等情形作出了既要受理案件又要处罚有关刁民的规定。清代还特别就“刁徒身背黄袱、头插黄旗、口称奏诉直入衙门”“因小事纠集多人越墙进院突入(登闻)鼓厅妄行击鼓谎告”等情形作出了处理规定。[90]

四、“越诉”特许与人民权益救济

在古代中国，人民在受到官吏的贪赃枉法、滥用权力的危害时，其依法申控寻求救济只能从基层开始，逐级向上。国家一般会禁止越级申告控诉，也就是禁止越过本司本管官员进行控诉。“越诉”是古代中国法律一般要加以打击的行为。不过，国家为了打击某些特别的犯罪，或者制止贪官污吏对人民权益的特别侵害，法律也常常特许人民越诉。

(一)历代关于越诉的一般禁令

唐代之前已经有强调逐级上诉、禁止越诉的制度，可惜已经找不到相关法律条文了。最早的法律条文，见于唐代。《唐律疏议·斗讼》：“诸越诉及受者，各笞四十。”《疏议》曰：“凡诸辞诉，皆从下始。自下至上，令有明文。谓应经县而越向州府省之类。”这是迄今所见最早的“越诉”禁令。

宋代也注意打击越诉。太祖乾德二年(964年)正月诏：“今身应有论诉人等，所在晓谕，不得蓦越陈状，违者先科越诉之罪，却送本属州县依理区分。”[91]《宋刑统》规定：“其有蓦越词讼者，所由司不得与理，本犯人准律文科罪。”[92]宋真宗时曾明令“其越诉状，官司不得与理”。[93] 即使依法可以到鼓司、登闻院告状的案件，其中也不能夹带应该由地方逐级管辖的案件：“若类带合经州、县、转运使论诉事件，不得收接。若进状内称已经官司断遣不平者，即别取事状与所进状一处进内。”[94]“诸路禁民不得越诉。杖罪以下，县长吏决遣；有冤枉者，即许

---

[89] 参见陈光中、沈国锋：《中国古代司法制度》，群众出版社1994年版，第157－158页。
[90] 《大清律·刑律、诉讼》。
[91] 《宋会要·刑法》三之一〇。
[92] 《宋刑统》卷二四，“越诉”。
[93] 《宋会要·刑法》三之一二。
[94] 《宋会要·刑法》三之一二。

诉于州。"[95]

在元代,法律也禁止越诉。元律规定,"诸告人罪者,自下而上,不得越诉"。越诉者笞五十七。诸陈诉有理,路府州县不行,诉之省部台院;省部台院不行,经乘舆诉之。未诉省部台院,辄经乘舆诉者,也以越诉论罪。[96]

明代亦禁止越诉。《大明律》规定:"凡军民词讼,皆须自下而上陈告。若越本管官司,辄赴上司称诉者,笞五十。"[97]明代的越诉之禁,比以前各代都严格,越诉者曾要处以"发口外充军"的刑罚。甚至规定民间案件未经"里老人"处理而告官者为越诉。万历年间定《越诉条例》16 条,对各种案件的奏告、申诉程序都作了严格的规定。[98] 法律规定,凡属于州县自理案件,省级长官不得受理初审:"凡布政司官不许受词自问刑名;抚按官亦不许批行问理。"[99]

清代法律的越诉禁令更严。《大清律》"越诉"条规定与明律同,但增加了一些条例。比如雍正三年(1725 年)的条例规定,"凡在外州县有事干碍本官不便控告,或有冤抑审断不公,须于状内将控过衙门、审过情节开载明白,上司官方许受理。若未告州县及已告州县不候审断越诉者,治罪。上司官违例受者,亦议处"。乾隆六年条例规定:"词讼未经该管衙门控告,辄赴院、司、道、府,如院、司、道、府滥行准理,照例议处。"[100]

(二)不视为越诉的一些特殊情形

在禁止越诉的原则下,为了保护人民的正当权益,为了防止基层官吏滥用权力、堵塞讼路,古代中国历代王朝曾作出了许多有益的补充规定。这些规定,用今天的眼光看,相当有行政救济法制的味道。正式允许越诉之法,大概始于宋代。不过,有些制度实际上也许是唐代就开始了。

唐宋以后特许越诉的情形,大概有以下几类:

第一种情形是如果本管或该管官司不受理案件,则可以越诉。这种情形,严格地说已经不视为越诉。《唐律疏议 · 斗讼》:"凡诸词讼,皆自下始。……若有司不受,即(越)诉亦无罪。"《宋刑统 · 斗讼》中附有宋时延用的北周敕令:"起今后诸色诉讼并诉灾沴,并须先经本县,次诣本州本府,仍是逐处不与申理及断

---

〔95〕《宋会要 · 刑法》三之一一。
〔96〕《元史 · 刑法志》。
〔97〕《明代律例汇编》卷二二,《刑律五 · 诉讼》。
〔98〕《明史 · 刑法志》。
〔99〕《明会典》卷一七七,《刑部十九 · 问拟刑名》。
〔100〕《大清律通考校注》,中国政法大学出版社 1992 年版,第 873 页。

遣不平,方得次第陈状。”在元代,“本属官司有过,及有冤抑屡告不理,或理断偏屈,并应合回避者,许赴上司陈之”。[101]

第二种情形是不得将人民告申的案件交“所讼官司”审理,也就是交给被控告的衙门或官员受理;如有违反,听人民越诉。北宋真宗咸平六年(1003年)规定:“若论县,许经州;论州经转运使,或论长吏及转运使、在京臣僚,并言机密事,并许诣鼓司、登闻院进状。”[102]南宋高宗绍兴六年(1136年)“令诸州,诉县理断事不当者,州委官定夺。若诣监司诉本州岛岛者,送邻州委官;诸受诉讼应取会与夺而辄送所讼官司者,听越诉。受诉之司取见诣实,具事因及官吏职位姓名、虚妄者具诉人,申尚书省”。[103] 绍兴十二年(1145年)五月六日诏,“率臣诸司州郡,自今受理词诉,辄委送所讼官司,许人户越诉,违法官吏并取旨重行黜责,在内令御史台弹纠,外路监司互察以闻。仍月具奉行,有无违戾,申尚书省”。[104] 在元代,“本属官司有过,……许赴上司陈诉之”。[105] 在明代,人民可以向巡回监察官员控告本管官吏,“若告本县官吏,则发该府;若告本府官吏,则发布政司;若告布政司官吏,则发按察司”。[106] 最后实际上由上一级衙门或官员审理,这不视为越诉。清代雍正年间的条例规定,“凡在外州县有事款干碍本官不便控告,……上司官方许受理”。[107]

第三种情形是本管官司应回避而不回避,许人民越诉。在元代,“本属官司……应合回避(而不回避)者,许赴上司陈之”。[108] 这种情形,在宋、明、清的法律中虽未找到有关规定,但应该也有类似做法。

第四种情形是向监司宪司控诉官吏受贿不法,可以越级告诉,不以越诉论。元代法律规定:“诸诉官吏受贿不法,径赴宪司者,不以越诉论。”[109]

(三)宋代“越诉法”开创的一些特许越诉

两宋时代,为了打击贪官污吏欺侮小民,特别以各种法令“广开越诉之门”。其规定的一些特别允许越诉的情形,非常典型地体现了给予人民申控官吏违法

---

[101] 《元史·刑法志·诉讼》。
[102] 《宋会要·刑法》三之一二。
[103] 《宋会要·刑法》三之二六。
[104] 《宋会要·刑法》三之二六。
[105] 《元史·刑法志·诉讼》。
[106] 《明会典》卷二一〇,《都察院》。
[107] 《大清律通考校注》,第872页。
[108] 《元史·刑法志·诉讼》。
[109] 《元史·刑法志》。

滥权、保护人民正当权益、实行行政损害救济的目的。

这些特许越诉大概有以下几种情形：

第一种情形与司法中防止官吏舞弊有关。北宋政和三年(1113 年)十二月，宋徽宗令“官吏辄紊常宪法，置杖不如法，决罚多过数，伤肌肤，害钦恤政”者，“许赴尚书省越诉”。[110] 宣和三年(1121 年)，徽宗又下诏对“诸路州军公吏人，违条顾觅私身发放文字及勾追百姓”，“擅轩绳缧，以威力取乞钱物”，“而监司守令坐视漫不省察”者，“许民户诣监司越诉”。[111] 宣和四年(1122 年)，徽宗再次下诏：“应在禁罪人，官吏避免检察官点检，辄私他所者，以违制论。许被禁之家越诉。”[112] 宋高宗绍兴二十七年(1157 年)规定，“民间词诉，……苟情理大有屈抑，官司敢为容隐，乃设越诉之法”。[113] 《庆元条法事类》规定：“诸奉行手诏及宽恤事件违戾者，许人越诉。”[114] 在司法审判中，如果依法“有不应禁(之人)而(遭)收禁者，……许不应禁人或家属经提刑司越诉。如提刑司不为受理，许经刑部、御史台越诉”。[115] 还有对于官吏审理案件故意拖延时日(“往往经涉岁月不与断理”)者，“许人户越诉”。[116]

第二种情形与宋代特别注意打击“冒役”有关。有宋一代，差役之累，百姓苦之，于是“冒役”即土豪与官吏勾结在差役科派上弄虚作假、躲避差役，或将差役负担转嫁给贫民，“朝廷虑猾吏之为害，故开冒役越诉之门”。[117] 高宗建炎二年(1128 年)诏，“逃田税役，辄勒邻保代输，许人户越诉”。[118]

第三种情形与宋代的“断由”制度有关。宋代法制规定，任何司法案件的判决，不仅仅要作出判决本身，还应该在判词上写明判决理由(定夺因依)。如果原管官司不给出断决理由，可以越诉。“如元官司不肯出给断由，许令人户径诣上司陈理。其上司不得以无断由不为受理，仍就状案追索原处断由。如原官不肯缴纳，即是显有情弊，自合追上承行人吏，重行断决。”[119]

---

[110] 《宋大诏令集》卷二〇二。
[111] 《宋会要·刑法》二之八二。
[112] 《宋会要·刑法》六之六一。
[113] 《宋会要·刑法》三之二九。
[114] 《庆元条法事类》卷一六。
[115] 《宋会要·刑法》六之七三。
[116] 《宋会要·刑法》三之三七。
[117] 《宋会要·刑法》三之三三。
[118] 《宋会要·食货》六九之四六。
[119] 《宋会要·刑法》三之三七。

第四种情形与防止贪官污吏勾结奸民霸占百姓田产房产等物业有关。如高宗绍兴三年(1133年)诏:“人户因兵火逃亡,抛弃田产,……十年内听理认归业。官司占田不还,许越诉。”[120]孝宗隆兴元年(1163年)诏:“应婚田之诉,尤下户为豪强侵夺者,不得以务限(受理民事诉讼期限)为拘,如违,许人户越诉。”[121]

第五种情形与防止官吏不法科敛百姓、征收赋税违法有关。高宗绍兴五年(1135年)敕:“民间合纳夏税秋苗,……州县不遵三尺(法),……往往大折价钱,至令人户难于输纳,并将畸零物帛高估价值却往他处贱价收买,以图剩利,显属违戾。可令监司觉察,仍许人户越诉。”[122]孝宗干道元年(1165年)诏:“江浙州军每岁人户合纳二税物帛等,……州县于数外妄有科折,……以加耗为名,大秤斤两,如有违戾,许民越诉。”[123]

第六种情形与防止官吏侵害商人、勒索商贾有关。宁宗庆元元年(1195年)诏:“现任官员收买饮食服用之物,并随市值,各用现钱。不得于市价之外更立官价,违者,许人户越诉。”[124]

第七种情形与防止官吏“滥收费”“滥罚款”有关。高宗干道七年(1172年)规定:“契勘人户典卖田宅,合纳牙税契纸本钱,勘合朱墨头子钱。州县巧立名目,又有朱墨钱,用印钱、得产人钱,……禁契税正钱外收取民钱,许人户越诉。”[125]孝宗淳熙二年诏:“累降指挥约束州县,不得因公事辄科罚百姓钱物。(违者)许人越诉。”[126]

(四)明代的“许民捉拿污吏”之制度

明太祖朱元璋为了打击贪赃枉法、滥用权力、鱼肉百姓的贪官污吏,也为了保障人民的正当权益,给了人民一项非常特殊的救济程序——“耆民率丁壮捉拿害吏送惩”的制度。这是明代人民权益救济法制中最为特殊的一项设计。

为了制止官吏贪渎之风蔓延,明太祖朱元璋认为仅仅靠体制的力量已经不行了;于是他选择在国家正常监督体制之外借助老百姓的力量。他明确授权人民捉拿贪官污吏送惩:

---

〔120〕《宋会要·食货》六九之五二。
〔121〕《宋会要·刑法》三之四八。
〔122〕《宋会要·食货》七〇之八五。
〔123〕《宋会要·食货》七〇之五六。
〔124〕《宋会要·刑法》二之一二六。
〔125〕《宋会要·食货》七〇之一五一。
〔126〕《宋会要·刑法》二之一一九。

朕设夫州县官，从古至今，本为牧民。曩者所任之官，皆是不才无籍之徒。一到任后，即与吏员、皂隶、不才耆宿及一切顽恶泼皮夤缘作弊，害吾良民多矣。似此无籍之徒，其贪何厌，其恶何已！若不禁止，民何以堪！此诰一出，尔高年有德耆民及年壮豪杰者，助朕安尔良民。若靠有司辨民曲直，十九年来未见其人。今后所在有司官吏，若将刑名以是为非、以非为是，被冤枉者告及四邻，旁入公门，将刑房该吏拿赴京来；若赋役不均，差贫卖富，将户房该吏拿来；若保举人才扰害于民，将吏房该吏拿来；若勾补逃军力士，卖放正身，拿解同姓名者，邻里众证明白，助被害之家，将兵房该吏拿来；若造作科敛，起解轮班人匠卖放，将工房该吏拿来。若民从朕命，着实为之，不一年之间，贪官污吏尽化为贤矣！为何？以其良民自辨是非，奸邪难以横出，由是逼成有司以为好官。其正官、首领官及一切人等敢有阻挡者，其家族诛。[127]

这是授权人民捉拿州县为恶的六房书吏。对人民的这种“捉拿”授权，还包括捉拿作恶的“在闲之吏”及“老奸巨猾”：

今后布政司、府州县在役之吏，在闲之吏，城市乡村老奸巨滑顽民专一起灭词讼，教唆陷人，通同官吏害及州里之间者，许城市乡村贤民方正豪杰之士有能为民除患者，合议城市乡村，将老奸巨滑及在役之吏、在闲之吏绑缚赴京，罪除民患，以安良民，敢有邀截阻挡者枭令。赴京之时，关津渡口毋得阻挡。[128]

在这些诰令中，朱元璋授权民间的“高年有德耆民及年壮豪杰者”“贤民方正豪杰之士”协助朝廷反腐败；授权百姓捉拿的对象仅仅是州县基层政权的吏、户、礼、兵、刑、工六房书吏(包括在闲者)；其所授予的权力只是协助官府捉拿或者扭送赴京师，送交中央衙门审理。为保证此一人民监督顺利完成，朱元璋规定，任何关津渡口必须配合，“虽无文引”也必须放行，不得阻拦；阻拦者甚至要“族诛”。这实际上是一种特殊的允许“越诉”制度，就是为了防止“正印官、首领官”等庇护或阻拦对这些污吏的查处，所以授予人民协助国家捉拿，实即借助人民通过“越诉”的模式制裁这些污吏。

对百姓的这种授权，是否也包括捉拿为恶的官员？朱元璋曾下诏：

所在有司所掌事务，本为民便，往往不行仁政，于差拨及一切词讼，卖富差贫，刑名有理做无理。诏书到日，今后有司官吏敢有如此，许群民或百十擒拿

---

〔127〕《御制大诰》三编，《民拿害民该吏》。

〔128〕《明大诰·乡民除患》第四九。

赴京。[129]

按照这一诏书规定,"许群民姓或百十擒拿赴京"的包括"有司官吏",应该包括府州县官员,就不再仅仅限于"书吏"了。但是,这样的理解也许不一定正确。因为《明大诰》中又有规定:

自布政司至于府州县吏,若非朝廷号令,私下巧立名目,害民取财,许境内诸耆宿人等遍处乡村市井,连名赴京状奏,备陈有司不才,明指实迹,以凭议罪,更育贤民。[130]

这里仅仅授权百姓以"连名赴京状奏"的方式控诉贪腐的官员("有司"),为随后的弹劾惩处提供依据("明指实迹,以凭议罪"),却没有直接授权百姓集体捉拿之。

正是根据这一授权,洪武十八年(1385 年),常熟县民陈寿六等三人曾把贪残害民的吏员顾英绑缚至京面奏,朝廷严惩了顾英并重奖了陈寿六等三人。[131]洪武十九年(1386 年)三月,嘉定县县民郭玄二等两人,手执《明大诰》赴京控告本县首领弓兵杨凤春等害民,在经过淳化镇时遇到巡检何添观等刁难,其手下弓兵马德旺乘机索要钞贯。此事被告到朱元璋那里,其结果是郭玄二受到奖赏,马德旺被枭首,何添观被砍脚戴重枷服刑[132]。

明成祖(太宗)曾重申太祖创制的这一法制:"自今官吏,敢有不遵旧制,指以催办为由,辄自下乡科敛害民者,许里老具实赴京面奏,处以重罪。"[133]

通过这些诰令,通过其所规定的方式或程序,我们可以看到,这实际上正是人民权益救济的特殊模式或途径。冤屈无处申告,就可以捉拿刑房书吏;被滥苛赋役,就可以捉拿户房书吏;人事保举如有不公,可以捉拿吏房书吏;军役征选若有不公,可以捉拿兵房书吏;工程劳役若有苛征,可以捉拿工房书吏;遇到有教唆好包揽词讼好诬陷之书吏和奸滑,也可以捉拿;不行仁政、枉法裁判、害民取财的官吏都可以捉拿送京师惩处或举控到京师……这不正是授予人民一种非常的权益救济途径吗?

---

〔129〕 洪武十九年《优恤高年并穷民诏》,载刘海年、杨一凡总主编:《中国珍稀法律典籍集成》乙编第三册,科学出版社 1994 年版,第 64 页。

〔130〕 《明大诰·民陈有司贤否》第三六。

〔131〕 《大诰续编·民拿下乡官吏》第一八。

〔132〕 《大诰续编·阻挡耆民赴京》第一九。

〔133〕 刘海年、杨一凡总主编:《中国珍稀法律典籍集成》乙编第三册,科学出版社 1994 年版,第 176 页。

结 论

在古代中国,历代王朝给认为正当权益受损害人民提供的救济途径,无论是法定的还是习惯的途径,大概如上所述。这些途径,我们发现有一些非常一以贯之的特征。关于这些特征,从最简单的考察方式入手就可以发现以下几点:

第一,古代中国的政治体制为人民提供的这些权益救济渠道或途径,归根结底就是"上告",亦即寻求"青天"的保护。所有途径,归根结底不过是一种渠道或途径,就是向上司申告,请求上司为自己作"青天"(庇护者、裁判者、救助者),请求官员"为我作主"。无论是向州县基层长官申告,还是向高级或中级地方长官申告,或是向中央各衙门申告,或者是向专职监察官员申告,甚至是直接向君主本人申告(告御状),无非都是向在上位的人——上司提出控诉(指控官吏违法犯罪)或请求(请求制止不合理不合法举措并重新作出合理合法举措),维护自己的正当利益。这些控诉或请求,在古人的观念中,是没有所谓民事诉讼、刑事诉讼、行政诉讼、宪法诉讼之类的分野的。如果一定要用今天的刑事诉讼、民事诉讼、行政诉讼划分的观念来看,关于刑事诉讼的属性最多,民事诉讼属性次之,很少具有行政救济(行政复议、行政诉讼)的属性,也很少有可以叫作行政救济制度的制度。但我们不能不说,通过这样的过程或途径,除了刑事诉讼民事诉讼的目的之外,实际上也能实现相当于今天"行政救济"的效果,或者达到相当于今天行政救济的结果。

第二,这些救济途径,一般只遵循中央集权的行政原则,即仅仅靠政治权力的上下级指挥、督责、控制体制或原则来查处案件、纠正不法以安抚人民;而不具备分权制衡原则下以分权的、互相牵制的、独立的平行机构体制来查处被控案件以满足人民权益救济需要的设计。一般的设计是上级监督下级,纠正下级错误;上级比下级更能够当"青天";最后是皇帝纠正整个官僚队伍的错误,当整个官僚系统的最大的"青天"。对人民而言,把权益救济的希望寄托于一层又一层的上级官员,最后及希望于深宫中的为民做主的"真命天子"——皇帝。这种垂直的、单轨的、纵向的救济渠道设计,对于普通百姓而言,大约就像要人们攀登天梯到悬崖峭壁上采挖很稀罕的中草药回家治病一样代价高、程序艰难,充满危险。因为没有横向分权制衡体制那种平衡力、制约力、纠错力设计带来的体制自身动力去帮助人民实现救济,那么只有靠体制外的两种动力去推动救济机制运作起来并实际起作用。这两种动力或推力,一是人民自身(特别是个体的百姓)为救济自身权益而付出的意志、毅力、冲锋力、打拼力、抗压力。只有极少数意志坚定、百折不回、不依不饶、不计成本的个人才能够发出足以推动官式权益救济机制生效的推力；而更多的个人是惧怕“赢得猫儿卖了牛”而不愿发出这样的推力（因而更多聪明地、无可奈何地选择不战而退、知难而退），或者因为心理、生理、经济条件等原因根本就不具备这样的推力。二是皇帝及其代理人（官员）对自己的政治产业勤勉经营、严防衰败的动力。皇帝或官员在这方面的动力越大、决心越大、意志力越强，则其权力之鞭子则可以更好地抽动整个官僚机器或机器的一部分像陀螺一样旋转起来，其鞭长可及的范围越大，非法事件得到制止的机会越多，贪官污吏受到牵制或制裁的机会越多，因此人民的救济机会就越多。反之，昏庸的、懒惰的、骄奢的皇帝或官吏都不能发出这样的推力。这两个力量，都在体制设计的构成之外，因为前者来自这一体制或机制的工作对象亦即体制外的人们，后者来自体制内操作者的个人品行、道德、意志和毅力；两者都不是体制内像钟表的发条被拧紧后产生的驱动力一样的与操作者个人的品行和毅力关系不大的力量。一件侵害人民正当权益的事件最后得到比较完满的处理，一般都需要这两个方面的力量结合的作用才有可能；至少要前一方面力量格外强大，后一方面的力量有最低限度配合。否则人民的权益救济就是空想。如果两种力量都较弱时，权益救济就必然落空。在古代中国，这种落空的情况应该的人民权益受损后的最常见情况；真正得到救济途径救济的也许十不及一。

在古代中国，人民通过监察机关寻求权益救济的途径，似乎有些横向分权的机制设计。但是由于监察机关在办理案件时更多是作为被监督机关的上级权力（而不是平行权力）出现的，由于监察机关最后也垂直隶属于皇帝。故虽有由此形成的平行的、分权的、独立的机制中内生动力的某些萌芽，但终究没有形成推动人民权益救济机制经常正常运作的内生动力体系。

第三，这些救济渠道或途径，其设计的初衷或出发点，多从检举和制裁官吏违法以保障国家政治秩序或政治利益的角度出发，或从听取人民的献计献策以改善政治、缓和矛盾出发，很少直接从保障和救济人民正当权益的角度出发。因此，这些渠道或途径，更多体现为朝廷对人民的“恩赐”和关怀，而不是体现为人民为权利而斗争的结晶。这些救济途径或渠道，法定的多，习惯的少。国家法律规范常常有冠冕堂皇的救济规定，看来似乎非常好，非常有利于人民，但事实上大多是不能当真的，是不能实际使用的，是起不了实际作用的。这些途径的设计，更多出于一种制度设计的“美观需要”，出于给人民一种憧憬或安慰的需要，一般只满足于作出一些非常简单粗疏的救济方式宣告，而不在乎去设计这些原则性的制度的具体操作细则或机制，不在乎考虑如何使那些外观美好的制度得到实际运行的保障力或实际动力何在的问题。

（原载《现代法学》2010年第4期）

传统中国法秩序下的人民权益救济方式及其基本特征

在古代中国,人民[1]权益的救济渠道,无论是法律的途径还是习惯的途径,都是客观存在的。虽然法律上不一定把这些渠道或途径明文规定下来,或者即使规定下来也不是明确以人民权益救济为目标;但它们可以作为人民权益救济的途径或渠道,客观上可以满足人民权益救济的部分需要,这是没有疑问的。在古代中国,人民权益的救济有很多法定的或习惯的途径或渠道,关于这一点前人已经有了许多探讨。在本文里,我只想探讨,古代中国的人民权益救济方式及其主要特征。这些救济,在古代的法制秩序之下,实际上是无法区分司法救济和行政救济的;但限于篇幅,本文还是主要探讨类似于行政救济的那些救济方式。

关于古代中国人民权益救济的方式,我们用今日的眼光看,大致可以分为个人权益救济、集体权益救济两种方式;相应地,救济手段也大概有两大类情形。在个人权益救济中,最常见的是士民百姓个人以一己名义提出救济要求、采取救济举措的情形;但是也有个人借助宗族、乡党、江湖、行会、寺院等社会力量实行权益救济的情形。在集体权益救济中,亦有多种方式,主要有以宗族、乡党、行会等集体组织的方式提出"集体诉讼",而其诉讼请求又的确是

---

〔1〕 这里的"人民"仅从中国传统意义上理解。《孟子·尽心下》:"诸侯之宝三:土地,人民,政事。"《荀子·非十二子》:"长养人民,兼利天下。"《韩非子·解老》:"有道之君,……内有德泽于人民。"《韩非子·五蠹》:"古者,……人民少而财有余。"这些语境中的"人民",接近今日常用语"人民"的含义,但又没有阶级斗争式的(与"敌人"相对)意识形态属性。其含义比"百姓"更广。

集体或地方的共同利益的情形。本文特别想探讨的是:古代中国的人民,在日常生活的实际事件中,在自己的正当权益受到损害的情形下,是如何利用这些法定的或习惯的、合法的或半合法的途径或渠道,控告或申诉违法或犯罪行为、制止不法侵害、挽救自己受损害的正当利益的;这些救济手段或方式有哪些主要的特征,这些特征又是如何体现中华法制传统的特有精神的。

一、古代中国个人权益救济的一般方式或手段

关于中国古代个人权益的救济方式或手段,我主要想通过古代的法律规定及具体救济事件中的实际做法来说明。因为古代中国法律事件记载甚少,我们只能取历史上的零星记录挂一漏万地大致展示历史上的个人权益救济采用的方式或手段的一般情形。

(一)个人申告救济方式

在古代中国,士民百姓认为自己的正当权益受到侵害,可以进行申控,启动救济程序。

这种救济程序,最早留下记载的,不是百姓通过地方政权谋求救济,而是通过中央或者王权的谋求救济的情形。尧舜禹时代的谏鼓、谤木、善旌,《周礼·夏官·太仆》的"路鼓"制度,《周礼·秋官·大司寇》的"肺石"制度,后世的个人"诣阙申诉"、个人上书上表制度,等等。作为国家纳谏制度的同时,也可以视为通过中央或者王权谋求个人权益救济的方式。

关于个人申告救济方式,以《周礼》的"立于肺石"申诉制度为典型代表。"以肺石达穷民。凡远近茕独老幼之欲有复于上而其长弗达者,立于肺石三日,士听其辞,以告于上而罪其长。"[2]个人有权益受损、冤抑难申之事,最后的救济方式就是到京师"立于肺石",亦即在宫门外的一块红色石头旁站立三天,就表明自己有奇冤大屈,要上诉于天子;朝廷的专职法官"士"出来接待这种"信访",询问其详情,向天子报告。

西汉初年的一个民事或行政救济案件很有意思。

汉景帝时,田叔为鲁国相。"初到,民自言相,讼王取其财物百余人。"也就是说,田叔一上任为鲁国相,就有百余名老百姓状告鲁王巧取豪夺百姓财物。作为国家派来的诸侯国傅相和实际上的行政长官,田叔受理了这些民事诉讼兼行

---

〔2〕《周礼·秋官司寇》。

政诉讼,但是他不能直接传唤被告,因为被告名义上是鲁国最高行政长官。“田叔取其(讼民)渠率二十人,各笞五十,余(众)各搏二十”,也就是对状告鲁王的百姓施加刑笞,并假意训斥百姓:“王非若主邪?何自敢言若主!”(鲁王不是你们的主子吗?你们怎么竟敢状告主人?)“鲁王闻之大惭”,于是同意偿还那些债务。[3]

这个案子很有意思。鲁王作为名义上的行政长官,其巧取豪夺人民财物,人民追讨之,其诉讼可以说是行政诉讼。但诉讼的审理者,又是名义上辅佐诸侯王的傅相,是级别低于诸侯王的官员。人民直接找他告状,就说明当时傅相在封国内有最高司法权。田叔没有直接传唤被告并审理宣判,而是用巧妙的方式劝谕鲁王还清债务。

东汉人王充《论衡·验符》记载了一个真实的行政诉讼或人民权益救济案例。

后汉明帝永平十一年,在庐江郡下属的皖侯国,有个陈爵的小男孩在一湖边钓鱼,发现湖水中有金币,回家告诉父亲陈国(字君贤)。陈国率邻居们共到湖边搜寻,共拾得金币十余斤。陈国等将此事报告给了侯国相,侯国相随即向庐江郡太守报告。太守于是派人到村里收走了全部金币上交朝廷,并向皇帝报告了获得金币的过程,同时却没有给予陈国等人任何报酬或奖赏。次年,因未得奖赏,陈国等人遂向皇帝上书讨个说法:“贤等得金湖水中,郡牧献,讫今不得直。”他们要求依法得到拾金不昧、捡到宝物归公的适当报酬(“直”)。皇帝接到上书,下诏责问庐江郡太守为何不给陈国等报酬或奖赏;郡太守回答说:因为君贤等人“所采金自官湖水,非贤等私渎,故不与直”。皇帝对这种看法很不满意,乃令太守:“视时金价,畀贤等金直。”就是下令按照当时的黄金价格,给陈国等人发钱作为报酬或奖赏[4]。

这个案例很能反映当时的相关法制和行政诉讼救济程序。太守依职权派人收走了人民拾得的无主财物(金币)并上交朝廷,这是一个行政处分行为。百姓陈国等人认为自己系主动向官府上交拾得物,拾金不昧,依法或依惯例应该得到报酬或奖赏;认为郡里不给报酬的行政行为(行政不作为)是错误的,损害了自己的正当权益。于是他实行了“民告官”的行动,提出这项行政救济请求(相当

---

[3]　《史记·田叔列传》。

[4]　这件事,正史亦有记载。《后汉书·明帝纪》永平十一年:“是岁,漅湖出黄金,庐江太守以献。”这一案例乃海南大学王祖志老师最先发现并转告我,谨此致谢。

于今天的行政复议申请)。当然,他们肯定是先向侯国的长官(国相)、郡的长官(太守)提出了救济申请;只是当郡、县(侯国)两级长官都不支持其请求时,他们最后只好上书皇帝,亦即上诉至中央政府。最后,皇帝作出行政复议决定或判决——撤销郡的错误决定、发给适当报酬。[5]

三国曹魏时期的一桩案件,大致反映了当时个人权益救济方式。“护军营士窦礼近出不还。营以为亡,表言逐捕,没其妻盈及男女为官奴婢”。按照当时的法律,军士逃亡,则没收其妻子为奴。“盈连至州府,称冤自讼,莫有省者,乃辞诣廷尉。”廷尉高柔审明真相,纠正了军方将失踪军人窦礼妻子没收为官奴的错误决定。[6] 在这里,当事人窦妻盈作为军属,先诉讼指州府,最后诉讼至中央廷尉,采取了逐级向上鸣冤的救济程序。

西晋时期的一件讼案也反映了当时的个人权益救济方式。西晋武帝时,大臣高悝“以纳妾致讼被黜”,亦即因纳妾纠纷惹了官司被罢官,不久亡故。其子高崧“乃自系廷尉讼冤,遂停丧五年不葬,表疏数十上”。皇帝哀怜之,乃下诏曰:“(高)悝备位大臣,违宪被黜,事已久判。其子崧求直无已。今特听传侯爵。”[7]这个案件,也可以说是一个行政诉讼案件。在这个案件中提起行政诉讼的原告,并不是受行政处分的当事人本人,而是他的儿子。既然被罢官者已经亡故,其子提起救济申请,当然不是要恢复官爵,而是要洗雪冤屈、恢复名誉(“求直”),就是要朝廷撤销原来那个罢官免爵的行政决定。其所采取的救济方式比较特殊:“自系”就是把自己当成犯人捆绑起来到官府告状;“停丧五年不葬”是表示父亲被冤死不瞑目,不讨个说法就是不孝。最后结果是,皇帝没有正式作出位死者平反昭雪的决定,只是允许高崧袭传其父的侯爵作为补偿。

---

[5] 这里有一个特别的法律问题值得注意。庐江郡太守原来决定不发给陈国等人报酬或奖赏的理由,是说这金币是从公家的湖水中捡到的,不是从私人的湖水中捡到的。按照这一理由,我们可以推测,汉代已经形成了一些关于拾得物、遗失物、埋藏物、漂流物物权归属的民事法律原则。也就是说,从公家的土地或水域里得到的埋藏物,原则上应推定所有权归于国家;只有在私人土地或水域里得到的才可以认为物权归私人。太守的这一理由,与迄今我们所知的汉律的规定相一致。汉人郑玄注《周礼·秋官·朝士》曰:“得遗丢物及放丢六畜,持诣乡亭、县廷。大者公之,大物没入公家也;小者私之,小者自畀也。”但是,汉明帝的最后决定表明,即使是在官家的土地或水域里发现的埋藏物,只要上交国家,也应该给予当事人价钱相当的报酬或奖赏。这到与后来《唐令》的规定大致一致。唐《杂令》规定:“诸官地内得宿藏物者听收。他人地内得者,与地主中分之。即古器形制异者,悉送官酬其值。”参见[日]仁井田陞:《唐令拾遗·杂令》,长春出版社 1989 年版,第 455 页。

[6] 《三国志·魏志·高柔传》。此案经高柔审清,查明窦礼系同营士兵所杀。

[7] 《晋书·高崧传》。

明朝嘉靖年间“四铁御史”冯恩的母、子为冯恩讼冤一事，典型地体现了当时的非常申控和救济方式或手段。嘉靖时，大臣冯恩以上疏得罪皇帝，论为死罪。为了讼冤，其十三岁的长子冯行可“伏阙讼冤，日夜匍匐长安街，见冠盖者过，辄攀舆号呼乞救”，没有人理睬他，没有人敢为之说话，“终无敢言者”。冯恩的母亲吴氏亦“击登闻鼓讼冤”，又无人理睬。次年，冯行可“上书请代父死，不许”。到冬天，临近冬至行刑季节，“事益迫，行可乃刺臂血书疏，自缚阙下”，再次请求代父一死。行可在上书中痛陈：“臣父幼而失怙。祖母吴氏守节教育，底于成立，得为御史。举家受禄，图报无地，私忧过计，陷于大辟。祖母吴年已八十余，忧伤之深，仅余气息。若臣父今日死，祖母吴亦必以今日死。臣父死，臣祖母复死，臣茕然一孤，必不独生。冀陛下哀怜，置臣辟，而赦臣父，苟延母子二人之命。陛下戮臣，不伤臣心。臣被戮，不伤陛下法。谨延颈以俟白刃。”这次上书经通政使陈经转奏皇帝，“帝览之恻然，令法司再议”，终于赦免了冯恩的死罪，改处流放。[8] 嘉靖帝死后，冯恩获平反，冯行可被旌表为孝子。

冯恩的母亲和儿子所采取的非常上诉救济模式是很有特色的，这种特色就是跪哭长安街、自缚阙下请求代刑、血书申诉、以死要挟。“日夜匍匐长安街”“刺臂血书疏”，是要造成一种极为凄惨的观感；“上书请代父死”，这更表现了孝子的大义，唤起人们的伦理同情。这种非常极端的救济模式，无非要唤起舆论的同情，要唤起皇帝的恻隐。

这种个人权益救济方式，其实很早就十分盛行。早在《唐律》中就为此作出了专门的规定：“诸邀车驾及挝登闻鼓，若上表，以身事自理诉而不实，……自毁伤者，杖一百；虽得实而自毁伤者，笞五十。”就是明确禁止以“自毁伤”唤起舆论同情的方式进行非常上诉。《大明律》对此有规定，《大明律》有条例：“在外刁徒身背黄袱、头插黄旗、口称奏诉，直入衙门挟制官吏者，所在官司就拿送问。”[9]《大清律》所附的条例也作出了相应的禁令。康熙十九年条例规定：“凡跪午门、长安等门及打长安门内石狮鸣冤者，俱照擅入禁门诉冤例治罪。若打正阳门外石狮者，照损坏御桥律治罪。”[10]

（二）个人挟社会力量的救济方式

古代中国的士民百姓个人通过正常或非常申控救济自己的正当权益，如果

---

[8] 《明史·冯恩传》。

[9] 《大明律·刑律·诉讼》附例。

[10] 《大清律例通考校注》，马建石等校注，中国政法大学出版社1992年版，第872页。

特别想获得成功，特别想扩大影响，则必须充分利用一定的社会有组织力量的影响。在古代中国，这种有组织的力量，主要是指宗族、寺院、乡党（邻伍）、士绅、行会、江湖，等等。无论其组织性强或弱，只要有一定的组织性，那么就可以在士民百姓争取个人权益救济时借助为一种群体压力。这种压力往往有利于促成贪官污吏最后被制裁，有利于案件的最后公正解决，有利于受损权益的挽救或恢复。

东汉桓帝永兴年间，冀州刺史朱穆因惩治州境内的宦官及其家属横行逾制，得罪了宦官集团。宦官们哭诉于皇帝，“帝闻大怒，征穆诣廷尉，输作左校”。就是判处朱穆有期徒刑。这一次清流官员被迫害事件，引起一次大规模的太学生抗议救援行动。“太学书生刘陶等数千人诣阙上书”，为朱穆讼冤。其集体申告状说：“伏见施刑徒朱穆，处公忧国，拜州之日，志清奸恶。诚以常侍贵宠，父兄子弟布在州郡，竞为虎狼，噬食小人，故穆张理天网，补缀漏目，罗取残祸，以塞天意。由是内官咸共恚疾，谤讟烦兴，谗隙仍作，极其刑谪，输作左校。天下有识，皆以穆同勤禹、稷而被共、鲧之戾；若死者有知，则唐帝怒于崇山，重华忿于苍墓矣。当今中官近习，窃持国柄，手握王爵，口含天宪，运赏则使饿隶富于季孙，呼噏则令伊、颜化为桀、跖。而（朱）穆独亢然不顾身害，非恶荣而好辱，恶生而好死也；徒感王纲之不摄，惧天网之久失，故竭心怀忧，为上深计。臣愿黥首系趾，代穆校作。”这一份集体申诉状写得非常感人，皇帝被感动了，“帝览其奏，乃赦之”。[11]

国立大学的学生数千人联名上书为一个地方官员申诉、声援一个受刑人，这在当时应该是非常特殊的事件，是一件影响非常大的事件。数千人竟然声称愿意“黥首系趾，代穆校作”，就是愿意代朱穆受刑，这是何等感人的场面！这一次救济行动最后成功了。这可以看成一次朱穆或其家属利用太学生群体巨大影响力实现权益救济的行动。

唐武则天时期的一个权益救济案件也很能反映当时个人挟社会力救济权益的情形。

案件的起因是著名酷吏、司农少卿来俊臣看上了一个西蕃酋长家里的女奴。“时西蕃酋长阿史那斛瑟罗家有细婢，善歌舞；俊臣因令其党罗告斛瑟罗反，将图其婢。”为了得到这个女奴，来俊臣竟然唆使其党羽诬告该酋长谋反，欲使其

〔11〕《后汉书·朱穆传》。

罔灭族之刑,然后没收该女奴供自己享用。为了申冤,为了避祸,阿史那斛瑟罗酋长乃动员了其同类酋长数十人,形成一个集体鸣冤团,“诸蕃长诣阙割耳剺面讼冤者数十人,乃得不族”。〔12〕 结果使该酋长免除了族刑。

这是一个特殊的“鸣冤团”——少数民族酋长鸣冤团。这样一来,涉及唐代的少数民族政策以及与周边夷蕃部落的关系,不由得朝廷不重视。这个鸣冤团采取了非常惨烈的上诉方式:“割耳剺面”,大概是用刀割破耳朵,划破脸部,鲜血淋漓地到皇宫门前集体哭诉。这种救济方式部分获得了成功,酋长免除了族刑。

明朝的一个案件也能反映这种利用社会力实施个人权益救济的情形。

明朝嘉靖三十年,右副都御史商大节统兵守京城,被大将军仇鸾诬以“怀奸避难”而下诏狱。“法司希旨,当大节斩”,法司秉承皇帝旨意,判商大节死刑,关押死牢中。次年,其仇人死,商大节的乡亲们集体讼冤于京师:“故部曲石镗、孙九思等数百人伏阙讼冤,(奏)章再上。”这一集体控诉行动感动了一些大臣,兵部侍郎张时彻等为之上书皇帝:“(商)大节为逆鸾制肘,以抵于法,乞顺群情赦之。”〔13〕 皇帝没有理睬,商大节终于瘐死狱中。

这虽然是一个不成功的“非常救济”案例,但其当事人所使用的挟社会力救济的手段,是很有特色的。明朝时已经没有“部曲”,这里记载的“故部曲数百人”,大约是以商家的老佃户们为主体的乡亲们。能号召到数百人之多,这显然有商大节的子弟叔侄等在其中主导指使,不会完全是佃户们的自发行动。数百佃户乡亲一起到京城上访鸣冤,可以表明商大节及其家人在乡间道德声誉好,这也是向皇帝施压的一种理由。

明朝万历年间,将军李材镇抚滇缅边境地区有功,却被人诬告系狱。李材家人为讼冤,托边疆孟养部落土司乘入贡之机向皇帝进言:“具言缅人侵轶,天朝救援,破敌有状,闻典兵者在狱,众皆流涕。”同时,又组织边民百姓为之讼冤,“楚雄士民阎世祥等亦相率诣阙讼冤”。终使朝廷免除李材之罪责,重新启用。〔14〕 这是一个利用边民群众、土司的社会力量实现权益救济、纠正错案的范例。

明崇祯年间,督师抗清的将军刘宇亮弹劾保定州知府陈弘绪不开城门纳官

〔12〕《旧唐书·来俊臣传》。
〔13〕《明史·商大节传》。
〔14〕《明史·李材传》。

军入城以避敌锋芒,皇帝下诏逮捕陈弘绪问罪。“州民诣阙讼冤,愿以身代者千计”,竟然有上千人到京师为知府鸣冤叫屈,这显然是陈弘绪的亲属组织的一次挟社会力量救济的行动。这次行动的结果是“弘绪得降级调用”[15],总算没有处以刑罚。

明天启年间,常州知府曾樱被人诬告“以行贿谋擢官”(花钱买官),朝廷“命械赴京”即逮捕押送京师。其下属和家人组织了一次很好的救济行动:先是“士民以樱贫,为醵金办装”,亦即部下百姓凑钱送给知府作为远行的盘缠;然后“耆老数千人随至阙下,击登闻鼓讼冤”。这一行动也感动了皇帝,“帝命毋入狱,俟命京邸”,随后“令(曾)樱以故官巡视海道”。[16]

明永乐年间,东平知州李湘被人诬告“苛敛民财”,“讦于布政司”。官司一开始,就有大批民众参加了申冤行动,“县民千三百人走诉巡按御史暨布、按二司,力白其冤。耆老七十人复奔伏阙下,发奸人诬陷状”。到布政司逮系李湘入京时,“又有耆老九十人随(李)湘讼冤”。这样大规模的利用社会力量实施救济的行动,取得了相当的效果,“通政司以闻,下刑曹阅实,乃复湘官,而抵奸人于法”。[17]

(三)个人权益救济的许可与限制

在古代中国,这种个人权益救济行动,法律一般是许可的,但也是有许多限制的。

除相当于今日公诉案件的那些比较重大的刑事案件鼓励百姓告发以外,其他所有案件,一般被视为我们今天的自诉案件,即所谓“不告不理”的案件,或者“亲告乃论”的案件,只有利害关系者本人才能告诉。所有个人告诉,必须是事关自己,必须是“以身事自理诉”。也就是说,案件必须事关自己的切身利害,所谓“干己事情”就是此意。《唐律疏议》规定,当事人有困难不能亲自告诉的,近亲属可以代为告诉,“即亲属相为诉者,与自诉同”。所谓亲属,唐律限制为“缌麻以上及大功以上婚姻之家”[18]。这个范围内的亲属可以代为申控鸣冤,其他人参与就是“事不干己”了。

北宋真宗景德二年(1005年)诏:“诸色人自今讼不干事,即决杖枷项令众十

---

[15] 《明史·刘宇亮传》。

[16] 《明史·曾樱传》。

[17] 《明史·循吏传·李湘》。

[18] 《唐律疏议·斗讼》。

日。"[19]南宋时，朱熹知潭州，曾发布《约束榜》规定："如告论不干己事，写状书铺与民户一等科罪。"[20]南宋末年，知江西抚州的黄震曾宣布："不经书铺不受，状无保识不受，状过二百字不受，一状诉两事不受，事不干己不受，告讦不受，经县未及月不受，年月姓名不的实不受，披纸枷布枷、自毁咆哮、故为张皇不受，非单独、无子孙孤孀，辄以妇女出名不受。"[21]这些"不受（理）"诉状规定，实际就是对个人权益救济的限制；虽然主要是就民刑诉讼而言，但适用于当时一切个人权益救济情形。这大致反映了宋代关于人民权益救济的限制制度。

明代也有类似的规定。明律规定各处军民词讼"并一应干己事情，俱要自下而上陈告；若有蓦越，俱问罪"。[22] 如果"并不干己事及审出添捏等项虚情"，则"立案不行"。[23] 这样的规定，其宗旨是阻止刁讼之徒从中挑拨诉讼、斡旋图利，也为了防止涉讼之人范围太广。

《大清律例》也规定，"凡实系切己之事，方许陈告"[24]，就是说任何人告状必须是事情关涉自己的切身利害。就"干己事情"进行告诉时，一般也必须亲自出面控告，不能叫别人代替，"军民人等干己词讼，若无故不行亲赍，并隐下壮丁，故令老幼、残疾、妇女、家人抱赍奏诉者，俱各立案不行，仍提本身或壮丁问罪"。[25] 也就是说，若"事情干己"，即使系越诉或用狂悖的方式"奏诉"，案子还是要受理和审判的，只是要追究告状方式不当的责任罢了。这是防止上诉之人故意让老弱病残妇幼等弱势人员前往衙门申控鸣冤以唤起社会同情；也就是说，任何案件要鸣冤申控时，如果家中有成年男丁，必须由男丁出面。此外，对那种故意用非常怪异、激烈、惨兮兮的行动来上访告状的人，也要格外防范和制止："在外刁徒身背黄袱、头插黄旗、口称奏诉，直入衙门挟制官吏者，所在官司就拿送问。若系干己事情及有冤枉者，照例审判，仍治以不应重律。其不系干己事情，别无冤枉，并追究主使之人一体问罪，俱发近边充军。"[26]"其有曾经法司督抚等衙门问断明白，意图翻异，辄于登闻鼓下及长安左右门等处自刎、自缢、撒

[19]《宋会要辑稿·刑法》三之一二。

[20]《朱文公文集》卷一百，《约束榜》。

[21]（宋）黄震：《黄氏日抄》卷七八，《词诉约束》。

[22]《明代律例汇编》卷二二，《刑律五·诉讼》。

[23]《明会典》卷二一二，《通政使司·开拆实封》。

[24]《大清律例通考校注》，马建石等校注，第888页。

[25]《大清律例通考校注》，马建石等校注，第872页。

[26]《大清律例通考校注》，马建石等校注，第872页。

泼、喧呼者，拿送法司，追究教唆、主使之人。俱杖一百，徒三年。”〔27〕

二、古代中国集体权益救济的一般方式或手段

（一）合法的群体救济方式

人民权益的救济方式，除了个人的救济方式外，古代中国还有许多集体救济方式。这些集体救济方式，大约有两大特征：一是救济目标不仅是个别人或家庭的利益，而是地方或群体的共同利益；用我们今天的话说，好像是“集团诉讼”“公益诉讼”。二是救济活动是以集体方式进行的；这个集体可能是宗族、乡党、士绅群体、江湖、行会，等等。其具体做法，有些像我们今天说的“群体性信访”。

这样的集体救济行动，法律上是给予了一定程度的许可的。

在明代，明太祖朱元璋就曾以《大诰》授权乡村耆老率领丁壮捉拿贪赃枉法的书吏送京师惩治，“许群民或百十擒拿赴京”，实际上就是允许人民以集体抗争方式制止官吏在赋税徭役的征派中不法行为，维护或救济自己的权益。此外，他还曾通过《大诰》规定：

> 今后所在布政司、府州县，若有廉能官吏，切切为民造福者，所在人民必深知其详。若被不才官吏、同僚人等捏词排陷，一时不能明其公心，远在数千里，情不能上达，许本处城市乡村耆宿赴京面奏，以凭保全。自今以后，若欲尽除民间祸患，无若乡里年高有德人等，或百人，或五六十人，或三五百人，或千余人，岁终议赴京师面奏：本境为民患者几人，造民福者几人。朕必凭其奏，善者旌之，恶者移之，甚者罪之。呜呼！所在城市乡村耆民人等，肯依朕言，必举此行，即岁天下太平矣。民间若不亲发露其奸顽，明彰有德，朕一时难知，所以嘱民助我为此也。若城市乡村有等起灭词讼，把持官府，或拨置官吏害民者，若有此等，许四邻及阖郡人民指实赴京面奏，以凭祛除，以安吾民。呜呼！君子目朕之言，勿坐视纵容奸恶患民。故嘱。〔28〕

深宫的皇帝颁布特别法令，公然鼓励老百姓“或三五百人，或千余人”一起进京“集体控告”或“集体维权”，以便监督官吏，这多少有点让我们难以想象。

在清代，法律规定，当官府在征收赋税有贪污不法、科敛勒索情形时，允许百

〔27〕《大清律例通考校注》，马建石等校注，第870页。

〔28〕《明大诰·耆纪奏有司善恶》第四五。

姓集体控告。《大清律例》规定:“将弁尅饷,务须营伍管队等头目率领兵丁共同陈告;州县征派,务须里长率领众民公同陈告,方准受理。”〔29〕这一条例规定,对于州县征派中的违法科敛,以及军队中的军官克扣粮饷,允许下层士官率领众兵卒、里长率领民众集体控告,亦即对军官和地方官吏进行集体控告,实行集体维权行动,维护或救济自己的合法权益。

这样的集体维权救济活动,中国历史上一直比较频繁。

早在汉代,汉宣帝时,淮阳地方民众集体控告酷吏田云中就是一个例子。酷吏田广明之兄田云中为淮阳太守,“亦敢诛杀”。就是在地方上杀人立威,残害百姓过甚。“吏民守阙告之,竟坐弃市。”〔30〕淮阳地方的吏民百姓,集体上访到京师,守在皇宫门前控告酷吏的暴行,最后迫令朝廷不得不查办,将酷吏田云中处死刑。这就是人民集体救济或维权的行动,在当时是合法的,并且取得了成功,制裁了残害人民的官员,也就是制止了国家机关的严重行政侵害。

汉成帝时,京兆尹王尊被人劾以“暴虐不改”“倨嫚姗上”,被免官,“吏民多称惜之”。随之,当地的地方人士发起了集体申冤行动:“湖三老公乘兴等上书讼尊治京兆功效日着。……书奏,天子复以尊为徐州刺史,迁东郡太守。”〔31〕三老是地方乡官,地方乡官率领地方绅士群体为自己的长官讼冤,请求朝廷撤销错误的处分,这种救济当然可以视为人民集体权益的救济。

东汉末年,皇甫规率师出征,“其年冬,征还拜议郎,论功当封。而中常侍徐璜、左悺欲从求货,数遣宾客就问功状,规终不答。璜等忿怒,陷以前事,下之于吏。官属欲赋敛请谢,规誓而不听,遂以余寇不绝,坐系廷尉,论输左校。诸公及太学生张凤等三百余人诣阙讼之。会赦,归家”。〔32〕这里记载的案件是:皇甫将军打仗有功,应当封赏;宦官们想在为之报功求赏时借机揩点油,但皇甫将军不理睬。于是宦官们以“余寇不绝”的罪名陷害他,将军因而被廷尉衙门逮系审判,判处“输作”即徒刑。此时,两个群体为将军求情鸣冤,一个是“诸公”即朝廷的高官们,另一个是国立大学的学生群体。后者的作用可能更显示了威力,因为这是“群体事件”,影响国家安定。所以结果是皇甫将军免除了刑罚。

大约与此同时的另一个案件也反映了东汉时期的群体维权救济行动情形。

---

〔29〕《大清律例通考校注》,马建石等校注,第888页。

〔30〕《汉书·酷吏传》。

〔31〕《汉书·王尊传》。

〔32〕《后汉书·皇甫张段列传》。

“四年冬，上郡沈氏、陇西牢姐、乌吾诸种羌共寇并凉二州，（段）颎将湟中义从讨之。凉州刺史郭闳贪共其功，稽固颎军，使不得进。义从役久，恋乡旧，皆悉反叛。郭闳归罪于颎，颎坐征下狱，输作左校。羌遂陆梁，覆没营坞，转相招结，唐突诸郡，于是吏人守阙讼颎以千数。朝廷知颎为郭闳所诬，诏问其状。颎但谢罪，不敢言枉，京师称为长者。起于徒中，复拜议郎，迁并州刺史。”[33]案情是：负责率师征讨叛羌部落的将军段颎，因被凉州刺史郭闳陷害，被判处徒刑。为此，受羌人叛乱骚扰的地区的吏役百姓群体上访，为其讼冤：“吏人守阙讼颎以千数”，就是上千人为段将军上访申冤，使得皇帝终于纠正了错案，并将其派到羌人反叛活跃的并州当刺史。

西晋时代类似的案件不少。晋人王蕴为吴兴太守，甚有德政。属郡荒人饥，辄开仓赡恤。主簿执谏，请先列表上待报，（王）蕴曰：“今百姓嗷然，路有饥馑，若表上须报，何以救将死之命乎！专辄之愆，罪在太守，且行仁义而败，无所恨也。”于是开仓“大振贷之，赖蕴全者十七八焉”。这一擅自开仓放粮的违法行为被人举劾，“朝廷以违科免蕴官”，即作出了免除职务的行政处分，但当地人民不答应：“士庶诣阙讼之”，当地士民百姓到京师集体上访，皇帝被打动，“诏特左降晋陵太守”。[34]

前秦王苻坚时期，王猛为始平县令。“猛下车，明法峻刑，澄察善恶，禁勒强豪。鞭杀一吏，百姓上书讼之，有司劾奏，槛车征下廷尉诏狱。”苻坚亲自审问之，王猛发表了一通法家严刑峻法的主张，深得苻坚欢心，“于是赦之”。[35] 这里的“百姓上书讼之”，就是地方人民集体上书控告官吏酷苛，要求罢免之。这当然是一种集体权益救济行动。不过行动没有达到应有的结果。

这样的集体权益救济行动，在明代屡见不鲜。

明宪宗成化年间，国子监祭酒邢让因被人诬告下狱，国学生杨守址等人“率六馆生伏阙讼冤”[36]，最后促使冤案昭雪。国子监中学生分为六馆授业，相当于三个年级又各分高低班。六馆生，也就是国学里的全部学生。这是明代的一次国立大学学生集体上访或游行示威以保护校长、救济权益的活动。

明英宗天顺年间，雄县知县秦纮以制止宦官暴捕天鹅，被宦官所陷，“坐下

〔33〕《后汉书·皇甫张段列传》。

〔34〕《晋书·王蕴传》。

〔35〕《晋书·王猛传》。

〔36〕《明史·杨守址传》。

诏狱”。县民为救援县官，采取了大规模的集体抗议行动。“民五千诣阙讼”，五千百姓到京师告状，最后实现了部分目标，秦纮没有被判罪，仅仅“调知府谷”，就是到陕西府谷当知县。[37]

明朝还有很多著名循吏经历过当地百姓的集体上访挽留以及权益救济行动。

明永乐年间，宁阳知县孔公朝，“坐与同僚饮酒忿争，并遣戍”，就是被判处流刑。当地百姓采取了救援行动，“部民屡叩阍乞还”，就是多次到京师上访，要求归还这个“好干部”，但朝廷不接受，“皆不许”。宣宗宣德二年下诏求贤，又有人推荐孔公朝出仕，“宁阳人闻之，又相率叩阍乞公朝”，皇帝感慨：“公朝去宁阳已二十余载，民奏乞不已，此非良吏耶？可即与之。”人民的救济行动成功了，孔公朝二十年后再次被委任为宁阳知县。

这样的人民以集体上访方式挽留“好干部”以维护地方利益的救济行动，在《明史·循吏传》中比比皆是。

“郭完知会宁，为奸人所讦被逮。里老伏阙讼冤乞还，帝亦许之。”

“徐士宗知贵溪，宣德六年三考俱最。民诣阙乞留，诏增二秩还任。”

“郭南知常熟，正统十二年以老致仕。父老乞还任，英宗许之。”

“张璟知平山，秩满，士民乞留，英宗命进秩复任。景泰初，母忧去。复从士民请，夺情视事。”

“徐荣知槁城，亲丧去官。服阕，部民乞罢新令而还荣，英宗如其请。景泰初，秩满。复徇民请，留之。”

“何澄知安福，被劾。民诣阙乞留，英宗命还任。”[38]

（二）边缘或半合法的群体救济方式

在古代中国，人民权益救济有时还会以合法与非法之间的边缘方式，或者说半合法半非法的方式进行。有时甚至以完全非法的方式进行。在半合法的救济方式中，最为典型的就是百姓在某些地方势力的领导下群起以合法名义或理由进行抗争。

中国历代历史上发生过很多人民群起救济合法权益、反对官吏贪污残暴的群体事件，这些事件一般都是以体制内最大限度容忍的方式进行的，就是以较为合法的名义或理由进提出诉求，只不过方式激烈一点，参加人数多一些，就常常

---

〔37〕《明史·秦纮传》。
〔38〕《明史·循吏传》。

被打成“反叛”“造反”而遭受镇压。这些行动,其实质仍不过是边缘的或半合法的救济行动。历史上很多次农民起义或农民战争,至少在其前期采取的就是这种半合法的救济方式。只不过在这种半合法的救济方式无效或者被官方镇压之后,才被迫采取大规模的“反叛”即起义行动。

清顺治年间发生的以著名文人金圣叹为首的苏州“哭庙案”,是一桩典型的边缘或半合法的集体维权或集体抗争行动,只不过官府将其打成“谋反大逆”行动而已。

顺治十七年(1661 年)十二月,苏州吴县知县任维初在征收赋税、追逼钱粮时,任意拷笞百姓,且盗取公粮三千余石到市场出售,激起百姓公愤,“虽三尺童子,皆怀不平”。次年二月初四,苏州秀才百余人群起为民请命,先由秀才薛尔张将知县任维初的罪行写成“揭帖”,在秀才倪用宾的率领下到苏州知府大堂举报,秀才们率领的举报队伍及沿路跟进的群众一时达千余人。适逢江苏巡抚朱国治率领府、道、县官员们齐集苏州府堂设帐公祭刚刚驾崩的顺治皇帝。参与盗卖公粮案的朱国治十分害怕此事被揭露,遂以“震惊先帝之灵”的罪名逮捕了倪用宾等 5 人(一说 11 人)。翌日全城读书人愤愤不平,群情汹汹,秀才金圣叹倡议大家到孔庙孔夫子灵前哭诉以示抗议,并亲撰《哭庙文》。一呼百应,随行群众亦号呼而至,在孔庙前击鼓鸣钟,并涌入大成殿,号声痛哭,场面十分悲壮。朱国治又下令追捕参与其事的秀才,最后逮捕了倪用宾、金圣叹、沈琅、顾伟业、张韩、束献琪、丁观生、朱时若、朱章培、周江、徐玠、叶琪、薛尔张、姚刚、丁子伟、王仲儒、唐尧治、冯郅 18 人,均诬陷以“谋反大逆”之罪[39],至七月十三日立秋,“不问首从,立决处斩”,处死于南京中华门外三山街市。此即清初著名的“哭庙案”。[40]

这一案件,秀才们和百姓们的行动,其实都是不犯法的,用今天的话说不过就是群体事件而已。他们揭露官吏贪污行为、维护百姓权益,目的是正当的。其动作,先是向府衙控告,又向巡抚控告;受到逮捕镇压时,被迫采取到孔庙集体哭庙的方式鸣冤叫屈。其《哭庙文》既要控告贪官,又要说明秀才参与抗议的正当理由(以免被官方视为“不干己事”而镇压);于是就以“哀哭我辈读书人中出了如此败类”为由号哭于儒祖孔子灵前的巧妙方式控诉贪官。其《哭庙文》云:“顺治十八年二月初四,江南生员为吴令任维初胆大包天、欺世灭祖,公然破千百年

〔39〕 (清)梁章鉅:《归田琐记》卷七,《金圣叹》。
〔40〕 参见小成:《金圣叹与哭庙案》,载《江苏地方志》2000 年第 6 期。

来之规矩,置圣朝仁政于不顾,潜赴常平仓,伙同部曹吴之行,鼠窝狗盗,偷卖公粮。罪行发指,民情沸腾。读书之人,食国家之廪饩,当以四维八德为仪范。不料竟出衣冠禽兽,如任维初之辈。生员愧色,宗师无光,遂往文庙以哭之。……"这个《哭庙文》,实际上不过是一个特别的控诉状而已。哭于孔庙,其实是想引起府、省乃至朝廷关注并查处。这种方式,无非想在体制内解决问题,不愿被朝廷视为非法而加镇压。[41]

清朝道光时期发生在湖北崇阳县的"钟九闹漕"案,也能反映古代中国人民采取边缘或半合法的救济方式维护权益的一般情形。该案中的集体维权行动,显然比苏州的哭庙案要严重或激烈许多。

道光十六年(1836年)冬,崇阳地方士绅金太和、钟人杰等代表四十八堡的广大花户(纳税人)具状控告县衙的书差们乘征收漕粮之机刁难百姓、百般勒索。状子递到县衙,县衙不受理;上告到武昌府,府又拖着不办;遂一直上告到总督衙门。其间,书差们也反过来状告金太和、钟人杰等人挟持花户、包揽词讼等。后来,钟人杰等不断联络花户,募集诉讼费用,继续控告,并组织一批人到武昌总督府集体上访。总督周天爵直接审理了此案,"将(被控告的)书差责革,禁免票钱、差票垫费",但同时也斥责金、钟等人挑唆"不切己"之讼。此后,钟人杰等人率领广大花户继续抗拒漕粮征收中的各种勒索或浮收,阻拒书差下乡征收漕粮,甚至自制收税的银柜送到县衙,"置柜十一张[42],分注里名,抬送县堂;刊刷传单,派定(缴纳)日期",让花户"依期投纳,自封投柜",不让书差经手,以防舞弊。书差们反过来控告金太和等"置柜刷帖,把持钱粮"[43],致其被捕关押。书差群体与金、钟等人为首的士绅群体的矛盾遂进一步加剧。道光二十年(1840年)冬,漕粮开征,钟人杰等正式率众闹漕。"不容官打样盘,每石明加二斗二升;书差、样盘、斗级余米全行革除",但书差们继续刁难花户。于是次年元宵节之时,钟人杰等率众开始了更加剧烈的抗争行动,"手执红旗,大书官逼民反",以送灯为名,"暗藏器械,统众入城"。进城后,他们仅仅以书差为攻击对象,拆除书差们办公的房屋——粮房,抢掠书差们的衣物资财,使书差们的房产衣财"拆掳无遗"。占领县城后,起事队伍把持了崇阳对外的一切通道,不允许官府文书往

---

[41] 参见周志斌:《论清初苏州的"哭庙案"》,载《学海》2001年第6期。

[42] 当时崇阳县下设十一个里,每里一张专柜,以收税银。

[43] 殷其铭:《崇阳冤狱始末记》。转引自张小也:《官、民与法:明清国家与基层社会》,中华书局2007年版,第200页。

来。钟人杰等商议制定禁革钱漕积弊以及允许每石加收二斗二升(火耗,耗羡)的章程,钟人杰等亲自书写章程告示,勒令知县折锦元加盖县印,刻成石碑,在城乡各处竖立。此后,花户按照此一新章程缴纳漕粮,书差和官府的陋规利益严重受损。于是,他们继续设法追究金太和、钟人杰等人把持钱粮、打砸粮房的责任,终于迫使钟人杰等于道光二十一年(1841 年)十二月仓促起事。不过,起事之时,钟人杰起先并不把矛头指向官府,而是指向代书差群体写状反告金、钟等人的讼师蔡绍勋,将蔡家"满门绑缚","我想邀人拿住蔡绍勋,便可挟制他和息了案"。后因发现蔡绍勋本人逃遁,怀疑其躲到县城被官府庇护起来,遂再度聚众进攻县城,要搜查蔡绍勋。知县师长治下令闭城坚守,但县城很快被攻破。钟人杰的队伍进城后四处搜杀书差,并杀死了蔡绍勋。随后,逼迫知县师长治写"详文"向上级请求快速了结金太和案并释放金太和,师长治不从,起事者随即杀死师长治等一些官吏。至此,这一闹漕事件,正式恶化为杀戮朝廷命官的"反叛"。后来,金太和、钟人杰等近百人作为反叛罪犯被处死。[44]

在这里,我不厌其烦地叙述了清末的一个民众集体抗争维权事件始末。在这一事件中,我们看到自始至终有一条主线贯穿其中,就是百姓在士绅的率领下尽力采取合法或半合法的方式抗争。他们始终把矛头对准盘剥百姓、民愤最大的书差群体,包括为他们服务的讼师,从来就不曾把矛头直接指向县官。这就是说,在维权救济的同时,一直用为官府"除恶"的名义,一直寻求体制内的改良,只不过手段激烈一点而已。第一次攻入县城,烧的仅仅是书差们的居住办公之房,抢掠的是他们的财物;并且借助知县的权威确立新的纳税章程,刻碑公布于众。在这次达成的新章程中,甚至对官府的"陋规"即"火耗"加收正式承认(每石加收二斗二升)。第二次攻入县城,也是为了搜捕为书差服务的讼师,希望通过逼迫蔡绍勋撤回诉状,了结此前闹事罪责。即使杀了书差们和蔡绍勋之后,也不想事态扩大,只是逼迫知县师长治向上级写详文,开释"闹漕"的领袖金太和。只因知县坚决不从,失控的暴民才杀死了他,这是钟人杰等领袖始料未及的。即使在杀死了知县、坐实了"反叛"之罪后,起事队伍仍然"殓死抚生",将师长治等人的三口棺木"移囤(县)署西山麓,砌屋浮厝",幻想不被视为反叛。按照知县师长治的门丁殷其铭在《崇阳冤狱始末记》中的说法,钟人杰等"原欲挟制县官

---

〔44〕 案件的梗概,系据张小也书中的叙述整理。参见张小也:《官、民与法:明清国家与基层社会》,中华书局 2007 年版,第 190 - 209 页。

(写)详(文)释(金)太和而已,本无远图;不意弄假成真,噬脐不及”。[45] 本案中的集体救济行动,除了最后攻破县城,杀死书差、讼师直至朝廷命官以外,其他一切行为总起来看是在边缘或半合法状态,也就是利用了当时政治体制的最大限度许可并略微超出,但又尚未正式“反了”。比如,打砸书差们的办公和住所、胁迫知县认可有利于百姓的新纳税章程、逼迫蔡绍勋撤回诉状、胁迫知县写报告开释金太和,等等。大致都可以说是正常体制所否定的,但又是大家视为“被逼无奈”的激烈但又不构成“反叛”的举措。

最后我们应该注意,这里讨论的群体救济方式,无论是合法的群体救济方式,还是边缘的半合法的群体救济方式,其实在古代并没有法定的边界。法律并未明文规定群体救济行为怎样为合法、怎样为非法。因此,合法非法的界限,就只好由处理事件的官员认定了。即使是法律明文规定许可的“里长率领众民公同陈告”官吏违法科敛的情形,如果参加的群众人数太多,或者“陈告”的方式激烈一点,官府要把他们视为“别有用心”“借题发挥”“冲击官府”“抗粮抗税”乃至“谋反大逆”也是很可能的。

(三)集体呈请立碑确认权益、宣示禁令的救济方式

古代中国人民的权益的集体救济模式,至少自宋代开始就有了一种特殊方式,那就是“呈请立碑示禁”的模式。正当权益受到严重损害的地方百姓(主要是乡村农人、城市工商业者和市民、寺庙僧人、士人或生员等)集体申控到州县官府,控告欺凌百姓的贪官污吏、衙门差役、歇家讼棍、流氓地痞、奸牙奸商、土匪军棍、妖道恶僧等,要求制裁不法之徒,保护正当权益;在案件得到大致解决、恶人受惩以后,地方百姓一般会集资立碑以图巩固“斗争成果”:呈请州县地方长官发布一个“宪示”或“禁令”,确认正当权益、禁止破坏行为、宣布日后有犯者将严惩不贷;这一禁令被作为“护权法宝”铭刻于石头上以垂久远[46]。

在古代中国,涉及法律问题的古代各类碑刻甚多,有学者已经进行了相当深入的整理和研究[47]。这些碑刻,就我目前看到的,大约可以分为官立、民立、官民共立三类。纯粹的民间自立碑刻,一般系为宣示或确认基层民间社会一些习

---

〔45〕 转引自张小也:《官、民与法:明清国家与基层社会》,中华书局 2007 年版,第 209 页。

〔46〕 这种“刻石确权”的情形,大概是夏商周时代“铸鼎确权”(以钟鼎铭文确认一场诉讼后形成的权益格局)之模式的孑遗。参见胡留园、冯卓慧:《夏商西周法制史》,商务印书馆 2007 年版,第 444－445 页。

〔47〕 参见李雪梅:《碑刻法律史料考》,社会科学文献出版社 2009 年版。本节的写作得到了李雪梅教授的资料帮助,谨此致谢!

惯性秩序规则而立,如宗规族法、森林和水源保护、水利设施利用、土地疆界保护、市场交易规则、地方治安防盗等,这些一般与这里所讨论人民权益救济没有直接关系,因为其碑文形成一般不需人民向官府的申请或交涉,其纠纷一般在基层民间社会内部就解决了。纯粹的官府自立的碑刻,一般系官府为宣示指导百姓日常行动、课以百姓特定义务的谕示或禁令而立,如关于禁止窝藏盗匪、禁止逃税逃役、禁止淫祠淫祀、禁止宗族械斗、禁止毁坏公共设施等,这些一般不是因为特定的纠纷案件呈控暨受害人民集体呈请而为,一般也与这里所讨论的人民权益救济方式没有直接关系。这里所要探讨的仅仅是官民共立涉及法律事宜的石碑的情形。

这种法律碑刻,与我们要探讨的人民权益救济渠道、方式有直接关系。虽然作为这些碑刻肇因的纠纷案件,不一定是以官员的贪赃枉法或官府的处分(行政行为)为申控对象,但是毕竟是人民通过官府或借助国家现有诉讼体制以救济受损权益的正常途径,我们当然不能不单独加以讨论。进一步讲,在这些请求救济的案件中的损害因素,好多与来自官府的不法因素有关,比如污吏、奸胥、刁役、官牙等势力对人民权益的损害,广义上讲这也是一种来自官方的损害。这些损害,虽然大多来自这些不法势力的个人贪渎因素,但也包括我们今天所说的违法行政行为的情形。所以作为一种特殊的人民权益救济方式来讨论是有必要的。

我们在这里仅以几个典型的案例来说明这一救济模式或救济方式的性质和使用情形。

今仅存其文于方志的《千仓渠水利奏立科条碑》〔48〕记载了唐宋时代一则集体权益救济的结果。唐大和七年(833 年),河阳节度使温造"壅济水以溉民田,谓之千仓渠";宋熙宁初年,员外郎陈知俭"经管水利","募民兴复渠堰"。后来,由于百姓用水没有限约,"民之所用不得其半",经常发生水利纠纷,人民遂讼于官府。为了解决纠纷、保护权益,陈知俭及济源知县"亲诣地头,询访利害",拟定"科条"即禁约,具状上奏获准。该"科条"实即官府为当地制定水利特别法规,共 11 项,详列千仓渠水利管理、使用等规范,责令百姓共守。碑文规定:"沿渠人户分作上流、中流、下流三等。每等各置甲头一人,以逐等内地土、物力,最关百姓,充管地分内都丈顷亩、用水时辰,开闭闸堰、供报文字。如敢作弊,敛掠

---

〔48〕 碑立于宋熙宁三年(1070 年),已佚。碑文存《济源县志》。

人户钱物,并行严断。”“已上所立条约,如州县官吏故有违犯,争夺水势,乞科违制之罪;仍许人户经转运提刑司陈诉。如稻田人户自相侵犯,不守条约,乞从违制失定断。”〔49〕

这是一个因水利纠纷告官审断后形成的判决例。这一判决不仅旨在解决眼下的纠纷,还要为杜绝未来的纠纷确立规矩章法。这是当时人民集体权益救济的一个典型案例。在该案中,百姓因为水源或水利设施利用发生了纠纷,纠纷中或许有某些人利用官府的势力霸占欺凌,甚至水渠附近相邻州县的官员为维护各自本地利益也参加了进来,当地人民不得已申控到官府。官府进行现场勘验调查并与当地百姓协商以后,拟定了碑文中所示的“科条”11 条。这一科条,经皇帝批准,规定了此后这一设施的使用章法,就是未来解决此处水利设施后续纠纷的依据。这一科条,为当地百姓未来水利权益救济提供了法定渠道或途径,明确规定:对敢于违犯这一禁令、“争夺水势”的“州县官吏”,人民可以向国家监察机关——转运使控告,由监察机关弹劾科罚;对于违反禁令的百姓,则分别直接依法制裁。

另一则宋代禁令碑刻也反映了宋代地方百姓向官府呈控救济权益的过程和结果。

南宋绍熙五年(1195 年)十二月,兴元府(今汉中)褒城县民众呈请在该县贾村坝(此地今属勉县金泉乡贾家村)汉水南岸石梯坡山崖上刻石立禁,以杜绝贪官污吏奸胥刁役在此地擅自设立“盐榷”(查验盐引、防止私盐、征收盐税的关卡)之弊端。〔50〕该碑文虽然以“兴元府提举茶马司张(某)”的名义刻立,但肯定是当地人民呈请消弊除害的结果。碑文规定:“一应盐榷不得从过从〔51〕此出;如有违戾,许地抓人〔52〕,把捉赴所属送衙根勘断罪,追赏伍拾贯给告人。”这一禁令,是禁止任何人此后再在此地非法设卡敲诈勒索商民百姓。这是前一次纠纷解决的结果,也为未来同一纠纷的解决即人民权益救济提供了途径:如有再非法设卡者,“许(就)地抓人”亦即授权地保、地方百姓捉拿设卡勒索之人,扭送至官府“根勘断罪”。

明朝末期江苏松江府(今上海)的一则告示碑所记事实及禁令,与人民集体

---

〔49〕范天平等编著:《豫西水碑钩沉》,陕西人民出版社 2001 年版,第 288 – 290 页。

〔50〕《禁运盐榷摩崖刻石》、《汉中府志》和《褒城县志》均有著录,但都讹为绍兴五年(1135 年)刻。参见陈显远编:《汉中碑石》,三秦出版社 1996 年版,第 23 页。

〔51〕原文如此。“从过”二字疑为衍文。

〔52〕原文如此。“许”字后疑漏“就”字。

反对贪官污吏侵害、救济合法权益更有明显的关系。

松江府为禁借巡缉为名骚扰官盐告示碑〔53〕

松江府为恳□阻挠之禁以安商业事:蒙钦差巡盐御史冯批据商人方升、胡嘉泰、汪□□等呈□:华亭□额行引六千张,止派四门□镇,而首赖金泽一镇,僻在巨浸中央,非舟不行,向遭隔属。盐枭大伙,与□□沿乡□□,反将官盐肆抢,甚而罄尽舟中所有,复为越解隔属,以饱恶溪。乞敕廉府檄属本镇方□四十里,毋许借巡为名,实肆抢诈。凡遇民买官盐,验有照票放行。如敢仍前阻挠,定依律重处,请乞立石该镇遵守等蒙批仰松江府严行示禁,缴蒙此为照私盐之禁,不啻至再。今蒙批发前词,合再示禁。为此示仰该镇揔□地方居民、□铺人等知悉:今后凡有大伙盐徒及巡司捕役,在于地方四十里内,假称巡缉,骚扰官盐,及沿□摇卖,阻挠官引,许即协力擒拿解府,以凭究遣拿解本院重处。俱毋迟错,特示。

崇祯十四年八月二十六日给。

这是贩运官盐的商人群体呈请打击奸吏刁役欺压勒索、保护合法经营的案例。该案中,因合法贩运官盐的商人们经常受到“大伙盐徒及巡司捕役”“假称巡缉”进行的骚扰欺凌勒索抢夺。为保护权益,方升、胡嘉泰、汪□□等许多商人集体呈请巡盐御史冯某,惩处刁徒,保护良民。冯御史乃批示确立禁令,制止了继续侵害,并为商民百姓今后类似的权益救济提供了途径:“许(百姓)即协力擒拿解府,以凭究遣拿解本院重处。”商民刻立石碑公示了这一禁令,挟以自重自保。

清代苏州府长洲县的一则碑文,清楚地体现了当时江南地方人民因贪官污吏奸胥刁役扰害百姓不堪忍受而呈请官府救济权益的一般情形。

清康熙年间,苏州地方奸吏刁役经常假借侦办盗匪案件之机,唆使被捕的盗匪诬陷良善人家为共犯或窝藏赃物人家,借以敲诈勒索良善殷实人家。百姓不堪忍受,康熙六十一年(1722年)正月十九日,长洲县生监、里民叶梦龙、邹元成、高朗、李士超等38人(碑文所列呈请人名单太多,从略)上呈于长洲知县,要求县官为民做主,制止奸胥刁役的恶行,保护良善百姓,以安民生。碑文认可了当

〔53〕 碑原在上海青浦县金泽镇。参见上海博物馆图书资料室编:《上海碑刻资料选辑》,上海人民出版社1980年版,第81页。

地绅民自治拟定的“十家结保”以防盗匪暨防止攀诬之办法，碑文规定：“除开明府属各州县一体遵照立碑署前外，合行勒石永禁。为此碑谕阖邑士民人等知悉：嗣后如有□□供出窝寄，或伙犯潜匿□□□，□督（抚）宪批司府议详缘由，许令十家邻甲将被保之家查明，据实具覆。如平素果属匪类，以凭拘唤。如实系清白良民，即公同具为保免，仍将诬报之本盗与嘱供之捕胥从重惩究。但□邻甲亦不得阿私受贿，扶同捏结，致令积盗巨窝因而幸脱，察出一并治罪。其各凛遵。”[54]

这是一个地方绅民集体维权事件的完整记录。原碑文长达三千多字，罕见冗长，但记录事件过程（百姓反复申控、呈请和各级长官反复批示查究的经过）格外详细。该碑文的开头题款就明确说明了事件的“集体救济”和“官民共立碑”的性质：“江苏苏州府长洲县为民害无底公叩通详勒石以安民业事”。所谓“民害无底”是指本案的纠纷事由，“公叩通详”是指人民集体联名申控请求救济，“勒石以安民业事”是指官府立碑公布禁令的目的。在碑文中，还特别提到了叶梦龙等人“伊等自愿捐赀勒石永禁”亦即自愿捐资刻石立碑公示官府禁令的情节。这一碑文为今后同类情形下人民权益救济提供了一定的法律保障：如有被捕盗匪指认某人家为同犯及窝主，允许相互结保的十户人家自行相互查明具报官府；如发现确系奸胥刁役唆使盗匪诬陷，则“（十家）公同具为保免”即共同担保清白，官府不再问究；如确有此事，则自行告官以待拘唤，不允许奸胥刁役插手查勘并借机勒索；还要将奸胥刁役告发或扭送至官府惩究。

三、古代中国人民权益救济方式的主要特征

古代中国人民权益救济方式，包括国家法律正式许可的方式和政治秩序惯例默认的方式，都可以视为古代中国行政救济法制的构成内容。考察中国古代人民权益救济方式，考察国家在这一方面的制度和惯例，我们会发现许多有意思的特征。这些特征，实际上也是中国古代行政救济法制在实际社会生活中作用即效果的特征。关于这些特征，笔者大致总结为以下五点。

（一）“民告官”一般是“告官员”而不是“告官府”

在古代中国，现代行政诉讼意义上的“民告官”，严格地说是不存在的。因为古代中国的政治秩序是家长制的专制秩序，民和官是不平等的。国家行政是官府在行使教养人民的权力或履行教养责任，人民是受其哺乳而已。这种情形

---

〔54〕《长洲县谕禁捕盗诈民大害碑》，参见王国平等主编：《明清以来苏州社会史碑刻集》，苏州大学出版社 1998 年版，第 567－571 页。

下,当然不存在法律上"民告官"的理论基础。在君主专制政治体制之下,一切官吏都是皇帝或朝廷的代表,其权威来自皇帝授予(而不是人民授予)。因此,如果民告官府,以整个官府(某级地方政府)为被告,控告其行政行为不当,要求纠正其行政行为或决定,就天然带有一种"犯上"的嫌疑。所以中国古代数千年的政治史中,就很少看到这种控告的记载。

在中国古代经常有所谓"民告官"的控告行动,但一般而言是对官员个人的控告,而非对官府或地方政府的控告。控诉所指向的行为,一般是官员个人的违法或犯罪行为,而不是官员代表官府所为的行政行为或作出的行政决定。有时即使是后者,也会以前者的名义提出控告。所谓官员的违法或犯罪行为,多指官员的贪污、侵占、受贿、勒索、苛敛、暴虐、奸淫、怠责、乖张、不孝、不忠、擅离职守、出界、通匪乃至谋反,等等。古代的官府行政举措或决定,一般是以官员个人职务名义作出,而不是以官府整体名义作出。因此,即使遇到属于官员作出的错误行政行为或错误行政决定需要请求撤销或纠正的情形,人民也可以以控告该官员个人违法或犯罪的名义提出。"民告官员"和"民告官府"是大为不同的:前者以官员个人的行为系道德败坏、违反纲纪或法律为由控告,后者是以官员或官府的行政行为或决定违反法律为由控告,二者无法等同。

在中国古代,直接以官府或官员的行政决定不当或违法而提出救济申请的案件很少见,但是控告官员谋反、贪污、渎职的情形则比比皆是。国家设置供人民使用的救济途径,其主要宗旨并不一定是供人民救济权益;而是让人民即时告发贪官污吏,以为国家整肃纲纪、反腐倡廉服务。如汉武帝时始派绣衣直指刺史巡回各地"以六条问事",旨在督查官吏六个方面的违法犯罪,当然也旨在告诉百姓,可以受理人们告发或控告官吏们这六个方面的犯罪行为。汉代鼓励人民"上言变事"实际就是鼓励人民告密,防止官僚贵族和豪杰谋反。唐代武则天时期曾设"四匦",最后实质上都主要成了"告密匦",成了奖励告奸、罗织官吏罪名,对官员贵族进行非常控告的途径。宋真宗时定制:"若论县,许经州,论州经转运使,或论长吏及转运使、在京臣僚,并言机密事,并许诣鼓司、登闻院进状。"[55]这里的"论县""论州"等,都是指以州县长官、路转运使、在京臣僚等官员个人为控告对象,控告其违法或犯罪行为。不过其中包含人民救济权益的诉求,或以这种方式提出权益救济诉求而已。事实上,对官员个人违法犯罪控告成

〔55〕《宋会要辑稿·刑法》三之一二。

功,人民的权益救济目的一般会在一定程度上实现。

在笔者考察的所有古代中国历史记载的控诉官吏维护权益的案件中,很少发现以官府的行政行为或行政决定违法或不当为对象的。前文引用王充《论衡·验符》中记载的那个湖中拾金交公未受酬赏而向朝廷提出酬赏诉请的案件,是一个少见的例外。在该案中,当事人陈国(君贤)等人仅仅认为县、州两级不给酬赏的决定不当,要求纠正这一决定;他们并没有诉称县令太守有个人贪渎违法行为。但即使如此,那时的当事人仍是在控诉官吏个人处理不公,并不是在以官府或政府为被告。在那时,一般没有政府是一个"国家机关法人"的概念,更没有机关或集体为此事负责的概念。

(二)私权救济性"民告官"常被视为"犯上"

在家长制君主专制的古代中国,人民控告官吏,天然处于劣势,天然被视为"犯上"或不当。如果系为国家"告奸"即举报官吏谋反、贪赃枉法、道德败坏、为政残暴,那就有为国家公益的作用,国家是许可的,有时甚至是鼓励的。但是,如果仅仅系为维护自己的私人权益而控告官吏,就天然视为不太正当,有"犯上"或"刁民"、"逆子"之嫌。如果举报失实,或者有诬告嫌疑,那么就会严厉制裁,以儆效尤。

汉景帝时田叔为鲁国相处理的那个案件很能说明问题。田叔接到百姓对鲁王巧取豪夺的控告后,虽然也愿意为民做主追讨,但同时也以"王非若主邪?何自敢言若主"的理由训斥老百姓,说他们不该犯上控告官长;并对为首告状的人"各笞五十","余(众)各搏二十"[56]。这种拷打告状人的做法,虽然有审判策略(向鲁王施加道德压力)的考虑,但也有维护官民间"礼之大体"的考虑;告官的民众,天然被视为不良之民,认为该打屁股。

东晋时丹阳尹刘惔对"民告官"的处理态度也说明了这一基本认识。"时百姓颇有讼官长者,诸郡往往有相举正,惔叹曰:'夫居下讪上,此弊道也。古之善政,司契而已,岂不以其敦本正源,镇静流末乎!君虽不君,下安可以失礼。若此风不革,百姓将往而不反。'遂寝而不问。"[57]在刘惔看来,民告官是"弊道",是

---

〔56〕《史记·田叔列传》。

〔57〕《晋书·刘惔传》。"司契",语出《老子》第七十九章:"和大怨,必有余怨。安可以为善?是以圣人执左契,而不责于人。有德司契,无德司彻。天道无亲,常与善人。"意思是即使执法公允,和解了大的仇怨,也会百密一疏,留下小的怨恨。那么,怎样做才是化解怨恨的根本办法呢?所以,圣人即使手握债券,也不会追讨于人。道德高尚的人,会像圣人放债那样以德报怨;道德低劣的人,会像税官催赋那样锱铢必较。苍天不会厚此薄彼,总是帮助那些善良的人。

风俗败坏的结果;官府不要太重视人民的诉讼,要贱讼息讼,要像古代的圣贤执债券左契而不追讨于民(任民自愿决定是否偿还),不要通过厘清案件中的是非权益而鼓励人民锱铢必较。在他看来,即使官吏贪渎,百姓也不可以轻易状告("君虽不君,下安可以失礼")。维护这样一种官民之间的尊卑差别之"体"或礼制秩序,才是"敦本正源"之道。所以,他对那些告官的诉讼一般都不受理。

唐武宗时,韦温为宣歙观察使,"池州人讼郡守,温按之无状,杖杀之。"[58]作为巡回监察官,接到人民对池州刺史的控告后,经过审理,发现没有证据证明被告有罪,于是竟"杖杀"原告人。这是非常奇特的处理。按照唐代的法律,只有诬告他人死罪,才可能反坐死刑;但这一记载中并未说是诬告以死罪。如果诬告的是流刑以下罪,那么韦温"杖杀"的行为就严重违法、草菅人命了。那时的法律也会区分"告不审"和"诬告",即使告郡守死罪而失实,只要不是故意诬告,也不一定就反坐死刑。就是应该反坐死刑,也应该是经过正常的审判程序,逐级上报(直至皇帝)审批,也不应该如此一时过怒而"杖杀"。可见,这里体现了韦温对胆敢状告官长的百姓的深恶痛绝,这也正是中国传统法律观念对民告官行为的深层否定所致。

南朝宋时,蔡兴宗为廷尉,"有讼民严道恩等二十二人,事未洗正,敕以当讯,权系尚方。兴宗以讼民本在求理,故不加械"。[59]"讼民"严道恩等22人,大约像我们今天所言就是自认为有冤案到京师上访的群众;案子还没有查清,就被"权系尚方",亦即临时拘系于尚方监的牢房里。作为最高专职法官的蔡兴宗,对民众颇为仁慈,就没有对这些上访之人上械具(枷锁等强制措施),因为他认为这些民众"本在求理"(本来就是为了讨公道),不是犯罪嫌疑人。这些"讼民"所讼的是自己的官长,应是状告地方各级官长对案件处理不公。仅仅因为此,就被加以"械系",这是典型的以民告官为不当的潜意识的表现。蔡兴宗作为一个好法官,也仅仅是对其"不加械"而已,仍然要"系"即囚禁之,说明当时的一般观念就认为拘系告状人特别是告官人是正当的。

(三)群体救济或抗争更受重视,但风险更大

在前两部分里我们讨论了很多集体抗争或集体维权行动,无论是个人挟集体力量而为的抗争行为,还是民众为除公害保公益而奋起群体抗争的行为,只要出场的人多,都会引起官方的格外重视。这种重视,要么是从正面加以重视,亦

[58]《旧唐书·韦温传》。
[59]《宋书·蔡兴宗传》。

即为了平民愤或慰民望,基本满足讼者(个人或集体)的要求,纠正此前的错误判决或决定,惩处有罪过的官吏或豪强;要么是从反面加以重视,亦即认为这是煽惑民众、挟众挟制官府、扰乱治安,重者经常被视为"聚众造反"。

历史上,成功的集体救济行动不少,本文第一部分所引东汉太学生数千人为清官朱穆"集体鸣冤"之事就是显例。数千人"诣阙上书",在古代是很大规模的集体行动;这数千人不是寻常民人,而是国立最高学府的官学生,是预备官员,是清流或士林的代表。当皇帝或实际掌握权柄的权臣对此持宽容看法时,这样的事情不过就是为受冤屈的人鸣冤叫屈而已——所以这次太学生集体鸣冤行动获得了成功,皇帝不再追究朱穆,也不追究数千人闹事的责任。但是后来,同样是这些太学生掀起声援清流大臣陈蕃、李膺、杜密等的集体行动,却被宦官操纵的朝廷打成"乱党"("党人"),实行"党锢",甚至大规模诛杀。如灵帝熹平元年(172 年),党人和太学生又有一千余人被捕下狱,凡党人父子、兄弟、门生、故吏及五服以内亲族都免官禁锢。这样的"党锢之祸"在东汉时代发生多次。

在本文前两节所引用的案例中,我们发现许多成功的群体救济案例。如西汉宣帝时淮阳地方民众集体控告酷吏田云中一案,就是一个成功的案例。"吏民守阙讼之"亦即在皇宫门外示威请愿,控告酷吏;结果迫使朝廷为平民愤而处死了暴虐的田云中。但是,这样一个案件,对于当时参与"守阙"的吏民而言,风险是极大的。因为状告现任太守,很容易被打成"犯跸""阑入宫禁""聚众骚乱",乃至"叛乱"或"谋反"。又如汉成帝时京师地方百姓为京兆尹王尊鸣冤一案(地方绅士率大批民众为被罢免的王尊鸣冤,集体上书皇帝),虽然保住了王尊的乌纱,但其实承担了极大的风险。这种行动,实际上也很可能被朝廷看成受处分的官员授意或暗中操纵的,可能更加重其罪责,也可能导致参与鸣冤的吏民作为"死党"被镇压。

所以我们可以说,在古代人民权益救济的方式途径中,群体行动或集体抗争一般更为有效,更能引起当局者的重视,更能迫使官方纠正错误决定。但是,我们也不能不注意到,正因为它格外能引起朝廷或地方官府的重视,也就当然更容易被猜忌或误解,更容易被歪曲、丑化或妖魔化,更容易"上纲上线"地被扣上"图谋不轨""居心叵测""聚众造反"的帽子,更容易遭到官府的镇压。我们在前面讲过的清顺治时期苏州"哭庙案"就是一个典型事例。在此案中,倪用宾、金圣叹等秀才率上千群众揭露抗议贪官的行动,完全是一个目的正当、手段也不违法的行动。到上级官府控告县官贪污、到孔庙哭诉贪官并抗议官府滥捕无辜,这无论从法律上讲还是从当时一般秩序理念来讲,都应该是可以容忍的。但是,因为纠聚的秀才和百姓太多了,因为有"军师"在其中"煽风点火",因为采取了"围堵官府"的形式,因为冲犯了"国丧",又因为朝廷联想到"哭庙"行动可能与郑成功的"反清复明"行动遥相呼应,于是将此一简单的集体维权救济行动打成"谋反大逆"就是意料之中了[60]。同样,在湖北崇阳"钟九闹漕"案中,事件的前半部分,亦即在第一次集体进城送统一制作的税柜并制止书差经手收税,以及第二次集体进城打击书差、胁迫官府接受纳税新章程这一阶段,应该说总体上讲是基本合法的,也算是成功的。但是,成功背后孕育着巨大的危机,金太和、钟人杰等人随时都有被打成"聚众谋乱"的"贼首"的危险。书差方面反过来状告他们,正是从这样的主题入手的。如蔡绍勋为书差们起草的诉状中指控金太和、钟人杰等人:"单告(金)太和是光棍,田无升合饷无分,假称花户告衙门""钟九结盟伙一党,毁街灭市难抵挡,欺凌官长霸崇阳"[61]。"光棍"在清朝是一个很可怕的罪名,可不能用今天的含义去理解,那简直就是"奸贼之尤""刁民之尤"的代名词;清代专门有打击"光棍"的条例曰"光棍例"[62]。指控秀才们不是"花户"(花户即应纳税的民户,因当时秀才免纳税)而参与漕粮诉讼,就等于指控其"教唆词讼""扛帮作证"[63],或利用诉讼"倡乱"(法律要求诉讼必须因"干己之事";无纳税义务的秀才们为漕粮之事兴讼,就属于"不干己"之事)。指责秀才们"结盟伙一党",指责他们是"欺凌官长霸崇阳",这更要命。这就是把金太和、钟人杰等诬为"乱党",把秀才们的行动指控为颠覆官府,这就近乎"谋反"了。这些要命的"上纲上线",秀才们几乎没有办法撇清了。所以,本案即使没有后面那些暴民打杀书差直至杀死县官的出格行动,金太和、钟人杰等人作为"乱党""反逆"被镇压也只是迟早的事情。

其实,在古代中国,这类控告贪官污吏的行动,如果仅仅是少数几个人而为,

---

〔60〕 清人梁章鉅《归田琐记》卷七《金圣叹》中揭露了金圣叹惨案的实质:"当是时海寇入犯江南,衣冠陷贼者坐反叛兴大狱。廷议论遣大臣即讯,并治诸生。及狱具,(金)圣叹与十七人俱傅会逆案坐斩。"

〔61〕 转引自张小也:《官、民与法:明清国家与基层社会》,中华书局 2007 年版,第 205-206 页。

〔62〕 清人编《俗语考原·光棍》释曰:"俗谓无赖匪徒以敲诈为事者为光棍。"清代《六部成语注解·刑部成语》也说,"光棍"就是"诈骗之匪也"。"光棍例"即《大清律例》刑律"恐吓取财"条所附康熙年间条例:"凡凶恶光棍好斗之徒,生事行凶无故扰害良人者,发往宁古塔、乌喇地方分别当差为奴。"

〔63〕 参见《大清律例·刑律》"教唆词讼"条,及"诬告"条所附乾隆三十六年条例:"生员代人扛帮作证,审属虚诬,……照教唆词讼本罪上各加一等治罪。"

应该说不会被打成谋反大逆；但是一旦演为群众示威抗议行动，官方就惯于先入为主地看成有“预谋反叛”（除非有更强烈的证据证明相反，或者有更强大的权力制止这样去看）。这就是所谓“边缘”或“半合法”的群体抗争或集体维权方式的巨大风险所在：当朝廷或办案官员开明时，此类群体事件只会当成“手段过激”的抗议行动予以宽容，并适当查处贪官或弊端，恢复百姓权益，于是抗争侥幸成功了；但是，当朝廷昏暗或办案官员舞弊之时，马上就可以“上纲上线”、小事化大，打成“反叛”之类的政治性大案，大加镇压，甚至血流成河。

历代中国的法制是很恐惧这种群体维权救济行动的。如《大清律例》规定，“凡假以建言为名挟制官府”者，“其因小事纠集多人越墙进院突入鼓厅，妄行击鼓谎告者”及“将已经法司督抚衙门断明事件意图翻异，聚众击鼓者”，都要追究教令、主使之人，严加制裁[64]。又规定：“直省刁民假地方公事强行出头，逼勒平民约会，抗粮聚众，联谋敛钱构讼及借事罢考罢市，或果有冤抑，不于上司控告，擅自聚众至四五十人，尚无哄堂塞署，并未殴官者，照光棍例为首斩立决，为从拟绞监候；如哄堂塞署，逞凶殴官，为首斩决枭示，其同谋聚众转相纠约下手殴官者，拟斩立决；其余从犯俱拟绞监候，被胁同行者各杖一百。……”[65]这一规定旨在打击那些带头聚众闹事的刁民：仅仅带头聚众控告，即使“果有冤抑”，也要“斩立决”，可见朝廷恐惧之甚。

（四）救济行动合法与否没有法定标准

在本文里，我们在讨论个人救济行动和群体救济行动时，都首先考虑所谓“合法”问题，讨论哪些救济行为为合法，哪些为半合法或边缘状态，哪些为非法。这或多或少有些用今人的眼光看古人的行动，也许不妥。在本文中，关于是否合法，我们更多的是以结果来判断的：如果结果系基本满足诉请者的要求，或者至少没有对其救济行动本身加以镇压，没有因为救济行动而加重制裁，我们就说这个救济行动是合法的；如果结果是不断没有满足当事人诉求，反而受到镇压，那么就可以说这个救济行动被视为非法的。其实，这种考虑，是我们今人从研究方便出发的，并不一定是古人的标准。在古代中国，也许根本就没有严格而明确的判断人民权益救济行动是否合法的固定标准。但是，说完全没有标准也是不对的，因为还是有一定的习惯或原则标准。这个标准，一旦说出来，一般社会舆论是会承认的，至少不否认其应作为合法与否的判断标准的，至少不会认为

[64]　《大清律例通考校注》，马建石等校注，第870页。

[65]　《大清律》卷十九《兵律·军政》“激变良民”条，嘉庆十五年《条例》。

这个标准根本就违反礼法和政体。至于这个标准是否适用于眼前的特定事件或案件,大家看法不一定一致,但对标准本身的正当性认同是相对客观的。这样一来,就会造成一种悖反情形:一个救济行为,从其最后结果来看,我们简直可以说没有合法与否的判断标准;但是从其是否适用(或合乎)一个礼法或国法的特定是非标准来看,我们又可以说它是有标准的。但这个标准不是法定的,只是习惯的、原则的、笼统的。

这里的情形,我们可以举一个也许并不很恰当的例子来作说明。春秋时,卫国大夫弥子瑕是国君卫灵公的宠臣。“弥子名瑕,卫之嬖大夫也。昔者弥子瑕有宠于卫君。卫国之法,‘窃驾君车者刖’。弥子瑕母病,人间往夜告弥子,弥子矫驾君车以出。君闻而贤之,曰:‘孝哉!为母之故,亡其刖罪。’异日,与君游于果园,食桃而甘,不尽,以其半啖君。君曰:‘爱我哉!亡其口味以啖寡人。’及弥子色衰爱弛,得罪于君,君曰:‘是固尝矫驾吾车,又尝啖我以馀桃。’”〔66〕

弥子瑕的行为不是一般意义上的权益救济行为。但是其同一行为受到国君前后绝然不同的评价,是很符合我们在这里要讨论的话题的。“窃驾君车”行为,在法律上是犯罪,应该处以“刖刑”。卫灵公不但没有追究他,反而表扬说这是孝子之行——为紧急探望病母竟不惜冒犯罪受刖刑的危险。但是后来,弥子瑕“色衰爱弛”,失宠了,国君又把这件事看成“窃驾君车”的严重犯罪了。这里,弥子瑕的行为是否正当或合法,简直没有客观标准,完全只看评价者的主观好恶的变化了。

古代中国的人民权益救济行为,在朝廷或各级官府看来,大约如此之类也。

东汉时代的一个案件颇能说明问题。东汉顺帝时,有宁阳县主簿“诣阙诉其县令之枉”,亦即控告本县县令。但朝廷一直不予理睬,“积六七岁不省”。于是,这位主簿在上书皇帝时说了几句非常“大逆不道”的话:“臣为陛下子,陛下为臣父。臣章百上,终不见省,臣岂可北诣单于以告怨乎?”这句话激起皇上震怒。顺帝要尚书台查处,“尚书遂劾以大逆”,就是认定为“大逆不道”拟判处死刑。时任尚书仆射的虞诩反对这一判决,他说:“主簿所讼,乃君父之怨;百上不达,是有司之过。愚蠢之人,不足多诛。”顺帝采纳了虞诩的意见,仅仅对该主簿处以笞刑而已。虞诩还批评尚书台诸尚书说:“小人有怨,不远千里,断发刻肌,诣阙告诉,而不为理,岂臣下之义?君与浊长吏何亲,而与怨人何仇乎?”闻者皆

---

〔66〕《韩非子·说难》。

惭。[67] 在这个案件中,同样一个权益救济行为(控告长吏),可以用不同的标准作出完全不同的评价或判断。用尚书台诸尚书们所持的标准看,宁阳主簿的行为的确可以“上纲上线”地视为“大逆不道”——因为他竟然口称要去向北方敌国匈奴的君主单于去诉怨,这简直是公然声称要叛国投敌,简直是在讽刺、贬低或侮辱本朝皇帝。但是,在宽仁的虞诩看来,这只是个很小的过犯,可以谅解——不过就是为控告自己的顶头上司,长期不远千里“断发刻肌”到京师上访申诉,一直没人理睬而心生怨恨,说了几句激愤难听的话而已!其对皇帝的激愤言语,不过是“君父之怨”(就像儿子对父亲有埋怨)而已,是寻常人的小过,何况向皇上控告官长违法,本身就是合法行为!何况受案官府长期不理睬不处理,本身就有过错呢。事实上,类似宁阳主簿之所为,如果没有碰到虞诩这样宽厚的法官,而是碰到了昏聩贪污的承办官员,如果碰到一个残酷而刚愎自用的皇帝,那么被打成“大逆不道”而处以极刑也是不意外的。历史上仅仅是“讪君犯上”而最后被打成“大逆不道”而处以极刑的案件比比皆是。

在前文引用的清初苏州“哭庙案”中也是如此。倪用宾、金圣叹等人率领秀才和百姓所为的一系列行动,包括到府衙控告知县贪污,到孔庙集体痛哭,撰写和发表“揭帖”及“哭文”,如果以当时的政治体制来看,以儒家的礼法或伦常来看,以社会公认的常理来看,都应该说是正当合法的,至少不算什么明显违反伦理和体制的行为。但是,正是这样一个行为,却因为清初的民族矛盾较为剧烈的背景(汉族人民仍然在各地以不同形式反抗满清统治、郑成功从沿海攻入内地实行“反清复明”的北伐),又正好碰上顺治皇帝“驾崩”举国“哀悼”这么一个敏感时期,马上就将被打成“谋反大逆”!因为那时没有“罪刑法定”原则,因为遵守成文法和法律逻辑的意识很淡薄,所以就没有对同类事件可以反复援用的明确、稳定、一致的判断标准,因此对于这些大案而言,合法还是非法就完全系于执法官的主观好恶了,完全系于当时的政治背景或大环境了。

(五)赔偿责任个人化,官府一般不负赔偿责任

在古代中国,关于人民权益救济有一个基本假定,即人民权益遭受的损害,凡超出百姓个人间相互侵害行为所致者,都是由官吏个人怠忽职守或贪赃枉法所致,而不是国家法令或制度机制所致,也不是国家机关行政所致。也就是说,官对民如果有损害,都是贪官污吏个人造成的损害。因此,其责任,当然只应该

---

〔67〕《后汉书·虞傅盖臧传》。

由有关官吏个人承担,而不应该由国家机关承担。国家机关不但没有类似今日机关法人所应承担的行政违法或违法行政责任,甚至也不必为用人不当、代理人或受托人失职或越权负担责任。

在我们看到的无数古代平反冤假错案的实例中,基本上看不到由官府向受害人赔偿损失的记录,就是说基本上不存在我们今天所说的国家官府对冤狱进行赔偿的问题。

在古代中国的法律规定中,由于国家公职人员失职、渎职、滥权、枉法之类行径造成人民生命、健康、自由、财产损害者,有着丰富的追究责任的规定。这些规定,主要是追究官员的个人责任。比如官员在征收赋税时超额征收造成人民损害,在科派徭役或征发兵役时违反相关规定造成人民损害,在执行军事、捕亡、修造、运输等公事时造成人民损害,在司法审判时出入人罪造成人民损害……国家都会追究官员个人的责任。这种责任主要是制裁违法失职造成人民损害的官员个人,其制裁形式有贬官、革职、夺俸、夺爵至笞、杖、徒、流,直至死刑。基本上就没有向因官吏违法失职行为而受害的百姓个人或集体加以国家赔偿或补偿的规定。

比如,关于官吏在征收赋税、科差徭役中的违法失职致人民受损害的情形,《大明律》规定:“凡有司征收税粮及杂泛差役,……若放富差贫,挪移作弊者,许被害贫民赴拘该上司,自下而上陈告。该当官吏各杖一百。”[68]“仓官斗级……多收税粮斛面者,杖六十。”[69]都是只处罚违法官吏个人,就没有规定受害的人民当如何受到赔偿或补偿。

如关于官司出入人罪致人民受损害的情形,《唐律》规定,“诸官司入人罪者,若入全罪,以全罪论。从轻入重,以所剩论。……其出罪者,亦如之”。这就是要根据无辜被告被判处(入罪)或有罪被告被放纵(出罪)的罪刑幅度来制裁办案渎职的官员;故意增减犯人之罪刑,就以实际增减被告多少刑罚来处罚办案舞弊的官员,“死罪亦以全罪论”。就是要反过来对官员就以死罪之刑。[70]这里就没有规定被官司“入罪”所加害的人应该受到什么样的国家损害赔偿,似乎历代法律都找不到这样的规定。即使找到了赔偿受害人的规定,那也不是叫国家官府以公费赔偿,而是令违法失职加害于民的官吏自己掏腰包赔偿。如在元

---

〔68〕《大明律·户律·户役》。

〔69〕《大明律·户律·仓库》。

〔70〕《唐律疏议·断狱》。

代，“诸捕盗官搜捕逆贼，辄将平人审问踪迹，乘怒殴之，邂逅致死者，杖六十七，解职别叙，记过。征烧埋银给苦主”。司法官员受贿“故纵正贼、诬执非罪、非法拷讯致死者，正官杖一百七，除名；佐官八十七，降二等杂职叙。仍均征烧埋银（给苦主）”。[71] 都没有关于官府向受害人赔偿的规定。即使找到一条官府出钱补偿的规定，又不是针对官吏违法造成人民损害的情形，而是针对刑事被告太穷无钱赔偿的情形[72]。

又如，官员在国家工程中违法失职造成人民利益损害情形，《大清律》规定，官司人役“若有所造作及有所毁坏（如拆屋坏墙之类），被虑不谨而误杀人者，以过失杀人论（若误伤，不坐）”。按常理，这里显然应该规定如何赔偿或补偿受害人及其家属的问题，但都没有规定。如官吏“失时不修堤防”，“若毁坏人家，漂失财物者，杖六十。因而致伤人命者杖八十。因而淹没田禾者，笞五十”。[73] 这里让然找不到关于对受害人民进行适当的国家赔偿或补偿的规定，甚至责令失职官员个人赔偿的规定也没有。

在中国历史上真正能视为与今日国家赔偿（行政赔偿、冤狱赔偿）或补偿相近似的例子，我目前只找到一条。《宋史·刑法志》记载，宋高宗“绍兴十六年诏：诸鞫狱追到干证人，无罪遣还者，每程给米一升半，钱十五文”。这一规定，实际上就是对无辜的涉案人和证人进行国家赔偿或补偿的规定。尽管是补偿往来路费或盘缠而不是补偿经济损失，但总算是一种补偿。这里的米和钱，当然都是官府从办公费用中开支。

（原载《暨南学报》2013年第8期）

---

〔71〕《元史·刑法志二》。

〔72〕《元史·刑法志四》：“诸斗殴杀人，应征烧埋银，而犯人贫窭，不能出备，并其余亲属无应征之人，官与支给。”

〔73〕《大清律·工律·河防》。

古代中国人民权益救济体制的廉政监督旨趣

在古代中国,人民[1]的正当权益受到损害时,是可以依法律或惯例加以救济的。法律规定或习惯认可的救济途径或方式也不少。这些途径或方式的设置本意,也许主要不是为了保护人民的权益,而是为了方便国家廉政监督,主要是作为廉政监督途径而设计出来的。所以,在理解中国古代的人民权益救济制度和惯例时,应特别注意从这一角度去理解,千万不要简单地等同于近现代法制的“权利救济”。即使如此,我们不能不看到:用以供人民告诉、申控、鸣冤、叫屈、请愿、告密、建言的那些方式或途径,即使主要是作为防止官吏贪污渎职枉法的手段,但也部分地包含保护人民正当利益的意图,使用起来客观上也能够起到某些保护人民正当权益或实行维权救济的作用。所以,在本文里,我们特别从这样的认识角度出发,探讨在古代中国人民权益救济渠道与国家廉政监督体制之间的关系,也就是探讨国家如何利用人民的权益救济诉求和行动来实现国家廉政监督的,亦即国家如何借助人民的控诉检举来发现官吏贪赃枉法行径并加以制裁的。

在古代中国,一般来说,虽无司法和行政之分,但大致类似于后世司法案件与非司法案件、司法程序与非司法程序的区分还是有的。官吏依法或受命处理各类事件,一般来说大致有问、案、推

---

〔1〕 这里的“人民”仅从中国传统意义上理解。《孟子·尽心下》:“诸侯之宝三:土地,人民,政事。”《荀子·非十二子》:“长养人民,兼利天下。”《韩非子·解老》:“有道之君,……内有德泽于人民。”《韩非子·五蠹》:“古者,……人民少而财有余。”这些语境中的“人民”,接近今日常用语“人民”的含义,但又没有阶级斗争式的(与“敌人”相对)意识形态属性。其含义比“百姓”更广。

三种情形。"'若别制下问',谓不缘曹司,特奉制敕,遣使就问。注云'无罪名谓之问',谓问百姓疾苦,丰俭水旱之类。案者,谓风闻官人有罪,未有告言之状,而奉制案问。推者,谓事发,遣推已有告言之者。"[2]所以,"推",一般是指对已经告发的较为严格的刑事或民事案件的审理而言;"案",一般是指对于未经正式告发、只是风闻有弊的事件进行调查处理而言;"问"则是指对地方政治优劣情形主动巡视考察而言。因此,"问"和"案"所涉及的事情处理,与本文将要讨论的国家廉政监督导向的人民权益救济渠道有关;而"推"所涉及的情形大致与今日所谓司法审判相当,不在本文讨论范围之内。

一、监察机关接受人民控告以行廉政监督

中国历代国家监察机构均可以接受人民控诉。人民向监察机关控诉,包括就自身权益攸关的案件向监察机关控诉,以及就官吏犯罪、违法或失职问题向监察机关控诉。不过,实践中,这两种控诉往往是混合在一起的。但是,我们特别要注意到,监察机关接受人民的控诉,与一般官府接受人民控诉是有明显区别的。监察机关只能在两种情形下接受人民的控诉:第一,在一般民刑案件之外,直接对官吏违法或犯罪行径提出的控诉。也就是说,不是就一般百姓间的户婚、田土、钱债、课程、继承、斗殴、贼盗之类的案件而控诉,而是就官吏的违法或犯罪行径(包括官吏所作的不当行政处分)进行控诉。第二,即使偶尔可以受理百姓关于一般民刑案件的控诉,但只能是在当受理的官府不为受理,或虽受理而久拖不决,或虽审结而判决不公的情形下。此时允许百姓向监察机关进行申诉或控告,则监察机关实际上是在进行司法监督——再审或复审。这里我们仅仅介绍第一种情形;第二种情形在下一部分里再讨论。

(一)监察官巡行地方,访问百姓疾苦以纠查官吏违法

古代中国的监察官员,不管在派出的时候是否以"监察御史"之名义,大多以监察官吏、纠举其违法为主要职责。因此,从体制上讲,监察机关的主要职责是"管官"而不是"管民"。所以,他们是不能受理一般民刑案件的,否则本末倒置了。

在汉代,汉武帝元狩六年(前117年)曾派遣博士6人为监察官"分行天下",其主要任务之一就是要纠察"奸猾为害,野荒治苛者"并向朝廷举奏[3]。

---

[2] 《唐律疏议·诈伪》,刘俊文校勘本,中华书局1983年版,第459页。
[3] 《汉书》卷六,《武帝纪》。

汉宣帝五凤四年(前54年)曾派遣丞相、御史掾属24人“循行天下”,“察擅为苛禁、深刻不改者”[4]。汉成帝永始四年(前13年)派遣近臣“巡行天下,存问耆老民所疾苦”[5]。这里所派出的人员,都是临时奉命充任监察地方官吏之职。其任务,不是直接去代替地方官员办理积压的民刑案件,而是要发现和举奏地方官吏的违法犯罪行径,包括鱼肉乡民为害地方、不积极劝农而放任田野荒芜、治理手段残酷苛刻、擅自滥立禁令等违法或犯罪行为。这些行为,正是“民所疾苦”的行为,正是经常侵害百姓正当权益或利益、人民迫切需要申控救济之所在。

汉代监察官员巡行地方督察官吏,具体监察或纠举那些行为?当时有着比较明确的监察内容范围规定。汉惠帝时,大概有所谓“巡察九条”:“惠帝三年,相国奏御史监三辅郡,察以九条:察有讼者、盗贼者、伪铸钱者、恣为奸诈论狱不直者、擅兴徭役不平者、吏不廉者、吏以苛刻故劾无罪者、敢为逾侈及弩十石以上者、非所当服者,凡九条。”[6]这九条中,除“有讼”“盗贼”“伪铸钱”三者以外,其余都是直接针对官吏的违法犯罪行为而言。汉武帝时派遣“绣衣直指刺史”分部巡察地方,以“六条问事”,就是考察举劾高官们六个方面的违法行为。这六条中,有五条是针对郡国守相等高官的违法犯罪而言的:“二千石不奉诏书遵承典制,倍公向私,旁诏守利,侵渔百姓,聚敛为奸”,“二千石不恤疑狱,风厉杀人,怒则任刑,喜则淫赏,烦扰刻暴,剥截黎元,为百姓所疾,山崩石裂,祆祥讹言”,“二千石选署不平,苟阿所爱,蔽贤宠顽”,“二千石子弟恃怙荣势,请托所监”,“二千石违公下比,阿附豪强,通行货赂,割损正令也”。这五条任务,都是直接针对“二千石”级别的“高干”及其子弟;只有第一条“强宗豪右田宅逾制,以强凌弱,以众暴寡”[7]似乎与监督“高干”无关。这样的巡察,客观上为人民救济受损权益提供了便利或创造了条件。比如,西汉成帝时,朱博出任冀州刺史巡察地方,有“吏民数百人遮道自言”,控告地方不法官吏。朱博令僚属对大家宣布:“欲言丞尉者,刺史不察黄绶[8],各自诣部;欲言二千石墨绶长吏者,使者行部

[4] 《汉书》卷八,《宣帝纪》。

[5] 《汉书》卷十,《成帝纪》。

[6] 《西汉年纪》卷一引《汉仪》。邱永明:《中国监察制度史》,华东师范大学出版社1992年版,第121页。

[7] 《汉书·公卿百官表》及《武帝纪》颜师古注引《汉官典职仪》。

[8] 唐人颜师古注:“丞尉卑职皆黄绶。”郡县的佐贰官丞、尉等不是刺史的监察对象,刺史只负责监察二千石高官即郡守、国相等。

还，诣治所。”[9]民众数百人集体行动，在道路上拦住监察官，状告本地官吏。朱博承诺，在巡察结束后回到治所（驻地）再详细听取百姓对二千石高官的控告，并嘱百姓回到各自郡县就所欲状告的佐贰官员（“黄绶”）提出控告。

西晋时代亦经常遣使巡察地方。泰始四年（268年）晋武帝遣使巡行地方，“录囚徒，理冤枉，详察政刑得失，知百姓所疾苦”[10]。这当然包括接受人民关于官吏贪赃枉法的控诉。

南北朝时也很注意派监察官员巡回纠察地方。南朝宋武帝永初元年（420年）下诏：“可遣大使巡行四方，……其有狱讼亏滥，政刑乖愆，伤化扰治，未允民听者，皆当具以事闻。”[11]朝廷派出的“大使”要纠察地方官员们的这类违法犯罪行为，当然要深入访问吏民、了解民间舆论；纠察这些行径，本身就是在间接实现人民的权益救济。北魏道武帝天兴三年（400年），“分命诸官循行州郡，……察举不法”，次年又“分命使者循行州郡，听察辞讼，纠劾不法”[12]。所谓“听察词讼”，主要指受理民刑诉讼的上诉或申诉而言；“纠劾不法”，主要指纠察举劾官吏们在司法审判以外的一般违法犯罪行为而言。

隋唐时代继承了汉代以来的监察官“六条问事”体制。

隋朝的“六条”是：“一察品官以上理正能否，二察官人贪残害政，三察豪强奸猾侵害下人及田宅逾制、官司不能禁止者，四察水旱虫灾不以实言、枉征赋役及无灾妄蠲免者，五察郡内盗贼不能穷逐、隐而不申者，六察德行孝悌、茂才异行隐不贡者。”[13]这六条，全部是针对官员违法或渎职行为而言的；其中的“贪残害政”“枉征赋役”“申报灾害不实”“不能禁止豪强行恶”等几条，是通常最典型的侵害人民权益的情形，亦即人民权益亟待救济的最典型情形，“民告官”主要集中在这些方面。

唐代监察御史巡察州郡，责任更加明确。“元和七年闰七月敕令，前后累降制敕，应诸道违法征科及刑政冤滥者，皆委出使郎官御史闻奏。”[14]循行地方的监察官主要职责就是监察地方官“违法征科”及“刑政冤滥”。其具体监察范围，有“巡察六条”，系承袭隋朝的规定而有变化：“其一察官人善恶；其二察户口流

---

〔9〕《汉书》卷八三，《朱博传》。

〔10〕《晋书》卷三，《武帝纪》。

〔11〕《宋书》卷三，《武帝纪下》。

〔12〕《魏书》卷二，《太祖纪》。

〔13〕《隋书》卷二八，《百官志》下。

〔14〕《唐会要》卷六二，《御史台》下。

散,籍帐隐没,赋役不均;其三察农桑不勤,仓库减耗;其四察妖猾盗贼,不事生业,为私蠹害;其五察德行孝悌,茂才异等,藏器晦迹,应时用者;其六察黠吏豪宗兼并纵暴,贫弱冤苦不能自申者。"[15]唐代的规定,直接针对官员的违法失职的属性比隋朝更轻一些,但"赋役不均""黠吏豪宗兼并纵暴"仍是人民需要维权救济的主要情形。

在宋代,凡监司官员,其职责就是"凡吏蠹民瘼,悉条以上达;及专举刺官吏之事"[16],到任即须"遍诣所部,税赋之足否,财用之多寡,民情之休戚,官吏之勤惰,悉加访问"[17]。此外,还有定期巡察地方、访问吏民、纠察官吏违法的责任:"诸监司每岁分定下半年巡按州县,具平反冤讼,搜访利害及荐举循吏,按劾奸赃以闻。……诸察访所至,采访在任官能否。"[18]这里特别指明了监司"搜访利害""平反冤狱""按劾奸赃"的责任,这实际上都是人民权益救济的间接途径;这一救济途径是以国家廉政监督的方式提供给人民的。南宋嘉定三年(1210年),宋宁宗令监司巡按州县要"访求民瘼,具实以闻。虽穷荒僻左之地,尤当博采情伪"。[19] "访求民瘼"不许错过穷乡僻壤,这当然包括通过访问人民发现官吏违法情事,这当然也可以用作人民权益救济的间接途径。

在明清时代亦然。明洪武十年(1377年)七月,"遣监察御史巡按州县,俾询民间疾苦,廉察风俗,申明教化。所按藩服大臣,府州县官,诸考察举劾尤专,大事奏裁,小事立断。按临所至,必先审录重囚,吊刷文卷,有故出入者理辨之"。[20] 明代法制规定监察御史巡回监察的职责是纠察"凡在外有司扰害良善、贪赃枉法,致令田里荒芜,民人受害"者,要"体访得实,具奏提问"。[21] 清代派遣监察官到地方巡察,主要任务亦是纠察官吏的违法犯罪,接受人民对官吏的控告,这客观上为人民的权益救济提供了渠道。

(二)监察机关接受人民对违法犯罪官吏的控告

人民直接向监察机关控告官吏违法犯罪行为,在古代中国主要是指人民以官员为被告,指控其在个人生活或执行职务中有违法失职或犯罪行为。这主要

〔15〕《新唐书》卷四八,《百官志》三。
〔16〕《宋史》卷一六七,《职官志》七。
〔17〕《宋会要辑稿》,《职官》四五之二一。
〔18〕《庆元条法事类》卷七,《职制敕》。
〔19〕《宋会要辑稿》,《职官》七九之二七。
〔20〕《明会要》卷三四,《职官》六。
〔21〕《皇明制书》卷六,《诸司职掌·都察院职掌》。

包括以下几种情形：一是直接以官员为一般民刑案件的被告，控告其在个人生活领域的违法或犯罪行为（私罪）；二是以官员为被告，控告其在执行一般公务中擅为苛禁、赋役不均、渎职失职、弄权徇私、残苛酷暴造成的各类冤狱或不公，亦即犯"公罪"侵害百姓权益的情形；三是官员在执行司法公务中审断不公、枉法裁判造成的人民权益损害情形（既有公罪，也有私罪）。在这里，我们主要讨论前两种情形。至于第三种情形，我们放到下一部分讨论。

中国古代最早出现的方便人民控告官吏以便实施救济并廉政监督的制度，大概是尧舜时代的"诽谤之木"。"谤木"的作用实际在于方便人民"攻其过""书其过"，当然应包括方便人民告发官吏违法犯罪行为，救济自己权益的作用。大禹时代的"语以忧者击磬，有狱讼者摇鼗"[22]的制度，大约也是如此。所谓百姓"语以忧""有狱讼"者，其实都包含控告官吏违法犯罪、救济自己权益的情形；国家正欲通过人民控告以发现官吏不法，实施廉政监督。

在汉代，监察机关受理大案疑狱，主要途径是接受人民对官吏的控告。其宗旨主要在于纠察官吏"擅为苛禁"造成的冤狱，亦即调查、纠举、处置官吏违法行为，实施廉政监督；并不一定在于分清是非、断决狱讼、维护百姓权益本身。一般民间争讼案件，如果不涉及官吏违法制造冤狱之情形，监察机关一般不予受理。但如果牵连官吏，其罪当弹劾的，则有御史受理之[23]；御史发现确有当弹劾之情形，随即向皇帝奏报。

在南北朝时期也有类似的监察模式。北魏明元帝神瑞元年（414 年）曾下诏鼓励人民告发官吏犯罪："守宰不如法者，听百姓诣阙告之。"[24]北魏太武帝亦曾下诏："其令天下吏民，得举告守令不如法者。"[25]这种告发，一般均由监察机关负责受理和调查审讯。其动机，当然有方便人民救济受损害的正当权益的成分。

唐朝方便人民告发官吏违法犯罪、救济自身权益的监察体制，以武则天时代设置的"四匦"为代表。其时在京师设"匦院"，也有方便人民控告官吏违法犯罪的意图。在这四个专门用来收集意见的箱子（"匦"）中，与人民控诉官吏违法、救济自己权益有关的是"申冤匦"，用以专门满足"得罪冤滥""怀冤受屈""无辜

〔22〕《淮南子·泛论训》。

〔23〕《汉书》卷八，《宣帝纪》。参见彭勃、龚飞主编：《中国监察制度史》，中国政法大学出版社 1989 年版，第 54 页。

〔24〕《北史》卷一，《魏本纪》第一，太宗明元帝拓拔嗣。

〔25〕《魏书》卷四，《太武帝纪》。

受刑”的吏民救济权益的需要。“招谏匦”也与此有一定关系：“言时政得失”“直言谏诤”“匡政补过”[26]等，其实也包括方便吏民申控官吏违法滥权、救济正当权益的含义。唐代也经常派遣监察官员到地方接受人民控告官吏违法、救济自身权益的诉状，“委使人量差判官，分道巡察。……百姓有不稳便事，委按察使与本州长官商度，随事处分奏闻”。[27]

宋代法制打破历代全面禁止“越诉”(越级上诉)的传统，允许部分非常情况下的“越诉”，最为典型地体现了方便人民救济权益以利于实施国家廉政监督的宗旨。据郭东旭先生统计，宋代特许“越诉”主要适用于下列七种情形：“非法侵人物业，许人户越诉”，“典卖田产不即割税，听人户越诉”，“官吏受纳税租不依法，许人户越诉”，“籴买官物，非理科配，听人户越诉”，“私置税场，邀阻贩运，许客商越诉”，“官吏私自科敛百姓，许人户越诉”，“官吏受理词讼违法，许人越诉”。郭先生认为宋王朝开放越诉的用意是“试图通过细民的越诉，加强对不法官吏的监督，到宽恤民力，恢复生产，稳定统治”[28]，这是很准确的判断。其实，郭先生所列七种情形，都是官吏违法犯罪的表现。开放人民对这七者的“越诉”，无非鼓励人民控告官吏违法犯罪，借助百姓的耳目、眼光、口评来监督官吏，加强廉政建设。在上述七者之外，后来还增加了“诸奉行手诏及宽恤事件违戾者，许人越诉”[29]的规定，这同样是对官吏违法犯罪行为而言的。

其实，宋代的“越诉”许可绝不仅仅有以上8种情形。其开放或许可越诉的诏令或“指挥”很多，仅南宋高宗时的御史周方崇奏疏就称“比年以来，一时越诉指挥，亡虑百余件”[30]。周方崇当时看到的特许“越诉”诏令有一百多个，亦即皇帝特许对一百多种违法犯罪行为(主要是官吏不法行为)进行“越诉”。这些许可，大多数是为了防止官吏阻隔民情、压制百姓告状而设的。“民间词诉必有次第。……苟情理大有屈抑，官司敢为容隐，乃设为越诉之法。”[31]宋代的越诉，其受理单位，多为监察机关，而不只是上一级官府。如高宗绍兴年间的特许“越诉”诏令规定，对于官吏“赃贪颇众”“命官犯入己赃”“州县之吏多收贿”“造簿之弊”“令民以苗米折钱”“私吞远州百姓缴纳土布”等不法情形，都指定由“监

---

[26]　《旧唐书》卷五三，《刑法志》中。

[27]　《唐大诏令集》卷一百四，《按察》下，中华书局2008年版，第532页。

[28]　郭东旭：《宋代法制史》，河北大学出版社2000年版，第596－609页。

[29]　《庆元条法事类》，卷一六，《文书门》一，《诏敕条例·辞讼令》。

[30]　《宋会要辑稿》，《刑法》三之二九。

[31]　《宋会要辑稿》，《刑法》三之二九。

司"受理人民越诉。[32]

此外,宋代还设有奖励吏民百姓告发官吏违法犯罪行为的制度。如宋太祖曾下诏:"诸行赂获荐者,许告讦。奴婢、邻、亲能告者赏。"[33]这一诏令突破了奴婢不得告主、亲属相为容隐的原则限制,其目的无非鼓励人民告发官吏"花钱买官"之类行径,加强廉政监督。神宗熙宁三年(1070年)规定:"给纳常平钱谷官司公人受赃,……许人告。杖罪赏钱五十千,徒罪百千。"[34]这是鼓励人民向"监司"告发官吏在赋税(向常平仓缴纳钱谷,可以视为当时一个特殊的税种)征收中的贪污侵占行为,借助人民的力量加强廉政监督。这种告发,实际上方便人民权益救济。

在元代,国家仍鼓励人民控告官吏违法犯罪。"本属官司有过,及有冤抑屡告不理,或断理偏屈,并应合回避者,许赴上司陈诉之。"[35]这里鼓励人民控告官吏的以下几种不法情形:一是刑事犯罪或违法行为,二是拒不受理人民控告的行为,三是审断不公、枉法裁判的行为,四是听讼应回避而不回避的行为。这实际上是允许一种特殊的"越诉",其宗旨是在保护人民正当权益的同时加强廉政监督。此外,即使是监察官员本身有此类违法犯罪行为,国家也设计了人民的控告监督途径:"诸军民风宪官有罪,各从其所属上司诉之。"[36]这些控诉渠道,对吏民百姓而言,当然也是权益救济的渠道。

在明清时代,国家鼓励吏民百姓控告违法犯罪的官吏,其制度设计更加发达。以明代为例,除了明太祖朱元璋设计的"耆老率丁壮捉拿害吏送京惩处"[37]等非常制度外,明代法律也规定:"凡监察御史、按察司官分巡去处,如有陈告官吏取受不公,须要亲行追问,不许转委。违者杖一百。"[38]接受人民对官吏违法犯罪行为控告的监察机关,在受理人民控告以后,一般是派遣监察御史出巡进行专案调查:"凡在外军民人等赴京,或击登闻鼓,或通政司投状,陈告一应不公、冤枉等事,钦差监察御史出巡追问。"[39]调查结果必须尽快向皇帝奏报,如

---

[32] 参见刘馨珺:《明镜高悬:南宋县衙的狱讼》,台北,五南图书出版股份有限公司2005年版,第58页。

[33] 《宋史》卷一,《太祖纪》一。

[34] 《续资治通鉴长编》卷一五八,熙宁三年十一月。

[35] 《元史·刑法志》"诉讼"门。

[36] 《元史·刑法志》"诉讼"门。

[37] 《御制大诰》三编,《民拿害民该吏》。

[38] 《大明会典》卷二百十,《都察院·出巡事宜》。

[39] 《大明会典》卷二百十,《都察院·追问公事》。

确有官吏违法犯罪情事则当即提出弹劾。明成祖曾诏令:“诸司官吏及差使人员贪赃害法,故将贫民苦虐者,许所在按察司及监察御史就便擒拿赴京,通家小发边远充军。”〔40〕明仁宗即位诏书即直接授权民众检举和告发贪官污吏,然后由监察官吏纠劾:“凡军民利病,许诸人直言无隐。凡有贪官污吏,蠹政坏法,作弊害民,诏书到后,不即悔改,仍前贪虐者,许巡按监察御史、按察司,即便拿问解京。自今官吏敢有指以催办为由,辄自下乡科敛害民者,许诸人首告,所司即便拿问解京。”〔41〕

(三)监察机关旁借人民词讼发现线索,纠劾官吏违法犯罪

古代中国的监察机关,很早开始就有“风闻奏事”或“风闻言事”“风闻弹事”的权力。所谓“风闻奏事”,就是朝廷授予监察官们仅根据传闻提供的线索(不一定要真凭实据或真实可靠信息)即启动对相关官员调查弹劾的特权。宋人王安石说:“许风闻言事者,不问其言所从来,又不责言之必实。若他人言不实,即得诬告及上书诈不实之罪;谏官、御史则虽失实,亦不加罪,此是许风闻言事。”〔42〕《文献通考》云:“故御史为风霜之任,弹纠不法,百僚震恐;官之雄峻,莫之比焉。旧制,但闻风弹事,提纲而已。”〔43〕这就是说,对风闻传说中的官吏违法行为,在真相未明或没有确凿证据的情况下,也可以上奏弹劾。弹者不必署名,即使弹劾有误,也不负任何责任。这种弹劾中的所谓信息来源,即所谓“风闻”,主要是街谈巷议、舆论、民谣、谣言、话本、戏曲、匿名文书之类。除此之外,有一个重要的来源,就是从人民的诉状中发现线索。在接到人民诉状后,虽然要依法将诉状转给应当受理的衙门,但可以将其中所反映的官吏贪污渎职的事实记录下来,作为“风闻访知”的事实,向朝廷举劾。

这种“风闻奏事”制度据说很早就已经开始形成了。“旧例,御史台不受诉讼。有通词状者,立于台门候御史,御史竟往门外收采。如可弹者,略其姓名,皆云风闻访知。”〔44〕这一制度,有人列于汉代的监察制度中〔45〕,但宋人洪迈认为:

---

〔40〕 刘海年、杨一凡总主编:《中国珍稀法律典籍集成》乙编第三册,科学出版社1994年版,第175页。另见《明太宗实录》卷二〇七。

〔41〕 刘海年、杨一凡总主编:《中国珍稀法律典籍集成》乙编第三册,科学出版社1994年版,第193页。

〔42〕 《续资治通鉴长编》卷二一〇,熙宁三年四月壬午。

〔43〕 《文献通考》卷五三,《职官考》七,《御史台》。

〔44〕 《通典》卷二四,《职官》六。

〔45〕 彭勃、龚飞主编:《中国监察制度史》,中国政法大学出版社1989年版,第54页。

“御史许风闻论事,相承有此言,而不究所以来。以予考之,盖自晋宋以下。”[46]据梁武帝天监元年诏:“今端右(即御史)可以风闻奏事,依(晋)元熙旧制”[47],可知至少在东晋末年即有这种“风闻奏事”的监察制度,南朝梁时继承了东晋的这种制度。在北朝亦有此制,北魏孝明帝时宗室元澄曾言:“御史之体,风闻是司。”[48]北魏孝庄帝时御史高道穆曾言:“窃见御史出使,悉受风闻。”[49]这说明北朝时期亦有这样的制度。按照这一制度,御史台虽不得受理一般诉讼词状,但是可以接收词状后转给相关衙门审理。在转出的同时,如果发现“有可采者”即有官吏残暴、贪污、渎职的情节,就可以略去原告状人姓名(亦即不标明消息来源),只称是“风闻访知”的消息,向朝廷奏劾。

这一制度,唐代以后时兴时废。在唐代,“御史台无受词讼之例。有词状在门,御史采有可弹者,即略其姓名,皆云‘风闻访知’。至开元十四年,始定受事御史知一日劾状,谨题告事人名”。[50]这就是说,按照唐代的制度,刚开始也是御史采取“有可弹(劾)者”进行弹劾,像汉代一样略去原告事者的姓名。但后来逐渐确定了每个御史值班一天接受词状的体制;御史们“旁采”诉状中涉及的官吏不法事实时,开始注明原告事人的姓名。虽然仍然叫作“风闻访知”,但强调消息来源。这是一个变化,被认为实际上废除了“风闻奏事”。这主要是因为武则天时期这一制度被过分滥用,致使人人自危。“武后以法制群下,谏官、御史得以风闻言事,自御史大夫至监察得互相弹奏,率以险诐相倾覆。”[51]

在唐代开元后、明代和清代的大部分时间,“风闻奏事”基本上是被禁止的。在这些朝代,法律一般规定御史纠劾必须标明年月,指陈实迹,不许虚文泛言。清顺治帝甚至对科道官明确提出了“知无不言,言无不实”[52]的八字原则。但是这并不妨碍监察机关旁借人民的诉状的线索,通过转达人民诉状发现官吏违法犯罪的事实,然后注明消息来源,直接向朝廷举劾相关不法官吏。这一制度的实施结果,实际上使监察官员更早介入人民权益救济事件的过程,客观上帮助了人民权益救济目标的实现。

---

〔46〕《容斋随笔》卷一一,《四笔·御史风闻》。
〔47〕《梁书》卷二,《武帝纪》中。
〔48〕《魏书》卷一九中,《元澄传》。
〔49〕《魏书》卷七七,《高道穆传》。
〔50〕《唐会要》卷六〇,《御史台》上。
〔51〕《资治通鉴》卷二一一,《唐纪》二七。
〔52〕《都察院则例》卷一,《宪纲》。《钦定台规》卷二,《训典》二。

二、监察机关复审普通民刑案件与人民权益救济

监察机关一般不能直接受理民刑诉讼。但在特定情形下,监察机关可以受理一般民刑诉讼的上诉或申诉。凡地方官当受理而不受理,或者虽受理而久拖不决,或者虽判决而当事人不服的案件,监察官有权受理人民的告诉。

古代中国监察机关大致是以三种方式参与司法,通司法监督实施对官吏的廉政监督。一是"录囚",即对在押犯人全面重审(录问)以期发现和纠正冤假错案、发现并纠劾官吏不法行为。二是直接受理一般民刑案件的上诉或申诉,这种情形相当于以监察机关为上诉审或再审(审判监督)机关。三是直接派员参与其他衙门对重大案件的审判。

在本文里,我们只讨论前两种方式,因为它们同时也是人民权益救济的途径。至于第三种方式,那只是监察官参加别的衙门主持的审判而已。那是司法制度的问题,我们在本文里暂不予讨论。

(一)监察机关"录囚"式廉政监督与人民权益救济

"录囚"是古代中国的司法监督形式之一。录囚,也称虑囚,就是对在押囚犯进行录问、复查、检视,以期发现和纠正冤假错案,纠正对囚犯的不人道待遇,纠查司法官员的贪赃枉法之行径,实现司法公正。这种活动,是国家标榜"仁政"的重要标志性活动,也是国家进行司法监督或整个廉政监督的重要方面之一;对被囚禁的人们而言,这也正是他们维权救济的重要途径之一。

古代中国的"录囚"或"虑囚",可以由国家各方面的官员执行,包括朝廷大员、监察御史、各类上司、各类监司,甚至包括军事官员,还包括皇帝、太后、皇后、太子等;他们都可以执行司法监督的职责。或者说古时并没有我们今天这样的司法监督概念,人们不过把"录囚"看成"仁政"活动而已。既然是"仁政"活动,那么各类"上级"都有权对下级监狱中的囚犯进行考察后适当"施恩"。但我们在这里仅仅讨论由监察机关进行"录囚",因为这与人民权益救济及国家廉政监督二者的关系最为密切。

自汉代开始,朝廷常派遣监察官员巡行地方,其巡察职责中就有"举冤狱"的内容。这里的"举冤狱"主要就是指监察官员到地方录问在押罪囚,以期发现冤假错案、纠劾官吏的枉法裁判行为,实际上就是"虑囚"。如汉成帝时曾派丞

相御史掾属24人“循行天下举冤狱”，又派近臣出使“录冤狱”[53]。《汉书·百官志》说汉代“诸州常以八月巡行所部郡国录囚徒”，这主要是指作为州部巡回监察官的刺史的工作。何武为扬州刺史，每“行部录囚徒”[54]。地方二千石长官也要到下属县狱录囚，“隽不疑为京兆尹，每行县录囚徒还，其母辄问‘有所平反，活几何人？’”[55]在“录问”或“虑问”过程中，真正借以发现冤假错案，发现官吏枉法裁判黑幕，使囚犯得以救济正当权益的，实际上主要是喊冤——自认有冤枉的囚犯们主动申诉。因此，这是人民权益救济的方式之一。

南北朝时代定期派遣监察官巡回“录囚”更成定制。如南陈时，每年三月，由“令史、御史中丞、侍御史、兰台令史亲行京师诸狱及冶署，理察囚徒冤枉”[56]。除御史官员外，令史在派遣外出时实际上也是监察官员。“理察囚徒冤枉”，实际上主要就是到监狱中接受在押囚犯的申诉，这当然是发现官吏枉法裁判、残虐囚犯行为的最好途径。

在唐代，监察机关的主要任务之一即是“录囚”。《唐六典》说：“监察御史掌分察百僚，巡按郡县，纠视刑狱，肃整朝仪。”[57]这里的“纠视刑狱”，主要是指到监狱中“审录囚徒”，也包括接受人民就某些案件的申诉。唐德宗时，“建中初，敕京城诸使及府县系囚，每季终委御史巡按，有冤滥者以闻”。[58]按照这一记载，中后唐时期监察御史每年要巡回“录囚”四次，其目的都在于发现“冤滥”案件即时奏报并弹劾相关官员。唐文宗大和元年(827年)下诏规定，“自今以后，有囚犯称冤者，监察御史奏闻；敕下后，便配四推”。[59]。这是一种特殊的“录囚”，大约是专门对死囚喊冤的规定。所谓“四推”大约是可以复审或复查四次。

宋代的派驻各路的“监司”，包括提刑使以外的转运使、常平使，都有“录囚”的权力和责任。在宋代，诸监司对诸州州院、司理院关押的刑徒进行审查，“若情涉嫌疑，或罪人声冤，或官司挟情徇私，得具文上奏”。“诸监司，每岁被旨分诣所部，检点催促结绝现禁罪人者，各随置司州地里远近，限五月下旬起发，至七

[53]《汉书》卷一〇，《成帝纪》。
[54]《汉书》卷八六，《何武传》。
[55]《汉书》卷四一，《隽不疑传》。
[56]《隋书》卷二五，《刑法志》。
[57]《唐六典》卷一三，《御史台》。
[58]《资治通鉴》卷二三六，《唐纪》五〇二，德宗贞元十九年。
[59]《唐会要》卷六〇，《御史台》上。

月十五日前巡遍。”[60]也就是说,监司每年要在五月至七月这三个月里遍巡所辖府州县,其主要任务就是“检点催促结绝现禁罪人”亦即“录囚”,就是早日了解在押囚犯的罪案,发现冤假错案即时纠正,及时审结释放轻罪犯人。对囚犯而言,这都是权益救济的最好机会。

元代的巡回监察机关是各路肃政廉访司,其主要任务之一也是“录囚”。大德八年(1304 年)元成宗诏曰:“诸处罪囚,仰肃政廉访司分别审录;轻者决之,滞者纠正;有禁系累年,疑而不能决者,另具始末及具疑状,申御史台。”[61]廉访司作为“录囚”机关,作为司法监督主体,可以即时审决没有疑难的在押囚犯的案件,包括对尚未初审判决的案件作出实际初审并加以判决。所以说,监察机关“录囚”,用今天的眼光看,决不仅仅是上诉审或再审。只有“疑难”案件才需要上奏朝廷。这当然也是人民权益救济和实施廉政监督的好机会。

在明清时代,监察机关经常出巡审录罪囚,作为对地方官员实施廉政监督方式。明英宗正统三年(1438 年)按察使夏时上奏说:“今守令多刻刑无辜,伤和干纪;乞令御史、按察司官遍阅罪囚,释冤滞,逮按枉法官吏。”英宗采纳其言[62]。此即同意由监察官员出巡录囚,解决积累的冤滞案件,为囚人洗雪冤屈,并纠察弹劾制造冤案、枉法裁判的地方官员。这当然要包括接受在押囚犯的申冤呼告。关于监察官吏巡回“录囚”,明嘉靖二十年(1541 年)刑科给事中龙遂上疏,“乞敕所司移文所遣官,凡一应重囚,务虚心研审,必得情真。……若果有冤枉而初为审办官所辨出者,原勘、原问官暂置不论。如所办官明知冤抑,故不与辨,或忌原问而诬入,后为他官辨析出,原问经审官皆宜追论。若本无冤枉而徇私纵放者,亦宜重谴”。这一建议得到皇帝的采纳,“诏从之”[63]。这是关于监察官“录囚”责任的规定:如果经办“录囚”的监察官发现并指出案件中的冤枉,就不再追究原勘原审官员的责任;如果他们发现了冤枉但故意不指出纠正,或者想袒护原审官员而故意隐瞒,这种情形一旦被后来复查的官员发现,那么原审官员、“录囚”官员一并治罪。若冤案审判本无不公,“录囚”官员故意徇私枉法,借口其中有冤枉而纵放罪犯,也要受到严厉制裁。

---

〔60〕《庆元条法事类》卷六,《职制门·权摄差委》。

〔61〕《元典章》卷三,《圣政》二,《理冤滞》。

〔62〕《明史》卷一六一,《夏时传》。

〔63〕《明会要》卷六五,《刑二》。

(二)监察机关直接受理一般讼案的上诉或申诉

监察机关一般不得直接受理民刑诉讼。但是,有两种特殊情形可以直接受理。除了前文讨论的“录囚”外,另一情形是直接受理人民不服其他官司一审或二审三审判决而申诉过来的案件。这种诉讼,往往既是对初审或二审判决的申诉,也是对原审官吏执法不公的控告。我们主要讨论这种情形。

监察机关一般不受理普通民刑诉讼案件之初审的原则,也许自汉代开始就确立了。所谓“旧例,御史台不受诉讼”[64],有人认为是汉代的制度[65]。但现今知悉有比较明确规定的,最早是唐代,“御史台无受词讼之例”[66]。其实这都是仅就普通民刑诉讼而言,并不是说御史台什么案件都不受理或什么时候都不受理案件。那么,御史台受理词讼,一般是什么情形呢?

唐玄宗开元十年(722年)颁敕:“自今以后,诉事人等,先经县及府州,并尚书省披理;所由延滞,不为断决,委御史采访奏闻。长官以下,节级量贬。”[67]这就是说,御史等监察官接受词状,只有在“所由延滞,不为断理”的情形下,亦即原审官员违法渎职的情形下。也就是说,监察官受理词状,主要目的不在于就诉讼案件本身的事实和是非作出新的公正判决,而是要考察发现并纠劾原审官员的违法或渎职。下面这一段记录,也许更能说明在唐代监察机关受理民刑诉讼的特定原则:

> 大中元年四月御史台奏:“伏以御史台监制百司,纠绳不法。若事简则风宪自肃,事烦则纲纪转轻。至于婚田两竞、利息交关,凡所陈论,皆合先附州县;如属诸军诸使,亦合于本司披论。今日多便诣台论诉,烦亵既甚,为弊颇深。自今以后,伏请应有论理公私债负及婚田两竞,且令于本司本州府论理,不得即诣台论诉。如有先进状,及接宰相下状,送到台司勘当审知。先未经本司论理者,亦且请送本司。如已经本司论理不平,即任经台司论诉,台司推勘冤屈不虚,其本司本州元推官典,并请追赴台推勘,量事情轻重科断。本推官若罪轻,即罚直书下考;稍重,即停任题降,以此惩吏,庶免旷官。”敕旨依奏。[68]

---

〔64〕《通典》卷二四,《职官六》。

〔65〕彭勃、龚飞主编:《中国监察制度史》,中国政法大学出版社1989年版,第54页。

〔66〕《唐会要》卷六〇,《御史台上》。

〔67〕《唐大诏令集》卷八二,《政事·刑法》。

〔68〕《唐会要》卷六〇,《御史台上》。

唐德宗批准了关于御史台接受人民诉状之一般规则的建议报告。这一报告说的是四层意思。第一层意思是御史台接受人民的控告,只应该是那些对官吏不法行为的控告,而不应该是关于"婚田两竞、利息交关""公私债负"之类的案件(亦即吏民百姓之间的普通诉讼案件)。第二层意思是所有一般民刑诉讼案件,都应该先诉于"本司"即本州府县,不得直接诉至御史台;已经诉至御史台的也应当发回本司审理。第三层意思是一般民刑案件,只有在已经诉至"本司"并且是"论理不平"时,亦即当事人认为"本司"审断不公时,才可以诉至御史台。也就是说,御史台是对申诉进行再审或复审监督。第四层意思是御史台在复审中如发现案中确实有冤屈(亦即原审确有不公),应当追究原审官员责任时,应当量情节轻重分别给予弹劾或处罚。

综合后两层意思,实际上就是说,御史台(或所有监察机构)受理人民的上诉或申诉进行复审或再审,与一般上级衙门接受上诉或申诉进行再审是不同的:一般上级机关再审,主要宗旨在作出更加合法公正的裁判;御史台再审,主要宗旨在从案件中发现官吏贪渎枉法或失职罪嫌,对官员进行纠察弹劾。但是,中唐以后,基本形成了以监察机构为固定上诉审级的惯例,凡百姓诉讼"先诉于县;县如不治,即诉于州;州治不平,诉于观察使;观察使断遣不当,即诣台省申诉。"〔69〕观察使是"道"(巡回监察区)的监察官,"台省"是指御史台和尚书省。按照这一规定,观察使、御史台,此时成了两个简单的上诉审级了。当然,监察机关无论是以纠察官员不法为受理申诉的主要任务,还是以对案件本身作出更加公正的裁决为主要任务,其参审过程都可以成为人民救济权益的途径。

在唐代受理人民特别申冤之诉讼的,还有一个特别的机关——"三司"。"凡天下之人,有称冤而无告者,与三司讯之。"〔70〕《唐六典》注谓"三司,御史大夫、中书、门下。大事奏裁,小事专达。"三司长官共同询问案件即所谓"三司理事";实际上常见的是"三司受事",即侍御史、中书舍人、给事中三者共同值事于朝堂,接受人民不服尚书省判决的上表,并转奏于皇帝。它起初只是受转诉讼奏章的机关,后来经常直接受命审判大案,成为尚书省和皇帝之间的一个诉讼审级。〔71〕

监察机构作为简单上诉或申诉审级的这种情形,在宋代得到了加强。

---

〔69〕《五代会要》卷一七,《御史台》。

〔70〕《唐六典》卷一三,《御史台》。《旧唐书》卷四十四,《职官志》三,《御史台》。

〔71〕参见张晋藩:《中国司法制度史》,人民法院出版社2004年版,第144-145页。

宋代的御史台,像唐代一样作为受理非常上诉、越级上诉的中央机构:“诉讼不得理,应赴省诉者,先诣本曹;在京者,先诣所属寺监,次尚书省曹,次御史台。”[72]这就是说,到京师作越级上诉或非常上诉,先到尚书省各部曹,或各寺监;当它们不理或者断理不公时,再到御史台申控。“人户诉讼,在法先经所属,次本州,次转运司,次提点刑狱司,次尚书本部,次御史台。”[73]御史台成为法定的上诉机关。到南宋时,御史台司法职能有所增加。按当时御史台的奏章称:“本司系掌行纠弹百官稽违,点检推勘刑狱,定夺疑难刑名、婚田钱谷并诸色人词讼等,事务繁重。”[74]这里所说的“点检”“推勘”“定夺”等,可能既包括御史台参加重大案件的会审和复核,又包括直接受理上诉或申诉案件,还包括派员出巡“录囚”三种情形。在地方,各路的“监司”似乎也成了简单的上诉审级。如南宋时代,“自今词诉,在州县半年以上不为结绝者,悉许监司受理”。[75]“自来应人户陈诉,经县结绝不当,然后经州,然后经监司。”[76]监察机构作为法定的一般上诉或申诉审级,兼有人民权益救济渠道和国家廉政监督方式双重使命。

元代似乎在以监察机关为上诉或申诉审级的同时,也比较强调监察机关受理民刑诉讼的廉政监督属性。元代各道肃政廉访使在巡按期间,可以直接接受词状,受理“随路京府州军司狱”,就是作为“路”级以上的上诉审级。[77]又规定,“陈诉有理,路府州县不行,诉之省部台院”。[78]台,就是御史台,是直接作为上诉审级,没有特别强调其发现冤假错案、弹劾不法官吏的廉政监督功能。这是一个方面。另外,元代也很强调监察机构受理人民对不法官吏的控告这种特殊上诉审或申诉审的属性。元翰林学士王盘曾说:“各路州郡,去京师遥远,贪官污吏,侵害小民,无所控告,惟赖按察司为之申理。”[79]按察司是派驻各行省的巡回监察长官,其受理案件主要应是官吏欺凌百姓、在当地告状无门的案件。元代法律规定,“诸诉官吏受贿不法,径赴宪司者,不以越诉论”[80]。只要是以官吏不法行为为控告对象,直接到监察官员处控诉,即使没有经过路府州县,也不

〔72〕《宋会要辑稿》,《刑法》三之一九。
〔73〕《宋会要辑稿》,《刑法》三之三一。
〔74〕《宋会要辑稿》,《职官》五之二三。
〔75〕《宋会要辑稿》,《刑法》三之三二。
〔76〕《宋会要辑稿》,《刑法》三之二八。
〔77〕《元典章》卷六,《台纲》二,《设立肃政廉访司》。
〔78〕《元史》卷一百五,《刑法志》四。
〔79〕《元史》卷一百六十,《王盘传》。
〔80〕《元史》卷一百五,《刑法志》四。

算越诉。这就是特别强调人民权益救济渠道暨廉政监督方式的属性。“诸诉讼人先以本管官司自下而上依理陈告。如有冤抑，经行中书省理断不当者，抑(移)行御史台纠察。”行御史台的官员“按验得实，开坐实因，行移元问官司，即行归结改正。若元问官司有违，即行纠察”。其“审听不明及拟断不当，释其有罪、刑及无辜，或官吏受财故有出入，一切违枉者，纠察”。[81] “诸衙门有见施行枉被囚禁及不合拷讯之人，并从初不应受理之事，委监察从实体究，如实有冤枉，即开坐事因，行移元问官司，即早改结归正。若元问官司有违，即许纠察。”[82]这里特别开列了行御史台等监察机关纠察原审官员办案中违法行为的主要几个方面：“审听不明”即事实不清、“拟断不当”即判决不当、纵出有罪之人、刑及无辜、受财枉法(故纵、故入)、不当拷讯而拷讯、不当囚禁而囚禁、不应受理而受理。也就是说，监察机关作为上诉或申诉审级，其主要职责是考察原审官员有无这类违法犯罪行为，并加以纠察(如系过失则责令原审官司立即改正，如系故意则直接弹劾)。

明代法制亦强调监察机构及官吏一般不得受理普通民刑案件的原始起诉，只可受理上诉或申诉。“凡有告争户婚田土钱粮斗讼等事，须于本管衙门自下而上陈告归问。如断理不公，或冤抑不理者，直隶赴巡按监察御史，各省赴按察司或分巡及巡按监察御史处陈告，即与受理推问。如果得实，将原问官吏依律究治。其应请旨者，具实奏闻。”[83]监察机关受理民刑案件的上诉或申诉，可以推问即审理，但其主要宗旨是追究原审官员的“断理不公”或“冤抑不理”的责任，直接就该案作出公正判决也许只是一个附加的方面而已。此即《明史·刑法志》所言“凡府州县轻重狱囚，(各本管官司)依律决断；违枉者，御史、按察司纠劾”。[84]

关于监察机关受理申诉案件的具体处理办法，明代法律规定，“各部监察御史、按察司及分司巡历去处，应有词讼，未经本管官司陈告，及本宗公事未绝者，并听立限置簿，发当该官司追问，取具归结缘由勾销。……其已经本管官司陈告，不为受理，及本宗公事已决，理断不当，称诉冤枉者，各衙门即便勾问。若推故不受理，及转委有司，或仍发元问官司收问者，依告状不受理律论罪”。[85]

---

〔81〕《元典章》卷六，《台纲》一，《行台体察等例》。

〔82〕《元典章》卷六，《台纲》一，《行台体察等例》。

〔83〕《明会典》卷二百十一，《都察院三·追问公事》。

〔84〕《明史》卷九四，《刑法志》二。

〔85〕《明代律例汇编》卷二二，《刑律五·诉讼》。

这是关于监察机关受理民刑案件上诉或申诉的一般处理规定。按照这一规定，监察御史、按察使、按察分司(监察道)在出巡时，如果接到各类诉讼，应该审查甄别：凡未经本管官司陈诉，或诉至本管官司而尚未结案者，应转发当受理官司，并立登记簿限期其结案；凡已经过本管官司陈告而拒不受理者，或已经审理而断理不当者，各监察衙门可以直接“勾问”即进行实质审理并判决。如果监察机关找借口不受理，或推诿给别的衙门，或发回原审官司，都要加以制裁——依“告状不受理”罪名加以处罚。〔86〕

洪武二十六年(1393 年)明太祖朱元璋的一道诏敕更明确规定了巡按监察御史受理诉讼的一般原则：“凡受军民词讼，审系户婚、田宅、斗殴等事，必须置立文簿，抄写告词，编成字号，用印关防，立限发与所在有司追问明白，就便发落，具由回报。若告本县官吏，则发该府；若告本府官吏，则发布政司；若告布政司官吏，则发按察司；若告按察司官吏，及伸诉各司官吏枉问刑名等项，不许转委，必须亲问。干碍军职官员，随即奏闻请旨。”〔87〕即使“不系分巡时月，及巡历已过，所按地面却有陈告官吏不公不法者”，也可以“随即受理追问”。〔88〕

按照这一规定，御史巡按中受理诉讼有四种处理：第一，一般民刑诉讼(户婚、田土、斗殴等事)，巡按御史无权直接审理，只能造册登记存留副本加盖印章后转给“所在有司”，令其限期结案并以说明判决理由的方式回报。第二，以官吏为控告对象的案件，则发给上级或同级平行机关审理。第三，以监察官员为控告对象或控诉各司官吏审判不公者，则由巡按御史直接审判，不许转委他司。第四，案件涉及军官者，则上奏皇帝。此外，在巡按期间以外，只要是原奉命巡按地方的吏民控告官吏不法不公，随时都可以受理审问。

清代的监察法制大致承袭明代。清顺治十八年(1661 年)都察院题准：“官民有冤枉，许赴(都察)院辩明，除大事奏裁外，小事立予裁断；或令行该督抚，复审昭雪。”〔89〕都察院成为中央法司中受理特别申诉的机关，并有权直接审理判决；仅重大案件要奏报皇帝圣裁。“凡在外州县，有事款干碍本官不便控告，或

---

〔86〕《大明律·刑律·诉讼》“告状不受理”条规定：“凡告谋反叛逆，官司不即受理、掩捕者，杖一百，徒三年。以致聚众作乱，或攻陷城池及劫掠人民者，斩。若告恶逆不受理者，杖一百。告杀人及强盗不受理者，杖八十。斗殴、婚姻、田宅等事不受理者，各减犯人罪二等，并罪止杖八十。受财者，计赃以枉法从重论。”

〔87〕《明会典》卷二百十，《都察院二·出巡事宜》。

〔88〕《明会典》卷二百十一，《都察院三·问拟刑名》。

〔89〕光绪朝《钦定台规》卷一一，《宪纲》三。

有冤抑审断不公,(欲申诉者),须于状内将控过衙门审过情节开载明白,上司方许受理。"[90]这里的"上司",主要是指巡回监察机关,也包括一般上级衙门。人民控告本管官吏、控诉原审断不公,按照明清两代的体制,主要系向监察御史、巡按、按察使及分司提出,这是当时人民权益救济的主要方式途径。

三、廉政监督旨趣的人民申控救济体制之主要特征

古代中国国家政权是宗法家长制的"家国一体"性质的政权。在这一政权理念和体制下,人民权益救济途径只是就其实质作用意义而言的,不是就理念和体制的宗旨而言的。这种体制下的人民权益救济,与人民主权的理念和体制下的人民权益救济是有着本质区别的。这种实质性的(而不是名义上亦以此出现的)人民权益救济途径,往往与人民控告官吏不法的途径重叠,而这恰恰又是国家实现廉政监督的重要途径。因此,人民向官府申控案件或控告官员,一个动作兼有如此三重含义,这大概是古代中国政治最重要的特征。

我们前面讨论过的人民权益救济途径、方式,其实质都不过是君父国家设置的辅佐廉政监督的方式而已。这种借助人民申控救济实施国家廉政监督的体制,是非常有中国特色的体制。这种体制,我们考察发现有以下主要特征。

第一,国家并未正式授予人民相当于近现代行政救济性质的权利,仅仅授予相当于现代民刑诉讼救济性质的权利。

在古代中国,所谓人民权益救济途径或方式,主要是属于民刑诉讼性质的救济,而不是今日行政复议或行政诉讼之类的救济。所谓民刑诉讼性质的救济,就是说百姓以控告民事违法或刑事犯罪的方式来救济自己的权益,以请求国家制止民事侵害行为和刑事犯罪行为的方式救济自己的权益,以请求官府惩处违法人或犯罪人的方式维护自己的正当权益。这种救济,自民事而言,就是所谓户婚、田土、钱债、嗣继等方面的纠纷,就是请求官府制止对自己这几方面的权益的侵害。就刑事而言,就是所谓贼盗、人命、斗殴、诈伪、奸非等方面的纠纷,就是请求官府制止对自己生命、健康、名誉、财产等权益的侵害。在这两者之外,以官府为控告对象,请求纠正官府的违法行政行为,救济自己的行政法制上的权益的情形,在中国古代很少直接见到正式法律规定的途径或保障方式。即使是受到政府的违法行政行为的侵害,一般也是以官员的贪赃枉法行为为控告对象,主要是

---

[90] 《大清律例·刑律·诉讼》"越诉"条附条例。

以控告贪墨不法官吏的方式进行。

即使是涉及国家官府行政事务的方面的纠纷，如课程（赋税徭役）、关津、河防、营造、禁榷、仓库事务等，即使侵害人民的权益，一般也是以人民控告官吏个人贪赃舞弊的方式进行，不是以控告官府（政府）行政违法并以纠正具体行政行为为目的的方式进行。古代中国的政治体制，似乎并未明确认为官员的违法行政行为是直接侵害了国家行政管理秩序和百姓的行政法权益；一般只认为是官员个人贪渎所致，只是侵害了百姓的财产和人身而已。因此，不存在国家官府作为一个法人机构为自己的代理人或受托人代表自己所为的行政行为之违法及损害后果负责任的问题，只有官员个人为自己的贪赃枉法（私罪）或滥权渎职（公罪）负责任的问题。所以，从这个意义上讲，在古代中国一般不存在国家赔偿问题，要赔偿也是官员个人的责任。现代行政救济性质的权利，如提起行政复议、请求纠正错误的行政行为，或提起行政诉讼、提起国家损害赔偿之诉讼之类的权利，并没有在古代中国国家的法律中正式规定或提供。

中国古代的国家律典，一般都有捕亡、断狱方面的诉讼程序规定，但都是以制裁此类程序适用过程中的有关犯罪为出发点或宗旨的，而不是直接授予人民以诉讼权益的。关于诉讼程序的正面规定，一般体现在《狱官令》《捕亡令》《断狱令》之类的单行行政法典性质的“令”中，其中有少数条文包含了当事人诉讼权利的内容，但基本没有关于诉讼权利的专条正面规定。

既然民刑诉讼权利都不是以国家法条正面规定的方式出现的，那么我们更不能期待关于行政救济权利的规定能够于古代中国的律例条文中正面出现了——除了允许人民控告官吏个人违法渎职的规定（这些规定可以视为人民行政救济的间接途径）之外。即使是民事刑事诉讼权利性质的救济渠道或途径，在古代中国也不一定有“民刑有分”的理念来指导，也不会区分哪些是民事诉讼权利、哪些是刑事诉讼权利。在家长制的国家理念下，我们称为“救济权利”的设计，其实质也许并不是今天所言的“救济权利”，只不过是“子孙向家长哭诉，请求家长为子孙作主”之类的最低限度许可而已。在这种情形下，“家长”就是国家官府，在任何情形下都不可能被设想为与“子孙”地位平等的主体。既然不可能地位平等，当然就不可能设想有以官府为被告的可能，就不可能设想官府要对人民进行赔偿。即使人民可以控告官员个人，人民与官员个人在法律地位上似乎有时平等，但那种“平等”是相对于共同的家长或父亲——皇帝而言的：官和民在皇帝面前都具有“子”的身份。所以，中国古代的行政性质的权益救济渠道，归根结底不过是国家赋予了吏民百姓在皇帝或代表皇帝的监察机构和更高上司面前指控“不肖子孙”（贪官污吏）要求“作主伸冤”的资格或机会而已。在这里，哪里可能有什么民事诉讼救济权利、刑事诉讼救济权利、行政诉讼救济权利之类的区分呢？

第二，人民权益救济途径或方式，主要不是以法律列举人民权利保障途径的形式出现，而是以列举国家机关职责及工作规程的形式间接出现。

在古代中国的法制中，人民有一定的权益维护或救济的方式或途径，这种方式或途径有时是法律规定的，有时是习惯赋予的；有的是直接的，有的是间接的。但从人民的行政救济权益的角度而言，主要是习惯赋予的，而且是间接的。我们考察这些救济途径或方式，发现有一个很典型的特征，就是：即使是正式通过法律法令赋予人民以实质上的救济权利或机会，也是间接的。这些规定不是以直接列举并保障人民的救济权利的方式出现的，而是以列举并强调国家机关特别是监察机关的职责权力及工作规程的方式出现的。比如我们在本文引用的许多与人民权益救济有关的告状申诉规定，都是列举在关于国家监察官吏出巡察访的职责之中的。从汉武帝时代的“六条问事”开始就是如此，那六条虽然有都可能给人民状告官吏救济权益的机会，但却是以“绣衣直指刺史”的职责和办事规程的形态出现的。隋唐时代的“巡察六条”更是如此。说具体些，如前引明代的“凡监察御史、按察司官分巡去处，如有陈告官吏取受不公，须要亲行追问，不许转委。违者杖一百”这一与人民告状救济有关的规定，就是列举在《大明会典》中的关于“都察院”职责的《出巡事宜》部分的。又如明代的“凡在外军民人等赴京，或击登闻鼓，或通政司投状，陈告一应不公、冤枉等事，钦差监察御史出巡追问”这一与人民告状救济有关的规定，是列举在《大明会典》关于“都察院”的职责权限中的“追问公事”一节的。在清代，与人民救济渠道最有关系的规范大约是《钦定台规》，这是关于监察机关职责权限的最完整规定。如关于登闻鼓受理告状的规定，是列举在《大清会典》关于通政使司下属的登闻鼓厅的工作规程里面的。我们很难看到有直接设计或设置人民权益救济途径性质的救济规定。即使是宋代的那些“许民越诉”的授权规定，明代的“许民捉拿害吏赴京”的授权规定，其立足点也是借助人民告状来监督官吏、整肃纲纪，其主旨不是提供救济渠道保障百姓权益的。

第三，国家一般不直接正面授予人民以监督官吏之权利；人民只有在“事情干己”时才有告官的权利。

在古代中国,国家让人民监督官吏,并不是从类似于民主的角度上来规定人民监督公仆的权利,而是朝廷需要借助人民的耳目和力量。让千百万人民来监督官吏,皇帝坐收"明察秋毫"之效,这是皇家家业兴旺的重要保证。所以,国家一般会规定,就人民对官吏而言,除谋反大逆等国事重案鼓励人民告发之外,其它必须是事情"干己"才可以控告;"事不干己"者不得插手。一般来说,如果告状因为户婚田土钱债,则一定要是当事人才能告诉;如果告状因为赋税徭役,则一定要是因官员擅增赋敛、科差不公而实际受害的人;如果是以人命盗贼水火之事状告官吏,一定要是"苦主"即受害人或其近亲属。一旦超出了这种情形,一旦有"无关之人"涉足其中,就被习惯地推定为"居心不良""图谋不轨""挑唆词讼""扛帮诉讼",那是绝对不能纵容的。也就是说,在古代中国,除了谋反大逆等重罪鼓励举报以外,通过监督官吏制止官吏违法失职来保护国家大利和社会公益的事情,只能由国家监察官吏代表国家来进行,不能由人民擅自进行。人民是没有这样的权利的。用今天的话说,没有相当于提起"公益诉讼"之权利性质的人民监督权。所以,在明代的金圣叹等人"抗粮""哭庙"案中〔91〕,官府之所以后来重惩了倪用宾、金圣叹等人,主要原因之一即是金圣叹等人并不是当时县官贪渎、擅赋敛案件的直接受害人(因为秀才们一般是免除赋税和差役负担的)。在清代的"钟九闹漕"案中〔92〕,金太和、钟人杰等人实际上是率领并代表广大花户(税户)抗拒书差税收舞弊以监督官府行政,是代表公益,犹今日所谓提起"公益诉讼"。但由于他们是秀才,不是纳税人,便被视为挟持花户、挑唆"不切己"之讼,起初受到总督批示的斥责,最后被视为谋反处以死刑。公益公利,只能由特定官府或官员来代表或维护,不能由任何百姓个人来代表或维护,这倒是中国传统政治体制或秩序的一个典型特征。清嘉庆五年(1800 年)曾发布上谕特别

〔91〕 顺治十七年(1661 年)十二月,苏州吴县知县任维初在征收赋税、追逼钱粮时,任意拷笞百姓,且盗取公粮三千余石到市场出售,激起百姓公愤;苏州秀才百余人群起为民请命,集体上访举报。江苏巡抚朱国治下令追查索捕参与其事的秀才,最后逮捕了倪用宾、金圣叹等 18 人,均诬陷以"谋反大逆"之罪。此即清初著名的"哭庙案"。参见小成:《金圣叹与哭庙案》,载《江苏地方志》2000 年第 6 期。

〔92〕 道光十六年(1836 年)冬,崇阳地方士绅金太和、钟人杰等代表四十八堡的广大花户(纳税人)具状控告县衙的书差们乘征收漕粮之机刁难百姓、百般勒索。状子递到县衙,县衙不受理;上告到武昌府,府又拖着不办;遂一直上告到总督衙门。最后,官府将其行为定性为"图谋不轨"欲治其罪,迫使钟人杰等于道光二十一年(1841 年)十二月起事。钟人杰率民众武装进城,杀死知县师长治等一些官吏。省里派兵"平叛",最后,金太和、钟人杰等近百人以"反叛"之罪判处死刑。殷其铭:《崇阳冤狱始末记》。转引自张小也:《官、民与法:明清国家与基层社会》,中华书局 2007 年版,第 200 页。

责令各级官员严防包揽词讼之徒："乃近日来京呈诉之案殆无虚日，其中多有以闾阎细故琐屑上控，甚或携嫌图诈任意株连，并有不肖之徒以不干己事挺身包揽纠敛钱文作资斧，既遂贪心，复称仗义。此等莠民平日赋税则任催不纳，词讼则抗断不遵；地方官决狱催科，小施刑罚，辄即捏词上控，希图报复。似此逞刁滋讼，若不稍示限制，于人心风俗殊有关系。"[93]嘉庆皇帝的态度代表了古代中国历代王朝官方的一般立场。

第四，人民权益救济主要依靠"青天机制"而不是"权力制衡机制"；无限寻找青天庇护成为救济途径的主要特征。

这一点，应从两个方面来讲。一方面，制度上没有以人民权力制约政府权力的任何设计。另一方面，除了御史等代表皇帝督察百官外，基本上没有官府之间权力制衡的设计。因此，人民对于受损害的权益，如果进行救济的话，就只能主要靠不畏权势的"铁面御史"主导的"青天体制"来为民做主、实现维权救济；而不可能(像近现代一样)靠人民监督政府的权力行使或国家机构之间权力分立与制衡的力量来实现。所以，中国古代人民权益的救济途径或渠道的要害，不是体制设计的"不得不然"的牵制力量在起作用，而是"事在人为"地寻找真正的青天。所以，无论是哪一类案件，人们实际上都有无限向上向外寻求青天庇护的权利。

自向上寻找而言，其象征就是古代的人民特别喜欢"越诉"和"告御状"。甚至包括很小的民事案件，都可以最后上诉到皇帝那里去，寻求皇帝这个最大"青天"的保护[94]。古代中国关于"告御状"或"京控"的限制规定层出不穷，就是因为百姓进京寻求最大最后的青天保护之风气太盛太滥之所致。例如在宋代，太宗时，曾有个老寡妇仅仅以"无儿息，身且病，一旦死，家业无所付"为由，"击登闻鼓"非常上诉于皇帝[95]，实际上是想请求皇帝干预以实现自己为亡夫立嗣(继)、使财产有所托付的愿望而已。更有京畿平民牟晖因家奴丢失小猪而击登闻鼓诉于皇帝，实际上是要自己的家奴赔偿丢猪的损失。宋太宗虽然批示"似此等细事悉听于朕，亦为听决，大可笑也"，但仍然积极主动要为这个微小民事案件里的百姓当青天："然推此心以临天下，可以无冤民矣。"最后，下诏赐千钱

[93]《钦定台规》卷十四，《辨诉》下。

[94] 关于皇帝受理民事案件的"非常上诉"，参见张晋藩：《中国民事诉讼制度史》，巴蜀书社1999年版，第87－88页。

[95]《宋史》卷一九九，《刑法志》。

(代家奴)赔偿了牟晖的损失[96]。如此小事都可以寻青天保护寻到金銮殿上,其他案件就不用说了。所以,在古代中国,关于告状必须逐级上告的法令及其重申,无以数计、层出不穷,就是因为百姓太倾向于越级上诉了。如清嘉庆十七年(1812年)曾发上谕制止人民越级救济:"民间词讼,先赴州县衙门控告。州县官听断不公,则由府道司院以次申诉。如实有冤抑重情,准于刑部、都察院等衙门呈诉奏明,代为申理。……朕广开言路,……原以在官而言,防壅蔽而达民隐,非谓民间寻常诉讼及无稽浮言皆可直达朕听也。"[97]

自向外或横向而言,即只要同是国家官员,只要此前没有参与过"本案"处理的,都可以假想为潜在的"青天老爷",期待其出面申冤理屈、纠正错案。所以,古代中国的官吏到基层视察工作,最容易碰到的就是百姓"拦轿告状"的场面。因为百姓总相信,在自己身边的官吏全部贪污腐败之后,上面或外面还有清官可以充当青天来保护自己、救济自己,为自己申冤雪耻。即使所有的官员都烂透了,他们还相信(或至少是期盼)有一个最后的青天——皇帝。所以《水浒传》里的农民起义领袖们"只反贪官,不反皇帝",大约就是基于这样的信念和愿望的。所以中国古代的各类案件,法律其实并没有硬性规定几审终审制,而是规定自下而上"逐级审转"呈报审批制。这一体制,除了因为朝廷不放心下面的官吏(担心其一手遮天、鱼肉人民)以外,也有最大限度满足人民不断向更上向外寻求青天庇护的愿望的用意。此外,古代中国法制允许各类官吏、各类衙门"咸与审判"——都直接或间接受理民刑案件,进而受理行政案件或告官案件,也有类似的用意:人们先后或轮流在府州县正印官、巡回监察官、观察风俗官以及漕运、河道、水利、盐茶、仓储、屯垦、军事等各方面的专差专责官员中逐类逐个拦轿控告,总可以使找到青天的概率(权益被救济的概率)更高一些。这既是国家广泛授权各类衙门、官员受理告状的用意,也是百姓寻求青天庇护时的真切愿望。

(原载《中外法学》2010年第6期)

[96]《续资治通鉴长编》卷三四,"淳化四年十月丁丑"。
[97]《钦定台规》卷一四,《辨诉》下。

后　记

中南法学阵地，是我此生连续“战斗”最长的地方。十二年，一个生肖轮回，不算长，也不算短。十二年的经历，也许把鼠、牛、虎、兔、龙、蛇、马、羊、猴、鸡、狗、猪的角色都扮演了一遍，只是不一定按照干支顺序，不一定被外人知道而已。其经历感受，酸甜苦辣都有；不管哪一种，包括当时很痛的事，今天回忆起来都弥足珍惜。我先后在多所大学工作，但时间最长、经历最丰富的就是在中南这十二年。我很珍惜这十二年，因为那是我个人的学术旺盛期，是我工作能力和认知水平相对成熟的时段。在这里，我亲密接触了全国最大法学院的同事队伍，与他们中的很多位相知相惜并建立了深厚友谊；我也广泛接触了人数堪称全国第一的该校法科学生群体，发现了其中种类繁多且出类拔萃的俊才。在中南开学术讲座时获得的“掌声响起来”的感觉，至今仍是我记忆中做老师的最好感觉。离开后转入别的学校工作，因法科师生队伍相对较小，这种感觉当然就淡了许多。因此，当中南的“征稿函”要我以“任教自述”为题谈出这些经历和感觉时，过往多年如满地散珠般的大小旧事一起涌上心头，并被一根根“爱我母校”“为母校自豪”“为曾服务母校自豪”的红线串了起来。

我的大学校园生涯数十年，七所大学（西南政法大学、中国政法大学、苏州大学、中国人民大学、杭州师范大学、上饶师范学院、华侨大学）先后成为我的母校。但其中最有慈母印象或感觉的，还是西南政法大学和中南政法大学。前者以“首次生育”，后者以“养育最久”。人之将老之际，对于“我的大学”何故堪称“母校”比作母亲，我的认知又有所加深。任何一个人，他的真正社会生涯，不过就那么几十年。长大后不得不离开襁褓、离别父母，外出谋生和发展，但从社会学意义上讲，仍不过一赤裸婴儿耳。后来所亲所历的一切环境和际遇，仍不过是一个更大的襁褓或母怀而已。再牛的人，抱离这母怀，剥去这襁褓，仍不过一红皮黄口赤子，根本牛不起来。如果再放到地球有史四十六亿年、人类有史两百万年的大背景来看，这种感觉尤为强烈。

本文集选录了我近二十年间发表的 13 篇学术论文。因为文章主题都属于中华法文明各方面个性特征的考察分析，所以命名为《中华法文明的基因与秉性》应是合适的。因为是不同时间分别写就的散篇论文，不是根据事先确定的逻辑构思而作的整体研究，故更多为旁敲侧击、挂一漏万、攻其一点不及其余之作，来不及就华夏传统法制的"基因"或"秉性"问题做一种系统深入的研究，这是我深感惭愧和歉疚的。这也为我未来的法史研究提出了更严肃的课题，中华法文明的 DNA 值得我们穷尽毕生之力去探究。不管怎么说，好歹我先把问题提出来，以待后起之秀们接过接力棒。

感谢母校法学院编选工作团队及法律出版社的编辑同仁！没有你们的宽容和努力，本书根本无缘面世。至于本书尚存的问题或不足，由我一个人担责。祝母校学术青春永驻！

范忠信

2018 年 10 月 2 日初稿于杭州余杭古镇凤凰山北

2025 年 2 月 5 日改定于海口市海甸岛宝安江南城